U0593539

西藏民族学院法学文库
Tibet Institute for Nationalities

西藏社会和谐稳定与法治建设研究

主　编／侯　明
副主编／陈敦山　王彦智

厦门大学出版社
XIAMEN UNIVERSITY PRESS
国家一级出版社
全国百佳图书出版单位

图书在版编目（CIP）数据

西藏社会和谐稳定与法治建设研究 / 侯明主编. -- 厦门 ：厦门大学出版社，2022.8
（西藏民族学院法学文库）
ISBN 978-7-5615-8641-9

Ⅰ. ①西… Ⅱ. ①侯… Ⅲ. ①社会主义法治－建设－研究－西藏 Ⅳ. ①D927.75

中国版本图书馆CIP数据核字(2022)第107581号

出 版 人 郑文礼
责任编辑 甘世恒
装帧设计 李夏凌
技术编辑 许克华

出版发行 厦门大学出版社
社　　址 厦门市软件园二期望海路 39 号
邮政编码 361008
总　　机 0592-2181111　0592-2181406(传真)
营销中心 0592-2184458　0592-2181365
网　　址 http://www.xmupress.com
邮　　箱 xmup@xmupress.com
印　　刷 厦门市明亮彩印有限公司

开本 720 mm×1 000 mm　1/16
印张 24.25
插页 2
字数 436 千字
版次 2022 年 8 月第 1 版
印次 2022 年 8 月第 1 次印刷
定价 88.00 元

本书如有印装质量问题请直接寄承印厂调换

厦门大学出版社
微信二维码

厦门大学出版社
微博二维码

"西藏民族学院法学文库"编委会

编委会主任委员

朱崇实　刘洪顺

编委会副主任委员

王学海　侯　明

编委会委员

朱福惠　邱伟杰　侯利标　徐崇利

朱炎生　蒋东明　陈福郎　施高翔

陈立明　朱玉福　杨长海　姚俊开

黄军锋　胡晓琴　李　红

总 序

由厦门大学出版社和西藏民族大学联合推出的西藏自治区首部法学理论研究丛书——“西藏民族大学法学文库”即将问世，这是国家实施对口援藏战略以来，厦门大学支持西藏民族大学学科建设的又一重要成果，也是西藏民族大学法学研究的重大进展，值得热烈祝贺！

身处中国改革开放最前沿的厦门大学和地处祖国腹地的西藏民族大学的合作，具有战略意义。自2002年开始，教育部确定国内一流高校——厦门大学对口援助西藏民族大学。由著名爱国华侨领袖陈嘉庚先生于1921年创建的厦门大学，是中国近代教育史上第一所华侨创办的大学，也是中国唯一地处经济特区的国家“211工程”和“985工程”重点建设的高水平研究型大学。秉承“自强不息，止于至善”的校训，厦门大学的办学水平和科研实力享誉国内外。作为西藏高等教育的开拓者，1958年创建于关中平原、古都咸阳的西藏民族大学，不仅光荣地扮演着“西藏干部摇篮”和“西藏人才基地”的醒目角色，而且也是中国藏学研究重地、西藏在祖国内地的窗口。她以“爱国、兴藏、笃学、敬业”为校训，坚持面向西藏、服务西藏的办学宗旨，肩负着培养西藏社会主义事业合格建设者和可靠接班人的历史使命，创造了辉煌的办学业绩，全面而深刻地影响了西藏和平解放以来的历史进程。2008年10月，中共中央总书记、国家主席胡锦涛致信祝贺西藏民族大学建校50周年，对她的历史功绩给予高度评价。厦门大学和西藏民族大学两校间构架起来的对口援藏和全面合作机制，不仅使尚处发展阶段的西藏民族大学获得了积极推进学科建设、提升教育教学质量的高端平台，而且对传承西藏民族文化，加快西藏跨越式发展，维护国家统一和民族团结，实现中华民族的伟大复兴具有重大的意义。

法学专业是西藏民族大学的特色专业和重点发展专业。创办于20世纪90年代初的西藏民族大学法学专业，虽然历史不长，但成绩斐然，已经成为西藏法学专业人才的培养基地。1993年，根据时任西藏自治区党委书记的胡锦涛同志的指示，西藏民族大学正式开办法学专业，开创了西藏地方培养社会主义法律专业人才的先河。近20年来，西藏民族大学法学专业经历了由专科到本科，由单一方向到多方向培养，由传统综合法学到专业特色凸显的巨变，具备了较强的办学实力。2009年，法学专业被确定为西藏自治区特色专业。法学教学团队也在2010年被确定为自治区级教学团队。2010年5月，西藏民族大学法学院正式成立，标志着法学专业的发展已经跃升至新的历史起点。

法律专业人才对西藏社会稳定和发展的意义不言而喻。自1950年西藏和平解放到1965年建立“西藏自治区”，中国共产党在西藏的民族区域自治政策取得了历史性的胜利，成为新中国民族政策的成功范本。作为中国最大的民族区域自治地区之一，迫切需要一大批政治素质过硬、法律素养扎实、富于使命感的法学专业人才，致力于积极推进中国特色的民族自治政策的顺利实施，不断完善党的民族区域自治政策，传承和弘扬民族文化，促进各民族融合和共同发展，维护西藏的和谐稳定，捍卫国家安全。与此同时，西藏民族大学培养的法学专门人才，在西藏各级立法、执法部门，以自己良好的职业素养和高度的责任感，为推进西藏地方法律体系建设，健全民族区域自治政策，保障西藏社会经济发展，做出了出色的贡献。随着西部大开发和中央第五次西藏工作座谈会的召开，西藏又将迎来发展的伟大历史机遇，同时对法学人才的需求又将大大增加。法学人才在西藏当代社会发展和国家长治久安的历史进程中，必将扮演着更加重要的角色。我们必须从战略的高度认识人才队伍建设的重要性，精心培养西藏自己的法学领域专家学者，不断形成面向西藏、服务西藏且具有相当影响的研究特色，全力打造西藏法学理论的研究基地。“西藏民族大学法学文库”丛书的出版，将有力助推西藏民族大学法学学科和专业发展，有利于更好地培养西藏法学专业人才，有利于西藏的发展和稳定，共襄中华民族的伟大复兴大业。

厦门大学出版社志存高远，无私援助，以西藏民族大学朱玉福博士的《中国民族区域自治法制化：回顾与前瞻》为开卷之作，隆重推出“西藏民族大学法学文库”，并将陆续出版西藏民族大学学者的法学著作，对西藏民族大学法学学科建设和学科梯队的构建以最直接的扶持，其学术眼光和文化使命感令人钦佩。我期望西藏民族大学法学院不负厚望，制定规划，抓住契机，在未来可预期的时期内，以此为高端平台，推出系列化学术精品，提升法学研究的水准，构建富于特色的法学学科框架，把西藏民族大学的法学研究推向新的境界，为西藏的法制建设和社会文明做出历史性贡献。

西藏民族大学院长　**刘洪顺**

2010年7月16日

代序:国家民委人文社会科学重点研究基地

——西藏社会和谐稳定与法治建设重点研究基地简介

2014年5月,我校申请的“西藏社会和谐稳定与法治建设重点研究基地”被国家民委确定为第二批人文社会科学重点研究基地。其主要研究领域是:西藏社会管理与法治建设研究、西藏社会服务与公共管理研究、西藏德治教育研究、西藏社会发展与民族区域自治建设研究等方面的重大理论与现实问题。

该基地下设西藏法治建设、西藏社会服务与公共管理、西藏思想道德建设三个研究中心。基地研究人员有教授13人、副教授31人,其中具有博士学位13人。目前,基地承担的科研项目主要有:“依法治藏与西藏社会治理的长效机制研究”“西藏社会稳定研究”“法治文化与西藏长治久安战略研究”“西藏农牧区社会保障现状调查及法治建设研究”“和谐西藏建设背景下的民事纠纷解决机制研究——以司法文明为视角的考察”“西藏主体民族的马克思主义信仰研究”“思想政治教育视角下构建西藏和谐社会研究”“藏族青少年法律意识培养与西藏社会稳定发展研究”等。据不完全统计,近年来该基地承担各级各类科研项目66项,其中国家社科项目16项;获得资助经费408.55万元;公开出版学术著作6部。

西藏法治建设研究中心简介

西藏法治建设研究中心是“西藏社会和谐稳定与法治建设重点研究基地”的分中心之一,设在法学院。该中心现有专职人员28人,其中教授3人,副教授15人;博士研究生7人,硕士研究生23人。该中心承担省部级以上科研项目24项(其中国家社科基金项目8项),获得各级各类科研奖励5项,出版《中国民族区域自治法制化:回顾与前瞻》等学术专著4部,公开发表《民族地区实行人民监督员制度的理论探究》(《贵州民族研究》)等论文168篇,形成了具有较强发展潜力的研究团队。

该中心主要研究领域和方向：民族区域自治法律制度研究、西藏民商事法律制度研究、诉讼法律制度在西藏实施问题研究、西藏非物质文化遗产法律保护问题研究等。结合西藏社会发展的现实需要，该中心侧重于“西藏经济社会协调发展的法治保障”“西藏地区可持续发展的法治保障”“西藏地区可持续发展的法治基础”“国家安全和西藏社会和谐稳定的法律保障”“西藏反分裂反渗透反颠覆的法律对策”“西部地区民族文化保护的法律对策”等相关课题的研究。

西藏社会服务与公共管理研究中心简介

西藏社会服务与公共管理研究中心属于“西藏社会和谐稳定与法治建设重点研究基地”的下设子机构，依托西藏民族大学管理学院公共管理学科而建立。该中心现有专职研究人员 18 人，其中教授 4 人、副教授 7 人、讲师 7 人；具有博士学历 3 人、硕士学历 16 人（在读博士 3 人）。5 名教授具有硕士研究生导师资格。目前，该中心教师承担国家社科基金项目 5 项，省部级项目 5 项。

该中心致力于西藏政治制度与社会治理、西藏地方政府发展、西藏地方政府公共服务能力提升、西藏社会治理、西藏地方政府绩效管理、西藏地方政府信息建设与管理、档案及电子文件管理、西藏地区社会保障等在西藏实现跨越式发展和长治久安的战略目标过程中的重大理论和现实问题的研究。

西藏思想道德建设研究中心简介

西藏思想道德建设研究中心是国家民委“西藏社会和谐稳定与法制建设重点研究基地”的分中心之一，设在马克思主义学院。该中心现有教授 6 名、副教授 9 人、讲师 5 人，其中博士 3 人、在读博士 1 人、硕士 6 人。该中心现承担国家社科基金项目 3 项，省部级科研项目 10 多项，形成了实力较强的研究团队。该中心成员中有获得“高校思想政治理论课教师 2013 年度影响力提名人物”的杨维周教授、获得“全国优秀教师”“全国高校思想政治理论课优秀教师”荣誉称号的徐万发教授，以及获得“全国民族院校大学生思想政治教育先进个人”荣誉称号的高峰教授。

该中心主要研究领域：西藏思想政治教育史、西藏青少年德育、西藏高校思想政治教育、西藏大学生心理健康教育、西藏和谐稳定与思想政治教育等。

西藏社会和谐稳定与法治建设学术研讨会隆重召开

2014年11月15日,"西藏社会和谐稳定与法治建设学术研讨会"在我校隆重召开,来自国内多所高校的专家学者欢聚一堂,交流学术思想,展示学术成就。

在开幕式上,西藏民族大学校长扎西次仁发表了热情洋溢的讲话。在讲话中,扎西次仁校长向与会专家学者介绍了我校建校56年的办学特色、政治地位和发展成就,高度评价了召开本次学术研讨会的重要现实意义。他希望我校师生珍惜难得的学习交流机会,与各位专家学者不断增进情感和友谊,深化交流与合作,牢牢地抓住时代机遇,勇于承担历史责任,共同促进西藏和谐稳定与民主法治建设,为建设"富裕西藏、和谐西藏、幸福西藏、法治西藏、文明西藏、美丽西藏"、为实现"两个一百年"的伟大中国梦作出新的更大的贡献。

恰逢党的十八届四中全会刚刚落幕之际,在学术研讨活动中,来自中共中央党校、中国人民大学、广西民族大学、青海民族大学、西北政法大学、中南民族大学、西藏大学等知名学府的专家学者和我校的专家学者以及部分研究生共100多人,围绕"西藏社会和谐稳定与法治建设"这一主题,从"法治中国与纠纷多元化解决""依法治国的法学期待:理论创新""广西地方法文化社会管理机制创新""西藏地方乡规民约调查研究分析""社会纠纷解决机制所面临的问题"等不同的学术视域,阐发了学术思想,分享了研究成果,呈现出学术思想交流融汇的喜人景象。

西藏民族大学副校长刘凯教授在出席此次学术研讨会闭幕式时指出,"西藏社会和谐稳定与法治建设"学术研讨会完成了各项议题,取得了圆满成功。与会专家聚焦西藏社会和谐稳定与法治建设,就依法治国、依法治藏等议题,提出了诸多学术创见,展现了严谨务实的学术风范和令人折服的人格魅力,为我校师生呈现了一场精彩纷呈的思想文化盛宴。

据介绍，本次学术研讨会由设在该校的国家民委人文社会科学重点研究基地——西藏社会和谐稳定与法治建设研究基地举办。在研讨会期间，中国人民大学法学院张志铭教授、中共中央党校卓泽渊教授、西北政法大学郭捷教授等国内知名专家学者分别受聘为我校兼职教授，并做了会议主题演讲和专场学术报告，在我校师生中引起广泛反响。

西藏社会和谐稳定与法治建设研讨会会议综述

建设法治社会，依法治藏稳边，是当前西藏经济社会发展的重大理论和现实问题。依托于西藏民族大学法学院、马克思主义学院和管理学院共同承担建设的国家民委人文社会科学重点研究基地——西藏社会和谐稳定与法治建设研究基地，于2014年11月15日在西藏民族大学召开了题为“西藏社会和谐稳定与法治建设研讨会”，旨在学习贯彻十八届四中全会精神，共同研讨西藏治理的法治途径、思想政治教育途径和公共服务与社会治理途径。会议邀请了国内相关专业学者近10位，共收到学术论文58篇，有16位学者参与交流发言。研讨会分别由西北政法大学副校长郭捷教授和广西民族大学法学院院长何立荣教授主持，中国人民大学马克思主义学院副院长侯衍社教授点评。

紧密联系法治社会建设的背景，围绕西藏社会和谐稳定的法治途径，9位法律学者先后发言。中国人民大学张志铭教授在《法治与纠纷的多元解决》主题发言中指出：十八届四中全会以来，“法治”这个话题越来越受关注，应该结合西藏的和谐稳定来研讨社会纠纷的多元解决机制。在阐述了国家主义法律观后，他结合市场经济条件下遵循契约和自治的现实条件，认为在法律制定上要纳入社会的视角。针对社会纠纷的多元解决机制，从对“ADR”(Alternative Dispute Resolution)的误读，他提出一个社会纠纷解决的经典解决形式是司法解决/诉讼解决。中共中央党校卓泽渊教授主要从法理学的角度来阐述对依法治国的体会。他指出对依法治国的法学期待主要在理论的创新，并详细地从法的起源论、本质论，法的作用，司法理论的创新等几个方面做了分析。最后，他还指出法学理论创新，要立足于法学，放眼社会科学。中国人民大学彭小龙副教授也从社会纠纷解决的法律机制展开讨论，提出了理想与现实、诉讼和非诉讼、制度的建构与演进、统一性与多元性四个问题。广西民族大学法学院院长何立荣教授在《广西地方法文化与社会管理机制创新》中介绍了该校的协同中心建设和法学硕士建设情况，重点介绍了法硕的培养方案。西藏大学的柳杨副教授先介绍了西藏大学政法学院法学系的基本情况，再谈她在西藏农村所做的“村规民约”调研，发现当地村规民约反映了当地法律运行环境的问题。青海民族大学杨虎德教授基于青海藏区部落习惯法的思考，论述了法治建设与藏区社会的稳定。以藏区“赔命价”“赔血价”的现象为例，杨虎德教授分析了其原因，认为这一现象牵涉到法律学术问题，也是重要的民族政策问题，很大程度上涉及对藏区历史和文化的评价问题。他认为要解决诸如此类的问题就必须实现立法和改革决策相衔接，做到重大改革于法有据、立法主动适应改革和经济社会发展需要。西藏民族大学倪娜博士的《浅谈主体立法与西藏法治建设》主要涉及三个方面的内容：“主体立法”的基本内涵，将主体立法放在“全面推进依法治国”大背景下进行分析和考量，主体立法对西藏法治建设的意义。西藏民族大学何剑锋博士在《论法治文化建设对西藏长治久安战略价值》中探寻了法治文化建设对西藏长治久安的战略价值：第一，法治文化的先导性，保障新西藏建设的正确方向；第二，法治文化追求的内在价值，保障西藏人民的根本权利，实现法治社会；第三，法治文化提供精神动力，促进西藏跨越式发展，实现长治久安；第四，通过法治文化的认同，凝聚西藏全体人民的共识和力量，反对分裂、维护国家的统一；第五，法治文化的自觉，形成法律信仰，依法治藏。西藏民族大学井凯笛博士对依法治国与依宪治国做了详细的分析，提出依宪治国的核心在于维护宪法法律的权威，在于维护以宪法解释权及违宪审查制度为关键的宪法生命。他认为依宪治国是依法治国的抓手，依法治国是依宪治国的保障。

思想道德建设是西藏社会和谐稳定的重要内容，有校内外3位学者就此先后发言。中国人民大学侯衍社教授在《更好发挥教书育人作用，推动西藏高校思想政治工作深入开展》中论述了三个问题：第一，要认真学习习总书记重要讲话，深刻把握主要内容和精神实质。第二，当前西藏高校思想政治工作面临的主要困难和问题，包括学生基础知识水平、受宗教氛围的影响、学习压力不大，以及达赖分裂集团的分裂破坏活动，增大了思想政治教育工作的难度。第三，进一步强化教师在高校思想政治教育工作中的重要作用。西藏民族大学徐万发教授的演讲内容为利用陕西丰厚的文化积淀对在陕大学生进行思想政治教育，他从未来西藏社会接班人培养的视角，探讨了在陕藏族大学生的思想政治教育与未来西藏社会和谐发展问题。西藏民族大学高峰教授在《试论老西藏精神的科学内涵和当代价值》中，联系老西藏精神提出的历史轨迹，他从“老西藏精神”的内涵与大学生的理想信念教育，将“老西藏精神”教育转化为"爱国""爱藏"教育、以"老西藏精神"为核心凝练社会主义核心价值观、挖掘"老西藏精神"当代价值为西藏社会提供精神动力四个方面展开论述。

公共服务与社会治理是西藏社会治理的主要内容,4位学者联系各自研究重心,交流了研究的心得。中南民族大学蔡琼教授首先简单介绍了中南民族大学,之后联系其研究的湖北连片特困地区人力资源协同开发问题,从管理学视角讲了系统结构对系统功能的作用,并从理念和内外关系层面做了阐释。西藏民族大学刘红旭博士的《藏传佛教与西藏社会稳定——一个宗教社会学的分析框架》首先分享了社会学研究中结构决定社会性质,社会性质导向社会运行的研究思路。紧接着联系自己提出的西藏社会稳定内涵,从亚里士多德善政的两个方面出发,分别从善治旨在制度建设以为民谋福祉,伦理即善道旨在增促个体和社群的幸福,论述了藏传佛教在西藏社会稳定研究中的重要意义。在分析宗教社会学意义上藏传佛教的四个特点——文化性、社会性、工具性和情感性之后,他表述了自己的观点,西藏的社会稳定与发展,是要面向一个彰显佛家之爱的美好社会。西藏民族大学王娟丽副教授探讨的是西藏创新社会管理体制的路径之一的网格化管理。以拉萨市城关区为例,她介绍了拉萨市网格化管理的模式。在她看来,网格化管理作为西藏维护社会稳定的10项措施之一,在维护西藏社会稳定中发挥着重要作用,通过网格化向应急管理、社会保障等相关领域的延伸,以及向下延伸(如"双联户"工作),西藏网格化管理在未来有着广阔的应用前景。西藏民族大学杜永豪副教授的《西藏自然环境与公共管理》基于全球的发展悖论、担忧本能地步父辈后尘的习惯和对当今我国社会所流传的跨越观的质疑与商榷。他指出,西藏公共管理者应谨以对西藏自然环境的清醒认识、经济社会发展的合理目标定位和理性的公共管理(包括以环保为首位施政原则、生态承载水平的宏观分析、综合的资源保护开发法规与规划、全民环保意识与资源节约型道路)为基本支点,方可避免蹈他人之辙。

除参加学术探讨会之外,受邀的几位专家还为不同二级学院师生举办了学术报告会。其中,中国人民大学张志铭教授、中共中央党校卓泽渊教授、西北政法大学郭捷教授为法学院举办三场学术讲座,分别由法学院院长侯明教授和副院长姚俊开教授主持点评。此次学术研讨会的顺利召开,标志着西藏社会和谐稳定与法治建设研究基地步入正轨,开启了以重点研究基地为平台的学术研究与学术交流。通过学术交流会,吸收了学界的养分,展示了基地的学术水平,也增进了与国内相关领域学者的联系,有利于基地建设和学科发展。

目　　录

第一部分　西藏社会和谐稳定与法治建设综合研究

第二部分　西藏法治建设专题研究

第三部分　西藏思想道德建设研究

第四部分　西藏社会服务与公共管理研究

第一部分

西藏社会和谐稳定与法治建设综合研究

从构建和谐社会视域看西藏地方立法执法的辉煌成就

侯　明*

摘要:西藏自治区人大和政府始终坚持民族区域自治制度,根据国家法律法规,结合西藏区情,先后制定了大量地方性法规、规章和规范性文件,凝聚和形成了具有中国特色、西藏特点的地方法规规章体系。其内容涉及社会稳定、生态环境建设与保护、传统文化与非物质文化遗产法律保护、民生与社会保障等诸多领域,使西藏地方立法执法取得了辉煌的成就。

关键词:民族区域自治;地方立法;生态环境;传统文化

1965 年 9 月 1 日,西藏第一届人民代表大会第一次会议在拉萨召开,并宣布西藏自治区正式成立,从而开始了我国民族区域自治制度在西藏地方的伟大实践。我国的民族区域自治,实际上是民族自治与区域自治的相结合,即"民族自治地方各族人民行使宪法和法律赋予的选举权和被选举权,通过选出人民代表大会代表,组成自治机关,行使管理本民族、本地区内部事务的民主权利"[1]。作为国家基本法律的《民族区域自治法》,为保障国家统一领导和各少数民族聚居地方实行区域自治,保障各少数民族管理本民族内部事务,发挥了重要的保障作用。在西藏实行民族区域自治制度,一方面藏族作为主体民族通过自治机关行使自治权力,管理本民族的地方性内部事务;另一方面,藏族与其他非自治民族通过自治机关共同管理本地区的地方事务。因此,我国民族区域自治实质上是"民族共治"[2],自治机关不仅要管理本民族、本地区的内部事务,而且要协调自治地方各民族之间的关系,通过不断完善地方立法,加强执法和监督,充分实现民族自治地方经济社会文化的繁荣与发展。

* 侯明,西藏民族大学法学院教授,主要研究方向为诉讼法学、律师法学。

一、加强区域自治立法　维护西藏社会稳定和民族团结

西藏自治区自成立以来，自治区人大及其常务委员会依据宪法和民族区域自治法先后制定或批准了280多件地方性法规和具有法规性质的决议、决定。其中现行有效的法规86件，具有法规性质的决议、决定149件，批准拉萨市报批的法规19件。这些法规符合西藏实际情况，内容涉及地方政权建设、社会经济发展、司法体制改革、森林和自然资源保护等各个领域。2001年，为进一步规范地方立法工作，自治区七届人大四次会议审议通过了《西藏自治区立法条例》，对地方立法的基本原则、权限、程序等做了较详细的规定，不仅使得西藏地方立法制度化和规范化，而且依此逐步形成了西藏地方立法的特色和机制。[3]

自治区人大及其常委会坚决维护祖国统一和民族团结。在西藏，分裂与反分裂的斗争是长期的、尖锐的、复杂的。开展反分裂斗争，维护社会稳定，也是自治区人大及其常委会的重要职责。① 为此，自治区人大及其常委会运用立法、监督、重大事项决定等职权，制定了一系列法规和具有法规性质的决议决定。如自治区人大及其常委会“关于维护祖国统一、加强民族团结、反对分裂活动的决定”“关于坚决反对达赖擅自宣布班禅转世灵童的不法行为的决议”等。2008年拉萨“3·14”事件发生后，西藏人大常委会制定了“关于强烈谴责达赖集团策划煽动极少数分裂主义分子打砸抢烧的罪恶行径，坚决维护祖国统一，反对分裂破坏活动，促进社会和谐稳定的决议”。2009年1月19日，自治区九届人大二次会议通过表决，决定将每年3月28日设为“西藏百万农奴解放纪念日”。② 另外，自治区人大及其常委会坚持围绕中心、服务大局，充分发挥监督职能。先后对50余部法律法规实施情况组织开展执法检查，听取和审议“一府两院”工作报告和专题汇报38次，向各级政府和有关部门提出

① 据中国西藏新闻网2009年3月12日报道，西藏自治区人大常委会主任列确讲，达赖集团的分裂活动使国家核心利益和人民群众的根本利益受到严重损害，西藏将继续加强立法执法来反分裂。

② 1959年3月28日，中央政府宣布解散西藏地方政府，由西藏自治区筹备委员会行使西藏地方政府职权，在西藏正式开启民主改革，废除“政教合一”的封建农奴制，使百万农奴和奴隶获得人身自由，分得土地，并享有法律所规定的政治权利。

改进执法工作的意见、建议百余条，有效促进“一府两院”依法行政、公正司法。①

二、加强经济环境立法　推进西藏生态环境建设的法制化

长期以来，特别是党的十七大以来，西藏自治区人大及其常委会按照“关于形成和完善中国特色社会主义法律体系”的总体要求，统筹谋划地方立法工作，不断完善西藏的法规体系，充分发挥地方立法在服务经济社会发展中的规范、引导、促进和保障作用。尤其是在西藏生态环境建设和保护方面，已经取得明显成效。

西藏地处青藏高原，地理环境特殊，生态环境建设和保护的任务尤为艰巨。既不能用破坏生态环境换取经济效益，也不能用停止发展来维持生态建设与保护。必须坚持遵循自然规律和社会发展规律，坚持经济建设和生态环境保护并举，既要改善西藏各族人民生活，又要促进和发展西藏生态建设。②为此，西藏自治区人大和政府始终坚持科学发展观，树立了经济、社会、生态和谐发展与可持续发展的理念，广泛开展地方立法和执法检查监督工作，特别注重对西藏生态环境保护领域的立法、执法工作。

据统计，民族区域自治法实施以来，西藏人大常委会、政府及职能部门为保护西藏生态环境和自然资源，先后颁布实施生态环境建设与保护的地方性法规、规章、政府规范性文件等30余部（件）。其中地方性法规主要有西藏自治区人大先后颁布的《西藏自治区地质环境管理条例》《西藏自治区实施〈中华人民共和国野生动物保护法〉办法》《西藏自治区实施〈中华人民共和国土地管理法〉办法》《西藏自治区实施〈中华人民共和国水土保持法〉办法》《西藏自治区矿产资源管理条例》等10多部。从内容来看，既有生态环境建设与保护的综合性法规，也有生态与环境保护各个领域的法规，包括土地管理、矿产资源管理、森林保护、草原保护与管理、水土保持、野生动物保护、饮用水水源环境

① 向巴平措在全国人大常委会法工委赴藏开展地方立法调研座谈会上，介绍西藏自治区人大开展立法和监督工作情况时讲话，《西藏日报》2012年6月16日第3版。

② 参见2011年7月19日新华网有关国家副主席习近平同志参观“西藏60年成就展”的报道内容。

管理、自然保护区管理、污染治理等方面的专项法规。① 这些法规初步形成了一套与西藏生态建设和环境保护相适应的地方法规制度体系。[4] 目前，西藏已建立 17 个国家级和自治区级自然保护区，总面积约占全区面积的 1/3。[5] 中央第五次西藏工作座谈会也将重要生态安全屏障建设确定为西藏的六大战略之一，国务院批准的《西藏生态安全屏障保护与建设规划》计划陆续投入上百亿元资金，到 2030 年基本建成国家级的西藏高原生态安全屏障。据统计，2011 年西藏的森林覆盖率从旧西藏的不到 1%上升到 11.91%。在"十五"期间，国家投到西藏的生态环境建设与保护的基金已达到 32.1 亿元人民币，而"十一五"的头三年，就已经达到 32.5 亿元。② 可以说，国家法律法规和西藏地方性法规有效地保障了西藏社会生态环境建设、保护与可持续发展。

西藏人大及其常委会先后组织普法教育和执法大检查，以加大监督生态环境建设与保护的力度。首先，自治区人大和各级政法机关联合开展普法教育活动。近年来，自治区开展了 5 次大规模的普法教育活动，全区有超过 200 万人次接受了普法教育，青少年在校学生的普法率达到了 90%以上。[6] 通过普法教育，西藏农牧民的法律意识得到极大的增强。其次，开展西藏自治区中华环保世纪行活动。针对《中华人民共和国环境保护法》《中华人民共和国草原法》《中华人民共和国矿产资源法》《中华人民共和国野生动物保护法》《西藏自治区环境保护条例》等法律法规进行执法检查，开展了中华环保世纪行——西藏行活动。重点围绕"整治违法排污企业、保障群众健康环保专项行动"，以集中整治饮用水水源环境安全为目标，全面组织开展了城镇集中式饮用水水源地环境保护、污染企业治理、建设项目环境监察、农产品生产基地及食品加

① 据统计，自 1965 年以来，西藏自治区人民代表大会及其常务委员会已相继制定了 255 件符合西藏实际，维护西藏人民利益，并具有民族区域自治特色的地方性法规决议、决定，内容涉及政治、经济、文化、教育等各个方面。1984 年以来，西藏人民政府先后颁布实施了《自治区实施〈自然保护区条例〉办法》《自治区政府关于贯彻国务院环境保护若干问题决定的通知》《自治区政府关于贯彻全国生态环境保护纲要的意见》《自治区政府办公厅关于加强项目建设环境保护工作的紧急通知》《自治区饮用水水源环境保护管理办法》等规章及规范性文件 12 件。1989 年，我国《环境保护法》的颁布实施，推动环境保护立法工作。1992 年，自治区人大常委会审议并颁布了《西藏自治区环境保护条例》。2003 年，新修订的《西藏自治区环境保护条例》，为西藏全面推进环境保护依法行政提供了强有力的法律保障。

② 参见 2011 年 5 月 23 日中国西藏网周末假日版《让人费解的"西藏环境破坏论"》一文中的内容。

工企业环境监测与监察、矿产资源开发环境保护、青藏公路铁路沿线及其周边环境综合整治等专项行动。最后,加强对违法违规企业的执法查处。通过采取下发通知、签订环境保护目标责任书、现场执法检查等多种形式,加强查处违法违规企业。尤其是青藏铁路公路、直孔电站、林芝机场等重点建设项目的环境保护和监督检查。在部分重点项目如青藏铁路公路建设项目中,推行项目环境监理试点工作。另外,全区7地(市)相继开通了"12369"全国统一的环保举报电话,方便民众对环境保护问题的监督举报。[7]

三、加强传统文化立法 推动西藏非物质文化遗产的法律保护

随着落实民族区域自治制度和依法治藏方针的深入,西藏地方人大及其常委会不仅关注到了民族自治地方的社会政治稳定和生态经济发展,而且也开始与地方政府部门共同推进传统文化保护的法制化。这是在民族区域自治地方构建西藏和谐发展格局的必然选择。2005年文化部起草了《非物质文化遗产保护法(草案)》,将非物质文化遗产保护问题列入立法的议事日程。在广泛调研和征求意见的基础上,《非物质文化遗产保护法》于2011年2月25日由第十一届全国人民代表大会常务委员会第十九次会议通过,使得民族自治地方非物质文化遗产保护有了国家法律的依据和保障。

实际上,西藏早就制定了一系列有关文化事业的地方性法规和单行条例。如《西藏自治区文物保护条例》《西藏自治区环境保护条例》等均有非物质文化遗产保护的相关内容。2005年9月,西藏自治区人民政府曾颁布《关于加强西藏非物质文化遗产保护工作的意见》,发挥了政策指导和规范作用。有资料显示,2006年至2009年,经过3年的非物质文化遗产普查,西藏共发现14类406个非物质文化遗产项目和83个传统戏剧演出机构,同时发现传承人1177名。[8]为了保护这些非物质文化遗产,国家和自治区先后累计投入近2400万元人民币,专项用于西藏范围内的国家级和自治区级非物质文化遗产代表作的保护和传承;西藏各地(市、县)也累计投入2000多万元。目前,西藏已有联合国人类非物质文化遗产代表作2项(格萨尔、藏戏)、国家级非物质文化遗产代表作76项、自治区级非物质文化遗产代表作222项、国家级非物质文化遗产项目代表性传承人53名、自治区级代表性传承人134名。[9]这使得通过西藏地方立法保护其非遗更为必要。

从2010年起，西藏进入非物质文化遗产保护工程的全面实施阶段。① 在文化领域，西藏自治区人大和政府积极贯彻执行国家法律，结合西藏非物质文化遗产保护的实际，不断加大投入力度，加强对非物质文化遗产的挖掘、整理和保护工作，以继承弘扬中华民族优秀传统文化，推动西藏文化大发展、大繁荣。2012年6月9—15日，“首届西藏非物质文化遗产保护成果大展”在西藏群众艺术馆举行。参加此次大展的非遗保护项目共42个，其中展示类非遗保护项目29个、传统歌舞展演类项目13个。此次共有37名国家和自治区级传承人和来自全区7地(市)的近300名各级各类传承人、民间艺人参加大展。②目前，全区各级各部门正在认真贯彻落实党的十七届六中全会、中央第五次西藏工作座谈会和自治区第八次党代会精神，认真贯彻落实《非物质文化遗产法》，按照“保护为主、抢救第一、合理利用、传承发展”的方针，把保护传承和开发利用结合起来、社会效益与经济效益结合起来、继承与创新结合起来，科学推进非物质文化遗产生产性保护工作。③ 西藏自治区人大及其常委会正在着手收集西藏传统文化与非物质文化遗产法律保护等诸多方面的立法建议，为地方立法做前期性工作。

四、加强社会保障立法　促进西藏城乡居民生活改善

2007年11月22日，西藏自治区第八届人大常委会审议通过了《西藏自治区人民代表大会常务委员会讨论决定重大事项的规定》。2008年7月30日西藏自治区第九届人大常委会审议通过了“2007年西藏自治区财政决算”，要求自治区人民政府要严格预算管理，加大社会稳定和民生领域财政投入。为此，自治区人大积极开展以改善民生为重点的监督检查工作。

其一，进一步完善强农惠农政策。加大强农惠农政策宣传，不断提高城乡居民收入水平，逐步改善农牧民居住条件。2011年自治区城镇居民人均可支

① 西藏非遗产保护工程进入全面实施阶段[EB/OL]，中新网，http//www.Chinanews.com/cul/2010-12-07-2704862.shtml。

② 参见2012年6月16日《西藏日报》第3版上有关西藏自治区人民政府主席白玛赤林同志考察首届西藏非物质文化遗产保护成果大展的报道内容。

③ 参见2012年6月16日《西藏日报》第3版上有关西藏自治区人民政府主席白玛赤林同志考察首届西藏非物质文化遗产保护成果大展的报道内容。

配收入达16196元，比上年增长8.1%；农牧民人均纯收入4904元，增长18.5%；通过推进新农村建设，实施安居工程，年末已有33.87万户、共174.27万农牧民住上了宽敞明亮的新房，城镇居民人均居住面积36.61平方米，农牧民人均居住面积29.61平方米。①

其二，进一步推进劳动就业工作。2009年西藏先后出台7个文件，内容涉及促进高校毕业生就业、以创业带动就业、农民工就业、减轻企业负担稳定就业、就业服务和职业培训等，保持了就业形势的基本稳定。全区城镇新增就业2万人，完成年初目标任务的105.2%，城镇登记失业率为3.95%，同比下降0.05个百分点。[10]

其三，进一步完善城乡居民社会保障制度。西藏是全国首个实现医疗保险省级统筹的省区。新农保试点工作的开展，标志着西藏建立覆盖城乡居民的社会保障体系又迈出了关键一步。自治区有关部门制定出台新型农村社会养老保险试点实施方案和试点实施办法，将西藏7个县(市、区)21.95万农牧民纳入试点范围，近4万农牧区居民直接享受到惠农政策。[11]西藏基本养老金按时足额支付率和社会化发放率均达到100%。据统计，2010年末全自治区参加基本养老保险的职工11.24万人，参加失业保险11.03万人，参加工伤保险11.84万人，参加生育保险16.06万人，城镇参加基本医疗保险(职工居民)43.67万人。② 2012年11月1日，为了进一步提高西藏城乡居民社会保障水平，西藏自治区党委和政府决定，每年投入4400余万元，免费为全区城乡居民、援藏干部、寺庙僧尼投保团体人身意外伤害保险，实行“政府出资、商业保险运作”的新型保险管理模式。按年人均11.5元投保，保险期限为1年，伤亡保险金额为每人5万元，附加医疗保险金额1万元。[12]

其四，进一步完善城乡居民最低生活保障措施。据统计，2010年全自治区城镇居民共有42881人享受政府最低生活保障，发放低保救助金11222.5万元。农村居民有23万人享受政府最低生活保障，发放低保救助金18067.66万元。年末全区各类社会福利机构共有80个，公办儿童福利院10所，民办儿童福利院5所，集中收养1043人，供养五保户15247人，其中孤残儿童3400人。全年销售社会福利彩票3.31亿元，筹集社会福利公益金1.03亿元。③

① 2011年3月西藏自治区国民经济和社会发展统计公报的数据。

② 2011年3月西藏自治区国民经济和社会发展统计公报的数据。

③ 2011年3月西藏自治区国民经济和社会发展统计公报的数据。

尽管西藏在社会保障的立法执法方面已经取得了一定成就，但是从长效机制建设来看，作为西藏特色的社会保障法律体系仍然存在一些不足。今后需要进一步加强西藏社会保障性立法和执法工作，在利用中央和地方财政支持的基础上，依法健全和落实资金来源多元化、管理服务社会化、运行机制规范化的西藏社会保障法律体系，以满足城乡居民社会保障的需要，切实保障西藏社会经济跨越式发展。[13]

综上所述，西藏自治区人大和政府始终坚持民族区域自治制度，根据国家法律法规，结合西藏区情，先后制定了大量地方性法规、规章和规范性文件，凝聚和形成了具有中国特色、西藏特点的地方法规规章体系。内容涉及社会稳定、生态环境建设与保护、传统文化与非物质文化遗产法律保护等领域。当然，尽管西藏地方立法取得了令人欣慰的辉煌成就，但仍然存在一些不足之处。笔者认为，依据我国宪法和法律的规定，坚持民族区域自治制度，从西藏社会稳定和经济发展的大局出发，重点突出维护稳定与反分裂斗争、生态环境保护与经济发展、传统文化与非物质文化遗产保护、劳动与社会福利保障等方面的立法执法工作，将会使西藏社会稳定、团结、和谐、文明、发展，更具有保障性。

参考文献：

[1]中国国务院新闻办公室.《中国的民族区域自治》白皮书[J].2005-02-28.

[2]朱伦.民族共治论：对当代多民族国家族际政治事实的认识[J].中国社会科学，2001(4).

[3]张清.西藏60年法制建设主要成就、经验与启示[J].西藏法治论坛，2011(5).

[4]玉珍，张帆.西藏人大建设：民主法制精神　扎根雪域高原[EB/OL].人民网，2009-06-10.

[5][6]新华网.法律变迁折射西藏社会民主政治巨变[EB/OL]，2009-03-10，http://news.QQ.com.

[7]晓勇.西藏30年环保立法工作综述[EB/OL].西藏新闻网，2007-07-17，http://news.QQ.com.

[8][9]杨长海.西藏非物质文化遗产保护之地方立法探讨[J].西藏发展论坛，2012(2).

[10][11]肖涛.西藏人力资源和社会保障工作稳步发展[N].西藏日报，2010-02-12.

[12]许万虎.西藏政府全额出资为居民和僧尼投人身意外伤害险[N].http://news.ifeng.com，2012-11-01.

[13]陈爱东.西藏特色社会保障体系建设综述[J].中国藏学，2011(2).

《民族区域自治法》的法理反思

姚俊开*

摘要：从法理的视角对民族区域自治法的立法依据、地位、属性、精神、价值和作用等方面进行分析，寻找出法律自身及实施过程中存在和出现的问题，准确把握法的精髓和本质，并对民族区域自治法进一步完善和实施提出合理化建议。

关键词：民族区域自治；基本法律；法理

在民族区域自治法颁布施行30周年之际，从法理的视角重新对其分析，审视民族区域自治法的立法依据、法律地位、基本属性、基本精神、核心价值和主要作用，准确地把握法的精髓和本质，寻找法律自身及实施过程中存在和出现的问题，提出合理化修改建议，从而使其更加符合社会主义核心价值观要求，使其更好地为各民族的共同繁荣保驾护航。

一、民族区域自治法的依据、地位与属性

在统一的多民族国家里，如何正确处理民族关系、维护民族团结和国家的统一是一个世界性难题。但是，在中国共产党的领导下，我国创造性地实行了民族区域自治制度，科学地解决了单一制国家内中央与地方、汉族与少数民族、少数民族与少数民族的关系问题，从而使我国各少数民族与全国人民一道走上“富强、民主、文明、和谐”的幸福之路。

* 姚俊开，西藏民族大学法学院教授，硕士研究生导师，国家民委“西藏社会和谐稳定与法治建设重点研究基地”研究人员。主要研究方向为民族法制问题。

1. 立法依据。民族区域自治法的立法依据是党的民族政策和国家的根本大法，民族区域自治法是国家在总结革命和建设过程中长期形成的民族政策及实践经验基础之上根据宪法制定的基本法律。民族区域自治是尊重历史、顺应民心、合乎国情的选择，既是具有中国特色、符合各民族共同特点的民族政策，又是实施民族区域自治政策的法律制度。1949 年制定的《共同纲领》，把民族区域自治作为解决我国民族问题的一项基本政策确立下来，1952 年发布的《民族区域自治实施纲要》，为民族区域自治的全面推行提供了法律依据，1954 年《宪法》进一步明确了民族区域自治的法律地位。其后颁布的 1975 年《宪法》和 1978 年《宪法》，尽管受“文化大革命”的影响，关于民族问题的规定明显减少，但仍然保留了“民族区域自治”和“民族自治地方的自治机关”的条款。1982 年《宪法》继承和发展了 1954 年《宪法》关于民族区域自治制度的基本精神，增加了上级国家机关帮助民族自治地方加速发展经济和文化、大力培养少数民族干部和各种专业人才的责任和义务等内容，并扩大了自治机关的自治权限。[1]总之，从起临时宪法作用的《共同纲领》到新中国成立后颁布的四部宪法来看，关于民族问题特别是民族区域自治的规定条款占了很大的比重，构成了民族区域自治的核心内容，并成为民族区域自治的立法依据和重要保障。

2. 法律地位。《民族区域自治法》是宪法之下最重要的基本法之一，是实施宪法关于民族区域自治制度的基本法律，是我国社会主义法律体系的重要组成部分。它是我国基本法援引宪法条款最多的基本法，是一部唯一拥有序言的基本法，是一部涉及政治、经济、文化方面内容极为广泛的法律，可见其地位之高、内容之广是其他法律无法相比的。它不仅是党的民族自治政策的具体化、条文化、规范化，而且是对现行宪法中有关民族区域自治原则规定与精神实质的进一步细化，明确肯定了我国各民族的共同历史地位，清晰界定了国家统一与少数民族区域自治的正确关系，同时还规定了社会主义时期的民族关系及维护原则，规定了实行自治的民族在自治机关的地位，规定了自治权利的具体内容，规定了上级国家机关对民族区域自治地方的义务和职责等内容，从而保障了各民族都有参与国家大事的权利，确定了促进各民族共同繁荣的目标。1984 年《民族区域自治法》的颁布，使民族区域自治由党的政策层面上升为国家的重要政治制度。2001 年《民族区域自治法》的修改，使之进一步上升为国家的基本政治制度。它从党的政策上升为国家重要政治制度，再从国家重要政治制度上升为基本政治制度，不仅提高了民族区域自治的地位，而且为民族区域自治制度的全面实施提供了法律依据和保障。[2]

3. 基本属性。《民族区域自治法》与其他法律相比具有以下属性：

第一,《民族区域自治法》是党和国家的民族政策和民族区域自治制度的法律化。《民族区域自治法》不是我国现行民族政策的简单重复,它是以规定民族自治地方自治机关的自治权为核心,以规范权利和义务为其主要内容,对中央国家机关、地方国家机关、民族自治地方的自治机关及其国家机关工作人员和全体公民都具有约束力的法律。

第二,《民族区域自治法》是国家的基本法律。法律根据其地位、作用,可以分为基本法律和其他法律。《民族区域自治法》是根据宪法规定的民族区域自治原则和制度,由全国人民代表大会制定的基本法律。它的效力和地位仅次于宪法,高于法律、行政法规、地方性法规和自治条例、单行条例等。全国人民代表大会常务委员会制定的其他法律、国务院制定的行政法规、各级地方人大制定的地方性法规和自治法规,都不得与《民族区域自治法》规定的基本精神相违背。

第三,《民族区域自治法》是全国性的法律。法律有普通法和特别法之分,普通法是在全国范围内都适用的法律,特别法是指在特殊领域发生效力的法律。《民族区域自治法》作为全国性法律,一方面重点设定了自治地方自治机关的自治权利,另一方面又重点规定了上级国家机关在实施民族区域自治制度方面的义务和职责,其共同的目的是促进和保障民族区域自治地方经济、文化等各项事业的快速发展,实现各民族的平等和共同繁荣。因此,它的适用范围不能仅仅理解为在民族自治地方内部,而在全国范围内都具有法律约束力。[3]

第四,《民族区域自治法》是民族区域自治法律部门的核心法律。法律部门是依据法律规范调整对象和方法的不同,而对法律规范所作的分类。每一个法律部门都是由若干个法律构成的,一般情况下都是先出台核心法律,再制定其他相关法律法规,随着依法治国进程的推进特别是立法步伐的加快,民族区域自治法基本上成为一个独立的法律部门,并且已经拥有自己专属的调整对象和方法。在这个法律部门中,从民族区域自治法的地位与作用来看,它显然就是这个部门的核心法律。[4]

正是由于《民族区域自治法》地位与属性的特殊性,所以它才对促进民族地区经济、文化事业的飞速发展,对“平等、团结、互助、和谐”民族关系的进一步巩固和发展发挥了特别重要的作用。

二、《民族区域自治法》的主要任务、调整对象和核心价值

了解了民族区域自治法的地位、属性之后，我们再进一步探讨它的主要任务、调整对象和核心价值，以便对其有更深层次的认识与反思。

1. 主要任务。民族区域自治法作为国家的一部重要基本法律，不仅是实行民族区域自治制度的法律依据和保障，而且也是维护和发展社会主义民族关系的法律依据和保障。它立法的目的，就是要通过法律的手段来调整与民族区域自治相关的社会关系，保障少数民族的民族区域自治权利，促进“平等、团结、互助、和谐”的社会主义民族关系的健康发展，从而调动各族人民在社会主义现代化建设中的积极性，促进国家和自治地方各项事业的同步发展。同时也是落实宪法关于民族问题的基本精神，维护民族自治地方的各项合法权益和国家的根本利益，实现国家统一富强和各民族共同繁荣的要求。[5]从它的立法目的来看，民族区域自治法的任务主要体现在两个方面：首先是保障各少数民族的平等权和自治权，促进民族区域自治地方经济文化的快速发展；其次是保障社会主义民族关系的健康发展，加强和巩固民族的团结和国家的统一。[6]

2. 调整对象。民族区域自治法是作为调整民族关系和民族区域自治关系的法律，它的调整对象具体包括以下三个方面的关系：

第一，调整国家和民族自治地方的关系。在统一的多民族国家里，中央与地方的关系处理得是否科学、合理，直接关系到民族的团结和国家的统一问题，民族区域自治法是正确处理国家与少数民族地方关系的法律依据和保障。民族区域自治法规定，各聚居的少数民族在国家统一领导下，根据历史情况和实际需要可以建立自治地方，依法设立自治机关，行使自治权。民族自治地方作为中华人民共和国不可分割的部分，首先要把国家的整体利益放在首位，保证国家宪法和法律基本精神在自治地方得到贯彻和落实的同时，根据本地方的实际情况贯彻变通执行国家的法律、政策，充分行使其在政治、经济、文化等方面自治权利。此外，法律还规定了上级国家机关帮助民族自治地方的一系列职责和义务。

第二，调整一般行政地方与民族自治地方及各民族自治地方相互间的关系。民族自治地方与非自治行政地方一样，都是中华人民共和国不可分离的重要组成部分，只是由于历史、自然因素等影响，经济社会相对落后。民族区

域自治地方的国家机关不仅是一级地方国家机关，而且是民族自治地方自治机关，它具有双重身份与属性，除行使同级一般地方国家机关的职权外还依法自主享有多项自治权。但是它和一般地方国家机关地位是一样的，相互之间是“平等、团结、互助、和谐”的关系。依据自治法相关条文规定，中央政府对民族区域自治地方在政策、财政等方面大力扶持的同时，国家还组织、鼓励相关部委和经济发达省市，对少数民族地区进行多方面、多层次大规模地持续对口支持和援助，目的是实现各民族的共同繁荣与进步。[7]

第三，调整民族自治地方内部各民族之间的关系。我国民族分布的基本特点是各民族大杂居小聚居。依据宪法精神规定与民族区域自治法的具体原则，参照历史、地理等情况，根据当地的民族关系、经济发展等因素，在少数民族聚居的地区，建立了三级民族自治地方。由于每个民族自治地方内的民族成分比较复杂，因此，在贯彻执行民族区域自治法时既要处理好共属于同一民族自治地方的不同层次的民族区域自治地方的关系，又要处理好联合实行区域自治的少数民族之间的关系，还要处理好本区域内实行区域自治的民族与不实行区域自治的民族之间的关系，尤其是少数民族与汉族之间的关系。[8]

3. 核心价值。我国虽然是一个以汉族为主体的多民族国家，但是，少数民族并没有受到歧视和不平等待遇，相反，通过政策和法律等途径得到了更多的权利和利益。从民族区域自治法的内容来看，给自治机关赋予了大量的自治权限，涉及政治、经济、教育、科技、文化和社会生活的各个方面；从技术层面来看，有关自治权利的条文占到了总法条的36%。由此可见，民族区域自治法的重心就是设定权利，民族区域自治法的核心价值也只能是自治权利，说到底民族区域自治法就是确认和保障自治权利的基本依据和重要保障。自治权，对于自治机关来说，是行使自主管理本地方内部事务权利的重要标志；对于国家来说，是解决民族问题、加速发展民族地区的经济、文化事业，促进各民族共同繁荣的重要手段。[9]自治权是自主地管理本地区内部事务的一种特定的权力和权利，自治权既是权力，又是权利，是两者的统一。[10]在一定程度上说还是一些特权，也就是国家为照顾和帮助少数民族而赋予他们一些特殊的权利，这些特权是其他非民族区域自治地方的省市不能享有和行使的，其目的是保障少数民族的平等地位，促进民族地区发展和各民族的共同繁荣与进步。

到目前为止，在55个少数民族中，有44个建立了自治地方，实行区域自治的少数民族人口占少数民族总人口的71%，民族自治地方的面积占全国国土总面积的64%左右。[11]从大聚居区的少数民族到小聚居区的少数民族，从地处边疆的少数民族到居住内地的少数民族，从人口较多的民族到人口较少的民族，几乎都成立了相当的自治单位，所有的少数民族群众都普遍享受到了一定程度的自治权利。

三、《民族区域自治法》存在的不足与完善建议

从整体来看，民族区域自治法的实施，对促进民族地区经济、社会的发展，对整个国家的繁荣、稳定都发挥了十分重要的作用，而且有目共睹、不容置疑。但是，从民族区域自治法自身及发展过程来看，还存在一些亟待解决的问题，迫切需要引起研究和关注。笔者就其中的几个问题谈一下自己的看法。

1. 法律的可操作性有待进一步加强。它作为一部极其重要的基本法律，地位之高、意义之大、调整社会关系范围之广，是其他法律无法比拟的。但从整体来看，它又像是一本权利"宣言书"，设定了方方面面的自治权利，可是在自治权行使的方式、步骤、条件和程序等法律要件方面又规定得不够清晰[12]，它的可操作性弱的弊病就展现出来了，以至于使个别条款不得不成为"抚慰性"条款，甚至造成民族自治地方行政机关适用法律的困难，影响具体规范的有效贯彻实施。此外，法律条文中的逻辑规范要素也不够完整，一般情况下法律规范的逻辑结构要素包括适用条件（适用该规则的条件和情况）、行为模式（指明人们的行为方式和标准）和法律后果（违反法律带来的责任和后果）三部分构成。法律规范的三个要素可以在一个条文中表现出来，也可以在一个法律文件中不同条文中表现出来，还可以在不同法律文件中不同条文中表现出来。但本法普遍缺乏具体的法律后果要素，整个法律也缺少罚则或法律责任规定不明确，并没有规定体现出其强制性特征，对违反民族区域自治法的行为缺乏法律追究机制和监督措施。按照法理，法律的效力在于它的强制性，没有法律责任的法律，本质上说还不具备法律的属性，或者说没有法律责任条款的法律是不可能得到有效实施的。因此，在一定程度上说，民族区域自治法成为一部不可诉的法律[13]，也就不可避免地出现了"违法"现象较多而追究责任较难的无奈状况，从而使权利人受到侵害时很难得到法律的有效公力救济。因此，笔者建议尽快完善法律规范的逻辑结构，明确违反民族区域自治法行为的法律责任，进一步强化法律的可操作性。同时还应逐步建立、健全包括权力机关、行政机关、司法机关、人民群众和社会舆论监督等在内的监督体系，创制严密有效的法律实施监督机制，以保障民族区域自治法的全面贯彻落实。

2. 法条的表述需要进一步规范。构成法的要素包括法律概念、法律规

范、法律原则三个方面。法律概念是法律上规定的或人们通用的概念，是人们对法的现象、法的实践进行分析、归纳、抽象而产生的具有法定价值的范畴。它可分为专业概念(如法人、诉讼时效等)和日常概念(如父母、子女、故意、过失等)，它是法律体系的基石，是法律思维的共同起点，具有表达功能和认识功能。[14]可是在本法中的概念十分混乱和不规范，如用政治概念代替法律概念，有的条文中使用“人民”“干部”“群众”，有的条文中则用“国家工作人员”“国家机关工作人员”“公民”。条文中还出现了许多不够规范的词或词组，如：“照顾”“适当照顾”“帮助”“努力帮助”“引导”“鼓励”“支持”“扶持”“重点扶持”“尽量”“改善”“优惠”“优惠政策”“积极完成”“加速发展”“不断提高”“充分发挥”等。这些术语不仅内涵难以界定，而且外延也不统一，有的甚至在文本中不同地方的内涵还不相同，如此种种，由于条文表达的不规范，造成了执法者和普通公民对之认识不到位、理解不准确，其结果是权利不清、义务不明、责任不等，从而直接导致执行过程中的分歧和不到位。[15]加之，在一些民族自治地方，有的干部群众法治观念比较淡薄，对法律学习理解得不够准确，从而不可避免地出现对自治权“不会用”“不敢用”“不能用”等情况，在一定程度上影响了民族区域自治法的实施。因此，建议相关方面应该到各自治地方，对民族区域自治法存在的问题进行调查研究，在此基础上组织专家学者、政府干部、少数民族群众代表等相关人员，对民族区域自治法提出全面修改意见。笔者认为，应重点关注以下问题：首先，规范不合法理的法律概念和条文；其次，删去不符合少数民族地区实际的内容。在民族自治法的修改过程中，要着力解决各少数民族群众最关心、最现实的利益问题，切实改善和保障民生，让改革发展的成果惠及更多的少数民族群众，加快对少数民族干部和专业技术人才的培养步伐，适当加大民族区域自治的自由和空间，使其本民族的智慧和力量用于自治建设事业和自我发展上，从而使少数民族和民族地区得到跨越式发展，实现各民族的共同进步与繁荣。此外，还要对如何进一步增强民族团结、反对分裂，抵制渗透、防范和打击极端民族分裂分子、维护国家安全和祖国统一等方面加以完善和规范，从而使民族区域自治法成为一部与时俱进的好法、硬法。

3. 配套的法规需进一步完善。从另一个角度看，民族区域自治法是一部划分中央和民族自治地方权限的关系法。民族区域自治法作为国家基本法律只能作出一些原则性规定，具体权限的划分则要由各自治区根据实际特点和情况，通过制定自治条例的形式来确定。1984 年《民族区域自治法》颁布实施，2001 年针对其出现的问题进行了修改，2005 年《国务院实施〈中华人民共和国民族区域自治法〉若干规定》,针对自治法中的原则性、宏观性的规定进行了部分细化。此后,全国先后有155个民族自治地方出台了自治条例130余件[16],这些条例虽然数量较多,但是级别较低,其内容大多与《民族区域自治法》雷同,常常是脱离地方、民族实际,片面地追求"大而全""小而全",其结果是地方特色不明显,与自治地方的实际不相符,与市场经济的发展不协调,与依法治国的进程不同步。更为不可思议的是,在《民族区域自治法》实施30年后的今天,五大自治区级的自治条例仍然没有一个出台。究其原因有很多,但笔者认为最主要的原因是上级国家机关工作人员的认识不够到位和法律意识淡薄,不想和不敢给自治机关放权让利,或者说是放权让利的程度不够。"自治民族、自治地方、自治机关、自治条例、自治权限"是民族区域自治的重要组成因素,缺少其中的一个因素,都不能称之为真正的民族区域自治,自治条例的缺失可以说是民族区域自治的一种缺憾。自治条例是规定有关本地方实行民族区域自治的基本问题的综合性法规,具有"小宪法"的性质,并不是可有可无的东西。此外,与民族区域自治法相关配套法规也不够全面。从内容上来看,涉及语言文字、婚姻家庭等方面的较多,有关经济、科技等方面的较少。从形式上来看,不像其他部门那样系统、全面。从调整对象上来看,缺少对散居少数民族权益保护的专门法律、法规。从法律法规的层次上来看,在较高层次上最缺乏的是国务院各部委就"上级国家机关的职责"制定的相关细则,在较低层次上最缺乏的是促进自治地方市场经济快速、健康发展的相关法规。只有不断完善民族区域自治法配套法规体系,才能解决"独木难成林"之尴尬局面。因此强烈建议,全国人大在进一步完善民族区域自治法的同时,应尽快制定《杂散居少数民族权益保障法》等与自治法配套的法律;国务院及其所属部委应尽快出台与自治法相应的行政法规和部门规章,进一步明确上级国家机关对民族自治地方的法律职责和义务;自治地方特别是各自治区,应抓紧制定自治条例、完善单行条例,以弥补国家立法的不足和放权让利的不够。此外,还要对那些不切合自治地方实际的法律、法规及时进行大胆的变通、补充。总之,要调动各个立法主体的积极性,尽快完善切实符合我国民族地区实际,能够促进民族自治地方全面依法治理的配套法律、法规。

结　语

30年的实践充分证明,民族区域自治法是实施宪法关于民族区域自治制度的重要法律，对促进和保障民族地区经济文化的发展、社会的安定团结发挥了重要作用。只有与时俱进地不断完善和全面实施民族区域自治法律，我们才能把国家的富强、民主、文明、和谐与民族的繁荣、发展、进步、和睦更好地结合起来，从而实现中华民族全面建设小康社会的伟大目标。

参考文献：

[1][2][3][4]姚俊开.民族宗教法制问题研究[M].北京：民族出版社，2010：119，36，37，38.

[5][8][9][10]姚俊开.民族区域自治的核心[J].法制与经济，2009(7).

[6]朱文成.民族区域自治法的性质与任务[J].新疆社会科学，1984(3).

[7]民族区域自治法[DB/OL].人民网，2001-03-01，http://www.sina.com.cn.

[11]国务院新闻办公室.《中国的民族区域自治》白皮书[N].人民日报，2005-02-28.

[12]王朝恩.增强民族立法的可操作性，促进民族地区法治政府建设[N].中国民族报，2011-05-13.

[13]张文山.突破传统的瓶颈：民族区域自治法配套立法问题研究[M].北京：法律出版社，2007：59.

[14]张文显.法理学[M].北京：北京大学、高等教育出版社，2012：66.

[15]韦以明.《民族区域自治法》修改之瑕疵[J].理论法学，2001(8).

[16]李资源.新时期贯彻落实《民族区域自治法》的几点思考[J].广西民族研究，2009(4).

刍议西藏宗教立法

次　旺*

摘要：在全面落实依法治藏方略中，如何加快宗教立法，推进宗教法治化进程，不断提高干部依法维护西藏稳定的意识和能力，是贯彻落实党的宗教政策，保护正常的宗教活动和公民宗教信仰自由的重大课题，也是维护西藏社会和谐稳定的客观需要。西藏地方宗教立法经过几十年的发展历程，形成了以国家上位法为指导，以自治区政府规章为核心，以宗教事务管理机关规范性文件为辅助规范内容的具有西藏特色的宗教立法框架，在尊重和保护公民宗教信仰自由，依法加强对宗教事务的管理，维护西藏社会和谐稳定方面发挥了积极的作用。从法治的视角分析，当前立法工作中还存在一些问题和不足，需要从理论和实践上进一步探索、创新和完善。本文就如何完善西藏宗教立法提出一孔之见，求教于大家。

关键词：西藏；宗教立法；完善

一、宗教立法

法治是世界各国处理宗教问题的一个重要的理念和方法。正如美国法伦理学家伯尔曼说："没有法律的宗教，则会丧失其社会有效性。"[1]由宪法来规定作为公民基本人权的宗教信仰自由权利，同时，确定政教关系，其他层次的法律法规严格遵循宪法原则，宗教团体作为民事主体需加以规范，宗教行为要以维护和尊重社会和谐稳定及他人合法权利为界，产生的矛盾和纠纷诉诸法律，寻求法律程序的救济。宗教立法又是实现宗教法治的前提，是解决政教关

* 次旺，法学副教授，西藏自治区委党校科研部主任。

系与实施宗教事务管理的重要基础和具体体现。纵观世界各国立法实践，大多数国家主要以宪法作为确定宗教信仰自由权利和政教关系的基础。根据学术界的研究，在157个国家的宪法条文中，有142个明文提出对于宗教信仰自由的保护，约占90％。当然，也有一些国家制定专门宗教法，如日本《宗教法人法》(1951年)、西班牙《宗教自由法》(1980年)、波兰《保障宗教信仰自由法》(1989年)、匈牙利《宗教、良知与教会法》(1990年)、墨西哥《宗教团体及公众礼拜法》(1992年)、捷克《宗教法草案》(1995年)、秘鲁《宗教自由法草案》(1997年)、奥地利《宗教信仰社群法律地位》(1997年)、俄罗斯《宗教团体与良知自由法》(1997年)。我国的宗教立法工作经过长期的探索发展，目前初步形成了以宪法为核心的具有中国特色的宗教法律体系。其中，地方宗教立法成为主要的规范内容，发挥着积极保护和管理作用。

二、我国宗教立法现状

经过理论研究和积极实践，我国建立起了较为完备的宗教法律法规，其成为中国特色社会主义法律体系的组成部分，走出了一条符合我国国情和教情的宗教立法之路，并积累了弥足珍贵的经验。按照党的宗教工作基本方针，当前需进一步推进宗教立法工作，形成以宪法为核心，以法律、行政法规、地方性法规及部门规章、地方政府规章为主要内容的宗教法律体系，为保障公民宗教信仰自由，依法管理宗教事务提供有效的法律保障。

宪法、法律、行政法规、地方性法规以及行政规章共同构成了当前中国特色社会主义宗教法律法规体系：

1. 宪法。《宪法》第36条是所有宗教法律法规的基础，它规定："中华人民共和国公民有宗教信仰自由。任何国家机关、社会团体和个人不得强制公民信仰或者不信仰宗教，不得歧视信仰宗教的公民和不信仰宗教的公民。国家保护正常的宗教活动。任何人不得利用宗教进行破坏社会秩序、损害公民身体健康、妨碍国家教育制度的活动，宗教团体和宗教活动不受外国势力支配。"

2. 法律。我国制定的诸多法律条款与保护信教自由和管理宗教事务有关。如《选举法》《民族区域自治法》《刑法》《民法通则》《城市居民委员会组织法》《村民委员会组织法》《教育法》《劳动法》《治安管理处罚法》《兵役法》《集会游行示威法》《行政许可法》《行政诉讼法》《行政复议法》《商标法》等，是我国重要的宗教法律规范内容。

3. 行政法规。2004 年 7 月,国务院通过《宗教事务条例》,于 2005 年 3 月起实施。这是迄今我国在宪法之下由国务院颁布的有关宗教的第一部综合性行政法规,是我国管理宗教事务的最高行政规范。还有国务院曾颁布的《宗教活动场所管理条例》(已废止)、《中华人民共和国境内外国人宗教活动管理规定》。

4. 地方性法规。地方人大或政府可根据当地实际自行制定地方性法规和规章处理宗教问题。香港和澳门基本法中对宗教事务管理有一些特殊的规定。

我国还加入了《联合国宪章》《世界人权宣言》《公民权利与政治权利国际公约》《经济、社会、文化权利国际公约》《消除基于宗教或信仰原因的一切形式的不容忍和歧视宣言》等人权公约。

我国宗教法律法规体系的形成,有力地推进了国家宗教法制化建设进程,为充分保护公民的宗教信仰自由提供了制度保障,规范了国家机关管理宗教事务的权力。与此同时,宗教法治实践中也存在一些问题,需进一步探索和改进。目前,还未制定全国性的宗教基本法,尽管制定了综合性的《宗教事务例》这一行政法规,但其立法层次和效力低于法律;违宪审查制度及其宪法规范在司法实践中的应用问题,致使宪法性宗教权利的保护缺乏相应的程序支持;地方宗教立法的趋同性也直接影响了法律制度的质量和针对性。

三、西藏宗教立法历程及优势

(一)西藏宗教立法历程

新西藏宗教法制建设始于 20 世纪 50 年代末。1949 年 9 月起着临时宪法作用的《中国人民政治协商会议共同纲领》明确:“中华人民共和国人民有思想、言论、出版、集会、结社、通信、人身、居住、迁徙、宗教信仰及示威游行的自由权。[2]”我国于 1954 年制定的第一部宪法确立了政教分离和国家保护公民宗教信仰自由的权利。同年,中共中央下发了《关于过去几年内党在少数民族中进行工作的主要经验总结》的文件,首次归纳出中国少数民族宗教具有长期性、民族性和国际性的特点。1959 年初召开的第五次全国宗教工作会议上提出了宗教“五性”的特点,中国共产党对宗教问题形成了一些正确的规律性认识。在这一大的背景下，为了推进民主改革进程，保障西藏各族群众的宗教信仰自由权利，实现寺庙民主管理，1959年代表西藏地方政府的自治区筹备委员会颁布了相当于自治区政府规章的《寺庙民主管理试行章程》①，历经1966年、1987年两次修改完善。章程的制定开启了新西藏宗教事务管理法制化的先河，消除了寺庙在历史上形成对世俗政治、经济、教育和文化等方面的决策、管理权，落实了政教分离的宪法原则，贯彻了国家宗教信仰自由政策，保障了宗教活动的正常开展，初步实现了对藏传佛教寺庙的法制化管理。然而，50年代后期开始的极左思潮影响宗教政策，宗教工作遭到一场浩劫，西藏宗教法制化工作几近停滞。十一届三中全会以后，宗教工作全面拨乱反正，形成了《关于我国社会主义时期宗教问题的基本观点和基本政策》(19号文件)，阐明了恢复保障公民宗教信仰自由的基本理论观点和基本政策，在尊重和保护宗教信仰自由的前提下，提出了宗教与社会主义社会相适应的要求，国家宗教立法工作进入新的阶段。1993年11月，江泽民在全国统战工作会议上强调要“依法加强对宗教事务的管理”[3]，1994年，国务院颁布《宗教活动场所管理条例》(已作废)和《中华人民共和国境内外国人宗教活动管理规定》，1996年1月，国务院宗教事务局印发《宗教工作政策要点》，提出要“加强宗教立法工作，加强宗教法治建设，建立和健全宗教方面的法规体系和执法监督机制”。2001年12月，中共中央、国务院召开全国宗教工作会议，强调要“依法管理宗教事务”。[4]2002年2月，中共中央、国务院作出《关于加强宗教工作的决定》(简称2002年3号文件)，重申要“加强宗教立法工作，加强宗教法治建设”。同年11月，国家宗教事务局负责人在《中国的宗教问题和宗教政策》一书中提出五点理由，表示目前“宗教立法的时机和条件已经成熟”[5]，但应先搞宗教法规，对宗教法应“慎重对待”[6]。2004年7月，国务院通过《宗教事务条例》，这是迄今为止我国在宪法之下由国务院颁布的有关宗教的第一部综合性行政法规，该法规于2005年3月起实施。同时，国家宗教局颁布了一系列贯彻执行《宗教事务条例》的行政规章，具有中国特色宗教法律法规体系初步形成。

与这一时期国家宗教立法工作形势相适应，西藏结合地方经济社会建设实践，积极推动宗教法治建设。1987年制定了新的《西藏自治区佛教寺庙民主管理章程》，1991年12月20日颁布了《西藏自治区宗教事务管理暂行办法》，2006年5月18日西藏自治区人民政府第11次常务会议通过了《西藏自治区实施〈宗教事务条例〉办法(试行)》，对区内宗教教职人员、宗教团体和宗

① 从实然角度分析，这种类型的行政立法实际上自新中国成立以来就存在。

教活动场所、宗教活动和宗教财产等方面进行了规范，西藏宗教立法工作进入了长足发展的阶段，有力地推动了西藏宗教法制化进程，夯实了宗教法律制度基础。

(二)西藏地方宗教立法优势分析

民族区域自治法明确了民族区域自治地方的立法权。《民族区域自治法》第19条规定："民族自治地方的人民代表大会有权依照当地民族的政治、经济和文化的特点，制定自治条例和单行条例。"第20条规定："上级国家机关的决议、决定、命令和指示，如有不适合民族自治地方实际情况的，自治机关可以报经该上级国家机关批准，变通执行或者停止执行。"1982年宪法关于地方性立法与行政法规的规定有所区别，即地方性法规的制定用的是"不抵触"(第100条)，而行政法规用的是"根据"(第89条、第90条)。它们的区别就是"不抵触"的要求比"根据"的要求宽泛一些，在有法律时不能与之相抵触，没有具体法律规定时，只要不与法律原则、精神相抵触即可；而"根据"的内涵是必须有根据，没有根据就不能创设新的权利义务规范。2000年颁布的《立法法》对地方性法规、自治条例和单行条例、规章的制定做了进一步的规范。西藏自治区人民代表大会及其常务委员会根据西藏具体情况和实际需要，在不与宪法、法律、行政法规相抵触的前提下，可以制定地方性法规。作为西藏自治区人民政府所在地的拉萨市人民代表大会及其常务委员会根据本市的具体情况和实际需要，在不与宪法、法律、行政法规和西藏自治区的地方性法规相抵触的前提下，可以制定地方性法规。除《立法法》第8条规定的事项外，其他事项国家尚未制定法律或者行政法规的，西藏自治区、拉萨市可根据本地方的具体情况和实际需要，可以先制定地方性法规。

《宪法》、《民族区域自治法》和《立法法》都为西藏宗教立法提供了创设性的立法空间，立法优势很明显。藏传佛教作为西藏的重要文化现象，具有明显的地域性、普遍性、复杂性和长期性。法治是解决宗教问题的一个理性、有效且长远的方法。它的前提就是要加强宗教立法。如何充分利用宗教立法的制度资源，推进西藏宗教法治进程，是当前和今后一段时期需要进一步探索和实践的重大课题。

四、西藏宗教立法存在的问题及完善思路

(一)西藏宗教立法存在的主要问题

西藏地方宗教立法经过几十年的发展历程,形成了以宪法和国务院行政法规为指导,以自治区政府规章为核心,以宗教事务管理机关规范性文件为辅助规范内容的具有西藏特色的宗教立法框架,在充分尊重和保护公民宗教信仰自由,依法加强对宗教事务的管理,维护西藏社会和谐稳定方面发挥了积极的作用。

纵观西藏宗教法治实践,宗教立法工作与依法治藏方略的要求相比,还有一定的差距,实践中存在一些不足和问题。到目前为止所形成的一系列宗教法律规范的层次和效力较低,都是以地方政府行政规章的形式存在,没有一部地方立法机关制定的规范宗教事务的法规;政府规章的内容框架与其他省区的法规相近,地方特色不够明显;宗教事务管理部门在长期宗教法制实践中形成的有益经验和规范性文件未能及时上升到地方法规、规章的立法层次上,影响立法资源的充分利用;立法制度优势未能很好发挥等,需要在今后的地方宗教立法工作中积极探索、创新和实践。

(二)完善西藏地方宗教立法思考

1. 充分发挥地方立法优势。《宪法》《民族区域自治法》《立法法》对自治区人大、拉萨市人大、区人民政府和拉萨市人民政府在制定地方性法规和政府规章方面,赋予了较为充分的立法空间。当前要紧密结合西藏社会和谐稳定的现实要求,结合藏传佛教历史和现实以及宗教事务管理中出现的新问题,从理论和实践上进行探索、创新,用好立法上的制度优势。

2. 提升立法层次和效力。西藏自治区在1987年制定的《西藏自治区佛教寺庙民主管理章程》、1991年12月20日颁布的《西藏自治区宗教事务管理暂行办法》和2006年5月18日西藏自治区人民政府第11次常务会议通过的《西藏自治区实施〈宗教事务条例〉办法(试行)》等主要法律规范都处在地方政府规章的层次上,其法律效力和层次远不及自治条例和单行条例,况且由于立法的程序性和民主性差异,间接影响了立法质量。同时,《立法法》第72条第2款的规定强调地方政府规章的执行性和从属性,它不属于自主立法,不能创

设新的法律权利义务。

横向分析全国其他省市宗教立法状况，多数省市都是以省、自治区级地方法规形式规范宗教事务，制定宗教事务条例，因此，提升西藏自治区宗教立法层次，提高规范效力刻不容缓。

3. 完善办法，突出地方特色。西藏自治区实施《宗教事务条例》办法施行近6年来，西藏经济社会以及宗教法制实践的发展，客观上提出了很多新的问题和要求。立法工作要适应这些变化，及时调整立法内容，突出西藏宗教文化现象和管理的特点。在条例结构上应将宗教活动场所从第二章中分离出来单列专述；根据形势发展和管理要求，将宗教活动、宗教院校、涉外宗教事务和宗教财产等内容单章设立，分别加以规范，活佛转世等极具地方宗教特色的内容也可分章单列。完善的前提是要进行充分的前期调研，结合专家学者的理论研究和实际工作部门的实践经验，在民主公开的程序基础上，突出地域特色，实现科学立法。

4. 注重立法资源的利用。西藏自治区宗教事务管理部门在长期的管理实践中总结了很多珍贵的经验和做法，有些成熟的管理理念和措施已经以规范性文件的形式存在。例如：《西藏自治区藏传佛教活动场所经师资格评定和聘任办法（试行）》《西藏自治区藏传佛教活动场所学经班管理办法（试行）》《西藏自治区藏传佛教活动场所外来学经人员管理办法（试行）》，以及正在完善中的西藏自治区《藏传佛教活佛转世管理办法》实施细则等，这些规范性的文件内容源自西藏宗教管理实践，并在实践中反复应用、推敲、修改，体现地域特点，反映管理工作中内在的本质的联系和要求。我们应该重视和利用这些立法资源，将那些成熟的规范性文件的内容及时吸收到地方性法规和规章中，实现立法资源互通和共享。

参考文献：

[1]伯尔曼.法律与宗教[M].上海：三联书店，1991.

[2]新华网.中国人民政治协商会议共同纲领[S].2004-12-07，http://news.xinhuarnet.com/ziliao.

[3]余孝恒.关于宗教法制建设的几个问题[J].宗教学研究，1998(3).

[4]新时期宗教工作文献选编[M].北京：宗教文化出版社，1995.

[5][6]王作安.中国的宗教问题和宗教政策[M].北京：宗教文化出版社，2002.

自治权与《民族区域自治法》及其在西藏的实施

黄军锋*

摘要：民族区域自治是地方自治的一项重要内容，其核心是自治权。通过对地方自治制度以及自治权进行理论分析，结合《民族区域自治法》的规定，论述自治权的主要内容，提出自治权在西藏自治区进一步实施的路径。

关键词：地方自治；自治权；民族区域自治；《民族区域自治法》；实施

一、自治与地方自治

（一）自治

“自治”一词在英文中为“self-government”，根据《布莱克维尔政治学百科全书》的解释，自治是指某个人或集体管理其自身事务，并且单独对其行为和命运负责的一种状态。[1]“自治”的另一层含义为“自主”，即“autonomy”，其字面意思是指“自我统治”。在汉语古籍中，自治没有相对应的文献。“自治”一词在法理上的基本内容是意思和意志的自主和自由，其在制度层面上通常用自决、自我统治、自主、自我决定等解释，是一种与国家统治相对立的概念。自治理念与自由主义、民主主义以及法治的核心内容紧密联系。在制度层面，“自治”以“权利”形态出现，不能由外界授予，“自治”应当是一种“固有权利”，而不是“授予的权利”。现实生活中的“自治”有两种：一是自治者本身拥有的权利；二是通过宪法和法律赋予自治者的权利。“自治”本质上是“权利”性质，

* 黄军锋，西藏民族大学法学院教授。

其价值源于“法治”。人类若在整体上实行了“自治”,则人与人间的关系已达“最佳”和谐状态,达到从“不自由”到“自由”的飞跃。[1]

自治在形式上包括民族自决、地方自治和自己决定三种。民族自决是各民族自己决定自己命运,直到自由分离成立独立国家的权利。自己决定是“就与他人无关的事情自己有权决定,仅仅对自己有害的行为由自己承担责任的”权利,或“就一定个人的事情,公权力不得干涉而由自己决定”的权利,即自己私人的事情由自己自由决定的权利。现代地方自治的含义有两层:第一层含义是居民自治。就公民和国家关系方面,“自治”是指公民在与国家的最高政治权力的关系中的政治自由,就是自己治理自己。启蒙学者认为,自治权是人的自然自由在政治社会中的延伸。“人的自然自由就是不受人间任何上级权力的约束,不处在人们的意志或立法权之下,只以自然法作为其准绳。”[2]其第二层含义为法律自治。现代地方自治强调地方自治独立的法律人格及其独立的法律地位,包括政治自治即住民自治和法律自治。自治的现代内涵包括居民自治与法律自治。[1]

(二)地方自治

地方自治是指在特定的行政区域内,由本地方人民和地方政府自己决定地方政府的组织与人员,自主管理地方事务,而不受中央政府的不必要或过多的干预。它是现代民主社会的重要制度表现之一。[3]地方自治其本质是以地方上的人和地方上的财来办理地方上的事。按照《中国大百科全书》的解释,地方自治是指“在一定的领土单位内,全体居民组成法人团体(地方自治团体),在宪法和法律范围内,并在国家监督之下,按照自己的意志组织地方自治机关,利用本地区的财力,处理本区域内公共事务的一种地方政治制度”。可见,地方自治是“将地方上的事情,让本地方人民自己去治”,是“在国家监督下,自组法人团体,以地方之人及地方之财,自行处理各该区域内公共事务的一种政治制度”。[4]

西方地方自治的历史可追溯到古罗马时期的自治邑,现代意义上的地方自治则发端于11世纪欧洲的“市民自治”运动,而作为一项具体的政治制度则形成于19世纪末。中国2000多年的封建帝制除秦、隋曾设乡官外,历代王朝都只把政权设置在县,乡村由宗法社会治理。清末引入地方自治概念,其预备立宪从筹备地方自治开始。实施地方自治是新中国的主要政策之一。党的文件和宪法中规定的“民主集中制”其实质就是“地方自治”。中国根据自身国情发展了地方自治形式,构建了基本法律制度,丰富了地方自治的法治形式。

1982 年宪法授权全国人民代表大会在必要时可设立特别行政区，在处理国家统一问题上，发展了特别行政区制度。一般地方的民主集中制、民族区域自治、特别行政区自治以及村民自治的形式构成了中国的地方自治制度。[1]

(三)地方自治权

地方自治团体在法律上具有独立的人格，在其成立的范围内，有维持其生存和发展的权利，称为自治权。[1]地方自治权是地方自治的核心内容，通常是通过国家宪法或法律授予，其内容一般包括地方自治组织权和地方自治立法权。

地方自治组织权是地方自治团体依宪法和法律规定，就其自治团体特定机关设置、内部单位职位及编制，辖区与人口等由该自治团体立法机关及行政机关自由决定及执行的权限。此项权限赋予地方自治团体一定程度的组织自由。其内容包括外部组织设置权与内部组织设置权、执行委办事项的组织设置权及命名权等。[1]地方自治立法权是地方自治权的核心内容，是指地方自治团体的自治机关依法所享有的立法方面的权利。

二、自治权与民族区域自治制度

(一)自治权的含义及特征

自治权是指民族自治地方自治机关，在国家宪法和民族区域自治法等法律规定权限内，结合当地民族在政治、经济和文化等方面的特点，自主行使管理本地方、本民族内部事务的特定民族权力和国家权力[3]，是由宪法赋予民族自治地方自治机关的一种特定的权利。一方面它是一般地方国家机关所不能享有，而由民族自治地方自治机关所“独占”的权利；另一方面它又是小于特别行政区权利的一种地方权限，不享有特别行政区的高度自治权。自治权是一种民族自治地方内的自主管理权。“自治”一词在日常生活中也普遍使用，如个人自治，或公司自治等，表示个人或组织管理自己事务的能力和权利，是一个私法概念；自治权是民族区域自治地方的自治机关所享有的一种权利或权力，是一个公法概念，二者在性质上有着本质的区别。在权力性质方面自治权是民族自治地方的一项公共权力，法律授权由自治机关专有并行使，其权利属性是一种集体权利或公共权利，不属于自然人个人的权力。[3]

按照学者的观点，自治权具有以下特征：[3]

1.自主性。它是指自治权的行使状态是在不受外部力量干涉或强迫下行使的一种权利，这体现在它是宪法赋予的、由自治机关独享的权利。

2.民族性。首先，自治权是民族自治权，是实行区域自治的民族群体的公共权利；其次，就自治权的主体——自治机关的构成来看，带有民族价值观因素，必然倾向于实行区域自治民族的利益和事务。

3.完整性。它是指自治权是不受其他行使权力主体分割的国家权力，它主要体现在本地区、本民族范围内行使立法权、行政权和部分司法权等方面。国家保障自治机关享有完整的自治权，既是民族区域自治制度的核心，又是修改和完善民族区域自治法的核心。

4.民主性。这是说明自治权体现的国家法律制度是社会主义民主政治的重要表现形式。自治权体现的法律精神是少数民族当家做主，自主管理本地方、本民族事务的民主权利。自治权的民主性说明它不能由个人行使，须由自治机关代表本区域的各族人民的意志，代表实行区域自治的民族行使。

5.权利性和权力性。自治权是具有权利和权力双重性的权利，自治权的权利性首先反映在它是被国家宪法和民族区域自治法承认并加以保护的法定权利，以及少数民族地区有获得国家和经济发达地区的帮助与照顾的权利。民族自治地方自治机关既有行使自治权的权利，也有履行相应义务的责任。自治权是一种与公共利益和民族共同体相联系的公共权力，是民族自治地方自治机关的职责。

6.广泛性与限制性。一方面是指行使自治权的主体非常广泛。国家目前有155个民族自治地方，其中自治区5个，自治州30个，自治县120个，其各自的自治机关都依法行使自治权。另一方面是指宪法和法律规定自治权的内容非常广泛。自治权的局限性是指民族地方自治机关自治权是相对而非绝对。自治权是在国家统一领导下的自主权，不是民族主权；民族自治地方是国家不可分割的部分，其自治机关是国家一级地方国家机关；自治权局限在管理民族自治地方内部事务方面；自治权的效力仅限于民族区域自治地方范围之内。

(二)自治权的法理学基础

自治权的法理学基础是指在学理上确立自治权的法学原则。自治权的法理学基础包括公平与正义原则、平等与自由原则和发展权原则三个方面：[3]

1.公平与正义原则。公平和正义本身就是法的价值和目标，同时也是人类社会的一项普遍原则。各民族社会发展由于历史、经济等诸多原因而出现不平衡。所以,我们要讲求公平发展。公平原则从学理上一方面要求对同一类型的事务要同样处理;另一方面更要求对于不同类型的事务要区别对待,这一点对于民族区域自治地方而言,显得更为重要。

2.平等与自由原则。平等自由既是法的基本原则,也是马克思主义民族理论的重要内容和社会主义民族政策最基本的原则,是确立自治权的重要法理学依据和基础。民族平等和自由是对民族压迫和民族歧视的坚决否定,是保障少数民族享有平等自由权利的重要原则,也是自治权的法源。

3.发展权原则。发展权原本属于国际人权法上的集体人权,在这里是指每个民族无论其经济、文化等方面有何差异,都有谋求本民族社会经济发展的权利。发展权也是自治权的法源,也是我党的民族理论和政策的基本原则。

(三)民族区域自治制度与民族区域自治法

我国的民族区域自治是地方自治的一种形式和重要内容,是国家处理和解决民族问题的一项基本政治制度。民族区域自治是指在统一的中国大家庭里,在国家的统一领导之下,依据国家宪法规定,以少数民族聚居区为基础,建立相应的自治地方,设立自治机关以行使自治权,保障民族区域自治的民族实现当家做主,管理本民族内部地方事务的国家制度。各民族自治地方都是中华人民共和国不可分割的一部分。[5]

我国的民族区域自治制度有其自身的特点,主要包括国家统一与民族自治相结合、政治因素与经济因素相结合、民族自治与区域自治相结合等方面。我国的民族区域自治主要是运用以少数民族聚居区为基础、尊重历史传统、各民族共同协商等原则建立起来的。我国民族区域自治的民族性非常突出,宪法对其民族性的规定主要表现在两个方面:一是自治机关组成人员的民族性。各自治区主席、自治州州长、自治县(旗)县长由实行区域自治的少数民族公民担任。二是地方自治事权的民族性。[1]

在我国,确立和规定民族区域自治制度的法律主要有《宪法》和《民族区域自治法》。其中,《民族区域自治法》是实施宪法规定的民族区域自治制度的基本法律,其在“序言”中指出:“实行民族区域自治,体现了国家充分尊重和保障各少数民族管理本民族内部事务权利的精神,体现了国家坚持实行各民族平等、团结和共同繁荣的原则。”“实行民族区域自治,对发挥各族人民当家做主的积极性,发展平等、团结、互助的社会主义民族关系,巩固国家的统一,促进民族自治地方和全国社会主义建设事业的发展,都起了巨大的作用。”

无论是从理论上还是从法律规定上来看，自治权都是民族区域自治的核心内容。自治权的具体内容主要规定在我国的《民族区域自治法》中。《民族区域自治法》既是民族区域自治制度的法律依据和重要保障，也是确定民族区域自治地方自治权的法律依据。

三、民族区域自治权的内容及其在西藏的实施

(一)民族区域自治权的内容

民族区域自治权是指民族自治地方的人民代表大会和人民政府，依照国家宪法、民族区域自治法和其他法律规定的权限，根据本民族、本地区的情况和特点，自主管理本民族、本地区的内部事务的权利。[3] 自治权本质上是民族自治地方自治机关的一种职权，按照民族区域自治法的具体规定，民族区域自治地方自治权的内容主要包括以下几个方面：

1.政治综合类自治权。具体包括立法、人事、治安、流动人口管理、计划生育等自治权。立法自治权的内容包括制定自治条例和单行条例的自治权；变通执行或者停止执行上级国家机关的决议、决定、命令和指示的自治权；变通规定或者补充规定法律法规的自治权。人事管理自治权的主要内容包括采取各种措施培养当地民族人才的自治权；采取特殊措施引进人才的自治权；招收少数民族人员的优先自治权；组织本地方维护社会治安的公安部队权；管理流动人口的自治权；实行计划生育的自治权。

2.经济综合类自治权。主要包括制定经济建设的方针、政策和计划，自主安排和管理地方性经济建设事业；合理调整生产关系和经济结构发展市场经济；确定本地方内草场和森林的所有权和使用权；管理和保护本地方的自然资源并优先合理开发利用；自主安排地方基本建设项目；开展对外经济贸易活动，经国务院批准开辟对外贸易口岸、开展边境贸易并享受国家优惠，以及财政税收方面自治权等。

3.文化综合类自治权。具体包括民族教育管理自治权；使用本民族语言文字的自治权；科技管理自治权；文化管理自治权；卫生医药管理自治权以及体育管理自治权等。

(二)民族区域自治权在西藏的实施

1965年9月,西藏自治区第一届人民代表大会第一次会议召开,成立了西藏自治区人民政府,民族区域自治制度便在西藏全面贯彻实施。民族区域自治权的行使,就立法方面看,西藏自治区人民代表大会及其常委会自其成立以来,先后制定了290多件地方性法规和具有法规性质的决议、决定,并对多项全国性法律制定了适合西藏特点的实施办法,其内容涉及政治、经济、文化、教育、语言文字、司法、文物保护、自然资源保护等许多方面。[6]自治区自实行民族区域自治制度以来,各级自治机关在行使地方国家机关职权的同时,在立法、经济、财政、干部、教育、文化、卫生、科技等方面充分地行使广泛的自治权。各族人民在党的领导下,依据宪法与民族区域自治法等相关法律规定,充分行使人民当家做主的权利,在政治、经济、文化和社会发展等各方面都取得了伟大的成就。[7]

首先,西藏人民在政治上享有充分的自治权,民主政治权利得到充分保障。西藏人民积极行使宪法和法律所赋予的选举权和被选举权,选举了各级人民代表大会代表,并通过人大代表参与管理国家事务和本地区本民族地方事务。其次,西藏人民在经济和社会发展上享有充分自主权。西藏自治区在经济和社会发展上充分行使法律赋予的自主权利,自治机关制定了一系列适合西藏实际情况的政策措施,使西藏人民生活水平得到极大提高。再次,西藏人民享有继承发展传统文化和宗教信仰自由与权利。西藏自治区充分行使宪法和民族区域自治法所赋予的自主管理该地区文化教育事业自治权,整理和保护民族文化遗产,发展和繁荣民族文化,保障了西藏人民继承和发展民族传统文化的自由和宗教信仰自由。特别值得一提的是,藏语文得到广泛的学习、使用和发展。西藏自治区于1987年和1988年颁布实施了《西藏自治区学习、使用和发展藏语文的若干规定(试行)》(2002年修订为《西藏自治区学习、使用和发展藏语文的规定》)和《西藏自治区学习、使用和发展藏语文的若干规定(试行)的实施细则》,明确规定在西藏自治区,以藏语文为主,藏、汉语文并重,将学习、使用和发展藏民族语言文字的工作纳入法制化轨道。

总之,民族区域自治以及自治权的充分行使,是西藏人民当家做主的根本保证。西藏实行民族区域自治40年来,从封建农奴制社会跨入社会主义社会,实现了经济的高速发展和社会的全面进步;西藏人民实现了平等参与管理国家和西藏社会事务的权利以及当家做主的自治权利,从而创造了西藏社会丰富的物质文化财富;西藏的民族传统文化得到充分尊重、保护和发展,并随着社会的发展被赋予了更加丰富和富于时代气息的内涵。[7]

(三)加强民族区域自治权在西藏实施的路径

1.树立上级国家机关保障自治机关依法行使自治权的理念。在我国的法治实践中,长期存在着国家机关不甚重视自治权的现象。对此,我们有必要加强和树立上级国家机关保障自治机关依法行使自治权的理念。按照法律规定,上级国家机关有保障民族自治地方自治机关享有广泛的自治权的职责。上级国家机关必须按照法律规定,充分尊重民族自治地方自治权,并依法履行其职责,这是民族自治地方顺利行使自治权的重要保障。我们要坚持和完善民族区域自治制度,就必须保障民族自治地方自治机关享有广泛现实的自治权利,民族自治地方的自治权是实现各民族共同繁荣的重要保证。[3]

2.重视少数民族习惯法的调整作用。调整西藏地方社会关系的法律规范大致有全国统一性法律、自治条例与单行条例以及少数民族习惯法三个方面。少数民族习惯法事实上在少数民族地区的社会日常生活中发挥着调整社会关系的作用。少数民族习惯法的适用条件包括少数民族习惯法已获得本地少数民族地方生活规则的支持,国家法律已赋予民族地区在刑法、婚姻法等部门法方面有变通权和停止执行权,少数民族习惯法获得了本民族思想观念的支持和民间社会组织的支持。少数民族习惯法与国家统一法发生冲突时,一般可通过普法宣传、人民调解及订立乡规民约等方法解决,而最为重要的方法为授予少数民族区域自治机关变通法律和行政法规的权力。少数民族自治地方的自治条例和单行条例是联结国家法律与少数民族习惯法的纽带。单行条例是地方自治机关依照国家制定的法律,结合本地区实际存在的少数民族习惯法,确立并实施自己的法律规则,其目的是将少数民族习惯法逐渐纳入国家统一法律秩序的重要方法。[1]西藏自治区应结合西藏地方民族历史与实际以及国家法律授权,制定相应的变通规定,使藏族民族习惯法法律化,以适应西藏地方社会关系调整的现实需要。

3.加强自治权中法律变通权的行使。民族区域自治地方的立法权是自治权的核心内容,其自治法规在内容上应体现民族性。自治立法的民族化,是民族地区法律建设的保障。[8]民族自治地方立法权中一项重要内容是法律变通权。法律变通权实际是指民族区域自治地方的自治机关依法行使立法变通权和对上级机关的决议、决定、命令和指示的变通执行权。目前国家授予民族自治地方变通或补充权的法律有 13 部,而民族自治地方只对 4 部法律,即婚姻法、选举法、继承法和森林法等进行了变通和补充,且大部分集中在婚姻法方面，在其他方面很少涉及。[1]西藏自治区立法部门要根据法律授权并结合西藏地方民族特点和社会发展的需要，行使法律变通权。据新华网拉萨 4 月 7 日电，西藏自治区正着手制定《西藏自治区藏语言文字工作条例》（以下简称《条例》），以法律的形式保障藏语文的使用与发展。该《条例》根据宪法和民族区域自治法等相关法律法规并结合西藏自治区的实际制定。[9]

4.加快自治区自治条例的制定。我国宪法和民族区域自治法赋予自治区制定自治条例的权力，但就目前来看，5 个自治区还没有制定颁布自治区的自治条例。西藏自治区立法机关自 1984 年起即抓紧自治条例的起草，先后形成了几个草案，但尚未进入审批程序。由于自治区自治条例缺失，不仅影响自治区本身的民族自治工作，没能充分发挥自治区级民族自治的优势，而且影响了自治州、自治县自治条例的制定与颁行。[3]因此，西藏自治区立法机关应加强自治条例的起草和审批工作，使自治区的自治条例早日出台，以更好地实现民族自治地方的自治权。

5.突出立法的地方特色和民族特色。自治特点不突出是我国自治地方自治立法的一大缺陷，主要是指立法的内容及程序缺乏特色。各自治地方经济、文化等方面的特殊性，决定各自治地方自治条例内容的不同，应具有各自的特色，但实践中的自治条例多为宪法和自治法的现成条文的照搬，对于那些特别需要照顾的民族特色和发展民族经济的自治权没有或者很少涉及，这在一定程度上妨碍了民族自治地方法律解释和变通权的有效实施。西藏自治区有着与其他自治区不同的民族特点和地域特色，立法上一定要结合这些特点与特色，制定出符合西藏社会发展需要的法律来。在立法时要遵守民主原则，在法律草案起草过程中，立法人员要始终参与法规所涉内容的调查研究，广泛听取社会各界及广大农牧民的意见，从而实现地方立法的民主化、公开化和科学化。[10]

6.注重科学制定立法规划。立法机关要按照立法法所规定的权限，制定出科学的立法规划用以指导立法工作。立法规划的制定要体现科学发展观，一定要结合西藏社会实际，同时也要体现立法的前瞻性，做到科学合理、符合实际、切实可行。[11]近年自治区立法机关非常注重科学制定立法规划，制定 5 年立法规划和年度立法工作计划，并监督年度工作计划的实施。具体确定了未来 5 年要实现的 39 件立法项目，使立法进程同西藏社会的稳定与发展相适应。[6]

7.切实保障自治机关依法、民主行使自治权。保障自治机关依法、民主行使自治权既是民族地区宪政建设的一项重要举措，也是民族区域自治的核心之所在。自治权要按照法定条件和程序依法行使，自治机关在行使自治权时要按照民主法制原则操作，维护国家民主法制的统一。对妨碍或阻挠行使自治权的行为要坚决制止，自治机关只能在法定区域内行使自治权，不得超过法定的权限范围，自治机关可通过制定自治条例和单行条例，促进民族地区的社会经济与文化的发展。[3]

结　语

在新的历史时期，我们要紧密结合西藏社会实际，采用多种合法可行的路径，促进西藏自治地方自治权的全面实现；我们要在坚持国家主权和国家统一的前提下，充分尊重民族自治地方各民族公民的意愿；我们要毫不动摇地坚持民族区域自治制度，并使其更加完善，充分发挥其优势和作用，促进“富裕西藏、和谐西藏、幸福西藏、法治西藏、文明西藏和美丽西藏”的建设。

参考文献：

[1]田芳.地方自治法律制度研究[M].北京：法律出版社，2008.

[2]洛克.政府论(下)[M].翟菊农，等译.北京：商务印书馆，1983.

[3]陈云生.现代宪法学[M].北京：北京师范大学出版社，2010.

[4]薄庆玖.地方政府与自治[M].台北：五南图书出版社，1992.

[5]李元起.中国宪法学专题研究[M].北京：中国人民大学出版社，2009.

[6]西藏自治区人大常委会主任白玛赤林谈法治工作，中金在线网，[EB/OL]. http://news.cnfol.com/guoneicaijing/20140311/17234092.shtml.

[7]王德文.民族区域自治制度在西藏的伟大实践，搜狐首页网，[EB/OL]. http://roll.sohu.com/20120813/n350503963.shtml.

[8]徐和平.论民族区域自治地方自治立法的民族性原则[J].兰州学刊，2004(4).

[9]黎华玲.西藏将颁布实施相关条例，以法律形式保障藏语文使用发展，东方网，[EB/OL].http://roll.eastday.com/c1/2014/0407/1978859043.html.

[10]姚俊开.西藏地方立法刍议[J].西藏民族学院学报，2006(4).

[11]黄军锋.新西藏地方立法的伟大成就及其完善[J].西藏民族学院学报，2011(专刊).

新消法下网络消费者合法权益保护

陈　箐*

摘要：近年来，网络购物这种新的消费方式逐渐被大众认识并接受，随着移动端购物和支付的进一步推广，网购用户规模大幅度增加。本文主要分析了网络消费的概念和特征，网上购物消费者权益保护存在的问题，以及2014年3月15日开始实施的《消费者权益保护法》（以下简称“新消法”）在涉及网络消费者权益保护方面的改进。

关键词：网络购物；消费者；权益保护

一、网络消费的界定

网络消费即给予互联网开展的商品或服务的交换，也就是人们俗称的“网购”，包括企业与个人（B2C）和个人与个人（C2C）的交易。中国互联网终信息中心发布第34次《中国互联网络发展状况统计报告》显示，截至2014年6月，我国网络购物用户规模达到3.32亿，较2013年底增加2962万人，半年度增长率为9.8%。与2013年12月相比，我国网民使用网络购物的比例从48.9%提升至52.5%。这种新型的消费模式不但为消费者提供了更为便捷、经济的购物渠道，也大大促进了我国市场经济的繁荣。网络购物不同于传统的购物方式，有着其独有的特点：

1.虚拟性。网络购物是在一个虚拟的市场中进行的，对于商品信息披露的主动权完全掌握在经营者手里。消费者也无法感受到真实的商品，只能通过商家提供的视频、图片、文字描述等了解商品的特性，对商品真实的品质很

* 陈箐，西藏民族大学法学院讲师。研究方向为网络法和国际贸易法。

难作出准确判断。同时,买卖双方无法面对面交流,只能通过电子邮件、即时聊天工具等进行沟通,容易产生售后问题。

2.便捷性。网络购物不受空间的限制,打破了地域的局限性,使全球购物得以实现。网购还不受时间的限制,网店通常都是24小时营业,消费者以自主购物为主。消费者可以在任何时间通过浏览页面商品,将所需商品加入购物车,点击购买进行结算付款,即可在家坐等商品送货上门。近年来,智能手机的普及和移动端支付功能的推广,使得网络购物从PC端向移动端转移。据统计,手机购物用户规模达到2.05亿,半年度增长率为42%,是网络购物市场整体用户规模增长速度的4.3倍,手机购物的使用比例由28.9%提升至38.9%①,真正实现了随时随地购物的便捷购物模式。

3.经济性。网络购物相较实体店购物,其弱势在于无法立刻拿到商品,通常需要等待数日后快递送货上门。然而,网店的价格通常比实体店要低,经济实惠成为消费者选择网购的主要原因。这主要是因为网店节省了实体店必需的店面租金、人力成本等,只需一个仓库、几台电脑、几个工作人员即可开店。

二、我国对网上购物消费者权益保护存在的问题

(一)知情权得不到保障

《消费者权益保护法》第8条规定:"消费者享有知悉其购买使用的商品或者接受的服务的真实情况的权利;消费者有权根据商品或服务的不同情况,要求经营者提供商品的价格、产地、生产者、用途性能、规格等级、主要成分、生产日期、有效期限、检验合格证明、使用方法、说明书、售后服务,或是服务的内容、规格、费用等相关情况。"

网络交易中,商品的所有信息都展示在网页上,商家展示的信息是否完整,是否真实,消费者很难辨别。例如,一件衣服的质地如何,消费者只能通过商家对面料成分的描述和图片进行判断,无法真实感知。衣服的颜色通常又会受到商家拍摄照片时的灯光的明暗,后期照片的软件修图调色和消费者电脑的显示器的影响而出现难以避免的色差。

---

① 中国互联网络信息中心发布第34次《中国互联网络发展状况统计报告》,http://www.cnnic.net.cn/hlwfzyj/hlwxzbg/hlwtjbg/201407/t20140721_47437.htm。

我国目前尚未形成对网络商品信息的审核制度，信息的真实与否很难辨别。

(二)格式条款的滥用

网络购物的最大优势在于便捷省时，而这也给格式合同的应用创造了条件。虽然，格式合同能够简化双方的谈判过程，但是暴露出诸多缺陷。本身就在网络交易中占有优势的经营者利用格式条款更加巩固了其主导地位，使得本就处于弱势的消费者更加被动。目前，常见的格式条款主要包括以下几种：

1.消费者注册网络交易平台时必须同意的格式合同。例如，在淘宝网申请账号时，消费者必须同意《淘宝服务协议》才能注册账号。

2.用来解决交易商品细节争议的格式条款。例如，“图片拍摄灯光及电脑显示器都有可能造成色差，拍下该商品则表示接受该差异的存在”“由于电脑色差等原因，图片仅供参考，以收到实物为准”。

3.设置消费下限。例如，“本店购物不满 15 元不发货”。

4.限定售后服务范围。例如，“本店打折商品一律不接受退换货”“邮购时一经签收，卖方概不负责”。

(三)个人信息泄露严重

消费者主要在两种条件下提供个人信息：一是在网络购物平台注册账号时，通常需要提供邮箱、联系方式、通信地址甚至真实姓名和身份证号码等个人资料；二是拍下订单时，消费者需要向对方提供收货的联系人姓名、地址和电话号码等。这些个人信息如果保护不当，就会遭到包括黑客、木马病毒、网络平台管理人员、网店经营者甚至快递人员的泄露。这种泄露不仅会造成大量短信电话以及电子邮件的骚扰，还有可能威胁到消费者银行账户的安全。

三、“新消法”对保护网络消费者的改进

我国于 2013 年 10 月对《消费者权益保护法》(以下简称“新消法”)进行了修订，并于 2014 年 3 月 15 日正式实施。“新消法”在有关网络消费者权益保护方面做了新规定，在立法上取得了一定突破，弥补以往在网络消费者权益保护方面的一些不足。

(一)“新消法”在保护网络消费者知情权方面的改进

“新消法”第28条规定:“采用网络、电视、电话、邮购等方式提供商品或者服务的经营者,以及提供证券、保险、银行等金融服务的经营者,应当向消费者提供经营地址、联系方式、商品或者服务的数量和质量、价款或者费用、履行期限和方式、安全注意事项和风险警示、售后服务、民事责任等信息。”该条为消法修订的新增法条,更加细化了网络、电视电话购物、邮购等方式的经营者对商品服务和自身信息的披露义务,进一步明确了商品服务和自身信息的披露范围。

(二)“新消法”在格式条款规定方面的改进

“新消法”第26条规定:“经营者不得以格式条款、通知、声明、店堂告示等方式,作出排除或者限制消费者权利、减轻或者免除经营者责任、加重消费者责任等对消费者不公平、不合理的规定,不得利用格式条款并借助技术手段强制交易。”比起修改前的第24条第1款的规定,新消法的规定更加明确细致,对属于“不公平不合理的规定”的范围规定得更加细致。有效防止网络经营者利用格式条款肆意加重消费者的责任,为网购消费者的公平权提供了进一步的法律保护。

(三)“新消法”对消法者个人隐私保护的改进

“新消法”第29条新增了经营者保护消费者个人信息的义务。该条规定:“经营者收集、使用消费者个人信息,应当遵循合法、正当、必要的原则。”经营者收集、使用消费者个人信息应当经过消费者的同意。对于已经收集的消费者个人信息,经营者及其工作人员必须严格保密,不得泄露、出售或者非法向他人提供。此外,经营者还担负不得随意以商业信息骚扰消费者的义务。

(四)“新消法”新增“七天无理由退货制度”

“新消法”第25条规定,除了消费者定做的;鲜活易腐的;数字化商品和交付的报纸、期刊及因商品性质不适用无理由退货的商品外,经营者采用网络、电视、电话、邮购等方式销售商品,消费者有权自收到商品之日起七日内退货,且无须说明理由。该条法规的出台将无理由退货从之前网络经营者自愿提供的一项服务转变为受法律保护的消费者的合法权益,进一步消弭了网络经营者与消费者之间的不平等差距,保护了消费者的知情权、自主选择权和公平交易权。

参考文献：

[1]杨辰栖.新消法改革背景下网购消费者权益保护问题研究[J].经济与法,2013(7).
[2]牟笛.新消法草案"后悔权"的理解与范围界定[J].青春岁月,2013(12).
[3]徐玉洁,于晓琳.网购消费者权益保护研究[J].法制博览,2013(01)(中).

虚拟财产的概念界定与性质归属

陈　烨*

摘要：虚拟财产的概念问题在我国刑法学界一直存有争议，诸多观点莫衷一是，但其中存在两个共识：一方面虚拟财产和网络紧密相关，具有相当的依附性；另一方面虚拟财产的客体是各种虚拟物品，不具有实体存在。由此，可将其定义为依赖于网络，以电磁记录为其存在形态，具有经济价值的特定信息资源。关于虚拟财产的性质很难归属于现有的债权、物权甚或知识产权体系，应视其为一种新型的财产类型，在理论上认定为无形财产之一种。

关键词：无体物；有体物；存在形式；财物；财产罪

一、虚拟财产的内涵

虚拟财产的产生与网络经济的飞速发展，尤其是网络游戏的普及具有直接的关系。正因如此，这一概念在中国产生的时间并不甚久，只是进入21世纪以来才在法学界引发了广泛的关注。网络世界是一个虚拟世界，存在于网络世界的财产理所当然地成为虚拟财产，但是，在何种意义上使用“虚拟财产”的概念远远没有因为存在空间的一致性而达成统一的认识，即便在定义的基本问题上，也是处于观点不一、见解各异的研究境况。

关于虚拟财产的定义存在以下几种具有代表性的观点：定义之一，所谓虚拟财产，指网络游戏中，游戏玩家的游戏人物本身的各项指数以及游戏中使用

---

* 陈烨，西藏民族大学法学院讲师，国家民委人文社会科学重点研究基地——“西藏社会和谐稳定与法治建设重点研究基地”成员。研究方向为中国刑法学。

的货币、武器装备、宠物等。[①] 定义之二，所谓虚拟财产，是指在网络中存在的，以数字化的方式模拟形成的，既相对独立又具独占性的信息资源。我们常见的虚拟财产包括网络游戏中的游戏装备、域名、游戏等级、论坛上的分值等。[②] 定义之三，虚拟财产是指网民、游戏玩家在网络空间中所拥有、支配的，必须利用网络服务器的虚拟存储空间才能存在的财物，具体包括游戏账号、游戏货币、游戏装备、QQ 号码等。[③] 定义之四，所谓虚拟财产，是指以网络游戏为基础，由网络游戏的玩家在网络游戏中控制的账号（ID，即 identification）下所记载的，该账号通过各种方式所拥有的货币、宝物、武器、宠物、级别、段位等保存在游戏服务器上，可供游戏玩家随时调用、创建或加入游戏的数据资料或参数。[④] 定义之五，虚拟财产是指作为游戏软件中的软件模块的影像，或化身存在于虚拟世界中被虚拟人物掌控和支配的，具有虚拟的价值和使用价值的虚拟物或虚拟货币。[⑤] 当然，在法学界关于虚拟财产的定义还有许多不同的说法，不过在内容上基本是大同小异，在此问题上并无明显对立的实质性争议。

从上述定义当中，笔者发现关于虚拟财产在学界存有以下两个共识：第一，虚拟财产的全称可以叫作网络虚拟财产。即虚拟财产的虚拟特性源于网络的不真实性，既然这种财产类型存在于特定的虚拟空间，自然其本身的属性特征也是虚拟的。没有网络的产生，就没有虚拟财产，离开了网络，虚拟财产亦将不复存在。“虚拟财产首先要满足虚拟的特性，这就意味着虚拟财产对网络游戏虚拟环境的依赖性，甚至在某种程度上不能脱离网络游戏而存在。”[⑥] 虚拟财产在本质上来说只不过是一种电磁记录，完全依托于特定的网络游戏所设置的虚拟环境，从而在其中表现为特定的各种虚拟物品，成为游戏的必要组成部分。随着玩家长时间的竞技积累，游戏级别可能会随之升高，虚拟财产也会有所增加，但这些同样没有脱离对网络游戏存在的严重依附，一旦该游戏的运营商倒闭，虚拟财产很有可能化为乌有。因此，虚拟财产的虚拟特征既决

---

① 陶军.论网络游戏虚拟财产在民法中的地位[J].中国律师，2004(12).

② 胡岩.论虚拟财产的性质与保护[J].法律适用，2011(7).

③ 赵秉志，阴建峰.侵犯虚拟财产的刑法规制研究[J].法律科学(西北政法大学学报)，2008(4).

④ 于志刚.网络空间中虚拟财产的刑法保护[M].北京：中国人民公安大学出版社，2009：23.

⑤ 侯国云.再论虚拟财产刑事保护的不当性[J].北方法学，2012(2).

⑥ 赵占领.虚拟财产的法律保护[J].信息网络安全，2004(5).

定了它不可能脱离网络空间而存在，也有着对于特定游戏提供者的持续经营的依附性。第二，虚拟财产主要以网络游戏中的虚拟物品为对象。虚拟财产最初起源于网络游戏的快速发展，两者之间的关系密不可分，也可以说是网络游戏创造了第一笔“虚拟财产”。即便是虚拟财产成功地进行交易而转化为现实财产，也是在网络游戏领域实现的这一过程。反过来，正是因为虚拟财产可以在现实世界进行交易，这种利益驱动也推动了网络游戏产业的飞速发展，两者相辅相成、相得益彰。除了第二种定义以外，上述其他几个定义均将虚拟财产限定在网络游戏的范围之内，可见虚拟财产和网络游戏的关系是何等紧密。

其中，对于第一个共识笔者持赞同意见，这是由虚拟财产产生和存在的特定空间所决定的，我们甚至可以认为虚拟财产亦可称作网络财产，后者反而更加贴切一些。因为从根本意义上来说，虚拟所要表达的特殊性质就是网络，两者具有相同的内涵，皆是指对现实财产的虚构或模拟。然而，这种特殊性也应该仅仅止于存在空间的特定性质，如果说虚拟财产不仅是网络虚拟财产，而且只能是网络游戏虚拟财产，这种定义就过于狭隘了。起初，虚拟财产确实来源于网络游戏，并以此为基点开始进行现实地转化，至今为止，应该说大部分的虚拟财产交易也主要发生在网络游戏领域。在司法实践当中，发生的有关于虚拟财产的经济纠纷或者刑事案件也往往与网络游戏相关联。但是，这并不能说明虚拟财产就只是网络游戏当中的虚拟物品或者游戏账号，就此限制虚拟财产的存在范围并不妥当。有的学者就对我国社会中存在的诸多种类的虚拟财产进行过分类研究，他认为这一概念具体包括狭义的虚拟财产（网络游戏中的虚拟物、虚拟货币、注册通信号码和通信地址等）、虚拟无形财产（域名等）、虚拟集合性财产（网站等）①，其中网络游戏的虚拟物也仅仅是狭义的虚拟财产的一种，也就是说，哪怕只是在狭义的程度上界定虚拟财产，也不应当局限于网络游戏当中的虚拟物品等，而是应当在更为广泛的意义上使用虚拟财产这一概念。随着网络技术的进一步发展和普及，人们对各种网络信息和网络产品的需求会越来越多，从而导致更多的网络财产类型的产生。尽管虚拟财产的诞生与网络游戏密不可分，但这种关系可以说是在很短的时间内就被彻底瓦解了，我们也没有必要将今后出现的新型的网络虚拟财产冠之以其他的定义，而是通过重新界定虚拟财产的内涵和外延将其囊括进来，使之成为一个开放性的财产概念。据此，笔者认为应当按照如下的定义来理解虚拟财产更为合适：所谓的虚拟财产，是指依赖于网络，以电磁记录为其存在形态，具

① 林旭霞.虚拟财产权研究[M].北京：法律出版社，2010：52-61.

有经济价值的特定信息资源。至于电磁记录的概念在我国现行立法中并没有规定，据我国台湾地区“刑法”第 220 条第 3 项的规定，电磁记录，指的是以电子、磁性或他人之知觉不能直接认识的方式制成的供电脑处理的记录。对此通俗的理解就是，储存在电子计算机的电磁记录物上的可以进行阅览、记忆和处理的信息。

二、虚拟财产属于无形财产

关于虚拟财产的性质亦存在较大争议的话题，由于该问题尚处于理论研究的层面，没有相关立法加以规制，致使学者从不同的角度分别提出了自己的观点并加以论证，不同论点之间的差异较为明显。笔者总结如下：有的学者指出，“从现行民法规定来看，网络游戏虚拟财产是软件的开发者原创的，同时，网络游戏虚拟财产在集聚的过程中也有玩家的智力因素，是智力活动的产物，并且具有精神性要素。因此，其应该被归入现代民法所认定的作品范畴之内”①。这种观点可以称作“知识产权说”，也就是认为虚拟财产应当是一种新型的知识产权。有的学者认为，虚拟财产的重点不应在于虚拟物品本身，而在于它所反映的服务合同关系。虚拟财产权利就是玩家可以享有由服务商所提供的特定的服务内容的权利。每一个虚拟物品就是一张合同，由玩家占有后即视为合同签订并转变为虚拟财产。② 这种观点也可以称为“债权说”。在此基础之上，有的学者提出了“特殊的债权说”，认为虚拟财产可以被看作是玩家主张债权的权利凭证，同时这种债权与传统的民法债权存在一定的区别，呈现出“一种动态扩张的趋势和一定的物权化特征”。③ 还有的学者认为，虚拟财产权是一种具有物权属性的新型财产权，它与传统的物权虽然有共性，但又存在明显的区别，不能简单地将二者完全对立或等同。④ 笔者暂且称之为“新型物权说”。最后还有人认为，虚拟财产是第三类财产，既不属于有形财产，也与无形财产不相符合，需要为其制定独具个性的虚拟财产保护法。⑤ 这是“第三

① 石先钰，陶军，郝连忠.论虚拟财产的法律保护[J].甘肃政法学院学报，2005(4)4.

② 房秋实.浅析网络虚拟财产[J].法学评论，2006(2).

③ 石杰，吴双全.论网络虚拟财产的法律属性[J].政法论丛，2005(4).

④ 尹祥茹.论虚拟财产的法律性质[J].中国海洋大学学报(社会科学版)，2006(1).

⑤ 赵金英.第三类财产之法律保护[J].玉溪师范学院学报，2005(6).

类财产说”。

首先，笔者认为“知识产权说”并不合理。具体理由如下：第一，该观点将虚拟财产等同于民法意义上的作品，其财产权利的类型也就是著作权，那么，它就必须符合我国《著作权法》关于作品的立法规定。根据我国《著作权法》第3条的规定：“本法所称的作品，包括以下列形式创作的文学、艺术和自然科学、社会科学、工程技术等作品：(一)文字作品；(二)口述作品；(三)音乐、戏剧、曲艺、舞蹈、杂技艺术作品；(四)美术、建筑作品；(五)摄影作品；(六)电影作品和以类似摄制电影的方法创制的作品；(七)工程设计图、产品设计图、示意图、地图等图形作品和模型作品；(八)计算机软件；(九)法律、行政法规规定的其他作品。”除了第(八)项以外，前面七种形式的作品都是客观现实的，即便特定作品可以被网络化和信息化，也与虚拟财产在性质上大相径庭。而第(九)项的其他法律、行政法规的规定也没有涉及虚拟财产可以作为作品来看待的内容，因此也不能成为理由。那么，虚拟财产是计算机软件吗？答案也是否定的。根据新的《计算机软件保护条例》第2条的规定，本条例所称计算机软件，是指计算机程序及其有关文档。① 显然，虚拟财产的内容与上述两个概念全然不符。例如有的学者就指出，腾讯QQ是一款计算机软件，而QQ币是一种非常典型的虚拟财产，后者只是运行在前者之上的若干电磁记录，两者在属性和权利保护模式上都有不同，不宜相提并论。② 对于盗版计算机软件的违法行为，情节严重的可以按照侵犯著作权罪处理，但是对于侵犯虚拟财产的违法行为，却不可能适用于这一罪名。第二，作品的产生是一个从无到有的过程，因此作品的所有人对其享有诸多的权利。而虚拟财产并非所有人创造，它本身已经由相应的网络运营商所制造并提供，尽管部分内容也会融入所有人的智力劳动，但有的虚拟财产只需提供对价的金钱即可获取，并不需要进行创造性的劳动。正是在此一点上，作品必须具有创造性才能够获得法律的认可和保护，否则就不能成为“作品”，但虚拟财产即便是在理论研讨的阶段也并无

① 计算机程序，是指为了得到某种结果而可以由计算机等具有信息处理能力的装置执行的代码化指令序列，或者可以被自动转换成代码化指令序列的符号化指令序列或者符号化语句序列。同一计算机程序的源程序和目标程序为同一作品。文档，是指用来描述程序的内容、组成、设计、功能规格、开发情况、测试结果及使用方法的文字资料和图表等，如程序设计说明书、流程图、用户手册等。

② 齐爱民.计算机软件、软件复制品、电磁记录之保护与计算机信息交易立法：从盗窃腾讯QQ号码案说起[J].政法论丛，2008(1)；许富仁，庄啸.传统犯罪对象理论面临的挑战：虚拟犯罪对象[J].河北法学，2007(2).

此项要求。[①] 当然,虚拟财产权既不能作为著作权去加以保护,也不是其他类型的知识产权,因为它在时间性、地域性、排他性等方面都难以和后者相匹配,不具有相同的法律性质。就网络游戏所产生的虚拟财产而言,它并不是一种创造性的智力劳动产生的成果,其本身应当属于一种精神娱乐活动,所有的虚拟财产都已经被游戏开发商设计完成,其中并不包含玩家的任何创造性活动。从本质上来讲,之所以会在网络游戏中产生虚拟财产,只不过是游戏提供商通过转让自己的部分利润进一步推广产品使用的特定营销手段而已。

其次,虚拟财产不是物权。虚拟财产本身确实具有排他性和管理可能性,也需要一定的存在空间,在此一点上与传统的物非常相似,将其作为一种特殊的物加以看待具有一定的合理性。但是,这也只是一种权宜之计。当初知识产权诞生以后,也是被作为一种物权的新表现来对待的,可是随着时间的推移和认识的加深,我们发现知识产权已经脱离了物权运行的许多基本规律,只得将其重新独立出来,制定完全不同于物权法的财产法律制度,而虚拟财产不应再走这样的老路。将虚拟财产作为物来看待的立足点之一是物与财产的概念基本相同,继承了古罗马法中的"物即财产"的观念。这样一来,如果财产的概念可以被无限扩大,自然物的外延也是不受限制的。依此推论可得,虚拟财产作为一种特殊的物也就是一种特殊的财产,其实反而承认了现有的财产类型根本无法将其很好地概括进来。而且,更为重要的一点是,"物权是可以对抗世间一切人的绝对权,所以它的权利主体是特定的,义务主体是不特定的,其他任何人都负有不得非法干涉权利人所享有物权的义务。……而在虚拟财产的使用中,玩家最大(直接)的相对义务人是 ISP(互联网服务提供商——笔者注),而且 ISP 的义务绝不是不作为义务,而是积极的作为义务,即按照玩家与 ISP 最初的游戏注册协议提供不同阶段或等级的玩绩权利(比如相应的身份或奖励等)。可见,在虚拟财产权的法律关系中,权利主体和义务主体都是特定的,不具有物权的特征"[②]。

再次,虚拟财产也不应当被认定为一种债权或者特殊的债权。如果仅仅看到虚拟财产作为债权凭证或者服务合同的性质,往往忽略了虚拟财产本身的价值所在。虚拟财产的部分价值确实体现在所有者能够要求相应的信息服务提供商按照约定提供服务,但是更为主要的部分则是在于,只要所有者没有违反禁止性规定,就可以不受运营商的控制,根据自己的主观意志对虚拟财产

---

① 刘玲.论虚拟财产的非知识产权属性[J].求是学刊,2006(6).

② 石杰,吴双全.论网络虚拟财产的法律属性[J].政法论丛,2005(4).

行使各项排他性的权利。这种价值内容是一般的债权无法涵盖的,更类似于物权的许多特征。如果说虚拟财产权包括对虚拟财产的所有权,可以对其进行占有、收益、使用和处分,那么再说它仅仅是一种债权就是不全面的。即便在财产的流转方面涉及了债权的部分内容,但是这对于财产权利来说是一种普遍现象,任何财产的流转都必然要有债权,但债权的这种法律关系不能代替客体本身的法律性质的探讨。① 也就是说,将虚拟财产权设定为一种债权,忽略了我们所要研究的虚拟财产本身的特性,只是弄清了双方主体之间的具体关系。其实,"特殊债权说"已经看到了虚拟财产在性质归属上的两难处境,可以说其价值属性既不同于传统的债权,又不是民法意义上的物权,将其定义为某种特殊权利,也没有彻底廓清虚拟财产与其他类型财产的真正关系。

最后,第三类财产说从逻辑上就是一种讲不通的观点。财产要么是有形的,要么是无形的,怎么会存在一种既不是有形也不是无形的财产呢?如果真有这样的类型,我们就必须重新审视之前对于有形财产或无形财产的定义是否准确。其实,该论者仍是将无形财产与知识产权等同了起来②,并没有真正区分两者之间的关系,也没有认识到无形财产应当是一个开放性的概念,不宜对其加以过多的限制。虚拟财产的独立性应当得到重视,但将其作为第三类财产与有形财产、无形财产并列并非明智之举,也过于抬高了虚拟财产的法律地位。

如何确定无形财产的范围,本文拟从两个方面进行分析:第一,以相关财产法律的规定为前提,其中主要是指民事法律制度中涉及财产权利的内容。该客体是否能够作为财产受到法律的有效保护,往往并不以刑事法律规定为标准,而是首先看它是否能够纳入民事法律的调整规范,也就是说,只有民事法律已经将其作为财产加以保护之后,刑法才有可能也才有义务进行该项保护,从而完善刑事法律制度本身。第二,作为一个补充条件,我们也必须正视在现实生活中,尽管民事法律规定对此问题尚无有效的规制,但犯罪分子已经在该领域开始大量实施类似于财产犯罪的严重违法行为。这一现象为刑事立法研究提出了新问题和新要求,此种情形之下,如果等待民事或者其他相关法律制度建立或健全以后再探讨有关刑法事宜,可能为时过晚。因此,也有必要对该类问题积极地作出是否可以预先进行刑事考量的研究。而虚拟财产所涉及的刑法保护问题恰恰是此种情况的典型代表。

---

① 杨建斌.论无体物权与知识产权的关系[J].求是学刊,2006(6).

② 赵金英.第三类财产之法律保护[J].玉溪师范学院学报,2005(6).

虚拟财产具有法律意义上的财产属性，这已经得到了学者的普遍认可①，对此本文不再加以重复。那么，虚拟财产是否可以被纳入无形财产作为一种新的财产类型加以看待却颇有争议。通过上文的分析，笔者认为虚拟财产既不适宜作为物权，也难以成为一种真正的债权，更不应当牵强地界定为特殊的债权或者新型物权，这种界定无异于颠覆了以往的物权或债权的基本理论。上述两种权利的类型特征已经得以固定，实际上是一种封闭的权利体系，能够容纳新型财产权利的可能性极低。同时，作为无形财产代表的知识产权也与虚拟财产存在重要区别，难以相互包容，因此，后者只能作为与前者相并列的概念同属于无形财产。虚拟财产之所以能够作为一种独立的无形财产类别，具有以下几方面的理由：第一，虚拟财产具有无形性特征。就本文而言，无形性指的是经济价值的实现方式只能通过人类的抽象思维感知和认识，而虚拟财产恰恰符合了这一特征。无论是典型的代表——网络游戏虚拟财产也好，还是QQ号码、电子邮件、域名等其他形式的虚拟财产，都不是所有者能够进行物理的有形的利用其使用价值的财产类型，与传统的有体物具有利用形式和需要类型上的重大不同。第二，虚拟财产在本质上也是一种信息。本文认为，无形财产在本质上是一种信息财产，正是信息的本质特征决定了其他的形式特征，虚拟财产的信息不同于知识财产的记录载体，它是以电磁记录为主要形式，虽然也需要一定的物质载体作为依托，但载体本身仍不是反映信息内容的唯一条件，而是需要电子计算机、网络等媒介共同作用，才能实现虚拟财产的物质化。但是，就其本质是信息这一点来说，它与无形财产是完全契合的。第三，虚拟财产存在的广泛性和重大的经济价值已经具备了作为独立的财产类型的保护要求。其实，无形财产作为一种开放性的财产类型，远远不止知识财产和虚拟财产两种形态，只不过其他类型的重要性和保护吁求仍然没有在现实社会当中得以体现，而虚拟财产恰恰符合了这一点。根据国家新闻出版总署公布的《2004年中国游戏市场报告》，2004年我国网络游戏市场的总体规模为24.7亿元，较2003年增长了47.9%。到2009年，我国网络游戏市场的

① 参见尹祥茹.论虚拟财产的法律性质[J].中国海洋大学学报(社会科学版)，2006(1)；林旭霞.虚拟财产权研究[M].北京：法律出版社，2010：27-37；陈良，刘满达.虚拟财产的财产属性界定[J].宁波大学学报(人文科学版)，2005(3)；于志刚.网络空间中虚拟财产的刑法保护[M].北京：中国人民公安大学出版社，2009：41-104.也有学者指出虚拟财产的财产性值得怀疑，但只是极少数的观点，并不具有较大影响，见侯国云.论网络虚拟财产刑事保护的不当性：让虚拟财产永远待在虚拟世界[J].中国人民公安大学学报(社会科学版)，2008(3).

销售收入已达到109.6亿元，从2004年到2009年的年复合增长率达到34.7％。而且在近些年来，许多有关网络虚拟财产的各类案件也大量涌现①，催生了这一新的理论研究热点。就目前关于虚拟财产法律性质的研究现状来看，不管是物权说还是债权说都不能合理地解决这一问题，将其作为新型财产加以独立研究仍不失为最好的选择。事实上，我们必须承认“财富形态在变化，包括法学家在内的人们，已经意识到一些新兴财产难以现有物权、知识产权的客体范畴，需要创设新的财产权利”②加以保护，而虚拟财产就是这种情形。

① 据不完全统计，有关网络游戏虚拟财产的案件，从2002年1月到2004年3月，全国就有300多起。参见杨立新.论网络虚拟财产的物权属性及其基本规则[J].国家检察官学院学报，2004(6).

② 陆小华.信息财产权：民法视角中的新财富保护模式[M].法律出版社，2009：45.

刑事立案监督有关问题探析

胡晓琴*

摘要：刑事立案监督是刑事诉讼法赋予检察机关的一项重要的刑事诉讼监督职能。为加强和规范刑事立案监督工作，最高人民检察院、公安部于2010年7月26日制定发布了《最高人民检察院、公安部关于刑事立案监督有关问题的规定（试行）》，进一步从立案监督的任务、立案监督的内容、监督的程序等作出了具体规定，弥补了刑事诉讼法的不足。尽管如此，但由于现行立法存在的不足等原因，使得在刑事立案监督方面还存在诸多问题。本文从刑事立案监督存在的问题及原因分析入手，提出完善刑事立案监督的建议。

关键词：刑事立案监督；诉讼；规范；对策

刑事立案监督是一种独立的监督形式，它与侦查监督、控告申诉监督等其他形式的法律监督密切联系，但其性质、对象、措施等与其他形式的法律监督具有不同的特点。[1]刑事立案监督自1996年第一次修订后的《刑事诉讼法》赋予人民检察机关刑事立案监督权以来，已有十几年的时间，检察机关在刑事立案监督工作方面也积累了相当的经验。但尽管这样，由于各种原因，也还存在不少问题。所以，对刑事立案监督的探讨仍是不断，特别是中央提出司法体制改革和工作机制改革的意见后，更是如此。为落实中央关于深化司法体制和工作机制改革的部署，加强和规范刑事立案监督工作，最高人民检察院、公安部于2010年7月26日制定了《最高人民检察院、公安部关于刑事立案监督有关问题的规定（试行）》（以下简称《规定》），进一步从立案监督的任务、立案监督的内容、监督的程序等方面作出了具体规定，弥补了刑事诉讼法的不足。2012年3月《刑事诉讼法》第二次修改，依然保留了检察机关对刑事立案的法

* 胡晓琴，西藏民族大学副教授。

律监督权。但是总体来说，这些规定都较为原则，操作性不强，机制不完善，不能满足刑事立案监督工作的实际需要。

一、刑事立案监督工作中存在的主要问题

（一）刑事立案监督的对象不全面

立案监督对象不够全面。没有形成一个完整、严密的立案监督体系，明显削弱了检察机关的刑事诉讼监督职能。根据《刑事诉讼法》、《人民检察院刑事诉讼规则（试行）》以及《规定》的有关规定，检察机关刑事立案监督的对象局限于公安机关，而对其他侦查机关如国家安全机关、监狱、海关及检察机关自侦部门的刑事立案活动的监督则未明确，对于人民法院直接受理的刑事自诉案件立案活动的监督更不在检察机关的刑事立案监督的范围内，导致当前司法实践中，对其他侦查机关刑事立案活动、法院刑事自诉案件立案活动的法律监督无法可依，对刑事立案活动中的错误行为和违法现象，不能全面、及时纠正，使维护司法公正，保障当事人的正当权利的立法意图出现缺口。

（二）渠道狭窄，案源不足

根据《刑事诉讼法》第 111 条、《人民检察院刑事诉讼规则（试行）》、《规定》第 4 条及司法实践来看，检察机关进行刑事立案监督时，案件线索来源主要有两方面，即接受申诉和自行发现：被害人及其法定代理人、近亲属或者行政执法机关，认为公安机关对其控告或者移送的案件应当立案侦查而不立案侦查，向检察机关提出的，检察机关依法受理并进行审查。同时，检察机关通过办理审查批捕和审查起诉刑事案件时，发现公安机关可能存在应当立案侦查而不立案侦查情形的，也应当依法进行审查。这两种线索来源都极具被动性。《规定》第 3 条明确规定："公安机关与检察机关应当建立刑事案件信息通报制度，定期相互通报刑事发案、报案、立案、破案和刑事立案监督、侦查活动监督、批捕、起诉等情况，重大案件随时通报。有条件的地方，应当建立刑事案件信息共享平台。"虽然实行这一制度有助于双方及时沟通情况，增加信息透明度，促进双方工作的提高，但在司法实践中，由于长期形成的工作方法，除检察机关与侦查机关在事实认定和法律理解上有差异的个别案件可监督立案外，其他情形在实践中较难发现。而对于第二个来源，由于许多公民法律意识不强，缺

乏通过法律途径保护其合法权益的意识,或者不了解控告、申诉的相应部门,因此严重影响案源的发现和工作的开展。

(三)监督方法单一

《刑事诉讼法》第 111 条和《规定》第 5 条规定,检察机关认为公安机关的不立案理由不成立的,应当通知公安机关立案,公安机关接到通知后应当立案。法律虽然规定了公安机关必须立案的义务,但没有规定任何强制的手段和处罚的措施来保证公安机关接受监督。如何处理对公安机关在接到检察机关的立案通知书后没有按照法律规定立案或者说明不立案理由的,法律并没有明确的规定。实践中,有些检察院采取的是发出《纠正违法通知书》的方式,有些检察院采取的是主动与公安机关进行沟通协商的方式,有的检察院采取的是向上级检察院反映,由上级检察院向同级公安机关提出,再由同级公安机关向下级公安机关施加压力的方式。虽然这三种方式能达到一定的效果,但缺乏法律上的依据。此外,刑事诉讼法对立案监督的责任问题只字未提,对于消极侦查的责任人,检察机关不能采取任何措施督促其进行侦查,更不能给予任何处罚。

二、刑事立案监督存在上述问题的原因分析

(一)立法的欠缺

关于刑事立案监督的规定见《宪法》第 129 条、《刑事诉讼法》第 8 条和第 111 条、《刑事诉讼规则(试行)》第 553 条、《公安机关办理刑事案件程序规定(修正)》第 164 条、最高人民检察院《人民检察院立案监督工作问题解答》等,但这些大都为原则性规定,具有实际操作意义的是 2010 年最高人民检察院、公安部印发的《最高人民检察院、公安部关于刑事立案监督有关问题的规定(试行)》。然而上述规定多为程序方面的规定,又只是规定互相通报、建议、通知、送达、报请等,这种软性监督的方式对于被监督对象拖延不执行或拒不执行的缺乏后续的制约措施,实际操作性差。现行刑事诉讼法立案监督条文及相关解释并没有针对公安机关被通知立案而不立案、消极侦查等现象规定了应对的配套措施,只有一些软措施,如发出纠正违法通知书或检察建议,若公安机关不纠正也无计可施。这不能在实质上对这些消极行为给予惩处,也不

利于立案监督的发展。没有从立法上赋予检察机关一定的立案监督处分权和追究相关人员法律责任的权力，是开展立案监督工作的一个“盲区”。如果公安机关接到立案通知书后，拒不立案，或公安机关接到纠正违法意见书后，拒不纠正违法行为，检察机关该如何实现监督权？对此问题，只在《人民检察院刑事诉讼规则(试行)》第563条规定：“公安机关仍不纠正的，报上一级人民检察院协商同级公安机关处理。”检察机关在立案监督上没有制裁权和处罚权，导致立案监督手段软性化，这也直接造成检察机关立案监督实效差。

再者，检察机关在立案监督的程序上只有调查权，通过调查权的行使，虽然可以克服传统“卷面审”对查明事实真相的局限性[2]，但没有侦查权，调查手段有限并缺乏强制保障措施，加之被监督机关对立案监督在案情认识上及证据收集上会有差别，必然会阻碍立案监督效果的实现。

应指出的是，2010年最高人民检察院、公安部印发的《规定》还没上升到法律，且适用范围窄，因此在现实操作中难免会束手缚脚。

(二)对人民法院的刑事立案监督的欠缺

人民法院依照刑事诉讼法的规定直接受理自诉案件，从目前的司法实践看，自诉案件从受理立案到调解或者审判，都是由人民法院负责到底，由于单位内部分工，有的甚至是由人民法院某一部门或某一承办人全盘负责。如有的法庭，由于只有两三个工作人员，具有办案资格的就只有一两个人。因此，自诉案件从受案、立案到调解或按简易程序审判再到作出判决均为一人负责，导致立审不分。在这样的情况下，自诉案件的立案监督就成了盲区，因为人民检察院既不能出庭，又不能通过审查已经发生法律效力的调解书、判决书来实行立案监督和审判监督，发现和纠正立案违法和审判违法。所以，应通过立法将人民法院自诉案件的受理、立案活动等纳入人民检察院刑事立案监督的范围。现行刑事诉讼法将自诉案件分为三种情况：第一，告诉才处理的案件；第二，被害人有证据证明的轻微刑事案件；第三，被害人有证据证明对被告人侵犯自己人身、财产权利的行为应当依法追究刑事责任，而公安机关或检察机关不予追究被告人刑事责任的案件。尤其是第三种自诉案件，因为这类案件本应进入侦查、公诉程序，却因侦查、检察机关的原因造成当事人只能通过提起自诉来维护其合法权益。由于其区别于第一和第二种自诉案件，《刑事诉讼法》规定对第三种案件不适用调解。在第三种案件人民法院不予立案，或裁定驳回自诉，或人民法院移交公安机关受理，而公安机关应当立案而不立案的，自诉人认为人民法院或公安机关应当立案而不立案的，向人民检察院提出时，人民检察院应当对人民法院和公安机关选择行使立案监督权，以保障法律的统一正确实施。

(三)对人民检察院直接受理立案侦查的案件立案监督存在的不足

对人民检察院直接受理立案侦查的案件如何进行立案监督是长期困扰检察机关的一个在立案监督领域如何延伸的问题。对自侦案件的立案监督与对公安机关的立案监督有着明显的不同：首先，自侦部门和立案监督部门都属于检察机关的内设机构，都是在检察长的统一领导下开展工作。如果对于一些重要线索本应报请检察长决定立案，但侦查部门没有报请，或者虽然报请但检察长决定不予立案，实际上造成了该立的案件没有立。因此，对自侦案件的立案监督是立案监督部门对本院侦查部门应当立案侦查而没有报请立案侦查行为的监督及检察长决定不立案的监督。

其次，对自侦部门的立案监督方式也不同于对公安机关的立案监督。在人民检察院内部，立案监督部门发现本院侦查部门对应当立案侦查的案件不报请立案侦查的，应建议侦查部门报请立案侦查，建议不被接受，应当报请检察长决定。对检察长决定不立案的监督，只能通过检察委员会集体讨论来进行，在发生分歧或意见不一致时，必须提交上级检察院决定。因此，对自侦案件的监督是一种内部监督，不宜采用通知立案的方式，也无须由刑事诉讼法来规定，只要由最高人民检察院作出规定即可。

(四)存在重配合、轻监督的意识

长期以来，检察机关与公安机关、审判机关等为了更好地形成打击犯罪的合力，在实践中往往讲求配合而忽略监督制约，有些执法人员仍然存有公、检、法一家的传统观念，从而导致监督错位，出现不愿监督、不敢监督、监督不力的情况，认为“检察机关在立案监督时就已经确信证据达到了‘能捕、能诉、能判’的标准，其后的批捕、起诉就只不过起了一个走过场的作用而已，使刑事立案设置虚化，功能倒置”。[3] 加之近年来，公安机关加强目标责任制考核，实行执法过错追究，开展一系列的达标升级活动，把检察机关开展立案监督工作也作为执法责任考核和过错追究的内容之一，甚至与干警的利益挂钩，检察机关立案监督案件越多，公安机关目标考核扣分就越多，案件承办人受到牵连，轻者扣钱，重者被轮岗到边远乡镇工作，年终取消评先资格，这样严重影响监督与被监督的关系，导致检察机关不愿办立案监督案件，公安机关怕检察机关办立案监督案件的局面，当检察机关发出说明不立案理由通知书后，侦查机关则变通手法，将立案时间提前。同时，检察机关的目标考核也越来越突出立案监督案件的数量和质量，在一定程度上造成公、检两家的矛盾日益突出，使立案监督工作处于两难境地。

三、完善刑事立案监督的对策

(一)完善诉讼监督立法是强化诉讼监督的前提

首先，在刑事诉讼法、法院组织法、检察院组织法中突出规定检察机关的法律监督地位和作用，使之与宪法和有关法律相协调，与强化诉讼监督职能的实际需要相适应。其次，对检察机关实行诉讼监督的范围、内容、程序、效力等作出明确具体的规定，使检察机关在实行法律监督中有法可依。最后，法律要赋予检察机关一定的处置权，确保法律监督的实际效果。例如，在立法上明确《要求说明不立案理由通知书》和《立案通知书》等法律文书的效力，赋予检察机关对拒不接受监督的单位和个人有建议处罚权或处罚权。

(二)拓展有效的线索渠道

其一，在办案中发现线索。侦查监督部门的主要职责是通过办理批捕案件对侦查机关的活动是否合法进行监督，在办理审查批捕案件过程中，一是通过审查案卷来发现立案监督的线索；二是在讯问犯罪嫌疑人时注意其供词，从中获取立案监督的线索；三是在办案调查取证过程中，重点审查负案在逃、治安处罚同案人和另案处理等情况，发现立案监督线索。[4]

其二，进一步明确立案期限。明确规定公检法对于报案、控告、举报和自首的材料，应当按照管辖范围，进行审查，并在法定期限内作出是否立案的决定。超过期限没有作出决定的，应当视为不立案，检察机关可以作为立案监督案件进行监督。

其三，进一步完善立案监督的效果保障程序。规定检察机关通知公安机关立案而公安机关不立案，或者立案后不积极侦查，提出意见后仍不纠正的，检察机关经省级以上人民检察院批准，可以直接立案侦查。

(三)着力解决检察机关对侦查机关刑事立案情况的信息畅通问题

信息畅通是保障刑事立案监督工作及时、有效开展的前提和关键。《规定》第3条明确规定:“公安机关与检察机关应当建立刑事案件信息通报制度,定期相互通报刑事发案、报案、立案、破案和刑事立案监督、侦查活动监督、批捕、起诉等情况,重大案件随时通报。有条件的地方,应当建立刑事案件信息共享平台。将有关情况定期以书面形式告知检察机关,由检察机关对立案活动的合法性进行备案审查。”实行这一制度,有助于双方及时沟通情况,增加信息透明度,促进双方工作的提高。结合当前政治经济形势,把立案监督的重点应放在事关民生、社会危害性大、严重影响经济发展和社会和谐稳定的案件上,着力保障和改善民生,着力解决人民群众反映强烈的执法不严、司法不公问题,提高检察机关及时发现和准确纠正违法的监督水平。

(四)强化监督理念

立案监督是刑事诉讼法赋予检察机关的一项重要职能。即使任务繁重、难度大,办案人员也应树立公仆意识,转变观念,提高执法水平,公正执法,消除监督难的顾虑。要克服只忙于审查批捕工作、疏于立案监督工作的错误思想。要敢于碰硬,敢于监督,敢于为民申冤。主动加强与公安机关的联系与沟通,定期或不定期召开联系会、案情分析会、协调会,交换观点,达成共识,消除找碴和监督就是与办案人员过不去的思想,通过引导侦查活动促进公安机关对刑事立案监督工作的理解与配合,切实解决立而不侦、侦而不结、逃而不抓的现象。

总之,刑事立案监督作为刑事诉讼法赋予检察机关的一项重要刑事诉讼监督职能,积极开展刑事立案监督工作,能有效地防止和纠正有案不立、有罪不究、以罚代刑及违法立案等执法不严、执法不公现象。对于防止和纠正在刑事立案活动中的违法问题,防止司法腐败,维护司法公正,保障当事人的合法权益,维护国家法律的正确统一实施,都具有十分重要的意义。

参考文献:

[1]李永济.完善立案监督制度浅探[J].人民检察,1999,7.

[2]慕平主编.检察工作机制与实务问题研究[M].北京:法律出版社,2008.

[3]王志刚,徐伟.刑事立案监督障碍分析[J].中国检察官,2008,7.

[4]党晓军.刑事立案监督若干问题探析[J].中国刑事法杂志,2005,4.

完善公务员激励机制的精细化思考

井凯笛* 何剑锋**

摘要:由于一些制度方面和实践操作方面存有种种的问题,影响了我国公务员激励机制的正常发挥。只有排除了这些障碍,我们的公务员才能很好地履行好各自的职责,政府及其部门的职能才能得以很好地实现,才能为法治政府建设打下坚实的基础。应从培训、考核、工资与福利、职务晋升、权利救济五个方面入手,对公务员激励机制的各个环节进行精细化思考,还原公务员激励机制应有之活力。

关键词:公务员;激励机制;法治政府

依法行政和提高行政效率无疑是法治政府建设的关键所在,而这一关键环节的落实最终要依赖于强有力的公务员队伍。在社会管理模式向社会治理模式的转变过程中,更加注重公众主体地位的考量,公务员工作技能与工作效能是公众主体地位回归的重要保障。如果人的“行为结构”与人的“自然倾向”相符合时,就称为激励相容。运用激励相容理论,完善的公务员激励机制应注重探索公务员内部运转的科学化、高效化,本文从公务员入职培训到权利救济等方面进行深度剖析,针对每个环节存在的问题,提出如下完善策略,力图为在实质意义上完善我国公务员激励机制提供有益之参考。

---

* 井凯笛,西藏民族大学法学院教师。主要研究方向:宪法学与行政法学,纪检监察学。

** 何剑锋,西藏民族大学法学院教师。主要研究方向:经济法,民族法学。

一、增强培训机制的科学性、实效性

(一)转变培训观念,提升培训理念

当今世界正处于知识爆炸的信息时代,知识更新的速度不断加快,公务员要想适应这种变化,就应该不断学习,参加培训,积累知识和经验。传统的政府人事管理将公务员的教育培训当作一种待遇,现在,必须改变这种观念,尤其是领导人员的观念必须首先要转变,应从一般性知识培训转变到整体性个人潜能的开发上来,要把公务员培训当作个人潜能开发的一个重要组成部分,把公务员培训当作一种出人才、出效益、出生产力的投入,高度重视对其培训和开发,建立"学习型政府"。政府应根据自身发展战略,制定可行的培训开发规划,建立全员教育和终身教育体系,促使公务员更新观念,优化知识结构,从而提高公务员队伍的整体素质。同时,公务员也绝不能把培训教育当作一种权宜之计,应该调整自己的心态,不能认为自己受过高等教育就不再需要接受新的教育了,而应该树立终身学习的观念,不断增强自己的竞争力。此外,我们还应当加大培训资金、人员和技术等方面的投入,提高培训保障能力。这些培训资源的投入,可以采取政府财政拨款、建立专门的培训组织等方式来为公务员培训提供充分的物质保障。

(二)规范培训评估体系

我们必须建立多层次评估体系,来保障培训的实效性。首先,对受训者应进行反应的评估,即评估学员对培训课程、培训教师、培训安排的喜好程度,为以后培训的相关调整做好准备。其次,要对受训者的学习收获进行评估,即学员学习到的知识、技能、态度等及其掌握的程度,为其日后的提拔提供强有力的支持,注重对学习成果的应用。再次,对受训者行为变化的评估,学员回到工作岗位后在组织绩效行为和组织公民行为上的变化,即是否已达到了此次的培训目的,公务员的学习能力是否有所提高、培训的激励作用是否得以充分发挥等。最后,对培训项目结果的评估,即考察培训项目给政府带来了哪些改变,公务员行为的变化是否对政府产生了积极的影响等。在科学的培训效果评估的基础上,我们才能及时发现问题,找出培训中的不足,这样才能对症下药,从而更好地提升培训的实效性,进一步提升公务员对培训的主动性。

(三)健全培训激励机制

适时的奖励是各项工作的推进剂,要解决现阶段我国公务员培训工作中存在的动力不足、积极性不强、效果不显著等问题,就应尽快完善公务员培训的激励机制,使培训与使用真正结合起来,将"不培训不任职、不培训不定级、不培训不晋升"的"三不政策"落到实处。在实际操作中,培训单位要加强对培训考勤、考核制度的管理,把培训期间的考勤结果、考核成绩记录在案,必要时将培训学习的考勤结果报告所在的工作单位,将考核结果录入公务员的个人档案。培训单位要对品学兼优的学员进行物质和精神上的奖励,工作单位在进行表彰总结、评选先进和提薪提职时,要充分参考公务员在培训期间的考勤考核结果,并以此作为重要依据,对在培训期间表现优秀的同志要及时加以提拔任用。而对按规定应接受培训而又无正当理由不参加培训或者培训期间纪律散漫,学习成绩不合格的公务员,不能参加评优、评先进,甚至年度考核不能评为"称职",对有机会给予提拔任用的也应将提拔时间压后,限期改正。同时,在我国公务员培训中,应针对公务员的特点采取多样化的培训方法,对于师资队伍也要建立相应的激励机制,对在教学工作中态度严谨、方法创新、成绩显著的教师进行奖励,以调动教师的积极性和创造性。

二、增强考核机制的科学性、实效性

(一)健全考核标准

要制定科学的、可考核的岗位描述,准确评价公务员绩效。将定性与定量考核相结合,尽可能使用量化指标,将"德、能、勤、绩、廉"五项指标进行有机分解,实行量化计分考核。在考核中除加强对公务员工作任务完成情况、政治业务学习和出勤率等常规共性指标的考核外,进一步加强对基于不同岗位分类设定的个性指标、特色工作开展情况的考核。坚持动态考核与静态考核相结合,采取跟踪考核、定期考核等方法全面掌握公务员的工作实绩,客观公正地评价公务员。营造有利于绩效考核的文化技术环境,实现考核法律化、制度化,加强考核程序的民主化、公开化。公务员绩效考核体系的文化技术环境建设有利于公务员绩效考核的科学性和有效性,要培养一种有利于公务员绩效考核的文化氛围并不容易,但一旦形成就会为绩效考核活动创造一个良好的行政环境。与此同时,立法保障是开展行政绩效评估的前提和基础,制度化也是以后评估活动的趋势之一。在我国,最主要是通过完善政策和立法使我国行政绩效考核走上制度化和法律化道路,为考核的各个环节提供法律上的保障和支持,使考核能落到实处,其激励作用得以发挥。

(二)建立多元化考核方法

考核方法的科学与否直接关系到考核结果的真实性和有效性。故在方法的选择上应注意以下几点:首先,定性考核和定量考核要有机结合,以客观标准为基础,运用科学的考核方法进行定量考核,减少考核的主观色彩,严格考核程序。但在定量考核时,还必须坚持定性考核,以切实保证我国公务员的政治素质与道德素质。其次,要坚持平时考核与定期考核相结合,要认真实行公务员工作纪实手册制度和工作目标制度,详细记录公务员的平时表现与工作实绩,在此基础上,做到定期考核,包括进行季考核和半年度考核,为年度考核提供依据,真正做到考之有据。这样不仅有具体的信息反馈,最大限度减少考核误差,而且还能为考核的工作相关性提供文件证明,以挫败不公正的宣传。再者,坚持领导考核与群众考核相结合的方法,既要做到领导考核为主,体现行政首长负责,提高行政效率;又要贯彻群众路线,进行多层次、多角度的考察,避免唯长官定论或极端民主化的现象。

(三)注重考核结果的运用

要搞好公务员的考核,就应把考核结果的使用真正作为保持考核工作的生命力,促进人事管理科学化,提高人事管理工作整体水平的重要措施,抓好相关政策配套,使公务员的考核结果由形式的评定向实质的激励方面发展,由档案资料向奖惩依据方向发展,能上能下、能进能出、竞争上岗、岗上竞争。竞争有助于优胜劣汰,是一种有效的竞争择优机制。只有这样才能在发挥考核工作的基础功能的前提下,充分深化其激励作用。当前,人的个性化趋势更为突出,作为公务员来说,更需要一种和谐、友爱、团结、共同参与的工作环境,更渴望得到他人的理解、关心和尊重。因此,我们在改变传统的以控制为中心,制度约束的传统模式的同时,更应强调以人为本,从人的心理、人的本性出发,这样公务员的考核才能更充分考虑到被考核人员的自身需要。要从公务员本身的需要来判定我们的考核方针和政策,把公务员本身的潜能开发、绩效提高与个性发展列入考核目的中来。据此,考核工作才能有条不紊地遵循效价法则,进一步从中体现其制度本身内含取之不尽、用之不竭的能量。本质上说,考核就像一部加速器，为公务员队伍注入巨大的推动力，激励公务员强烈的奋发向上的竞争意识，也必然会营造一个氛围宽松，带来无限生机和活力的政府部门工作环境。

三、规范薪酬制度

（一）物质激励与精神激励相结合

物质激励相对于精神激励是一种短期性激励，只能产生短暂的激励效果，不利于公务员队伍的长期发展和稳定。物质相对于精神是一种不可再生的资源，在享用上具有排他性，而且在使用中剩余价值逐步减少，在绝对意义上实施物质激励时受到极大的限制。如今公务员是一群追求自主，富有创新精神的队伍，拥有自己的独特价值和较强的流动性，单一的物质激励不足以吸引和留住优秀人才。对公务员的激励，在相对满足他们的物质需求后，要加大精神激励，使二者相辅相成，只有这样才能取得更显著的效果。这一关系式表明，只有物质激励和精神激励都处于高值，才能产生最大的激励力量；两个维度中只要有一个维度处于低值，都不能获得最佳的激励效果。故此，在重塑公务员激励机制时要坚持精神和物质激励同步的原则。精神激励就是要认可、赞赏、重视员工，在组织内部为员工设计职业生涯，创造良好的环境，休假、团队管理、让员工扮演领导等多种渠道。做到一把钥匙开一把锁，注意虚实结合，物质激励同时进行，优化人文环境。

（二）制定科学、合理、灵活的工资薪酬制度

公务员工资不仅是满足公务员物质生活需要的主要手段，而且也是激励公务员上进的基本途径，必须构建适应市场经济体制的、符合我国国情的、能够充分激发公务员积极性的工资制度。现行公务员制度还强调了级别工资，要求按照公务员的资历、学历来反映其工作能力的差异，但是显而易见的是经历并非经验、学历也并非学识，要想真正地在薪酬结构中体现公务员能力价值，必然需要通过建立科学系统的公务人员能力素质模型来进行公务员的能力测试和甄别，使这部分的薪资真正成为能力薪资。首先，要实现法制化。借鉴世界上许多文明法制国家的经验，通过立法形式对公务员工资制度予以保障，杜绝政府文件调资造成的以人代法、以言代法、以权代法的现象，从根本上

彻底解决工资分配的随意性和不公平性问题，既将公务员工资制度改革的成果用法律法规固定下来，使公务员工资分配有法可依，同时又与干部人事制度的相关法律法规配套。其次，要将分类管理落到实处。一方面实行政府机关与事业单位工资制度分离，分类管理，突出政府机关的层级性、事业部门的灵活性、用人单位的自主权。另一方面适应中央、地方相互分离的财政制度，改革长期以来从上到下一体化的工资制度，实行上下分开、分类管理工资模式，既可以调动发达地区公务员积极性，又可以改变落后地区公务员不思进取、得过且过的思维模式，也符合市场竞争的分配机制，调动中央、地方两个方面公务员的积极性。

四、确保晋升的公平公开

（一）帮助公务员树立正确的晋升观念

改变公务员在疯狂追求晋升过程中的扭曲行为，帮助公务员正确认识晋升，树立正确的晋升观念，需要对公务员进行思想政治教育，破除官本位思想。第一，倡导公仆意识、服务精神、确立“领导就是服务”的观念。使公务员认识到，不管处于哪个层次、哪个职位，都是在履行为人们服务的职责。第二，帮助公务员淡化官本位思想，对公务员进行全民职业观念教育，推动全民创业，引导各级干部把从政看成是一种普通职业，把职务看成是一种崇高责任，把履行职责作为一种应尽义务。如果公务员都能够相信职位、行业只是社会分工的不同，薪酬和待遇体现的是价值和贡献，那么公务员就会转向关注工作内容，而不是狂热地追求层次的发展。第三，定期组织公务员进行学习，树立终身学习观念，使公务员注重自身发展，不断提高自己的道德修养、知识水平和工作能力，使他们认识到，晋升是对成绩和努力的肯定以及知识和能力的挑战，晋升意味着在更高的层次上的学习。第四，对公务员进行反面教材的教育。将那些为钻营晋升被惩罚的公务员作为典型事例对公务员展开教育，不断强化越雷池者所得到的严重后果，从而使公务员引以为戒。

（二）确保公平、公开的可操作性

公平、公开不仅是公务员晋升的基本原则，也是我国推行政务公开和阳光行政的重要依据。在公务员晋升的整个过程中，公平、公开不仅要求保障公务员和其他公民的知情权,更重要的是能够通过一系列可操作性的措施,使公平、公开可见、可信。如根据《公务员法》中“国家公务员的考核内容包括德、能、勤、绩四个方面,重点考核工作实绩”这一条款来看,本意是纠正计划经济下考核重德轻能、庸者上的状况,但在实际操作中由于“绩”这一指标容易以表层经验式判断作出主观性结论,出现完全向“绩”一边倒的情形,并以此作为公务员职务升迁降免的依据。譬如公务员晋升结果的公示环节。目前的公示往往都是在晋升名单决定之后,在上任之前给予公示,并征求群众意见的。这可能会给群众造成错觉,认为晋升选拔工作已经完成,公示只是为了体现自己的知情权,即使有反对意见也无济于事。因此,有必要改变现有的结果公示为全过程公示,使人民群众能够参与到晋升的每一个环节,随时反映问题。而且在信息的反馈渠道上,应了解意见接受和处理部门的工作人员与拟晋升人员的关系,如有亲密关系注意回避,防止对反映意见的群众打击报复的现象发生。如此“看得见、摸得着”的公平、公开设计,会将公平的信念和感知深入公务员和广大民众的内心,不但使公务员认同晋升的结果,而且有利于建立团结、和谐的公务员政治文化环境。

(三)重视公务员参与和群众参与

这充分说明了参与的重要性,这种从参与中获得的认同感和激励力量不仅仅局限于绩效考核中,也同样适用于对公务员晋升制度的全过程。因此,可以通过完善公务员参与的渠道,包括晋升前的决策考核、执行中的信息沟通,以及结果公示时的反馈,使公务员在参与的过程中,不但强化被尊重的情感,增强自信心,而且会加深他们对行政组织的理解和认同,在增加工作积极性的同时提高行政效率。要根除重人治轻法治的封建残余,强化社会公众对晋升环节的参与。我国社会历来法治根基浅薄,非规范化的管理行为、社会行为普遍存在。社会中起调节作用的是大量的非正式组织和社区初级机制。在情、理、法三者中重情理轻法理、重人治轻法治的思维和习惯根深蒂固。社会整体缺乏用制度化、理性化的规则来约束人们的行为。“关系、人情、面子”三座大山,为国家公务员激励制度在实施中的变异行为提供了深厚的社会土壤与合法性空间。只有根除这些不良因素,晋升的激励作用才能够更好地发挥。

五、权利救济应多样化

(一)健全公务员政治权利,充实公务员经济利益权利

从理论上看,公务员作为公民享有的政治权利在法律上没有过多的限制,特别是公务员享有广泛的选举权、被选举权,享有对违法行为的批评权等。而在实际中,公务员在宪法赋予的政治权利和自由方面是受到一定制约的,尤其是机关往往通过内部规则来限制公务员的一些权利自由。这其中有确实需要规范的内容,也有过度限制的问题。从最大限度地保障公务员政治权利,需要以法律形式,将公务员政治权利的实际限制变为法律上的明确规范,通过公务员义务形式,遵循比例原则,进行必要和最低限度的限制。公务员经济利益权包括其任职时依法享有的工资、福利和保险以及退休后领取退休金在内的权益。而我国目前公务员的工资保障水平偏低,公务员工资外分配管理混乱,而公务员的养老、医疗等问题也比较突出。为此,必须尽快推进公务员工资制度改革,建立统一的公务员工资福利保障机制,逐步提高公务员工资水平,建立合理的工资调整机制,建立与社会保障接轨的公务员养老、医疗保障制度,建立予以激励与保障为一体的公务员经济利益性权利规范。

(二)将内部处理决定纳入行政复议的范围

行政复议是一种行政机关实施的救济,但不同于作出行政行为的机关自我实施的救济,其运用行政机关系统内部的上下层级监督关系,由上级行政机关纠正下级行政机关的违法或不当的行政行为,以保护相对人的合法权益。按照《行政复议法》第8条第1款规定,“不服行政机关作出的行政处分或者其他人事处理决定,依照有关法律、行政法规的规定提出申诉”,由此可见,行政机关对公务员的人事处理决定被排除在行政复议范围之外。《行政复议法》作出如此规定,主要是认为建立行政复议的目的是解决外部行政争议,而行政机关对公务员所作出的行政处分以及其他人事处理决定属于行政机关的内部行政行为,不服行政处分作为一种内部行政争议与其他外部行政争议因其性质、内容的不同,其解决机关、程序等方面自然会存在差异。但从有利于公务员权益保护的角度考虑,行政复议本身作为行政机关内部的监督程序,在

管辖范围上作出内部和外部的区分，显然是受特别权力关系理论的影响，不符合行政法制发展的方向。将公务员不服行政机关人事处理决定纳入行政复议的范围，由上级监督下级，在技术操作层面也不存在任何困难。因此，行政复议作为行政系统内部的一种监督形式，有严格的申请、受理、决定及法律责任等规定，较之公务员目前的申诉救济更具权威性和实效性。为切实保障公务员权利救济的实现，可以将行政机关对公务员的人事处理决定纳入行政复议的范围。

（三）建立公务员诉讼救济制度

尽管《公务员法》没有规定公务员可就权利损害事项提起行政诉讼，但是在理论界关于我国应当建立公务员权利诉讼救济制度的观点，是一个没有争议的共识。在公务员管理部门中，对建立司法诉讼救济也有一定的认识。中组部 2002 年重点调研课题“实行公务员制度的主要经验、存在问题及对策研究”提供的问卷调查显示，对“当公务员与管理机关之间发生人事争议，并对申诉、控告及人事仲裁结果不满意时，你是否赞成建立人事诉讼制度，允许公务员向人民法院起诉”这个问题，该区县组织人事部门赞成的达 87%，公务员赞成的达 86%。显而易见，不仅是公务员个体认为司法救济是必要的，而且作为公务员管理机构的组织人事部门也持有同样的观点。在司法实践中，基于宪法权利争议与保护，就公务员管理活动涉及有关宪法权利的案件也不乏先例。因此，从理论准备上看，恢复公务员的诉权问题，建立我国公务员权利救济的司法诉讼渠道，是一个时间问题。内部行政行为可诉性是“有权利，必有救济”原则的必然要求，同时，其也是“法律面前，人人平等”的根本体现。就可诉性的范围问题，笔者认为，行政机关对行政人员作出的具体行政行为是否具有可诉性，应视该行政行为的内容而定。如该行政行为涉及行政人员的身份改变或对行政人员有重大影响，例如对行政人员的开除、辞退、降级、降职、降薪、退休金的发放等行政行为，或者对行政人员的基本权利有重大影响，或者涉及行政人员的身份改变，则应属于可诉行政行为。而那些并未对行政人员的身份改变或对行政人员有重大影响的行政行为，如警告、记过，或者涉及行政机关高度人性化判断的行政行为，如考核成绩，则不宜进行行政诉讼。因为在维护公务员权利的同时，还要尽量兼顾行政效率的提高。同时，法院对内部行政行为进行审查的原则是以程序审查为主，实体审查为辅。在程序上，可以建立事前救济程序和事后救济程序。事前救济程序，行政机关作出影响公务员重大财产权、人身权的决定，事先要向公务员说明理由。事后救济程序：一是行政救济。行政人员对行政机关的决定不服,可以提起申诉。二是司法救济。行政人员对行政机关决定不服,即可提起行政复议,对复议不服的,还可提起诉讼。只有这样,公务员的合法权利才能得到很好的维护,进而才能提高其履行职责的积极性。

和谐司法语境下法官释明权的行使

刘芬霞*

摘要:目前,正值我国民事审判方式改革时期,释明权本身含有沟通共识的内在要求,它是连接法院职权与当事人权利的纽带,也是构筑法院与当事人和谐关系的桥梁。人民法院和人民法官应当积极发挥主观能动性,充分利用司法功能,主动回应人民群众的司法需求。释明权制度在国外已广泛适用,我国仅在司法解释中做了简单的规定,民事诉讼立法中仍处于空白状态,释明权的法律规则也不尽完善。本文拟对释明权的概念、性质及对释明权的行使等内容进行探讨,使释明权制度明确化、具体化,以期对我国释明权制度的探索和构建有所启迪。

关键词:和谐司法;释明权;性质;行使

民事诉讼是在人民法院的主持下,双方当事人和法官之间围绕主张和证据展开信息交流和反馈的过程,但在诉讼中当事人可能由于知识的欠缺、理解的偏差或者表达的不准确造成沟通上的障碍,从而妨碍了三方之间信息交流的准确性和有效性,而三方交流及意思沟通的质量决定了诉讼的质量。和谐司法理念即为实现权利而真诚沟通的理念,要求在诉讼过程当中积极构建司法适度的干预机制,法官走出单纯办案、就案办案的狭隘误区,充分发挥主观能动性,加强对诉讼各个环节的指导工作,对当事人不明确的问题适度、及时地给予指导和释明,以确保当事人平等行使诉讼权利,提高审判效率,实现实质公平正义,促进纠纷在实质上获得解决,实现法律效果和社会效果的统一。[1]和谐司法理念下的司法工作目标,就是要通过人民法院积极主动的司法活动,最大限度地增加和谐因素,最大限度地减少不和谐因素,通过有效解决

* 刘芬霞,西藏民族大学法学院副教授。

社会矛盾纠纷、促进社会发展来实现社会公平正义。

一、释明权的界定

释明权,又称为阐明权,为舶来词语,由德语“Aufklar rungsrecht”翻译而来,是大陆法系民事诉讼法中特有的概念。英美法系国家的民事诉讼中没有此概念,后来随着大陆法系与英美法系的相互交流与学习借鉴,英美法系国家开始在民事诉讼程序中赋予法官管理诉讼事项的权能,其中就包含释明权的因素,但并没有完整的制度体系。

我国《民事诉讼法》中没有释明权制度的明确规定,民事诉讼理论界中关于“释明权”的称谓源自日本民事诉讼法。但伴随着民事审判方式变革和民事诉讼模式转变的展开,我国首次以司法解释的方式初步确立了民事诉讼释明权,释明权制度越来越多地受到民事诉讼理论界和实务界的关注,关于释明权的问题也就成了民事诉讼理论中的一个热点问题。[2]

我国内地的民事诉讼理论研究中,对释明权的含义有几种典型的阐述:其一,释明权是当事人的主张不明确或者有矛盾、不正确或者不充分时,法院可以依职权向当事人提出关于事实及法律上的质问,促请当事人提出证据,以查明案件事实的权能。[3]其二,释明权为法院向当事人发问的一种权利,是法官通过释明促使不明确的事项变得明确。[4]其三,在诉讼中,当事人的声明或者陈述意思不清楚或者不充分,或是有着不当的声明或陈述,或是所列举的证据不够而误以为其所举的证据已经足够时,法院站在监护的立场,以发问或晓谕的方式,提醒或启发当事人把不明了的予以澄清,把不充足的予以补充,或把不当的予以排除,或是把根本没提的诉讼材料,启发他去提,这就是法院的阐明权等。[5]以上界定学者采用了不同的定义方法,从不同的角度与层面入手揭示释明权的概念,不管哪种界定都认为,“释明”是发生在法院和当事人双方之间的,由法院和当事人的行为构成,法官是行使释明权的主体。在释明关系中,法官是释明的发动者,而当事人则根据法官的释明作出相应的行为,因此有“法官释明权”的提法。

笔者认为,释明权是指当事人在诉讼过程中的声明和意思陈述不清楚、不充分时,或提出了不当的声明或陈述时,或所取证据不够充分却以为证据已足够时,法官以发问和告知的方式提醒和启发当事人把不明确的予以澄清,把不充分的予以补充,或把不当的予以排除,或者让其提出新的诉讼资料,以证明案件事实的权能。释明权的引入既弥补了当事人诉讼能力的缺陷，也为法官与当事人之间的互动模式构建提供了新的路径，即让法官与当事人在平衡和谐的环境下开展充分而富有成效的沟通，使法官清楚当事人的本意，使当事人了解法官对事实与法律的见解，在最大限度接近案件真实的情形下妥善解决纠纷，从而达到审判权与当事人诉讼权利的和谐状态，真正实现司法公正与效率。[6]

二、释明权的性质

关于释明权的性质，大陆法系国家存在三种不同的观点：第一种是法官权利说。在法国，释明权被认为是法官的一项权利，故称之为释明权；在德国，最初释明权的行使被认为属于法官自由裁量事项，释明被看作是运用国家权力对当事人的救济。既然民事诉讼采行当事人自我责任原则，法院的释明并非必要条件而是法院的权能，释明权由此得名。[7]第二种是法官义务说。随着对自由主义诉讼观念的修正，德国、日本民事诉讼法逐渐将释明规定为法官的义务，即法官在应当行使释明权的范围内不行使释明权，则应承担相应的责任。我国也有学者认为释明权应当是法官的一项义务和职责，而不是权利。第三种是权利义务说。认为释明权既是法官的权利，又是法官的义务。从法院的职权看，释明是法院的一种权力——释明权；从法院的义务看，又是法院的一种义务——释明义务。[8]

笔者赞同权利义务说。因为，不论如何解释释明权的性质，客观上相对于当事人的诉权而言，释明权属于法院诉讼指挥权的一种，是审判权的组成部分，通过法官行使释明权使诉讼关系得以明确，这既是法官对民事诉讼活动进行指导和控制的一种权利，又是诉讼活动公正与效率的必要保障，法官不能，也无权随意放弃，违反职责或不作为都可能导致法院承担违反民事诉讼法的责任。2002 年 4 月 1 日起施行的最高人民法院关于《民事诉讼证据的若干规定》(以下简称《民事诉讼证据规定》)第 3 条、第 8 条第 2 款、第 33 条、第 35 条第 1 款应该说是典型意义上的法官释明权的司法解释。其中第 3 条第 1 款、第 33 条第 1 款规定了法院对当事人举证指导的释明权；第 8 条第 2 款规定了适用拟制自认规则时法官应当履行"充分说明并询问"的释明义务；第 35 条第 1 款规定法院负有"告知"当事人变更诉讼请求的"释明"义务。这些规定均体现了权利义务兼顾的特点，因此在我国将释明权定位为既是法官的权利又是法官的义务较为适宜。目前世界上多数国家如德国和日本的立法也都采用释明权既是权利又是义务性质的界定。

三、释明权的行使

人民法院和法官行使释明权，在诉讼过程中积极构建司法适度的干预机制，合理平衡当事人的诉讼能力，促进诉讼活动的顺利进行。我国立法中的释明制度是在我国进行民事审判方式改革的探索中逐步形成的，从整体上看，现行法律没有对法官释明权进行完整的规定，有关释明权的规定仍然很不完善。由于释明权的法律规范少，通常情况下，法官是依自己对释明权的理解去行使之，随意性较大，进而导致释明不统一、释明不足、释明过度甚至释明错误的弊端，给释明制度带来负面影响。下文笔者从释明权行使的原则、范围、阶段和不当释明的救济方面粗略谈一下对释明权制度的认识。

(一)释明权行使的原则

释明权行使的原则是指法律所明确规定的当事人和法官进行诉讼活动所必须遵守的行为准则。法官是行使释明权的主体，法官的主体地位决定了他在民众眼中是客观、理性、公正的代表，因此，在行使释明权时，法官必须依法、适当、适时地行使，遵循合法、公开、公正、适度、中立的原则。

首先，遵循合法原则。法官行使释明权必须有法律依据，必须在现有法律规定框架内行使释明权，不能随意扩大释明的范围。

其次，遵循公开公正原则。法官释明的时间、场合和内容必须向双方当事人公开，一般应在双方都在场的情况下公开释明，不能私下对一方口头解释，特殊情况下只能在一方在场时释明的，应该经正当程序及时向对方当事人告知其释明的依据和内容，以保障双方当事人相同的诉讼知情权，以便对方当事人能够及时地调整自己的诉讼行为，决定采取相应的诉讼策略，展开有效的攻防对抗。这是保障程序公正的基本要求，也是保证法官中立性的必然要求。

再次，遵循适度原则。“法院进行释明在一定程度内是义务，在该程度以上成为权限，再过一定限度时则为违法。”[9]对于审理案件的法官来说，应当在多大范围内、在何种程度上行使释明权，法官拥有一定程度的自由裁量权。原则上释明权的行使以当事人的法律水平和举证情况适时且适当地行使为限。经由释明权的行使，可以使当事人免于重复举证、遗漏举证、不必要举证，同时也可使法官避免发生角色错移。

最后，遵循法官中立原则。法官在行使释明权时必须平等地对待双方当事人，在双方当事人之间保持中立、超然的态度，与双方当事人保持同等的诉讼距离，不带有倾向，不偏袒一方或对一方有偏见，对当事人诉讼权利的释明要等量齐观，决不能厚此薄彼，应不偏不倚地基于适当的理由行使释明权。

总之，释明权的行使只有遵循上述相应的原则和具体要求，才能使法官在诉讼中能真正做到“有所为，有所不为”，实现诉讼效率，维护诉讼公正。

(二)释明权行使的范围

在我国民事诉讼模式转换过程中，法官要正确行使释明权，必须明确其内容范围。释明权行使的范围主要是指在何种情形下针对何种事项由法官行使释明权，以便要求当事人进行相应的释明。细化释明权的适用范围，一方面可以促进释明权的及时准确行使，另一方面也是从客观上抑制释明权滥用的事前措施。目前，《民事诉讼证据规定》是我国法官行使释明权的法律依据，但规定过于简单，还有欠缺。按照证据规则的规定，结合审判实践，法官行使释明权范围主要包括以下几个方面：

1. 诉讼请求方面的释明。主要包括：

(1)当事人的陈述、诉讼请求不明确的释明。在当事人对案件陈述模糊不清、存在矛盾或者虽然提出诉讼请求，但是诉讼请求的原因不清楚，使法官不能准确理解其真实意思，不能辨知当事人的本意，难以作出客观、公正的判决时，法官应当要求当事人明确自己的陈述、诉讼请求，根据当事人的真实意图，向当事人发问，指出其诉讼请求的模糊或矛盾之处，促使当事人将其诉讼请求陈述清楚，使不明确的事项得以明确。例如，当事人一方面请求法院确认合同无效，另一方面又请求对方当事人承担违约责任，此时法院亦应指出当事人诉讼请求的矛盾之处，要求当事人更正。

(2)当事人的陈述或诉讼请求不适当的释明。如果当事人的声明不符合法律规定或者其陈述毫无意义，法官应通过释明予以排除，使当事人去掉不当的声明。例如，在买卖关系中，特定标的物在卖方交付买方之前已经灭失，买方却仍然要求卖方交付，此时法院应通过释明要求当事人修正诉讼请求。

(3)当事人的陈述不充分的释明。法官可以在探求当事人真意的基础上，启发当事人补充新的诉讼请求和相关的法律规定，通过释明令其补充，但是否补足诉讼请求还要由当事人自己来决定。例如，在人身损害赔偿案件中，原告因法律知识欠缺或因疏忽大意只提出物质损害赔偿，而未要求精神损害赔偿；

在违约责任和侵权责任竞合时，当事人仅提出赔偿请求，并未明确赔偿请求所依据的法律关系性质，法院应向当事人释明，要求当事人明晰其所主张的法律关系的性质。

2. 证据方面的释明。主要包括：

(1)当事人的证据资料不充分的释明。在诉讼中，如果当事人因诉讼经验、法律知识欠缺导致提供的证据不足，不能使法官对该事实存在与否形成心证时，法官可以行使释明权，以适当的方式告知当事人举证的要求，启发当事人补充，促使当事人在合理期限内积极、全面、正确、诚实地完成举证。

(2)当事人的证据资料存在瑕疵的释明。在诉讼中，当事人向法院提供了内容或形式上存在瑕疵的证据资料，法官应当履行释明义务促使当事人对已经提出的存有瑕疵的证据资料进行补正。

(3)当事人怠于提供证据材料的释明。诉讼中由于当事人疏忽、误解而没有提出证据证明其主张，法院应当履行释明义务促使当事人积极提出证据。例如，当事人误以为自己所主张的事实是自然规律或是推定的事实而没有提供证据加以证明的必要时，法院应当向当事人释明，告知当事人提供证据。

3. 举证责任分配的释明。由于举证责任分配的复杂性，当事人可能对其负有举证责任并不知晓，或者误以为应由对方当事人承担举证责任。此时，如果法院不向当事人释明举证责任由何方承担，而直接以某一方当事人举证不充分为由否定其事实主张，就使当事人丧失了进一步提供证据的机会。对于诉讼中重要争议焦点的举证责任分配，法院应当行使释明权：一方面，给予当事人就举证责任的分配发表意见的机会；另一方面，通过明确举证责任的分配，也能够促使承担举证责任的当事人尽最大限度提供证据以证明所提出的事实主张。

4. 法官法律观点的释明。一般认为，如何适用法律是法官职权范围内的事情，当事人提出的对案件应适用何种法律规范的意见，不能拘束法院的裁判，法官依法享有适用法律的职权。如果当事人提出的法律观点存在谬误或与法官的法律观点不同，法官应当对法律的适用进行释明，此时法官如果不进行释明，则容易使当事人可能遭受来自法院的适用法律的突袭裁判。因此，法官应当行使释明权，表明自己的法律见解，以使当事人有机会就其所忽略的法律问题做充分的陈述或辩论，防止突袭性裁判。

总之，把握好释明权的范围至关重要，释明权的范围既不能过宽也不能过窄，过宽会使法官脱离中立的裁判者的地位，积极地加入当事人的辩论和处分之中，妨碍当事人诉讼权利的实现，陷入职权主义，过窄又不能使法官很好地对诉讼进行指挥，弥补当事人主义的缺陷，降低诉讼的效率和效益。

(三)释明权行使的阶段

释明权的行使应当贯穿于民事诉讼的全过程，在诉讼过程中，从立案、审理到执行，法院进行诉讼指导，对诉讼进行解释，对当事人不明确的问题及时给予指导和阐明，这些都是能动司法的表现。只是在各个诉讼环节，法官释明权行使的内容有所侧重。

1. 审理前的准备阶段。当事人到法院起诉，立案中法官应告知当事人诉讼的要求，诉状书写的规范、诉讼权利、当事人进行诉讼可能存在的风险，诉讼过程中要提出诉讼请求，并针对诉讼请求应当提供相应的证据等。对当事人的主张、陈述或意思表示不明确、不适当以及对法律法规存在错误理解的，法官应及时核实询问、提醒告知，确保当事人充分表达诉讼意愿。通过法官在审前准备阶段行使释明权，使案件符合民事诉讼法规定的程序要件，有助于法官和当事人之间的沟通，便于案件争点的形成，为庭审提供更多、更准确的裁判信息，提高法庭审判的效率。

2. 庭审阶段。在审判过程中，释明的内容是全方位的，法官应围绕双方当事人的请求和防御的争执点，站在中立的立场上谨慎地予以提示，引导双方当事人充分辩论。通过法官在庭审中行使释明权，平衡当事人的诉讼能力，指导当事人正确行使诉讼权利，帮助弱势一方在法律上处于对等的地位，使案件事实趋于明了，法官真正理解当事人真实的意思和主张，对于当事人主张和提供证据范围之外的事项法官不应以积极的姿态予以释明。裁判作出后，上诉和再审阶段同样存在法官释明权的行使，这两个阶段的法官释明权一般只限于对法律适用问题进行释明。

3. 执行阶段。执行中也有法官释明权行使的问题，执行释明权的对象主要包括执行根据、执行措施、执行风险等。释明的内容主要包括对申请执行人申请执行行为的指导和权利义务的告知，对被执行人权利义务的告知，对被执行人拒绝履行法律文书的法律后果的晓谕等。

(四)释明权不当行使的救济

释明权被定位为既是法官的权利又是法官的义务，那么应当释明而未释明、不应当释明而释明、释明明显超过了必要的限度以及释明不符合程序[10]均属释明权不当行使。由于释明是法官的主观性意见，其形成受法官素质、法律水平等多种主客观因素的影响，有可能发生错误，如果法官不能适时适当地行使释明权，就会产生不利于民事诉讼目的实现的危险，给当事人带来利益的侵害，在这种情况下，应当从保证当事人对纠纷解决程序正当性信赖的要求出发，赋予当事人提起救济程序的权利，为其提供一定的救济途径。

德国和日本民事诉讼法中都有关于对法官不当行使释明权的救济方式的规定。我国可以借鉴国外的立法经验，建立对法官不当行使释明权的救济机制。

1. 应释明而不释明的救济。在诉讼过程中法官应释明而不释明导致当事人遭受不利诉讼后果的，法律可以赋予当事人一定的监督及救济手段作为制约。其一，法官在诉讼中不行使释明权，当事人可以提出异议，要求法官发问，除非法官认为发问不当，在答复当事人后可以不发问，否则应当履行释明权职责。其二，当事人可以此作为提起上诉审申请的事由，主张判决存在程序瑕疵，请求推翻原判决。

2. 过度释明的救济。在诉讼过程中对不该行使却行使了释明权以及行使释明权过度的，一是赋予对方当事人异议权，在诉讼进行中，当事人可以对法官可能存在的违法释明提出异议，法官对于当事人的异议应以书面裁定予以回应。二是对已经作出判决的，可以成为当事人上诉或要求再审的理由、请求上级法院推翻原裁判。

3. 错误释明的救济。错误释明是指法官对释明的前提性事项作出了错误的判断，以致释明给当事人指示了错误的方向。错误释明时，应当允许当事人在认为法官对释明的前提性事项判断错误时提出异议，法官必须就此作出坚持或变更原释明内容的答复。

人民法院和法官行使释明权，在诉讼过程中积极构建司法适度的干预机制，是新时期和谐司法对法院和法官的新要求。法院应在尊重当事人真实意思的基础上，适时、适当介入诉讼，在法律规则的严格规制下规范行使释明权，切实保障当事人诉讼权利，达到法院审判权与当事人诉讼权利和谐共处的平衡状态。

参考文献：

[1]江必新.能动司法：依据、空间和限度[J].人民司法，2010(1).

[2]张卫平.民事诉讼“释明”概念的展开[J].中外法学，2006(2).

[3]刘荣军.程序保障的理论视角[M].北京：法律出版社，1999.

[4]张卫平.诉讼程式与架构[M].北京：清华大学出版社，2000.

[5]骆永家等.“阐明权”民事诉讼法之研讨(四)[M].台北：三民书局，1993.

[6]叶凯宏,陈风润.和谐司法语境下我国法官释明权制度构建[J].湖北警官学院学报,2014(2).

[7]熊跃敏.民事诉讼中法院的释明:法理、规则与判例[J].比较法研究,2004(6).

[8]张卫平.转换的逻辑:民事诉讼体制转型分析[M].北京:法律出版社,2004.

[9]谷口安平.程序的正义与诉讼(增补本)[M].王亚新,刘荣军译,北京:中国政法大学出版社,2002.

[10]张力.阐明权研究[M].北京:中国政法大学出版社,2006.

藏传佛教与西藏社会稳定

刘红旭*

摘要：藏传佛教是西藏人民的精神支柱，扎根于雪域高原绵久的历史和特殊的自然环境，以此为内核的文化塑造了藏人的行为和性格。通过追寻藏传佛教的历史图像，并在社会学的框架中分析其现实脸谱的构成要素——文化性、社会性、工具性和情感性，再结合我们对于西藏社会稳定的涵义进行探讨，具有一定的理论和实践意义。

关键词：藏传佛教；黄教；西藏；社会稳定

现代化是现代性表征的一个向度，现代精神意味着理性化考量、工具合理性和精于成本产出计算的资本主义。流行于西藏的藏传佛教发端于印度佛教，又与当地苯教有着千丝万缕的关系，是一个韦伯意义上出世神秘主义的宗教，并不具备与现代经济伦理和社会伦理相契合的地方。“无论哪种亚洲大众宗教都未能依照神（或佛）的诫律来为人世间的理性化的伦理转型提供动机和方向。相反，它们全都认为此一俗世是神（佛）所赐予的，是永恒的，因而是所有可能的俗世中最好的。对于那些掌握最高类型虔修方式的圣贤哲人来说，唯一的选择是，要么顺应‘道’这一俗世的无人格秩序和唯一具有神性的东西，要么融入唯一永恒的实在，亦即无梦睡眠的涅槃境界中，以摆脱因果报应此一无情的链条。”[1]可见，藏传佛教本身所要面对传统与现代的扞格，宗教伦理与俗世伦理相分相合之处，都在一定程度上决定了西藏社会的稳定和发展。

“诸恶莫作、众善奉行”的佛教伦理普世施行，佛教本义的回归，都会让这方全民信教的神奇土地上充满宁静与祥和，远离纷争、冲突、杀戮。佛教思想中“五

---

* 刘红旭，西藏民族大学讲师。研究方向为民间信仰与村庄公共生活、民族地区社会治理与社会发展。

该文系作者承担的国家社科基金青年项目“西藏社会稳定研究”（11CSH009）阶段性成果。

戒”“十善”“四摄”“六度”“六和敬”等戒律和伦理规范，无一不反映出佛教普度众生、慈悲和同的价值取向，显然与达赖集团暴力的行事方式、充斥着欺骗的行为方式大相径庭。相反，和平解放以来中国共产党在西藏的政策导向，却无时无刻都着眼于西藏的未来，立足于西藏的传统。西藏传统文化的保护传承、西藏经济社会的可持续发展、西藏教育科技前所未有的进步，体现了中国共产党对于西藏的承诺。在社会主义中国，中国共产党从革命时期到建设时期，都专注于人民生活水平的改善和提高，尤其是共同富裕的共产主义理想和追求公平正义的核心价值体系，无疑与藏传佛教伦理思想具有相似相依之处，这一点从毛泽东与达赖喇嘛的谈话中也可看出：“佛教的创始人释迦牟尼是代表当时在印度受压迫的人讲话的。他主张普度众生，为了免除众生的痛苦，他不当王子，创立了佛教。因此，你们信佛教的人和我们共产党人合作，在为众生（即人民群众）解除受压迫的痛苦这一点上是有共同之处的。”[2] 也正是基于这样的事实和判断，我们认为很有必要从宗教文化的话语中，提炼出西藏社会稳定发展的精神因由，并从宗教社会学的角度阐发西藏宗教文化与社会发展的关系。

一、藏传佛教脉络与格鲁派兴盛

藏传佛教的六道轮回中，仅有人类界可以直接达于佛界，脱离轮回的苦难。人类的生存修行又要依赖“殊胜”的自然环境，佛、法、僧三宝圣地即南瞻部洲青藏高原。不同于大乘佛教菩萨行历世修行“十地”①方能修成佛界，藏

① “十地”是大乘菩萨道的修行阶位，即指十种地位，十个菩萨行的重要阶位。又做十住。地，梵语 bhu^mi，乃住处、住持、生成之意。即住其位为家，并于其位持法、育法、生果之意。关于十地的意义，各宗因所据教义有别，往往有不同的解说，华严十地为：(1)欢喜地：菩萨至此位舍离无始以来的异生性，初得圣性，具证人法二空理，能利益自他而生大喜，故名。(2)离垢地：菩萨至此位圆具净戒，远离烦恼垢，故名。(3)发光地：菩萨至此位成就胜定、大法、总持，发无边妙慧光，故名。(4)焰慧地：菩萨至此位安住最胜菩提分法，烧烦恼薪，增智慧焰，故名。(5)难胜地：菩萨至此位能令行相互违之真俗二智互合相应，故名。(6)现前地：菩萨至此位住缘起智，进而引发染净无分别的最胜智现前，故名。(7)远行地：菩萨至此位修行进入无相行，远离世间及二乘的有相有功用，故名。(8)不动地：菩萨至此位无分别智相续任运，不被相、用、烦恼等所动，故名。(9)善慧地：菩萨至此位成就微妙四无碍辩，普遍十方，善说法门，故名。(10)法云地：菩萨至此位大法智云含众德水，如虚空覆隐无边二障，使无量功德充满法身，故名。

传密宗有“即身成佛”的理论。“即身成佛”的理论，重在宗教实践，只有通过依法修炼，才能取得“即身成佛”这一最高成就。在“即身成佛”的理论激发下，藏传佛教各宗派的不少僧侣纷纷投向大自然，专心致志修炼有关密法。[3]瑜伽师弥拉日巴(1040—1123)遁入自然潜心修行的故事，至今成为藏传佛教僧侣回归自然的典范。笃信佛法的藏族信众与大自然亲密的关系，也被认为源自这样一种宗教文化的浸染。西藏也因此成为全世界游客心灵向往的圣地，成为人类造就的普遍工业化社会残留的最后一块净土。

小乘佛教以罗汉的解脱为目标，大乘佛教则以菩萨道的圆满——成佛为目标。所以，菩萨之道，深广无尽，其主要内容为：菩萨，发菩提心，行六波罗蜜多，历十地而成佛。根据《大智度论》的三句话可以总括大乘：(1)一切智智相应作意——一切智智即是无上菩提；(2)大悲为上首——发大悲心以普济众生之苦；(3)无所得为方便行——体证缘生空无我之义，忘我而为众生服役，严净国土。大乘佛教普度众生的思想，显然在藏传佛教中有着深刻的印迹，慈悲为怀的佛教基本理念深入人心。就像有学者认为：“菩提心蕴含着一种深刻的道德意义，即不要伤害所有生灵，而要不断培育慈悲之心，其最终目标在于对天下所有生灵无条件地表示怜悯，并怀有父母般的情感。在这种充满利他精神的菩提心的鼓舞下，藏族人普遍具有一种怜悯、善良、平等、友好的品质。”[4]联系六道轮回的逻辑，该学者从六道轮回无法定位不断轮回的角度提出藏族人一种经常的想象：“藏族人还常常想象所有众生都曾是自己的父母、兄弟和姊妹，从而想念他们的恩德并决定报答这些恩德。这就是藏族人普遍具有大慈大悲心怀的思想基础和行为动机。”[5]藏传佛教以中观论为宇宙观、长于密宗修行又兼顾显宗，是一个结合了本地宗教又自我演绎的完备体系。藏传佛教极力倡导慈悲为怀、尊重生命、崇尚和平和反对战争等，它对传统的信仰习俗也赋予了具体的内容，如提倡仁爱、宽厚，以诚待人，以理服人等观念。藏传佛教不仅继承了印度佛教的基本教义，而且结合藏地的实际，吸收当地文化，进行大胆创新，使之成为一种富有新意的、藏化了的佛教。[6]

同世界上其他地区一样，西藏原始宗教的产生也源于人们对于自然万物的崇拜。西藏本土固有的苯教(也叫苯波教)，发源于古代象雄地区，后沿着雅鲁藏布江传至大部分藏区。从内容上而言，苯教“是一种原始宗教，或者说是一种万物有灵的信仰，它所崇拜的对象包括天、地、日、月、星辰、雷电、冰雹、山川，甚至土石、草木、禽兽，包括一切万物在内”。[7]苯教在吐蕃社会不只是具有宗教层面的意义，而且被用来协助管理行政事务。五世达赖喇嘛所著《西藏王臣史》提到，吐蕃宫廷中有一个“敦那敦”的职位是由苯教的神职人员担任，他是赞普身边占卜吉凶之人，享有很高的地位，并有机会参与部分政策性事务。佛教大约在公元5世纪传入西藏，真正能与苯教分庭抗礼却是在松赞干布时期。松赞干布与尼泊尔尺尊公主和唐朝文成公主的联姻，分别也标志着印度和汉地两个方向的佛教进入藏区。印度佛教、汉传佛教、苯教出于各自生存需要而展开的斗争，既明辨了本身的教义旨趣，也相互借鉴，进而为藏传佛教自成体系奠定了基础。从赤松德赞全力支持佛教发展到朗达玛禁佛，即“前弘期”，佛教正式立足于西藏。据王辅仁先生考证，西藏佛教形成于公元10世纪后半期。[8]吐蕃王朝扶植佛教，固然与其借用佛教实施统治不无关系，但是佛教在传播过程中深入人心，并广为流传，也说明佛教教义与西藏生态文化和社会环境有契合之处。西藏佛教融合吸收印度佛教、汉地佛教和苯教，形成了诸多教派，今日占据绝对统治地位的格鲁派及其首领达赖喇嘛在藏区绝对的神圣地位，却是各种因缘际遇的结果。宁玛派、噶当派、萨迦派和噶举派是藏传佛教历史久远的四大教派，希解派、觉宇派、觉囊派、郭扎派和夏鲁派则相对较小。15世纪初叶兴起的格鲁派(黄教)显然只是后起之秀，其终为西藏宗教之首一定程度上应归功于宗喀巴大师的“宗教改革”。形成最晚却统领藏地的格鲁派(黄教)，其活佛达赖喇嘛称号最初为蒙古统治者俺答汗与索南嘉措互赠尊号，[9]全称“圣识一切瓦齐尔达喇达赖喇嘛”中的“识一切”即意味着其在西藏显教的最高成就，“瓦齐尔达喇”意为执金刚，意味着其在西藏密教方面的最高成就。由此可见，格鲁派独具西藏佛教鳌头，首先得益于继承历史沉淀的藏传佛教衣钵又博采众长，取得了宗教领域突出的成就。当然，无论是宗喀巴大师宗教改革以奠定格鲁派(黄教)后发居上之基础，还是格鲁派(黄教)活佛转世制度及其僧众扩张，都脱离不了藏地政治势力的角逐和教派各自选择的发展道路。可以说，格鲁派(黄教)兴盛以至达赖喇嘛盘踞政教合一制度之魁，集教权与政权一身，实为当时当地多重机缘所致。

宗喀巴大师宗教改革的出发点在于正本清源，以佛教经典所制戒律规范当时社会上混乱的僧侣生活，回归佛教的本真。据《土观宗派源流》记载：“藏地昔人多作是言，‘戒中禁止能使人迷醉之酒和非时之食，就是信解小乘劣机而说的，诸大乘人或已知心本性者，若仍如此禁忌，则反被束缚，故不需要’”。“这些混乱的宗教哲学反映在人生观和宗教实践中，必然导致不相信因果报应，干预世俗生活，追求名誉利禄，贪图酒色钱财，沉溺于吃喝玩乐，而且还把这些当成佛的法门，造成纪律松弛，教风败坏”。[10]李安宅先生认为，佛教腐败促成宗喀巴宗教改革世人皆知，相形于人们夸大的情况，当时的时代背景是重要的因由。“在公元14世纪，即元末民初时，不管佛教中的显教，还是密教，在藏族文化区都到了低潮。除了少数高僧外，大多数僧侣都忽略严格的寺院法规，即使理智有成就的人，也谈不上有灵修方面的成就。那些关心密宗的，也正是关心仪式，而少关心意义”。[11]

有鉴于此，宗喀巴依据佛教经典，“提倡遵守佛教戒律、阐扬显密关系、规定学佛次第，以及据此而制定的僧人的生活准则、寺院的组织体制、僧人的学经程序、是非标准等”。[12]一方面，宗喀巴辩场上显现了深厚的佛教造诣为僧众敬佩，获得了威望；另一方面，控制卫藏地区的明封阐化王扎巴坚赞及其下属官员和西藏上层著名僧人给予支持，宗喀巴大师的宗教改革顺此奠定了格鲁派（黄教）的统治地位。尤其是从 1409 年藏历新年起，拉萨大昭寺举办的祈愿大会，由宗喀巴主持讲经，扩大了影响，借此赢得了西藏僧众对格鲁派（黄教）的信赖。格鲁派（黄教）的名称，也正是“走正路者”的意义。王森先生认为，“如能借宗喀巴对佛教教理的系统看法，能影响当时其他各派的见解，从而形成在基本观点上形成各派大体一致的思想，这也是对帕竹政权最为有利的事情，所以扎巴坚赞死后，阐化王的继承人和属下重要贵族，仍继续支持黄教势力之发展”。[13]宗喀巴建立的甘丹寺、他的第一个弟子扎西贝丹建立的哲蚌寺、另一个弟子释迦耶歇建立的色拉寺，就成为格鲁派（黄教）在前藏的三大寺。1447 年宗喀巴的弟子根敦珠巴在后藏日喀则建立扎什伦布寺，与前述三寺构成格鲁派（黄教）在西藏的四大寺院，至今成为西藏佛教圣地。根敦珠巴也是格鲁派（黄教）活佛转世制度形成之后，追认的第一世达赖喇嘛。格鲁派（黄教）在藏传佛教中独领风骚，借助于支持其发展的政治力量和核心人物的作用，先后有三世达赖喇嘛索南嘉措被明朝万历皇帝册封为“护国弘教禅师”、五世达赖喇嘛洛桑嘉措被清朝顺治皇帝册封为“西天大善自在佛所领天下释教普通瓦赤喇怛喇达赖喇嘛”，后一敕封巩固了达赖喇嘛在西藏的佛教领袖地位。格鲁派（黄教）围绕达赖喇嘛和班禅喇嘛的转世制度，只是藏传佛教活佛转世谱系之一，却得益于该教派领衔西藏佛教而受到瞩目。

大乘佛教中佛有三身：法身、报身和应身，藏传佛教活佛转世依据于此。不灭的灵魂便是通过假以应身实现转世，活佛藏语的意义就是“幻化”“化身”“自在转生者”“乘愿再来者”，对应于应身。大乘佛教的菩萨时常显灵，普度众生，但其毕竟是证得佛的果位，具有三身：无漏功德的佛身即法身，众生难以想象其形象，菩萨有缘教化和出现在佛经寺院中身形即为报身，分身转世为世间高僧大德住世又是其应身。藏地群众相信，达赖喇嘛和班禅喇嘛分别是观世音菩萨和弥勒菩萨转世，既完全契合于菩萨化身住世的佛教教义，又无形中赋予两位藏传佛教最高宗教首领至高的神圣。另外，藏传佛教显密并修尤重密宗的传统要求秉持“视师为佛”的原则，重视师承关系，引导僧侣和信众对上师无限崇信，由此奠定了藏传佛教活佛转世制度的思想基础。[14]

简言之，藏传佛教转世制度中人佛同体的实践形态，全民笃信佛教的人文环境和十二世达赖喇嘛开始担负政教双重首领的历史惯性，都或深或浅出现在西藏社会稳定等研究议题中，格鲁派（黄教）及达赖喇嘛的发展脉络，也就自然成为不可逾越的内容。格鲁派（黄教）教魁达赖喇嘛至今是西藏民众信奉的活佛之首，享受着独一无二的威望，是西藏全民信教的社会环境使然，也是历代中央政府册封授予其藏地统治权使然。达赖集团政治诉求异化的宗教，需要在藏传佛教伦理中正本清源。

二、藏传佛教的社会学分析理路

缘起论是佛教的基本思想，万物因机缘而成，没有独立的自性。缘起论为理念的佛教要求人们熄灭贪念、瞋恚、愚痴等不健康心理，倡导宁静淡泊而行于中道。真正的佛教徒应该设身处地替他人着想，以慈悲之心与乐拔苦，行“八正道”①严于律己。个人心平气和、才有家庭的平静和睦，只有国家的和谐安宁，才有世界和平的希望。只有人人明了缘起，践行慈悲，世界才有永久的和平。[15]藏传佛教吸收了西藏本土的苯教思想，以佛教缘起论为内核，形成了以六道轮回说为基础，以“生存圈”简明形象解说深奥教义的独特形式。六道是众生轮回之道途。六道可分为三善道和三恶道。三善道为天、人、阿修罗，三恶道为畜生、饿鬼、地狱。从树立起脱离三恶趣、生人天善趣的理想境界到普度众生的大乘境界，藏传佛教具备了三个不同层次的价值理想与价值预设，其突出特点是否定人生价值，轻视现实社会，提倡止恶行善，确认因果报应，主张来世幸福，向往成就佛果。[16]

显密兼修、尤重密宗是藏传佛教的特点，作为北传佛教，藏传佛教被归为大乘佛教。大乘佛法中，菩萨立下宏大誓愿，要救渡一切众生脱离苦海，从而得到彻底解脱的佛教修行者。对于西藏来说，青藏高原恶劣的自然环境与频仍的自然灾害，生产力水平低下的农牧业，非但没有发生过因税赋过高官逼民

① 佛教的“八正道”亦称八支正道、八支圣道或八圣道。意谓达到佛教最高理想境地（涅槃）的八种方法和途径。即“正见解、正思想、正语言、正行为、正职业、正精进、正意念、正禅定”是佛门弟子修行的八项内容。

反的农民起义，反而在全民信教宗教氛围中，造就了藏人憨厚诚实、热情豪爽的气质。李安宅先生在总结西藏的教育和政治时特别强调了宗教在心理方面的作用，生活深受宗教影响的藏族人民“满足于享受生活，假如他们的宗教能给他们这个，就是内在的价值，不管这宗教是什么”。[17]很长的一段时间内，藏传佛教熏染之下的西藏，人们轻利重义、轻现世重来世、相信六道轮回、相信活佛，宛如一个怀揣着美好梦想的孩子，不计较生活单调，没有制度、市场、资本等抽象的概念，年复一年过着一心向佛的充实生活。然而，就如同被坚船利炮惊醒的清末王朝一样，英帝国主义开启的殖民主义侵略，强行把西藏拖入现代化的围城，破坏了西藏的安宁，破坏了西藏与中央政府持续一贯的关系。殖民主义者播种下的恶果，余害至今戕害着包括西藏在内的中国，也成为西藏社会不稳定的一个重要因素。

现代化背景下，藏传佛教一来受到国内外社会经济、政治和文化环境的变化，二来出于宗教自身的滞后性和求生性，出现了更加明显的世俗化迹象，宗教意识趋于科学和理性。[18]佛教伦理与社会主义核心价值体系，分别作为主宰西藏信众宗教和社会领域的规范体系，从其终极理想上具有“共同之处”，[19]也正在实践中走向融合。西藏社会稳定的精神根基，即一种为所有西藏人民共同遵从和信任的集体意识——合于宗教信仰与意识形态的价值规范，是指引西藏各族人民和平相处的关键，是西藏社会有序发展的关键，需要人们在互动中反思其抽象化形式与社会化的动向。

宗教是人类社会独特的现象，神圣世界与世俗世界的对立转化，不仅填补了人类面对自然的无助和面对未来的无力，而且增添了人类精神领域神秘的色彩。注重社会学以社会事实作为研究对象，以社会事实解释社会事实为原则的社会学大师涂尔干反驳了通常人们对于宗教超自然的特征和泛灵论，给出一个著名的宗教定义：“宗教是一种与既与众不同、又不可冒犯的神圣事物有关的信仰与仪轨所组成的统一体系，这些信仰与仪轨将所有信奉它们的人结合在一个被称为‘教会’的道德共同体之内。”[20]信仰和仪轨，宗教现象的两个重要方面，链接了信奉同一宗教的人们，形成人类生活共同体。

针对神性，涂尔干以佛教为例说明没有神存在的宗教是存在的。佛教徒认定此生的际遇，寄托于人界的修行完成涅槃，从来不祷告，只依靠自己的冥思和苦行。无神论者佛教徒的眼里，佛陀只是值得尊敬的长者，是“大智大慧的人”，“佛陀具有人性特征，是所有神话创造者都予以承认的无可辩驳的事实”。[21]以藏传佛教教义来看，人因贪嗔痴等欲望，生活于天、阿修罗、人、畜牲、饿鬼、地狱“六道轮回”，要通过弘发菩提之心，清净修炼而到达涅槃境界，才算觉悟成佛，解脱轮回之苦，获得"常、乐、我、净"四德。处于欲界之中的人，如何才能逃脱六道轮回之苦，是藏族僧众奉行佛法、尽心修行的终极目标，上师点化的密宗也因此神秘。而且，"随着佛教的发展，在藏族地区又形成活佛转世制度，从而使藏传佛教的神圣性更加强化。藏族信教群众对活佛的异常信仰，可谓在世界宗教领域独树一帜。"[22]藏传佛教发展出的人佛同体的活佛转世制度，在原有的佛、法、僧"佛教三宝"的基础上，增加了活佛一宝，并广为流传"没有活佛、就没有神佛"的谚语。佛教无神论的设计图式，产生了藏传佛教人佛合一的宗教实践，也塑造了藏地泛神论的信仰特色，神山圣湖遍布雪域，人与自然和谐相处是一种常态。

社会学以研究人与社会的关系为基本问题，个体作为行动者与社会有机体之间互构共存的特质，可以作为探析藏传佛教的一个理论向度。从文化与社会化角度看，藏传佛教深深埋根于藏族群众思想深处，物质生产与精神追求，无一不赖于此。从社会互动与群体构造角度看，宗教信仰是一条生动而紧密的纽带，促进了人们的互动，形成了享受同一文化符号的"我们群体"。从社会规范与社会控制的角度看，宗教隶属于覆盖面广泛的柔性控制，是社会治理不可或缺的元素。从社会世界的构成与社会角色的角度看，人类社会中扮演不同角色的行动者，无一例外是情感导向的高级动物，宗教感情独特而深刻，让社会生活丰富恒昌。

藏传佛教的文化性。广义论之，我们认为文化是指镌刻着人类生活痕迹的所有产品，包括物质文化与精神文化。文化是人类社会异质性的深层次根源，可以作为划分不同社会群体的最重要标志。藏传佛教是生长在西藏土地上的精神瑰宝，人们文化程度和人格修为的差距确实存在宗教参悟水平高下，但所有藏人在日常行为、思维习惯和精神风貌中俨然雷同的东西，就是已经内化为生命体一部分的藏传佛教文化。西藏地方治理和中央政府经略西藏的基本出发点，都必须始终把藏传佛教深厚的文化性置于首位，继而考略宗教文化与政治文化的融合问题。

藏传佛教的社会性。社会群体可以根据人们对其情感投入划分为内群体与外群体，或者叫作"我们群体"和"你们群体"及"他们群体"。旅居海外的华人，之所以相对集中聚居于世界各地的"唐人街"等，就是出于该群体认同同一种文化，具有互动依据的语言体系和价值体系。藏传佛教六字真言简单易学，成为信众转经途中常念的佛语。即便是来自甘南的藏胞操持的安多方言，会在拉萨和说着卫藏方言的藏胞有一定口语沟通的困难，但一句"唵嘛呢叭咪吽"，就可以迅速拉近人们互动的距离。藏传佛教信仰相关的仪式、节日和传说等,都是藏族社会紧密一致的链接纽带。理解西藏社会生活各个方面,脱离藏传佛教而借助于西方话语人云亦云,无异于缘木求鱼。

藏传佛教的工具性。在霍布斯看来,为避免人类陷入一切人反对一切人的战争泥淖,“把大家所有的权力和力量托付给某一个人,或一个能够通过多数人的意见把大家的意志化为共同意志的多人组成的集体……办到这一点之后,像这样统一在一个人格之中的一群人就被称为国家,在拉丁文中则被称为城邦。这样就诞生了伟大的利维坦(Leviathan)”。[22]以集体的名义实施社会管理的国家,强大而无所不能,社会治理最佳的途径,古往今来却非道德和宗教莫属。全民信教的社会,宗教既可以成为治国者运筹帷幄的心理筹码,也可能成为抵制其粗暴干涉的最有力武器。通而论之,世界三大宗教中,佛教引人向善、慈悲为怀,是最友善和平的宗教信仰。西藏民谚“上为三宝献礼,下为穷人布施”,真实刻画了信赖藏传佛教的藏族群众,践行于社会生活中的佛教伦理。当前,藏传佛教伴随现代性扩散出现的世俗化或理性化是一个自然而然的过程,神圣与世俗、感性与理性的判断,也是置于宗教范式之内可以讨论的问题。但是,任何带有政治色彩的干预,只能是南辕北辙,较之于乱作为的政治行为,不如少作为甚至不作为的静观其变。

藏传佛教的情感性。人非草木、孰能无情,人类丰富的情感世界为人文社会科学提供了源源不断的养分。但在社会学家看来,情感是社会建构的结果,人的感受是文化社会化的结果。宗教感情是活跃在宗教场域中,行动者宗教实践过程中结成的人与人之间的友谊。藏传佛教给予信仰者慈悲博爱的人生观,人们不会将今生的遭遇简答归咎于他人或社会,而是追寻自我超脱与赎罪。西藏的社会治理中,要珍重这样一种朴素的人生观,并在现代人权的框架内引导,让勤于反省的藏人致力于构造和平稳定的社会环境。

三、小结

韦伯在《新教伦理与资本主义精神》中写道:“虽然经济理性主义的发展部分地依赖理性的技术和理性的法律,但与此同时,采取某些类型的实际的理性行为却要取决于人的能力和气质。如果这些理性行为的类型受到精神障碍的妨害,那么,理性的经济的发展势必会遭到严重的、内在的阻滞。各种神秘的和宗教的力量,以及他们为基础的关于责任的伦理观念,在以往一直都对行为发生着至关重要的和决定性的影响。”[24]理性主义旗帜之下,宣扬人的需要和人的尊严，与上帝决裂的人本思潮，西方社会的现代性运动开始席卷全球。奉行着韦伯意义上儒教伦理的中国人，都已经跟随西方的普世价值，勇敢砸断与传统的联系，时至今日还挣扎在回归传统、从传统中积聚能量，抒写一种与众不同现代化之路的中国梦之中。虽然从终极理想上看，佛教伦理与社会主义核心价值体系，分别作为主宰西藏信众宗教和社会领域的规范体系，从其终极理想上具有“共同之处”。[25]但是，藏传佛教的经典中，并不内涵现代意义上的理性，甚至与一味追求价值最大化的理性主义严重抵牾，倒是佛教义理中弘扬的善待众生、万物有灵的思想，为现代化道路上奔走的人们点拨了正确的生命方向。藏传佛教为本的西藏传统文化，理性主义标志的现代精神，已经在雪域高原狭路相逢。我们相信，只有选择各取其好的互融之路，才能把西藏带入现代化的车道，走出一条独具特色的社会救赎之路——人与自然和谐相处、人与人和谐相处。

西藏社会有机体所处的时空坐标，决定了西藏社会稳定的特殊性与艰巨性。我们认为社会学视域中的西藏社会稳定，是指现代性弥散的场景中，西藏社会有机体能够融合传统宗教文化与现代精神，得益于政治系统完善的制度化逻辑和经济社会领域普遍的价值规范，整个社会呈现出变化不乱方寸、稳健不失进步的状态。传统文化与现代精神，连缀着社会有机体生成的历史与发展的现实，从传统汲取营养，致力于面向未来的现代化之路，是西藏人民义无反顾的社会发展路向。制度创新与高效执政，分别牵连于执政党及其政府的绩效评估和合法性，国际国内环境复杂多变的信息社会场域中，立足于本土的制度完善和现代国家构建，既是中国共产党和中国各级政府矢志不渝的前进方向，也是关系到十几亿中国人生产生活的重大事项。西藏特殊的宗教文化，如何在全国一般意义上的制度建设中大放异彩，需要西藏各级政治组织和人民探索总结。社会工作与佛教伦理共建社会，是指向人的尊严和价值的社会建设，藏地兴盛的佛教信仰，赋予藏人慈悲为怀、普度众生的伦理关怀，正好契合于社会工作助人自助的价值追求。西藏的社会稳定与发展，要面向一个彰显着佛家之爱的美好社会。

参考文献：

[1]马克斯·韦伯.经济·社会·宗教[M].郑乐平编译，上海社会科学院出版社，1997.

[2]毛泽东.同达赖喇嘛的谈话[A].中共中央文献研究室，中国西藏自治区委员会，中国藏学研究中心编.毛泽东西藏工作文献[C].中央文献出版社、中国藏学出版社，1955/2008.

[3][4][5]尕藏加.藏区宗教文化生态[M].北京:社会科学文献出版社,2010.

[6]人民网—中国西藏网.藏传佛教的特点[EB/OL],2009-5-8.http://xz.people.com.cn/GB/147280/154290/9268739.html.

[7][8]王辅仁.西藏佛教史略[M].西宁:青海人民出版社,2004.

[9][12][13]王森.西藏佛教发展史略[M].北京:中国社会科学出版社,1987.

[10]乔根锁.西藏的文化与宗教哲学[M].北京:高等教育出版社,2004.

[11]李安宅.西藏宗教史之实地研究[M].上海:上海世纪出版社,2005.

[14]陈庆英,陈立健.活佛转世及其历史定制[M].北京:中国藏学出版社,2010.

[15]觉醒.弘扬佛教文化,构建和谐社会[A].觉醒.佛教伦理与和谐社会[C].北京:宗教文化出版社,2007.

[16]班班多杰.论藏传佛教的价值取向及藏人观念之现代转换[J].世界宗教研究,2001(2).

[17]李安宅.西藏宗教史之实地研究[M].上海:上海世纪出版社,2005.

[18]华热·多杰.藏传佛教的世俗化及其动因刍议[J].中国藏学,2009(2).

[19][25]方立天.佛教伦理推动和谐社会发展的三个向度[A].觉醒.佛教伦理与和谐社会[C].北京:宗教文化出版社,2007.

[20]爱弥尔·涂尔干.宗教生活的基本形式[M].渠东,汲喆译,上海:上海人民出版社,1999.

[21]伯恩诺夫.印度佛教史导论[M].转引自爱弥尔·涂尔干宗教生活的基本形式[M].渠东,汲喆译,上海:上海人民出版社,1999.

[22]尕藏加.藏传佛教与青藏高原[M].南京:江苏教育出版社 & 拉萨:西藏人民出版社,2004.

[23]霍布斯.利维坦[M].张妍,赵闻道译,长沙:湖南文艺出版社,2011.

[24]马克斯·韦伯.新教伦理与资本主义精神[M].于晓,陈维纲,等译.北京:生活·读书·新知三联书店,1958/1992.

由官营茶马贸易看明朝时期西藏的法律地位

王玉青*

摘要:明王朝对西藏的治理措施既不如元王朝治藏措施直接,亦不如清王朝治藏制度周密,而是"以茶驭番",将茶赋予了浓厚的政治色彩,用茶马贸易的经济手段实现政治、军事手段所无法完成的统治功能。官营茶马互市反映出特殊的赋税的变种,贡茶互市凸显了西藏的臣属地位,足以体现明朝廷与西藏地区是中央和地方的法律关系,也足以说明西藏是明帝国不可分割的一部分。

关键词:茶马贸易;茶马互市;明朝;西藏

从史料来看明朝对西藏的治理措施,"既不如元王朝治藏措施直接,亦不如清王朝治藏制度周密"①。明朝承袭了元朝对西藏的主权之后,为了维护西藏地区的和谐稳定发展,仅凭政治上达到"以夷治夷"尚不够,还必须借助西藏地区对中原地区经济上的依赖,"以茶驭番",即用经济手段去替代政治、军事所无法完成的统治功能。茶本是草本植物,但是在明朝这个特殊的时期,已被统治者赋予了浓厚的政治色彩,由经济之物蜕变为政治控制手段,明朝廷正是通过茶马贸易使藏区僧俗势力因经济内向而政治内驱。

茶马贸易最早出现于唐代,先自民间自发贸易开始,兴盛于宋明时期,宋代确立榷茶即官营茶马互市体制,至明代由官府垄断专营,尤其是经济上通过官营茶马贸易对西藏地区僧俗的控制,是明朝有别于元清两朝治藏的一大显著特色。后世治史者,亦无不承认其政策的有效性。

---

* 王玉青,西藏民族大学法学院副教授。研究方向为民商法。

① 邓前程.明代藏地施政的特殊性:古代中央王朝治理藏区的一种范式研究[D].四川大学博士学位论文.2003:29.

一、明朝官营茶马贸易缘起：联番制虏

明朝建立之初，残元势力“北遁”，盘踞在北部边疆，史称“北元”。元顺帝并不甘心自己的失败，逃至上都开平，即召集群臣，“询恢复之计”，试图重新入主中原且力量强大，随时威胁明朝朱元璋政权。联番制虏，以武力消灭北元的有生力量，构筑北方防御体系则成为明朝统治者首要面对的重大问题。

“民资五谷以为食，所以下食者盐，而消食者茶也。”①“番人②嗜乳酪，不得茶则困以病”③，茶有助消化、消解腥气之功能，而藏民族常食“牛羊肉及乳制品”，必以茶解腥。西藏地区因特殊的高寒气候和自然条件制约而不产茶，其需求的茶源要仰仗中原地区，所以自唐、宋以来，历朝历代通行茶易马的贸易，是古代中原农耕民族以“茶”与青藏高原及其边缘游牧民族的良“马”之间调剂余缺的一种贸易方式。明朝则更为重视茶马贸易，是因为“诸番之饮食，莫切于吾茶。得之则生，不得则死”④。番人嗜茶无茶而多马，中原需马少马而多茶。由此明朝廷重新赋予茶马贸易以新的涵义：茶事关番人生死，通过榷番人之茶的经济手段而强化其对内地的向心力，军需物资——良马是明汉族统治者进行统治的急需，不得而恐受北元威胁。榷茶易马互通有无，既实现了对西藏的控制，又制衡了北元的侵扰。正是番人嗜茶，“如不得茶，则病且死”才使茶马贸易存有发展空间，使番人和明朝统治者通过茶马贸易各得所需。更深层次的缘由是明朝统治者非常担心北元与有相同游牧文化圈的藏族的相互联系，所以明朝统治者非常用心于与北元蒙古有着传统亲和关系的藏族治理，力图通过内地的茶叶供给来控制西番，而通过良马来控制北元，达到“羁魔戎心，充实边厩”“联番制虏”的目的。

① 《大学衍义补》卷 29，转引自郭孟良.明代引茶制度初论——明代茶法研究之四[J].中州学刊.1991(3)：110.

② 中国古代对少数民族的鄙称。

③ (明史)卷 80，“食货态”四。

④ 梁材.议茶马事宜疏[A].明经世文编(卷 106)[C].

二、明朝官营茶马贸易的形式

自唐朝出现茶马贸易文献记载始，中原与吐蕃之间茶马贸易只是停留在唐蕃官方交往的层面上[①]，吐蕃藏民族已经知茶，而贸易主要为“贡”“赐”的形式，是中原农耕汉民族与青藏高原藏民族之间的一种自愿互利的经济交流。宋朝时，藏族地区普通百姓开始食茶，到了“一日不可无茶”的需茶阶段，而宋朝政权深受辽、金、西夏等少数游牧民族的侵扰，王朝缺马，初以“各自所急需，而又是对方各自有代表性的产品”进行实物交易，意图在于“市马”，后来发展为“以草木之叶”易马逐渐替代了以钱币易马，茶法也逐渐形成了榷茶与茶引法二元化并行趋向，但因宋朝对西藏地区无政治上的统辖权，所以茶马互市在理论上仍属于传统意义上的买卖行为。元朝时期，蒙古族掌握中原政权，统辖西藏地区，元蒙古统治者自身出自游牧部落，加之辖地广阔，马源充足，因而茶马互市在元朝并不发达，在法令上通过民族之间的不平等限制中原汉族养马、易马。当然茶商凭引购茶随意贩卖，既无地区限制，更无通蕃之禁令，故元茶法始终以引法为基本原则，而无茶马之法[②]。所以唐宋元时期，茶马贸易仍属互利互惠的经济手段，无政治色彩的渗透。明王朝建立之后，基于政治目的和军事需求，茶马贸易逐渐由互惠互利的经济手段趋向于不等价的政治手段。

(一)明朝时期官营茶马互市(交换)的形式

明朝在前代茶马互市发展的基础之上，积极筹理马政，建立了官营以茶纳马的一套严密制度。

1. 茶马互市的“马赋差发”。明朝初年的茶马交易规模不大，纯属市马，常“以罗绮绫帛并巴茶往市之”，不具有强制性，因而所得马匹数量甚少。为了满足明朝廷对马匹这种军需物资的需要，洪武十六年(1383 年)正月，朱元璋正式下了敕谕，将茶马互市中的自愿性市马改为强制性的“马赋”，即“互市”转为“差发”。“令其输马，以茶给之”由自愿性市马变为强制性的“马赋”之后，“诸族因感恩意，争出马以献。于是得马万三百四十余匹，以茶三十万斤给之，

① 邓前程.明代藏地施政的特殊性:古代中央王朝治理藏区的一种范式研究[D].四川大学博士学位论文.2003:99.

② 郭孟良.明代引茶制度初论——明代茶法研究之四[J].中州学刊.1991(3):111.

诸族大悦。”①

2. 茶马互市的“金牌信符制”。金牌原是用于调兵的信符,是军权的象征。明朝初年的所谓金牌信符,是古代朝廷传达命令或调兵遣将用的执照,分别用金、玉、铜、竹、木制成,双方各执一半,合之以验真假。② “金”字表示对朝廷之“尊”,“牌”字表示形状,“信符”则表示其用途,与明王朝推行于其他民族地区与海外各国的“勘合”相同。③ 金牌正面刻有“信符”二字,背面书有“皇帝圣旨”“合当差发”“不信者斩”三行篆字,上号藏于内府,下号发给各部,每三年派官员入藏地验合一次。诸部持金牌纳马,茶马司籍牌收验马匹并给予茶叶。④ 金牌勘合贸易采取合符交换形式,并以军事力量来保障这种强制征发的实现。

3. 纳马“勘合制”。“勘合制”类似于现在常见的有骑缝印章的官方证明,⑤听任藏族持朝廷颁给的凭证即勘合,直接赴茶马司比验,纳马易茶。勘合制的随意性较“金牌信符制”大,主要是过去严肃正式地颁给番族的纳马金牌,总是被藏族有意无意一而再地丢失,明朝廷认为有伤“国体”“体统”。另外,“番族变诈不常,北虏抄掠无已”⑥,从而明朝廷对茶马互市中的勘合也不再如金牌信符制严肃、谨慎。通过“比号纳马,酬以茶斤,如有背违,调军征剿”的方式进行强制性的茶马互市。

(二)官方“朝贡互市”的茶马交换

“贡赐”并非等价的贸易,而是一种礼物交换,主要是通过礼物性质的交换表达或联结、创造了人们相互之间的社会关系。⑦ 明朝是汉族地主掌握政权,所以明朝初定天下时,对原元蒙古统治下的贵族和土官,只要其愿意归顺,皆授官职,给以印信,准许其子孙世袭,因而乌斯藏⑧部归附者甚多。明朝廷为了加强与臣服者的联系便对贡期和贡使进行了一定的限制:“番王三岁一贡,

---

① 《明太祖实录》卷217.转引自谢玉杰.“金牌信符制”考辨[J].西北民族研究.1988(2):161.

② 叶玉梅.明代茶马互市中的金牌信符制度[J].青海民族学院学报,1993(4):71.

③ 谢玉杰.“金牌信符制”考辨[J].西北民族研究.1988(2):161.

④ 晓舟.茶马互市与边疆内地的一体化[J].中国边疆史地研究,1992(2):69.

⑤ 姚继荣.明代茶马互市中的“勘合制”问题[J].青海民族学院学报,1994(3):22.

⑥ 《明世宗实录》卷369.

⑦ 王晓燕.历史上官营茶马贸易对汉藏关系的影响[J].青海民族研究,2010(1):113.

⑧ 乌斯藏就是今天的西藏地区。

贡使百五十人,定制也。①"西藏的僧俗官定期到明朝中央政府来朝见皇帝,贡使都随带马匹及其他土特产品和工艺品,明朝廷则以茶叶及其他珍玩器物回赐。藏族僧俗对朝廷赐予的茶叶非常珍视,将朝贡互市作为得茶的一个重要的途径。

三、官营茶马贸易凸显明朝时期西藏的法律地位

(一)官营茶马互市凸显明朝廷对西藏享有税收管辖权

"税"字一边是"禾",禾指田禾,农作物,泛指土地产出物,另一边是"兑",本义是交换的意思。"禾"与"兑"合在一起是"税"字,其字面意思就是拿农作物进行交换,就是社会成员以占有的土地为基础,把部分农产品上缴给国家,交换国家提供的公共服务。"赋"字最早指君主向臣属征集的军役和军用品。这从"赋"字的构成也可以看出:"贝"代表珍宝、货币、财富,"武"代表军事,从贝从武的"赋"字表明用于军事的财富,但后来国家征集的收入不仅限于军事,还包括用于国家其他方面的开支,所以"赋"已不仅指国家征集的军用品,而已具有"税"的含义了。②

1."马赋差发"是一种特殊的税赋。茶马互市虽说是统一战争的急需,但也可以说是为增加财政收入而兴。因此明朝中央政府同历代统治阶级一样,认为西藏地区既是国家统辖之地,按例就应当承担赋税责任。

明洪武十六年(1383 年)敕西番部族以马为赋,"西番之民归附已久,而未尝责其贡赋,闻其地多马,宜计处其地之多寡出赋""如三千户,则三户出马一匹,四千户则四户出马一匹,定为工赋,庶使其尊召亲上奉朝廷之礼"。③ 明朝廷对承担纳马赋税的藏族采用有计划地计户出马,并特别划定了草场和纳马田,"以马为赋"并酬以茶价,这本身就显示明政府对该地臣民应尽国家义务上

---

① 《明史》卷 331,《赞善王传》.转引自郭弘.略论明代汉藏民族间的茶马贸易[J].开发研究,2001(4):64.

② 李波,夏晶.我国古代税收名称略考[J].税收经济研究,2011(5):69.

③ 明太祖实录[M].转引自叶玉梅.明代茶马互市中的金牌信符制度[J].青海民族学院学报,1993(4):72.

给予了优待。[①] 马赋差发这一形式与内地赋役也不完全相同，其差别在于这种“贡赋”是有代价的，即所谓“以马为科差，以茶为酬价”“茶是本，马是利”[②]，勘合了“税”字的本义。虽然从今天完全意义上来说有悖于税收的无偿性特征，但是可以肯定地说，明朝汉族统治者在西藏实行了一种特殊的赋税制度，该制度既增加了明朝廷的财政收入（马），又增强了明朝廷对西藏地区人心的笼络，是明朝独创的一种中央政府与地方之间的特殊贸易形式。

2. 官营茶马互市是明朝廷对西藏地方行使的特殊税收管辖权。作为明代茶马互市主要形式的金牌信符制和勘合制，实质上就是披着商业贸易外衣的一种强制性贡赋征发，具有税收定时、定地、定价、定量的强制性特征。所谓“至我朝纳马谓之差发，如田之有赋，身之有庸，必不可少。彼既纳马而酬以茶斤，我体既尊，彼欲亦遂，较之前代曰互市，曰交易。[③]”虽然茶马互市是一种互惠的关系，但这种互惠关系是不对价的。在官营茶马互市中，茶马交易的价格，一般说是由明廷操纵的，是以马价为本位的价格，西番上纳多少马匹，明朝廷以其马的等级，然后给偿相应的马价茶，即以“西番”能够认办多少差发马为基本依据，来决定征收多少“官茶课”。[④] 生活在青藏高原的藏族，因其嗜茶而与中原明朝廷形成了较强的依赖关系，中原的明朝廷抓住其要害，采用“盖制夷狄之道，当贱其所有而贵其所无耳”[⑤]，通过官定比价推行不等价交换。“贱其所有，贵其所无”的官营茶马互市使得西藏地区与中原明朝廷形成了经济上的相互依赖关系，明朝廷借茶马互市除了获得茶马贸易货物交换的价值之外，还从中获取控制西番的政治经济利益，以此为契机有力地维系着明朝廷与西藏地方的政治关系。

（二）朝贡互市凸显明朝时期西藏的藩国地位

“贡”的本义是指人们为祈祷丰收，用劳动所得奉祭神明，随后演变成劳动者自愿对部落首领的上供。随着私有制和国家的出现，这种对神明的奉献和

---

① 邓前程，徐学初.务宜远人：明朝藏地僧俗贡使违规私茶处罚的立法与实践[J].西藏研究，2006(3)：7.

② 郭孟良.略论明代茶马贸易的历史演变[J].齐鲁学刊，1989(6)：76.

③ 郭孟良.略论明代茶马贸易的历史演变[J].齐鲁学刊，1989(6)：76.

④ 刘淼.明代茶马贸易价格结构分析[J].史学集刊，1997(3)：27.

⑤ 明太祖实录(卷251)[Z].转引自赵金锁.藏族茶文化：茶马贸易与藏族饮茶习俗[J].西北民族大学学报，2008(5)：129.

对部落首领的上供逐渐演变成臣民向统治阶级固定贡纳。[①] 中国古典文献中“贡”常常在前面加个“朝”字连缀使用。“朝”，专指卑见尊，主要是臣见君。“贡”即是臣下或藩邦对于君主的进献。所谓“朝贡”亦即臣下、藩邦对于君主的朝见和进贡，而朝贡互市，既体现为一种政治上的从属关系，也为一种经济贸易关系。明朝对西藏地区臣服的喇嘛及土官授官并给印信，但要求三岁一贡，通过岁贡，进行大量的实物贸易，贡马赐茶即属其中一项。对忠心归向者厚赐食茶，广开贸易，对桀骜不驯者则关闭茶市，以示惩戒。[②] 针对朝贡互市的贡马，明朝廷一改茶马互市中一贯奉行的茶贵马贱做法，反而厚值贡马，即“贡马一匹约相当于两匹茶马的酬价”[③]，令贡使乐此不疲，并纷纷通过朝贡“专讨食茶”，求得明朝廷的例赏。贡马赐茶反映出一种首领与臣属的关系，赐是“给予，这是在表示他高人一等、胜人一筹，表示他是主上”[④]，贡是“回报，那就是表示臣服，表示成为被保护人和仆从，成为弱小者，表示选择了卑下”。在明朝廷与诸番之间，明朝廷“赐”茶是“羁縻诸蕃”的工具，他所期待的报偿除了马匹之外，更重要的是维系与“诸蕃”的关系并使之归顺。而对于诸蕃而言，他接受茶叶并回报马匹是他的义务，是他们愿意与对方联结、维系已有的臣属关系[⑤]，生怕该臣属关系被中止的积极行为。因此贡马赐茶实物交换贸易对维系宗主和臣属之间的政治关系方面起到了独特的作用，是中原与西藏地区政治一体化的纽带。

四、结语

赋税在中国古代往往就是政治的组成部分，许多政治措施的主要内容也体现在赋税的内容之中，赋税制度的改革也是为了适应政治的需要。从官营茶马贸易来看，封建的明王朝，基于封建专制国家的政治权力，将茶马互市中互惠互利的等价交换扭曲为强制性的赋税，将贡马互市设置成臣服者应尽的

---

① 李波，夏晶.我国古代税收名称略考[J].税收经济研究，2011(5)：70.

② 郭孟良.论明代的“以茶治边”政策[J].洛阳工学院学报，2000(4)：34.

③ 邓前程，徐学初.务宜远人：明朝藏地僧俗贡使违规私茶处罚的立法与实践[J].西藏研究，2006(3)：7.

④ 马塞尔·莫斯.礼物[M].汲喆，译.上海：上海人民出版社，2002：198.

⑤ 王晓燕.历史上官营茶马贸易对汉藏关系的影响[J].青海民族研究，2010(1)：114.

纳贡义务。不管是茶马贸易中的“马赋差发”、金牌信符、勘合制，还是贡马互市，番人都处于服从、被支配的地位，而明朝廷都是处于掌握支配权地位，反映出国家与臣民之间“权力义务关系”。纵观中国古代赋税史，税赋皆由代表少数统治阶级利益的国家制定，多数被统治阶级尽管不同意但必须纳税，这是臣民对国家强制力的服从，而西藏地区的藏族僧俗作为明王朝的臣民只能服从。

因此从官营茶马贸易的本质来看，其是臣民应尽的纳税义务，是一种变种的赋税。既然明朝官营茶马贸易折射出的是臣民与国家的关系，所以西藏作为明帝国领土不可分割的一部分，西藏是明朝中央政府的藩国地位毋庸置疑。“番人也是朕之赤子，番人地方都是祖宗开拓的封疆。”此乃明后期最高统治者神宗基于祖制传统，对藏地及生息于此地民众的认识。①

参考文献：

[1]邓前程.明代藏地施政的特殊性：古代中央王朝治理藏区的一种范式研究[D].四川大学博士学位论文.

[2]郭孟良.明代引茶制度初论——明代茶法研究之四[J].中州学刊.

[3]叶玉梅.明代茶马互市中的金牌信符制度[J].青海民族学院学报，1993.

[4]谢玉杰.“金牌信符制”考辨[J].西北民族研究，1988.

[5]晓舟.茶马互市与边疆内地的一体化[J].中国边疆史地研究，1992.

[6]王晓燕.历史上官营茶马贸易对汉藏关系的影响[J].青海民族研究，2010.

[7]姚继荣.明代茶马互市中的“勘合制”问题[J].青海民族学院学报，1994.

[8]王晓燕.历史上官营茶马贸易对汉藏关系的影响[J].青海民族研究，2010

[9]李波，夏晶.我国古代税收名称略考[J].税收经济研究.2011.

[10]邓前程，徐学初.务宜远人：明朝藏地僧俗贡使违规私茶处罚的立法与实践[J].西藏研究.2006.

[11]郭孟良.略论明代茶马贸易的历史演变[J].齐鲁学刊.1989.

[12]刘森.明代茶马贸易价格结构分析[J].史学集刊.1997.

[13]郭孟良.论明代的“以茶治边”政策[J].洛阳工学院学报.2000.

[14]马塞尔·莫斯.礼物[M].汲喆，译.上海：上海人民出版社，2002.

① 邓前程，徐学初.务宜远人：明朝藏地僧俗贡使违规私茶处罚的立法与实践[J].西藏研究，2006(3)：9.

人类发展:西藏农牧区社会保障法制建设的终极价值

于杰兰*

摘要:发展不仅仅是经济量的增长,其最终目标是人类的发展。健康权、受教育权和社会保障权的充分实现保证了西藏人类发展指数的基本指标健康长寿、教育获得和生活水平的实现。西藏农牧区社会保障法制建设的终极价值是为了西藏的人类发展。

关键词:人类发展;西藏人类发展;西藏农牧区社会保障法制建设;社会法

发展不仅仅是经济量的增长,其最终目标是人类的发展。西藏的发展也不仅仅体现为GDP总量的累积,更为重要的是民生的改善和相关主体权益的保障。在西藏,农牧民占人口的绝大多数,农牧区社会保障的水准在很大程度上即是全区社会保障的水准。西藏农牧区社会保障法制建设的终极价值是为了西藏的人类发展。

一、人类发展的内涵

人类发展的概念是在20世纪90年代以后,由联合国开发计划署(UNDP)的专家提出的,并首次应用在《1990年人类发展报告》中。1990年的

---

* 于杰兰,西藏民族大学法学院副教授。主要研究方向为社会法学、民族法学等。

基金项目:本文系2011年度西藏民族大学一般科研项目“西藏民生改善法律问题研究”(项目编号:11myY08)和2011年度教育部人文社科研究一般项目(西藏项目)“西藏农牧区社会保障现状调查及法制建设研究”(项目编号:11XZJC82000)的阶段性研究成果。

《人类发展报告》指出:“人是一个国家的真正财富。发展的基本目标就是要创造一种环境,使人们在这种环境中能安享长寿、健康和创造性的生活。”“人类发展是一个扩大人的选择的过程,原则上说,这些选择可能是不确定的和随着时间的变化而改变的。但是,在发展的各个水平上,有三个最基本的选择:人们过上长寿而健康的生活,获得知识和得到体面生活所必需的资源。如果这些最基本的选择不能得到,很多别的机会也就得不到。人类发展还不止这些,还有一些受到人们高度珍视的选择,包括政治、经济、社会自由,创造和生产的机会,享有自尊和保障人权。”[1]包括社会保障水准在内的人类发展指数 HDI(Human Development Index)用衡量联合国各成员国经济社会发展水平的重要指标,也是是对传统的 GNP 指标挑战的一项重大成果。现已成为世界各国采用的通用指标。

从关于“人类发展”的界定中,我们可以看出一些本质性的东西。发展的最终目的是人的发展。人的发展才是经济发展的终极价值。如果发展的目的仅仅是经济总量的增加,而对于享有发展成果的人的价值未予以充分重视和有意忽视,那这样的发展必定不会可持续。正如《中国人类发展报告 2005》所提出的那样:人类发展不同于经济发展,虽然后者是前者的前提和基础。人类发展更加强调人自身的发展,而包括了经济增长在内的经济发展则更加看重 GDP 的增长,物质财富的增长。一个社会在短期内可以保持经济的高速增长,但并不一定意味着人类发展的指标也得到了相应的改善。从长期来看,忽视人类发展的经济增长是无法持续的。[2]而人类自身的发展必然需要包括社会保障在内的必要的社会机制。社会保障法制正是保障这种制度运行的正式机制。

发展的终极价值是人类发展,这个思想与经典作家的“人观”或者“人的发展”思想不谋而合。马克思指出:“君主政体的原则总的说来就是轻视人、蔑视人、使人不成其为人,……哪里君主制的原则占优势,哪里的人就占少数;哪里君主制的原则是天经地义的,哪里就根本没有人了。”[3]在此,马克思从“人的发展”角度对德国的专制统治进行了猛烈的抨击。恩格斯更是直接指出,人的发展只有在社会中和通过社会才能实现,在阶级对立的社会里,人们受不发达生产力的制约,受制于旧式分工和生产方式,不仅被统治阶级、就连统治阶级的发展也是畸形的、不自由的。[4]在此,恩格斯明确指出,发展需要社会的扶助,需要一系列社会制度,社会保障法律制度就是人的发展所需的重要条件。列宁则指出,发展要同教育结合起来,而且要充分重视年轻一代的教育。未来社会将使“普遍生产劳动同普遍教育相结合”,[5]没有年轻一代的教育和生产劳动的结合,未来社会的理想是不能想象的;无论是脱离生产劳动的教学和教育,或是没有同时进行教学和教育的生产劳动,都不能达到现代技术水平和科学知识现状所要求的高度。[6]可见,经典作家关于人的全面发展与人类社会的发展相统一的思想表明,“人的全面发展不仅是人的目的本身,还是社会历史发展的目标和本质;人的发展程度是衡量社会进步和完善的一个根本尺度”。[7]

二、人类发展指数:西藏人类发展计算的基本指标

人类发展指数计算的三个基本指标是:健康长寿、教育获得和生活水平。健康长寿是用出生时预期寿命来衡量,从而反映人的长寿水平。而教育获得是用成人识字率及小学、中学、大学综合入学率共同衡量的,但在《2010 人类发展报告》中对其进行了修改,利用平均受教育年限取代了识字率,利用预期受教育年限(即预期中儿童现有入学率下得到的受教育时间)取代了毛入学率。生活水平则用实际人均 GDP 来衡量。《2010 人类发展报告》中采用人均国民总收入(GNI)取代 GDP 来评估。

(一)健康权视野下的西藏人类发展指数基本指标:健康长寿

健康权是基本人权之一。《世界卫生组织法》规定:“获得的最高可能达到的健康标准的权利是一种基本的人权。”《世界人权宣言》第 25 条规定:“人人有权享受为维持他本人和家属的健康和福利所需的生活水准,包括食物、衣着、住房、医疗和必要的社会服务。”《经济、社会、文化权利国际公约》第 12 条规定:“一、本公约缔约各国承认人人有权享有能达到的最高的体质和心理健康的标准。二、本公约缔约各国为充分实现这一权利而采取的步骤应包括为达到下列目标所需的步骤:(甲)减低死胎率和婴儿死亡率,和使儿童得到健康的发育;(乙)改善环境卫生和工业卫生的各个方面;(丙)预防、治疗和控制传染病、风土病、职业病以及其他的疾病;(丁)创造保证人人在患病时能得到医疗照顾的条件。”我国《宪法》第 21 条对健康权做了宣示性规定:“国家发展医疗卫生事业……保护人民健康。”我国《民法通则》(2021.1. 废止)第 98 条规定:“公民享有生命健康权。”从国际社会的基本规定和国内法律的基本规定可以看出,健康权是一项基本人权。

最新统计表明,西藏目前 280 多万人口中,60 岁以上的老人有 22.23 万余

人,有80岁至99岁的老人19500多人,百岁以上的老人79人。资料表明,随着城市和农村医疗条件的改善,西藏人的平均寿命由1959年民主改革前的35.5岁延长到现在的67岁。[8]近年来,西藏开始为80岁以上的老人发放不同档次的“寿星健康补贴金”。根据规定,对80周岁至89周岁的老年人,每人每年发放300元的健康补贴;90周岁至99周岁的老年人,每年发放500元的健康补贴;百岁以上的老年人,每年可领到800元的健康补贴。拉萨市老龄办2008年争取寿星补贴1054600元,对拉萨市80周岁以上的3318名老年人发放了寿星健康补贴。此外,西藏还对60周岁以上老年人发放“老年人优待证”,对80周岁以上的老年人办理“寿星证”。持有“寿星证”的老年人,除每年领取健康补贴外,还在全区范围内享有一系列优惠待遇。老年人生病时,在挂号、取药、住院等方面都能享受到优先服务和绿色通道服务,并免收挂号费。[9]

健康权的享有必须有相应的医疗保障体制。由于特殊的区情,西藏农牧区医疗保障制度是以免费医疗为基础。这一制度的实施可以追溯到1993年西藏自治区人民政府颁布的《西藏自治区免费医疗暂行办法》,该文件确定了自治区、地(市)、县三级财政为农牧民群众每人每年分别下拨10元、3元、2元免费医疗专项经费。1999年的《西藏自治区农村合作医疗管理办法(试行)》,在原有基础上完善了农牧区的合作医疗制度。2003年,随着全国新型农村合作医疗制度试点的进行,西藏自治区出台了《西藏自治区农牧区医疗管理暂行办法》,其中明确规定了农牧区医疗制度覆盖全区所有农牧民和无固定收入的由城镇户口的少数民族,进一步完善以免费医疗为基础的农牧区医疗制度,至此,在农牧区建立起了以免费医疗为基础的医疗保障制度。2006年对该《办法》进行了修正,在医疗基金的分配额方面作出适当调整,使其更具灵活性。2006年后,依据由财政部、民政部、农业部等各部委颁布的《关于加快推进新型农村合作医疗试点工作的通知》,从2006年起,中央财政对我国西部地区除市区以外的参加新型农村合作医疗的农(牧)民由每人每年补助10元提高到20元,地方财政也要相应增加10元。一系列的医疗保障制度多是以行政法规、政府规章以及政府政策的形式出现,随着各地农村合作医疗制度试点的成功举行,2010年8月国家颁布了《中华人民共和国社会保险法》,其中第24条规定“国家建设和完善新型农村合作医疗制度”,这使得西藏农牧区的医疗保障体系进一步完善,并有了法律依据,使西藏实现了由原来低水平的免费医疗保障向以免费医疗为基础的医疗保障制度的转变。

健康权的享有还必须有相应的法律法规作为基本的保障。我们认为,我国的老年法体系应当包括但不限于老年人权益保障法、禁止歧视虐待老年人法、老年人护理保险法、老年人终身教育法、老年人保健法、老年人福利法、老年人弹性退休法等内容。[10]我们还应当从战略高度来看待西藏的老龄人口问题,利用区域自治立法的优势,对西藏老年人这一特殊群体以积极老龄化的视域进行战略性考量,积极推进有关西藏社会老年人的各种立法,逐步完善地方性老年法规体系,维护西藏社会老年人合法权益。这对缩小西藏社会城市和农牧区居民收入差距,维护社会稳定,构建人人共享、不分年龄的社会,乃至对于我国的政局稳定均具有十分重要的意义和作用。[11]

(二)受教育权视野下的西藏人类发展指数基本指标:教育获得

诺贝尔经济学奖得主舒尔茨在谈到如何改善发展中国家人民福利的时候曾论述到,增进福利的决定性因素"不是空间、能源和耕地,而是人口质量的提高和知识的进步"。[12]教育是人类发展的基础,不只是因为它具有提升生命价值的固有特性,还因为它能提高人们参与丰富多彩的社会生活的能力,进而维护人的尊严,促进经济增长、社会流动和社会融合。[13]受教育权从国际社会的基本观察来看,应当是一种权利而非义务。换言之,受教育权是一项基本人权。

在国际人权法语境中,受教育权是一项基本的人权。《世界人权宣言》第26条第1款规定:"人人享有受教育的权利。"《经济、社会和文化权利国际公约》第13条第1款规定:"本约缔约各国承认,人人有受教育的权利。"《儿童权利公约》第28条第1款规定:"缔约国确认儿童有受教育的权利。"《取缔教育歧视公约》在序言中回顾了《世界人权宣言》确认不歧视原则并宣告人人都有受教育的权利。在该公约第5条中指出:教育的目的在于充分发展人的个性并加强对人权和基本自由的尊重;教育应促进各国、各种族或宗教集团间的了解、容忍和友谊,并应促进联合国维护和平的各项活动。《世界全民教育宣言》在绪论中回顾了40多年前世界各国通过的《世界人权宣言》,宣告"人人享有受教育的权利"的历史,重申"教育是我们世界的全体男女老幼和各个民族的基本权利"。《儿童权利宣言》宣示:"儿童有受教育的权利,所受的教育至少在初级阶段应是免费的或义务性的。"《关于特殊需要教育的原则、方针和实践的萨拉曼卡宣言》第2条宣布:"我们坚信并声明:每个儿童都有受教育的基本权利,必须获得可达到的并保持可接受的学习水平的机会……有特殊教育需要的儿童必须有机会进入普通学校,而这些学校应以一种能满足其特殊需要的儿童中心教育思想接纳他们。"受教育权"作为国际人权法上的一项权利,它的基本内涵是受教育者所享有的权利和国家所承担的义务"。[14]从这项基本的国际人权文件和学者的分析中可以看出,受教育权是一项基本权利,而非义务。

我国《宪法》第46条规定:“中华人民共和国公民有受教育的权利和义务。国家培养青年、少年、儿童在品德、智力、体质等方面全面发展。”我国《教育法》第9条规定:“中华人民共和国公民有受教育的权利和义务。公民不分民族、种族、性别、职业、财产状况、宗教信仰等,依法享有平等的受教育的机会。”可见,在我国的法律体系中,受教育权不仅仅是一项权利,而且也是义务。我们认为,应当践行国际社会关于受教育权规定的基本精神,修正《宪法》第46条的规定,将受教育权规定为权利而非义务。

西藏的藏族作为中华大家庭的重要成员,其受教育权是少数民族人权的基本权利之一。实际上,西藏藏族的受教育权得到了实实在在的保障。旧西藏时代适龄儿童入学率不足2%,文盲率高达97%。[15]和平解放后,国家采取有力措施,发展西藏教育事业。1952年至2007年,国家累计投资225.62亿元人民币(其中近5年就投入139.89亿元人民币),各省市也对西藏教育事业在人力、物力、财力上给予有力支援,迄今全国已选派7000余名教师援藏,帮助发展西藏教育。从1985年开始,国家对西藏义务教育阶段的农牧民子女采取“包吃、包住和包学习费用”的措施,2007年又全部免除中小学生学杂费,使西藏成为全国第一个实现免费义务教育的地方。近年来,国家加大投入改善学校设施和办学条件,2000年至2006年投入18.5亿元人民币新建和改扩建校舍150万平方米;2004年至2007年建成计算机教室133个、卫星收视点983个、教育资源系统1763个,使西藏大多数中小学拥有了现代化教学手段。西藏现已形成包括幼儿教育、中小学义务教育、中等教育、高等教育和职业教育、成人教育、远程教育、函授教育和特殊教育等在内的比较完备的现代教育体系。[16]

另外,西藏的教育水平和文化素质得到显著提高。西藏现有小学884所、初中94所、教育点1237个,在校学生54.7万人。文盲率从旧西藏的97%左右下降至目前的4.76%。适龄儿童入学率从旧西藏的2%上升到现在的98.2%,初中入学率达90.97%,已基本普及九年制义务教育。有高级中学14所、完全中学9所,高中阶段入学率为42.96%;中等职业学校7所,2007年在校学生1.9万人;高等院校6所,其中在校生达2.7万人,入学率17.4%。现有大、中、小学在校专任教师30652人,其中藏族和其他少数民族占80%以上。全国有33所学校办有西藏班,其中初中19所、高中12所、师范2所,招收西藏插班生的内地重点高中53所。到2008年6月底,已招收藏族学生34650

人，在校生达 17100 人。内地西藏班学生的高考合格率和升学率达 90%以上。与此同时，内地有 90 余所高校招收西藏学生，已毕业 1.5 万人，在校 5200 余人。一大批博士、硕士、科学家、工程师等人才脱颖而出，成为推动西藏发展的生力军。[17]

权利的享有必须有法律的保障，为此应当尽快出台《少数民族教育法》。我国的民族教育要真正使教育方针、教育制度、教育经费、教育管理落到实处，产生实效，就必须认真依法办事；要发展民族地区尤其是自治地方的教育，使民族区域自治教育权真正落到实处，必须在民族教育条例的基础上，尽快制定少数民族教育法，直接规范和指导我国民族教育立法工作的开展。[18]西藏的受教育权的最终的保障还要依赖于相关法律法规的出台。通过少数民族教育立法，对包括藏族在内的少数民族教育的地位、性质、任务等作出更为明确的规定，从法律上保证少数民族高等教育的地位、性质和任务的根本实现，并规范少数民族教育的宏观管理体制，以法律的手段确保少数民族教育资源的供给数量和筹资渠道畅通，从根本上消除过去教育经费的确定无法律保证或有法不依，更多地由决策者的长官意志和对少数民族教育重视程度增减教育经费的弊端。同时，从法律上规范包括藏族在内的少数民族教育的质量标准，用以约束、控制、引导民族院校的教学活动，强化民族院校接受政府部门对其教育质量进行评估和监督的义务，保证少数民族教育的发展方向，使少数民族教育的规模、结构、质量、效益协调发展。

(三)社会保障权视野下的西藏人类发展指数基本指标：生活水平

社会保障权是指社会成员在发生生存危机时，通过国家和全社会的力量，依靠国民收入分配与再分配的办法，使任何公民在暂时或永久丧失劳动能力、失去工作机会或者其收入无法维持必要的生活水平或质量条件时，通过一定程度的收入补偿而享有的基本的生活权利，使社会的贫困群体可以通过社会救助得以维持最低生活保障，通过各种社会保险制度使一般社会成员能够抵御失业、工伤、疾病、年老等社会风险以及全体社会成员享有各类福利设施以增进社会福利和维护人格尊严的权利。[19]可见，社会保障的目的是国家通过法律对以下情形的社会主体提供基本生活需要的制度：在社会成员面临生、老、病、死、伤残、失业及丧失劳动能力等情势时；在社会成员因自身、自然和社会原因而面临生活困难时；当社会成员在维护国家安全、社会秩序作出特殊贡献或牺牲时，给予本人或其家属物质帮助。在一般情形下，还包括为社会成员提供各种福利性补贴或对特殊社会主体所提供的优抚项目。以上诸种情形，概括起来就是一句话:为社会主体提供社会安全,满足其基本生活需要,消除社会成员的不安全感,以维护和促进社会稳定,从而使其生活得有尊严。而社会保障法是社会稳定的基础性规则体系。没有社会稳定就没有经济发展和社会发展,这已经通过历史并通过当下世界的现实予以明示。也正因为如此,社会保障法又被称之为"社会安全网"和"社会减震器"。

在2009年3月2日国务院新闻办公室发表的《西藏民主改革50年》白皮书中指出,西藏人民生活水平在过去的50年里有了大幅度提高,生存和发展状况得到极大改善。民主改革前,西藏农牧民没有生产资料,几乎终身负债,根本谈不上纯收入,2008年西藏农牧民人均纯收入达到3176元,1978年以来年均增长10.1%,2003年以来年均增长达到13.1%。2008年,西藏城镇居民人均可支配收入达到12482元,比1978年的565元增长21倍。民主改革前,西藏90%以上的人没有自己的住房,农牧民居住条件极差,城镇居民人均不足3平方米。当时的拉萨城区仅有2万人,而城周围居住在破烂帐篷里的贫民和乞丐就有近千户人。而今,西藏人民的居住条件得到了巨大改善。通过推进新农村建设、实施安居工程,已有20万户、百万农牧民住进了安全适用的新房。2008年,农村居民人均居住面积达到22.83平方米,城镇居民人均居住面积达到33.00平方米。目前,从城市到农村都已初步建立起社会保障体系。2008年西藏"五保户"的供养标准达到1600元。[20] 2007年,西藏城市化水平仅为38.3%,这意味着西藏61.7%的人口是居住在广大农牧区的藏族农牧民,所从事的产业是传统的农牧业。[21]从2005年开始,西藏自治区人民政府对年均纯收入低于300元以下的特困农牧民实施生活救助。从2006年起,西藏开始全面推行农村最低生活保障制度,并再次大幅度提高社会救助标准,将家庭年收入低于800元的农村居民均纳入"低保"范围,共有23万相对贫困的农户受益。[22]

根据我们的田野调查,发现政策性增收已成为农牧民收入的重要组成部分。以西藏日喀则地区仁布县M乡Z村农牧民"安居工程补助"为例,该村补助标准为:农房改造1万元/户;游牧民定居1.5万元/户;扶贫搬迁绝对贫困户2.5万元/户,其他贫困户1.2万元/户;地方病重病区群众搬迁2.5万元/户;边境县、乡"兴边富民"(含人口较少民族聚居区民房改造)1.2万元/户。[23]"全国援藏"的格局开始形成。仅2007年,中央对西藏的财政补贴就高达280亿元。西藏每花100元人民币,有90多元来自中央的支持。[24]

2007年6月22日,由西藏自治区民政厅、财政厅制定的部门规章《西藏自治区农村居民最低生活保障实施办法(试行)》(以下简称《实施办法》)正式经西藏自治区人民政府第11次常务会议研究同意并通过。其保障对象广泛——“持有我区常住农业户口的居民,凡共同生活的家庭成员年人均纯收入低于当地农村居民最低生活保障标准的,均可依照本办法申请享受农村居民最低生活保障待遇”。《实施办法》的颁行,意味着西藏农牧区的农牧民正式进入到社会保障尤其是社会救助有法可依的层面。该规章的颁布,也是西藏“人类发展”的重大进步。

三、人类发展是西藏农牧区社会保障法制的终极价值

人类发展的终极目的就是要把人这个主体置于一切发展的中心,从而扩大人的选择及其选择能力,最终实现人的自由及人的全面发展,从而最终让人能过上自由选择的生活。“人类发展是为人们能充分发挥潜能、拥有高质量的生活水平而创造条件。扩大选择的基础是提高人们的能力、扩大人们可以做和可以实现的事情的范围”。[25]“发展可以看做是扩展人们享有的真实自由的一个过程”。[26]因此,提高诺贝尔经济学奖得主(1998年)阿马蒂亚·森在其著作《以自由看待发展》中强调:扩展自由既是发展的首要目标,又是发展的主要手段,排除严重的不自由对于发展具有建构性的意义。[27]如果缺乏正式的社会保障支持系统(社会保障法律制度),这将是一种严重的不自由。“不自由直接关系到缺乏公共和社会关怀设施,诸如防疫计划、对医疗保健或教育设施的组织安排、有效的维持地区和平与秩序的机构。”[28]社会保障法制作为一种社会正式制度安排,对于增强和保障个人的实质自由具有重大的贡献。总之,人类发展是西藏农牧区社会保障法制的终极价值。

参考文献:

[1]UNDP.Human Development Report 1990[M].Oxford University Press.1990:9-10.

[2]联合国开发计划署驻华代表处等.中国人类发展报告2005　追求公平的人类发展[M].北京:中国对外翻译出版公司,2005:3.

[3]马克思恩格斯全集(第1卷)[M].中共中央马克思恩格斯列宁斯大林著作编译局编译.北京:人民出版社,1995:411.

[4]恩格斯.反杜林论[M].北京:人民出版社,1999:309-310.

[5][6]列宁全集(第2卷)[M].中共中央马克思恩格斯列宁斯大林著作编译局编译.北京:人民出版社,1984:414;413.

[7]陈金芳.马克思恩格斯、列宁论人的全面发展[A].俞可平、李慎明、王伟光编.马克

思主义研究论丛(第8辑)[C].北京:中央编译出版社,2007:168.

[8][16][17][20][21][22]王晨主编、国务院新闻办公室编.中国政府西藏白皮书汇编[M].北京:人民出版社,2010:29-30;55;55-56;28-29;394-395;397.

[9]颜园园,胡星.雪域高原寿星多[EB/OL].2011-06-1.http://news.xinhuanet.com/newscenter/2009-03/19/content_11036236.htm.

[10]李春斌.人口老龄化的法律应对——以老年法学的立法模式和体系构建为中心[J].甘肃社会科学,2011(2):151-153.

[11]李春斌.西藏人口老龄化的法律应对:积极老龄化视域下的分析框架[J].西北人口,2011(4):31.

[12]舒尔茨.人力投资:人口质量经济学[M].贾湛、施伟,等译.北京:华夏出版社,1990:9.

[13]联合国开发计划署编.中国人类发展报告.2007～2008:惠及13亿人的基本公共服务[M].北京:中国对外翻译出版公司,2008:35.

[14]杨成铭.从国际法角度看受教育权的权利性质[J].法学研究.2005(5):127.

[15]郝时远,王希恩主编.中国民族区域自治发展报告.2010[M].北京:社会科学文献出版社,2011:88.

[18]朱玉福.落实民族区域自治教育权的法律法规保护探讨[J].贵州民族研究,2004(4):8-9.

[19]刘锦城.社会保障权研究[D].吉林大学博士学位论文,2009:25-26.

[23]课题组于2010年8月5日在西藏日喀则地区仁布县M乡Z村的访谈记录。

[24]中国藏学研究中心.西藏经济社会发展报告[N].人民日报海外版,2009-3-31(5).

[25]Sen, Amartya. Development as Capability Expansion[J]Journal of Development Planning. NewYork, 1989(19):41-58.

[26][27][28]阿马蒂亚·森.以自由看待发展[M].任颐,于真译,北京:中国人民大学出版社,2002:1.

论事实认定中"概括"的运用与规制

——以"彭宇案"为视角的考察

张　伟*

摘要：概括是推理链条中连结证据性事实与推断性事实的黏合剂，也是推断性事实和要素性事实的黏合剂，对于案件事实的重构必不可少。然而，概括必须依赖人们拥有的知识库，知识库中各种知识的复杂性及某些知识的不可靠性，决定了蕴含于推理链条每一步骤中的概括之强度，有时候是虚弱的。因此，概括对于事实认定来说，虽然必要但却危险。如何对事实认定中概括的运用进行规制，是我们必须正视的问题。虽然不要求所有的概括必须具有"高强度"，但必须经得起"合理性"的最低标准检验。因此，公开事实认定者心理活动的某些内容，将隐性的概括明示化，及坚持案件事实的"集体认定"，有助于揭示事实认定过程中某些明显不合逻辑的概括，降低因概括运用不当导致事实被误认的风险。

关键词：事实认定；概括；知识库；经验法则

经验法则一词在2007年的彭宇案发生后被不断提及，但究竟什么是经验法则，相关的研究对此并没有明确的阐述。其实，经验法则是一个很抽象的概念，不容易被人们所具体感知。因此，我们应该尽量避免用经验法则这一术语，而用与其具有类似功能的"概括"来分析经验在事实认定过程中的运用情况。"经验法则是一个仅仅见诸大陆法系国家证据法中的术语"①，根据日本学者的观点，"经验法则是指人们从生活经验中归纳获得的关于事物因果关系

---

* 张伟，西藏民族大学法学院讲师。主要研究方向为法理学和证据法。

① 参见吴洪淇.从经验到法则：经验在事实认定过程中的引入与规制[J].证据科学，2011(2).

或属性状态的法则或知识”。[①] 从这一概念来看，所谓的经验法则，不过是人们对生活经验的归纳概括和总结。这种归纳概括，是一种心理活动的演绎过程，尽管这种基于经验的归纳概括具有一定的盖然性，但这种心理活动的演绎结果是具有或然性及不稳定性的，因此，将这种具有或然性和不稳定性的概括性知识称为“法则”，总感不妥。所谓“法则”(rule)，是指“在某些情况下应该或者必须得做的”。[②] 而根据《现代汉语词典》的解释，“法则”是指“规律”。[③] 在哈特看来，规则(rule)是具有内在面向的，因为，“对于规则而言，大多数成员将该规则‘视为整个群体所必须遵从的普遍标准’，他们会批评偏离该规则的人和要求他人服从该规则，并且认为这种批评是有理由的，正当的，也就是成员对该规则有着反思性批判态度”。[④] 从“必须”“规律”“普遍标准”等字眼来看，法则的运用是具有一定强制性色彩和较高稳定性的，而事实认定过程中的经验运用显然不具备这样的特性。因此，为了便于理解，以及维护知识的系统性、整体性和连贯性，应运用英美法系的“概括”这一法律术语及“知识库”理论来展现经验在事实认定过程中的引入与规制，尽量避开“经验法则”这一提法，以免混淆视听。

一、什么是概括

1.“概括”(generalization)是建立在知识或经验判断基础上的关于某个推论(结论)的概率性论证，为从证据到某个特定结论的每个步骤提供“正当理由(justification)”。[⑤] 正是这样的论证，将证据性事实与某个推论(结论)连结起来，“这种归纳概括成为使我能够把特定证据与人们希望证明的一个因素联系起来的前提”。[⑥] 按照戴维·舒姆的观点，“概括是指那些在某一证据与某一

---

① 新堂幸司.民事诉讼法[M].林剑锋译，法律出版社，2008:375.

② 牛津高阶英汉双解词典[M].商务印书馆，2002:1314.

③ 现代汉语词典[M].商务印书馆，2002:343.

④ H.L.A.哈特.法律的概念：第二版[M].许家馨，李冠宜译.法律出版社，2006:54.

⑤ See WILLIAM TWINING, Narrative and Generalizations Inargumentation about Questions Offact[J]. S.Tex.L.Rev. 1999(40):351.

⑥ David A.Binder & Paul Bergman, Fact Investigation ,85(1984).转引自[美]罗纳德·J. 艾伦等.证据法：文本、问题和案例：第三版[M].张保生，王进喜，等译.满运龙校，高等教育出版社，2006:152.

待证事实建立相关性并将它们由此黏合起来的正当理由(warrant)”①。归纳概括之所以变得可能,是因为我们每个人拥有关于人与物的一般观念的巨大“知识库”。在特文宁等证据法学家看来,这个巨大的知识库基本上可以被依次划分为四大类:科学知识和专家意见、一般知识、经验及综合直觉(信念)。而基于这四种不同的知识作出的不同类型的概括(科学概括、一般知识概括、经验概括及综合直觉概括),其确定性程度通常也是依次递减的,如果用概率来表示的话,可以说:如果事情 E 发生了,那么事情 F(经常、常常、有时等)会发生。②

2. 概括“合理”即可,不一定要具备“高强度”③。“相关性要求‘合理的’概括”④,并不要求“高强度”的概括。我们不能基于“高强度”的要求而去否定某个概括,这不利于法官自由裁量权的行使,也不符合证据法“鼓励采纳证据”的宗旨。因为,“人类行为很少能被确切地加以预测”。⑤ 比如,在人民诉詹森案中⑥,从“预警们佩戴着防护手套”到“狱警们准备打人”的推论包含了这样的归纳概括“只有狱警们在准备和一名狱犯发生接触时才佩戴防护手套”,尽管这样的归纳概括的强度并不高,因为反驳者很可能说“狱警们佩戴防护手套是为了保持自己手的清洁”。但是,我们完全可以采纳前一个归纳概括,因为它显然已经满足了《联邦证据规则》401 的“任何趋向性”标准,即让“警察准备打人”的推论更可能了。同理,彭宇案中,从“彭宇在事发当天给付原告二百多元钱款且一直未要求原告返还”到“是彭宇撞倒了原告”的推论,其中包含的归纳概括是“原被告素不相识,一般不会贸然借款,即便如被告所称为借款,在有

---

① Terence Anderson et., Analysis of Evidence[M], Cambridge University Press, 2005:262.

② 舒姆.概率推理的证据基础[M].81～82.转引自特伦斯,安德森等.证据分析[M].张保生,等译.中国人民大学出版社,2012:348.

③ 以“不具备高度盖然性”为由,否定彭宇案中相关概括之合理性的代表性文章有:杨晓玲.经度与纬度之争:法官运用“经验法则”推定事实——以“彭宇案”为逻辑分析起点[J].中外法学,2009(6);吴洪淇.从经验到法则:经验在事实认定过程中的引入与规制[J].证据科学,2011(2).

④ 罗纳德·J.艾伦等.证据法:文本、问题和案例:第三版[M].张保生,王进喜,等译.满运龙校,高等教育出版社,2006:152.

⑤ 罗纳德·J.艾伦等.证据法:文本、问题和案例:第三版[M].张保生,王进喜,等译.满运龙校,高等教育出版社,2006:167.

⑥ 参见[美]罗纳德·J. 艾伦等.证据法:文本、问题和案例:第三版[M].张保生,王进喜,等译.满运龙校,高等教育出版社,2006.

承担事故责任之虞时,也应请公交站台上无利害关系的其他人证明,或者向原告亲属说明情况后索取借条(或说明)等书面材料"。① 可以说,彭宇案一审法官的归纳概括也不具有高强度,因为反驳者会说"助人为乐是中华民族的传统美德,即使素不相识,也可以借款给原告而不要求其返还"。但是,前一个归纳概括显然使"彭宇撞了原告"的推论变得更可能了,根据《联邦证据规则》401的规定,我们可以采纳这样的归纳概括。因此,彭宇案一审法官的错误不在于"泛化"了经验法则②,也不能因为他的归纳概括不具备"高强度"遭受否定③,而在于其违背了《联邦证据规则》409这个"善人"规则④。美国第三巡回法院引用威格莫尔论文中的分析进行了这样的归纳概括:"一个认为自己在诉讼中理亏的人,比一个认为他在诉讼中理直气壮的人,更可能唆使别人作伪证"⑤。显然,这样的归纳概括还有其他竞争性的解释,但证据无需导向一个单一的相关性结论。不难理解,"大多数证据将不只引发一种推论或仅仅一种潜在的解释性归纳概括"⑥,这些竞争性的归纳概括,相当于一组与案件事实具有相关性的证据,应由陪审团在其最后评议时从中作出选择。因此,对于归纳概括,我们不应该要求其都具有"高强度",因为,证据的可采在于其"相关性",而非

---

① 参见南京市鼓楼区人民法院民事判决书([2007]鼓民一初字第212号)。

② 有学者认为:"彭宇案"集中反映了经验法则的泛化问题。代表性文章为吴洪淇.从经验到法则:经验在事实认定过程中的引入与规制[J].证据科学,2011(2).

③ 当然,如果某个概括是明显不合逻辑的和明显错误的,我们肯定要给予否定和批判。比如,事实认定者根据"张三携带了一件武器"的证据性事实,得出"张三进了被害人的出库"的结论,这一推论是基于这样的概括:"进入他人车库的人时常携带武器。"参见特伦斯,安德森等.证据分析[M].张保生,等译.中国人民大学出版社,2012:357-361.很显然,这样的概括是明显不合逻辑的,因为它不是"常识概括",更不是"主流常识概括"。

④ 彭宇案判决确实造成了一些毒害社会的后果,比如"《扬州小伙怕'担责',夫妻倒地老太又松手》《南京九旬老人瘫倒路边,20分钟内路人不敢去搀扶》","彭宇案的不妥判决,惩罚的是善人或人们的行善行为,它使中国人的道德水平倒退了几十年。"参见张保生,王进喜等.证据法学[M].高等教育出版社,2013:81.

⑤ 罗纳德·J,艾伦等.证据法:文本、问题和案例:第三版[M].张保生,王进喜,等译.满运龙校,高等教育出版社,2006:179.

⑥ 罗纳德·J,艾伦等.证据法:文本、问题和案例:第三版[M].张保生,王进喜,等译.满运龙校,高等教育出版社,2006:158.

“充分性”。针对归纳概括“合理性”之判断的“理性陪审团成员”检验标准[①]，也说明了对于“概括”的要求是相对宽松的，并不要求其必须具有“高强度”。如果以概率来表示概括的强度的话，通常，只要这个概括中包含的概率大于零，就满足了“任何趋向性”标准，概括所连接的证据就具有相关性。但是，若从事实认定者认定案件事实的角度，“法官对这个归纳概括中所表达的概率的粗略评估被估计为‘通常’”[②]，如果将“通常”换算成具体的概率值，应该是大于或等于 50%，相当于平均水平。而高强度的话应该是大于或等于 70%，这个概率显然是远远超出“通常”之平均水平的。当然，如果概括的强度都能达到 70%以上，肯定是求之不得，但这显然是不可能的，而且对于概括高强度的要求是不利于鼓励采纳证据的。

3. 谨防将“概括”与“司法认知”相混淆。“司法认知不属于证明活动，而是法院对不需要证据证明的事实的一种直接认证方式，以提高诉讼效率”。[③]然而，“概括”属于证明活动的一部分，某些概括本身就是需要提出者提供证据性支持的[④]。美国《联邦证据规则》第 201 条(b)规定：“司法认知之事实必须是没有合理争议的事实。”丹尼斯说：“一位法官可以对常识和不会受到严重争议的事实事项进行司法认知。”[⑤]很显然，根据《联邦证据规则》的相关要求，法官进行司法认知的“常识”必须是没有合理争议的。这促使我们去思考我国《最高人民法院关于民事诉讼证据的若干规定》第 9 条规定的合理性。该条规定：“下列事实，当事人无需举证证明：(1)众所周知的事实，(2)自然规律及定理，(3)根据法律规定或者已知事实和日常生活经验法则，能推定出的另一事实……。”从“当事人无需举证”的字眼看，该条规定很显然属于司法认知。那么，作为该条子项的第(3)款中的“能推定出的另一事实”，也理所当然属于“无需举证证明”的事实。但实际上，难道所有根据“已知事实和日常生活经验法

---

① “理性陪审团检验标准”中包含两个明显的限制：必要的归纳概括不能为法官明知为虚假(人可以看穿砖墙)；而且它们不能是推测(长着红头发的人似乎比黑头发的人更具有侵犯性)。特伦斯.安德森等.证据分析[M].张保生，等译.中国人民大学出版社，2012：153.

② 张保生.证据法学[M].中国政法大学出版社，2009：130.

③ 参见张保生.证据法学[M].中国政法大学出版社，2009：410-411.

④ 在人民诉詹森案中，法官可能问：“陪审团何以知道狱警们佩带防护手套就是要准备与狱犯进行接触吗?”罗纳德·J. 艾伦等.证据法：文本、问题和案例：第三版[M].张保生，王进喜，等译.满运龙校，高等教育出版社，2006：153.

⑤ 特伦斯.安德森等.证据分析[M].张保生，等译.中国人民大学出版社，2012：359.

则”推定出的“事实”都是没有合理争议的吗？答案是否定的。仔细分析，“已知事实”就是推论链条中的“证据性事实”，“日常生活经验法则”是连接证据性事实与结论的“经验概括”，而“另一事实”则相当于推论链条中的“推断性事实”。再进一步分析，这里的“日常生活经验”是指人们基于广泛的亲身经历的“经验”，即卢埃林讲到的“常识”。难道所有基于“常识概括”的“推断性事实”都是无需证明的吗？举个例子：某个事实认定者根据“男孩在伦敦街道上骑自行车回家时摔倒，并被发现身上多处青紫”的已知事实，基于“常识”(伦敦街道上交通拥挤，所以一个男孩骑车通过街道有受伤的风险)而得出“推断性事实”(男孩身上的多处青紫是在伦敦街道上骑自行车摔倒所致)。很显然，“伦敦街道交通拥挤……”的日常生活经验是无需证明的事实，但由此而得出的“推断性事实”却是存在合理怀疑的，男孩身上的伤很有可能是回家前在学校与同学斗殴所致。因此，概括与司法认知的理念是不同的，不要将二者混淆。

二、概括用于事实认定的必要性

事实认定的过程就是经验推论的过程，而一个完整的推论链条往往包含了一系列的归纳概括。因此，事实认定必然离不开归纳概括。事实认定者对案件事实的认定实际上是对发生在过去事件的回溯，只能借助案发时存留的相关证据片段去发现案件事实，且这些事后发现的证据片段本身又是真假难辨、错综复杂的。“在审判过程中，因为案件事实是在过去并且是在法庭之外发生的，所以，事实认定者(法官或陪审团成员)对其没有任何直接知识。在这种情况下，证据便成为案件事实与认识主体之间联系的唯一“桥梁”。事实认定者只能凭借从证据到待证事实的经验推论认定案件事实①。因此，任何案件的事实认定过程，不管证据是否充足，都需要借助事实认定者的归纳概括，形成从证据性事实到要素性事实再到要件的完整的逻辑推理链条。“概括发挥着‘黏合剂’(glue)般的保障作用”②，可以说，正是归纳概括在推理链条中的应用，才使得案件事实的“重构”变得可能。特别是，“在缺乏专家或其他直接证据的情况下，我们退而依靠背景概括。”彭宇案中的一审法官正是在缺乏

① 张保生.刑事错案及其纠错制度的证据分析[J].中国法学，2013:1.

② 舒姆.概率推理的证据基础[M].81-83.转引自特伦斯.安德森等著，张保生，等译.证据分析[M].中国人民大学出版社，2012:347.

其他直接证据的情况下，面对双方当事人各执一词的情形，为了解决纠纷，而选择运用“常识概括”和“经验概括”进行事实认定。在理性主义传统中，我们每个人都被假定已经装备了广泛共享的“知识库”(stock of knowledge)，这是在有关事实问题论证中进行推论的主要保障来源。① 而实际上，从人类交际心理学的角度看，“概括”用于事实认定也是有必要的，大多数时候是有助于事实查明的，因为“概括”所展现的概率推理过程体现了“理智者进行理性决策”的人类本质。澳大利亚心理学家福加斯认为，“理性主义”理论中的“归因研究”——试图推测他人行为的原因——属于科学心理学的组成部分。②

三、概括用于事实认定的危险性

如前所述，正是因为我们每个人拥有关于人和物的一般规律的巨大“知识库”，才使归纳概括变得可能。但是，这个“知识库”是个“鱼龙混杂”③的场所，注定概括用于事实认定的过程是存在危险的。“许多‘常识概括’一旦明确表达出来，表面看起来就是可疑的”。④ 在司法实践中，之所以广泛地运用基于个人信念的归纳概括进行事实认定，并不是因为这些概括有充分的依据，而是因为没有其他更可行的替代选择。其危险性主要表现为：

1. 普通知识或信念的“认知共识”难题

第一，实现高度的认知共识是很难的，是证据法学者的一种美好愿望。“证据法学者谈论知识库，并倾向于把‘认知共识’视为理所当然的事情”。⑤ 但事实上，在不同的文化和阶层内，很难实现认知共识。即使在一个既定的文化和阶层内，也并不总是具有认知共识的。认知共识之所以难以达成，主要是由于普通常识和信念具有不确定性和不稳定性，而个人的经验和综合直觉更

---

① 特伦斯.安德森等.证据分析[M].张保生，等译.中国人民大学出版社，2012:354-355.

② 约瑟夫·P.福加斯.社会交际心理学——人际行为研究[M].张保生，等译.中国人民大学出版社，2012:10-11.福加斯论述的“归因推理”与本文的“归纳概括”是类似地，都强调对某人行为的原因探知。

③ 科恩指出：“对集体决策尤其是陪审团裁决来说，‘知识库’是一个抽取所有成员的‘经验’而形成的水池。”

④ 特伦斯.安德森等.证据分析[M].张保生，等译.中国人民大学出版社，2012:360.

⑤ 特伦斯.安德森等.证据分析[M].张保生，等译.中国人民大学出版社，2012:360.

是如此。在我们每个人拥有的巨大“知识库”中，除了科学知识外，其他三个层次的知识（包括一般知识、经验及综合直觉）都是或多或少缺乏连贯性或一致性的。首先，一般知识（常识），由于其在一个共同体内被广泛的知晓、相信或分享，相对而言具有较高的认知共识，“它们将直接出现在论证中，其中许多属于司法认知范畴，它们将在审判的时间和场合中被无可争辩地接受。”①但是，正如卢埃林所言“常识是一种很不正式的，内行但没有科学论证地知道为何的实际知识”，因此，看似“人所共知”的常识也总是存在反例的。“虎毒不食子”是在世界范围内被广泛知晓、分享的常识，尽管没有经过科学论证，但因其具有较高的认知共识，往往被事实裁判者们（特别是在科学技术不发达的年代）作为排除“某位母亲有杀子嫌疑”的有利推论。但事实上呢？经常有“亲生母亲残忍杀害子女”等类似的报道见诸报端。其次，如“个人经验”，往往涉及来自个人经历的无根据的推断，很难实现认知共识，因此是危险的。比如，某个人因为与某一个河南人有过一次不愉快的经历，就可能对所有河南人作出否定性评价：“河南人是最狡猾的”。但实际上，大多数河南人是“忠诚、正直及勤奋的”。彭宇案中的一审法官也很有可能是有过“因助人为乐而被骗”的不愉快经历，从而作出了“素不相识的人之间不可能借款给对方而不要求返还”的概括。显然，这种基于个人经验的概括是危险的，容易形成错误地事实认定。最后，“综合直觉（信念）概括”尤其危险。因为，“直觉”往往是一种不能辨别的来源，也不能解释为什么相信它是这样。然而，直觉却常常在人的思维中占据主导地位。人的知觉通常包括社会知觉（如对人的知觉）和物理知觉（对物理对象的知觉）。“社会知觉，如对人的知觉，主要不是关注可直接观察到的特征，而是必须进行推论的特征（如智能、态度、品质等）。这意味着，对社会知觉进行判断要比对物理世界的判断复杂、困难得多。我们在观察人的时候常常比在观察物的时候更容易犯错误。”②在我们的司法实践中，“实施犯罪的人常常从犯罪现场逃走”是“综合直觉概括”的典型例子。这样的概括常常被人们基于“直觉”而认为是正确的，但实际上它的证明力是最虚弱的，容易导致错误认定事实的危险。从当年“辛普森”驾车逃跑的事实，到十八年后“辛普森案”的新犯罪嫌疑人被锁定，再一次证明了“直觉概括”的不准确性。另外，心理学

① 特伦斯.安德森等.证据分析[M].张保生，等译.中国人民大学出版社，2012：356-357.

② 约瑟夫·P.福加斯.社会交际心理学——人际行为研究[M].张保生，等译.中国人民大学出版社，2012：15.

家发现，对人的知觉判断的准确性，通常还会受到判断者的“情绪、偏见等”①因素的影响。

第二，越是价值多元化的社会，越难实现认知共识。毋庸置疑，现代社会是一个价值多元化的社会，因为社会与科技的高速发展以及全球一体化的发展模式，造就了这一不容回避的现实。“价值多元化是现代人正面临的不争的事实”。② 价值多元化意味着，人们不再固守一种传统的单一的价值理念。在急剧变幻的社会里，特别是在缺乏安全感及诚信保障的陌生人社会里，传统社会“只讲奉献，不求回报”的“雷锋精神”，受到了相当一部分现代人的挑战，“人人以求自保”也未尝不可。或许，彭宇案的一审法官正是这部分持“现代价值理念”的代表人物之一，从而得出“陌生人之间不可能无故帮助对方”的概括。曾经引起人们极大关注的“泸州遗产案”及“王斌余杀人案”，对于其中的“二奶是否应分得遗产”与“对出于激愤杀人的王斌余是否应判死刑”的正反双方的激烈争辩，都证明了“价值多元化”对认知共识带来的挑战。而这也正是我们在运用“概括”进行事实认定的时候，必须要思考和正视的问题。

2. 概括的强度容易受到时空变换的影响

那些在特定时间和特定社会被认为是知识的东西，后来也许表明并不是真实。由于概括是以事实认定者的背景知识为基础的，当其依赖的知识的可靠性因时空的变化而发生改变时，概括的强度也会因此受到影响。比如，某个初到藏区的汉族法官根据“某人一口气连续饮完三碗酒”的事实，从而得出“此人一定嗜酒成性”的推论。但事实上，连饮三碗酒的人并不是因为嗜酒，而只是藏族社会的饮酒习俗，无论酒量好坏都如此。因此，这位汉族法官从证据性事实到推断性事实之间潜藏的“概括”(通常，只有嗜酒成性的人才会一口气连续饮完三大碗酒)之强度，在藏区这个特定的社会明显是虚弱的。某个特定社会的“知识”也许并不为另一个社会的人所知晓，抑或，某些在特定社会被认为是知识的东西，并不为另一个社会的人认为是真实的，从而形成错误的判断。同时，心理学家研究表明，人的“个性”会随着时间和地点的不同而不同③。比

---

① 约瑟夫·P.福加斯.社会交际心理学——人际行为研究[M].张保生，等译.中国人民大学出版社，2012：18-14.

② 王颖.转变观念构建现代化的主流价值体系——对价值多元化背景下德育的思考[J].思想教育研究，2006(4).

③ 约瑟夫·P.福加斯.社会交际心理学——人际行为研究[M].张保生，等译.中国人民大学出版社，2012：19-20.

如，某甲在工作中和各种聚会中是友好的，但却可能对姻亲和邻居表现得极不友好。假设某甲生活的小区发生了一起凶杀案，邻居们根据以往与某甲相处的经验，作证说“某甲有作案的重大嫌疑，因为他平时对人极不友好”；但某甲的同事们却作证说“某甲肯定不是凶杀案的嫌疑人，因为他平时待人非常谦和”。

四、如何减少概括对事实认定造成的危险

1. 将隐性的概括明示化。从心理学的角度看，“概括”是判断者的一种心理活动，往往是隐而不彰的，若不通过某种客观的形式展现出来的话，不容易为其他人所知晓。我们应该吸取不受约束的“绝对自由心证”导致自由裁量权滥用的经验教训，将事实认定者完全内心化的隐性心理活动公开化，从而使个人经验在事实认定过程中的运用得到一定程度的规制。“威格莫尔分析法的一个要求是，通过把通常默示的内容明示化，使其容易暴露出论证中的弱点”。① 我国 2012 年新修订的《民事诉讼法》和《刑事诉讼法》均明确规定了“公开判决的理由和结果”，某种程度上也反映了人们对事实认定者运用经验的内心活动进行规制的诉求。既然我们可以基于“人在公开的场合不容易说谎”的心理学知识而要求证人出庭作证，同理，为了保证事实认定的准确性，当然可以要求事实认定者将其隐性的“心证内容”公开。试想，如果不是彭宇案一审法官将其运用概括进行论证的心理活动公开，为学者们提供珍贵的研究样本，恐怕，我们现在都还未意识到“概括”在事实认定过程中可能导致的危险。威格莫尔之所以强调将默示的内容明示化，就是为了揭示某些明显不合理的概括，形成对“概括”运用的有效监督机制。关于具体的监督方案，可以借鉴日本、德国及我国台湾地区的相关做法，将不合理或不合逻辑的“概括”作为上诉审查的对象。②

2. 尽量实现对案件事实的“集体认定”。彭宇案给我们的一个重要启示在于：一定要加强我国的陪审团审判，由陪审团成员对案件事实进行“集体认定”，可以提高事实认定的确定性。“一个具有多样性的陪审团在评议期间会

---

① 特伦斯，安德森等.证据分析[M].张保生，等译.中国人民大学出版社，2012：358.

② 张卫平.认识经验法则[J].清华法学，2008(6).

表达各种各样的观点，从而将对这样的范型作出校正。”①归纳概括并不要求必然具有高强度，而在于形成一系列具有竞争性的归纳概括，并将这些归纳概括作为新的证据，供事实裁判者判断、选择。因为，证据法的宗旨之一是鼓励采纳证据，而非鼓励排除证据。试想，彭宇案若不是只有一个事实认定者的话，其一审判决中那些不合理的“概括”肯定会遭到其他事实认定者的否定或质疑，从而形成其他具有竞争性的“概括”，并最终以“集体评定”的方式挑选出具有较高认知共识的“概括”。这样一来，事实认定的准确性程度必然得以加强。正所谓“三个臭皮匠，赛过诸葛亮”。

但值得注意的是，这些表达不同观点的事实认定者必须有着相同的文化背景，因为，“如果他们属于不同文化的话，即使想要公正，他们也很可能误判”。② 比如，一个外国的法官或陪审团成员可能会对某位日本籍被告在法庭上基于其民族文化传统“颔首”的表现，作出这样的归纳概括：“有罪的人才不敢在法庭上昂首挺胸，而总是埋着头。”这样一来，基于不同文化背景的事实认定者，就很难实现认知共识，从而难以形成据以作出判决的“多数意见”。

3. 创设相关证据规则，对事实认定者的个人观点及信念进行抑制。比如，《联邦证据规则》第 401 条通过把相关性定义为“使任何事实的存在具有任何趋向性……更有可能或更无可能”，而告诫审判法官不允许基于自己特殊的世界观驳回证据提出者的归纳概括。③ 另外，《联邦证据规则》第 403 条排除因不公正偏见的危险性明显大于证明力的证据，在一定程度上也对基于个人特殊世界观的归纳概括起到了抑制作用。相对而言，我国在司法实践中，对于“概括”危险性的抑制是缺少这样的证据规则的。因此，建议我国在以后的证据立法中，秉持“证据法鼓励采纳证据的宗旨”，针对事实认定中的“概括”可能导致的事实误认的危险，创设相关证据规则。

4. 正视科学技术发展对“常识概括”形成的挑战。随着科学技术的发展，证据被伪造的情况会越来越多，比如，杯子很可能没有人摸过，上面的指纹是借助高科技人为拟制的结果。这样一来，根据“一般常识”得出的概括（只有张

---

① 罗纳德·J. 艾伦等.证据法：文本、问题和案例：第三版[M].张保生，王进喜，等译.满运龙校，高等教育出版社，2006：154.

② 特伦斯.安德森等.证据分析[M].张保生，等译.中国人民大学出版社，2012：361.

③ 罗纳德·J. 艾伦等.证据法：文本、问题和案例：第三版[M].，张保生，王进喜，等译.满运龙校，高等教育出版社，2006：152-155.

三摸过这个杯子,杯子上才会留下张三的指纹),其可靠性就会受到严重挑战。因此,基于科学知识和专家意见的“科学概括”将会在事实认定过程中发挥越来越重要的作用。

我国行政合同司法救济制度完善探析

张　辉*

摘要：行政合同实践的快速发展，行政纠纷的大量出现，司法程序应当成为行政合同纠纷重要的救济手段。对行政合同进行司法救济是依法行政的必然要求，防止行政机关利用订立合同来规避法律，滥用行政优益权，从而保障合同相对方的合法权益。但是目前我国行政合同的司法救济途径不明确、不通畅，限制了行政合同作用的发挥，甚至加剧了社会矛盾，有损司法的统一和权威。在明确行政合同纠纷属于行政纠纷后，行政诉讼还需要针对行政合同纠纷特点，在审查原则和判断方式上作出适当调整。

关键词：行政合同；司法救济；行政诉讼

现代民主法律思想的发展，行政主体与行政相对人之间良性关系建立的探讨，促使国家行政目的也不断由消极的社会秩序维持和财政收入保障，向积极地调整环境、经济秩序，不断拓展社会保障、公共服务和资金补助等行政给付领域等方面转变，在这个转变过程中，要求行政管理手段必须丰富、主动且易于社会接受。行政合同相比较之前的以命令、强制为特点的行政行为而言，因具有更理性、极大增加社会行政管理参与度，且富有弹性等优势，成为现代民主国家实现行政目的重要行政管理方式和法律手段。如我国首次真正意义上以行政合同代替行政命令或指令性计划，源于农业联产承包责任制的农村土地承包合同，也就是农民通过与政府签订土地承包行政合同，在承包期限内获得土地使用权和一定的经营自主权，将土地收益和劳动成果进行匹配，极大地调动了农民的生产积极性，实现了农业领域的重大变革。

* 张辉，西藏民族大学法学院。

一、行政合同概念

行政主体通过与行政管理相对人订立行政合同，通过双方一致的意思表示，引起一定行政法律关系产生、变更和消灭，从而实现特定的行政目的。这种行政管理方式是市场经济深度发展和公法、私法相互融合的产物。行政合同虽脱胎于民事合同，但与民事合同相比，它具有主体特定性（即行政合同的至少有一方当事人必须是行政主体），合同内容公益性，合同中行政主体优益性，以及法律调整的特殊性等特点。行政合同在我国现阶段社会实践中长期、普遍存在，如计划生育合同、政府采购合同、聘任制公务员合同、行政委托合同、房屋拆迁协议、奖励承诺、教育行政合同、行政拘留暂缓执行担保和纳税担保等行政担保合同等，涉及行政组织、行政活动和行政纠纷等各个行政管理领域。

二、我国行政合同司法救济实践

虽然行政合同在现代实践中大量存在，并被积极讨论，政府也在经济体制转轨中，对自身职能和管理方式变化有着清醒的认识，2004 年 3 月 22 日，国务院发布《全面推进依法行政实施纲要》，指出行政管理方式的改革要充分发挥行政指导、行政合同等柔性方式的作用。但在我国行政合同的发展也仅有几十年时间，还未形成统一的理论体系，甚至部分学者对行政合同还持否定态度。这也造成了我国缺少统一的行政合同法律规范，相关的法律法规少有“行政合同”的表述，解决行政合同纠纷，或按契约原则根据合同规定协商解决，或申请行政复议，或提起诉讼，但我国现行诉讼制度缺乏对行政合同的审查和救济的具体规定，对行政合同纠纷应当遵循的司法救济途径也没有作出明确规定，司法实践中，此类纠纷有的按民事诉讼受理，有的按行政纠纷以行政诉讼程序处理，而且不同地区法院的审查和判断标准差异很大大，行政合同纠纷的法律救济渠道并不通畅，很多违法行政行为不能被纠正，合同纠纷没有最终解决，限制了行政合同作用的发挥，甚至加剧了社会矛盾，有损司法的统一和权威。

对行政合同进行司法救济是依法行政的必然要求，防止行政机关利用订立合同来规避法律；防止行政机关滥用行政优益权，保障行政相对人的合法权益，有利于促进政府的政务公开。通过司法救济，维护行政相对人和行政主体共同创造行政行为这种现代行政权力运行方式，更好地达到行政管理效果，确保公民民主权力的实现。行政合同的特殊性以及行政合同的立法现状，使众多学者对行政合同的司法救济制度有了更高的期待，并希望通过行政合同的诉讼实践，能逐步完善我国行政合同的理论。

三、司法救济途径分析

司法救济的目的是公正第三方依靠法律和自身素质最终解决纠纷。要解决纠纷首先应对纠纷性质有正确的认识，确保司法救济的公正和有效。行政合同纠纷因其属性的特殊，导致其复杂程度比一般的行政纠纷要高。笔者认为这类纠纷首先是行政纠纷，应作为行政案件使用行政诉讼救济方式。

行政纠纷应界定为在行政主体行使行政职权过程中，与行政相对人发生的有关权利义务方面的争议。行政合同引起的纠纷主要表现在：(1)行政主体违约造成的纠纷，如行政主体违约造成相对人损失，行政主体未按照约定承担报酬支付义务，行政主体违约未承担其他义务等原因引起的纠纷；(2)因不服行政主体行使行政优益行为而引发的纠纷。行政合同中的行政优益权是指行政主体基于公共利益，为实现合同目标，而单方面行使的强制性特殊权力，如：监督权、指挥权、变更权、解除权、终止权、制裁权、解释权等。这类纠纷是行政主体基于自身判断而单方面作出的行使行政职权的行为，并不需要取得相对方的同意，符合具体行政行为特点，引起的纠纷应归为行政纠纷。而第一类纠纷看似和普通民事纠纷相似，都是债权债务纠纷，但此类纠纷发生在行政主体在行使职权过程中，因此不同于平等主体之间的民事债权债务纠纷，仍应属于行政纠纷。

行政合同兼顾公共利益和私人利益，而行政诉讼以制约行政权、保护相对人合法权益为立法宗旨。“将行政合同适用行政诉讼救济方式既有利于防止行政机关滥用行政特权，轻视合同约束力，也有助于防止行政机关以权谋私、滥用职权，损害社会公共利益，从而实现公私利益之动态平衡。”①

在理论界和实践中都存在行政合同纠纷应依民事诉讼程序审理的观点，

① 徐东.我国行政合同诉讼救济制度之检讨与修正[J].东吴法学，2001(2)。

笔者认为这种观点不仅不能最终解决合同纠纷,还损害了双方当事人的正常利益。首先基于行政管理目标的完成和公益目的,世界主要法律均承认行政合同中的行政优益权的存在。但在以平等为前提的民事诉讼中则是非法利用行政权。其次,谁主张谁举证的民事诉讼举证责任,会让行政相对人因为没有能力对行政机关单方行为进行举证而承担不利后果。最重要的是民事诉讼的审查重点会放在合同本身及损失赔偿方面,而放弃对行政行为合法性的审查,不利于对行政权力的监督。

四、行政合同司法审查原则选择

行政合同是公法私法化,权力社会化法律进程的直接体现,是权力因素与契约精神的有效结合,兼有行政权力属性和合同属性。这就要求司法审查时既要遵循行政诉讼的基本原则,又要符合契约精神,考虑私法诉讼规则。在对行政合同行为的合法性进行判断的同时又对合同的效力进行分析和认定,目的是最终解决合同纠纷,更好地达到行政管理效果,确保公民民主权利的实现。根据上述认知,笔者提出以下原则,以供讨论:

(一)合法性与合理性并行的审查原则

我国《行政诉讼》第5条规定,"人民法院审理行政案件,对具体行政行为是否合法进行审查",但学者们普遍认为对滥用职权和显失公正的审查,应该是在合法性基础上对行政行为的合理性的进一步审查。由于行政自由裁量权的存在,建议对行政合同是的审查也参照单方行政行为,进行合法性及合理性审查:(1)主体资格的合法性审查;(2)行政主体行使优益权的合法性和合理性审查。行政主体行政优益权的行使必须有事实根据和法律依据且不得超过保障合同履行的限度,同时审查其行为动机、相关因素的制约等。(3)订立合同的程序和形式是否合法。如审查行政主体缔结合同时有无营私舞弊行为;法定职能部门审批的各种手续和程序是否完备与合法;订立行政合同的目的是达到行政管理目标,合同履行过程是行政权力运行过程,为监督行政机关行为,保障公共权益和相对人合法权益,行政合同是否采用书面形式。(4)审查合同的内容是否合法,是否公平合理。

(二)过错责任和经济利益平衡相结合的审查原则

行政合同中的过错责任和民事经济合同中的过错责任是相同的,体现了合同责任的共性,即谁有过错,谁承担损失赔偿责任。同时因为涉及行政权力运行,还需要承担部分行政责任,这主要是对行政主体而言。因行政主体的责任给对方造成损失的,承担违约责任,并根据损失大小进行赔偿,还有可能承担行政责任。如果合同相对方有过错,则以承担民事赔偿责任为主,包括金钱制裁(违约金和赔偿金)、解除合同等形式的制裁。这项原则平衡了二者法律地位,兼顾公共利益和私人利益,与行政合同的功能与目的一致。

(三)限制调解原则

《行政诉讼法》第 50 条规定:“人民法院审查行政案件,不适用调解。”行政诉讼的被告代表国家行使管理职权,没有单方面的处分权,如果通过调解,就是对社会公共利益的损害,对公权力的滥用,损害法律的严肃性。但从世界各国对行政诉讼调解发展趋势来看,绝大多数国家主张行政诉讼可以调解。我国最高人民法院也通过《关于构建社会主义和谐社会提供司法保障的若干意见》及《关于进一步发挥诉讼调解在构建社会主义和谐社会中积极作用的若干意见》,主张人民法院通过行政诉讼案件的和解实践创新行政诉讼和解机制。行政合同是双方当事人意思自治的体现,是双方协商的结果,因此以协商的方式解决纠纷也符合契约精神,缓和争议双方对立局面。有利于提高诉讼效率和降低成本。调解必须以合法、自愿为原则,以此限制法院的任意调解、非法调解、强制调解。

五、健全裁判方式建议

在调解机制不能解决纠纷时,法院须依法作出判决。我国《行政诉讼法》第 54 条规定:人民法院对行政案件经过审理,可根据不同的情况有如下判决选择:维持、撤销或者部分撤销、重新作出具体行政行为、限期履行法定职责和变更等五种。行政合同的特殊性决定了按照第 54 条的判决方式只能解决部分合同纠纷,或合同纠纷中的部分争议。笔者认为,行政合同的契约属性,决定了判决时应借鉴民事诉讼法的一般规则,丰富判决方式,对纠纷中合同属性明显的争议采用以下方式:

1. 确认行政合同无效。当事人不具备缔约能力的、违反法律法规的形式和方式所做的强制性规定的、以欺诈、胁迫手段或乘人之危而订立,且损害国家利益或公共利益的等情况,可确认合同无效。

2. 确认行政合同有效、不成立或不生效。如缺乏一致的意思表示而未成立;附生效条件的行政合同的条件未成立;附期限的行政合同期限未到来等情况应认定为合同不成立或不生效,除不成立、不生效、无效外,合同应被认定为有效。行政机关有违反有效行政合同的行为时,应承担相应的违约责任。

3. 变更或撤销行政合同。因重大误解、以欺诈、胁迫手段或乘人之危而订立的合同的,订立合同显失公平的,可撤销合同。撤销可能导致公共利益的重大损失时,可判定不予撤销,但应赔偿相对方相应损失。原告请求变更的,人民法院应当变更,不得撤销,但为维护公共利益和第三人利益而必须撤销的除外。

4. 解除行政合同。因不可抗力、当事人明示不履行合同主要义务、迟延履行或因其他违约行为致使合同目的不能实现的情况,可以解除行政合同。

5. 继续履行。如果行政机关有不履行、未适当履行合同义务的情形,并且合同可以继续履行的,应当判决行政机关在合理的期限内继续履行合同义务。

6. 维持行政主体行为。人民法院经审理认为被诉行政主体的行为符合法律规定和合同约定,应判决维持行政主体行为。

7. 撤销行政主体行为。人民法院经审理认为被诉行政主体的行为有违反法律规定和合同约定情形的,法院可以根据实际情况作出判决撤销该行为。

8. 行政赔偿与补偿。基于公平原则,行政机关的单方变更、解除、终止行政合同的行为,给受害人造成损失的,行政机关应当给予适当补偿。行政机关违反法律规定或合同约定,给合同向对方造成损害的,应当承担赔偿责任;相对人可以依法向人民法院提起行政赔偿诉讼,也可以在提起行政诉讼时,一并提出行政赔偿请求。

参考文献:

[1]杨解君.中国行政合同的理论与实践探索[M].法律出版社,2009.

[2]杨解君.法国行政合同[M].复旦大学出版社,2009.

[3]施建辉.行政契约缔结论[M].法律出版社,2011.

[4]贾芳.浅谈行政合同的特点[N].江苏经济报,2010(6).

[5]卞森林.我国行政合同争议解决途径的缺陷及对策[J].中国城市经济,2010.

“范式”与社会科学研究

赵国栋[*]

摘要:“社会科学”属于“科学”范畴。库恩没有对“范式”概念进行清晰明确的界定,因此研究者在使用“范式”概念中出现了诸多分歧,这种分歧至今仍然存在。总体而言,“范式”是科学研究的人为概念工具,有其内在逻辑体系,并且具有一定的层次性。本文对欧美社会科学研究“范式”特征与中国社会科学研究“范式”特征进行简要解读,以期发现共有特征和独特之处。在现代社会科学研究中,库恩“范式”面临着诸多困境,这些困境的解决需要在哲学、价值、实践等方面对社会科学研究的“范式”进行反思与重构。面对库恩“范式”困境,“中国式构建范式”呈现了其重大有用性,但这种“范式”也有潜在的威胁。

关键词:范式;社会科学;库恩;中国式构建范式

按传统的英美主流学术界对“科学”(science)的界定,“社会科学”(social-sciences)命题是成立的,而“人文”方面的知识只被视作“学科”的一个方面,或称为“人文学”。德国传统中,“科学”范畴包括两大领域:“自然科学”与“文化科学”,把“社会科学”与“人文科学”纳入“文化科学”。

把辩证唯物主义运用于科学研究有助于类型化分析。“人文学科”的存在毋庸置疑,它是人类精神文化活动的知识体系,是人类对自身价值与意义的体验与思考。对形成的知识体系背后的本质与规律的系统化、理论化则可以被称作“人文科学”,前者如诗歌、美术、宗教,后者如语言学、美术学、宗教学。就科学应具备的“严密的逻辑性”与“可检验与观测性”而言,“人文科学”并不能完全被排除在外,差异只在于实现程度的不同,我们不防称其为“科学性程

* 赵国栋,西藏民族大学法学院。

度”，那么“人文科学”“社会科学”“自然科学”则可以并存，且科学性程度依次递进。质疑声也来自于研究对象的差异。“人文科学”的对象是人及其精神文化产品，“社会科学”是社会现象及其衍生物。从历史视角而言，前者的出现要远远早于后者，19世纪下半叶，“社会科学”才真正被纳入科学范畴。

在中国，“人文社会科学”与“哲学社会科学”一般同指社会科学。但差异亦很明显。后者强调哲学的世界观指导地位，多被行政管理部门使用，范畴限定在社会科学领域；前者强调“人文”与“社会”的并列性，范畴更大，应包括除自然科学之外的“人文科学”与“社会科学”。

从科学性的产生与发展不难看出，科学总是在一步步发展的，无论对象是人还是社会，人为的科学领域分类并不能割裂获取科学性认知的有机性，因此，笔者并不主张把“人文科学”与“社会科学”完全分开的做法。

托马斯·库恩(Thomas Kuhn)关于科学革命的模型至今仍是理解科学史的最有影响力的方法之一，[①]“范式”(paradigms，亦有中文译为“规范”)是其核心构成。库恩在《科学革命的结构》(1962)一书中系统阐述了“范式”的概念框架与核心意旨。面对现代社会复杂性的不断增加以及社会科学研究中呈现的多元多样化现象，尤其是社会科学中的话语权之争，有必要对社会科学研究中的“范式”进行审视。

一、“范式”是科学研究的人为概念工具

“概念图式”(conceptual scheme)是“范式”概念的雏形，也是《哥白尼革命：西方思想发展中的行星天文学》(1957)中科学哲学思想的核心部分。[②] 虽然“范式”被学术界关注主要缘于《科学革命的结构》(1962)，但当我们审视库恩不同阶段作品时，会发现“范式”在他的科学哲学思想中是一个逐渐形成、发展，并出现一定程度转换的体系化概念工具。值得我们关注的其他作品主要包括：论文《必要的张力：科学研究中的传统和革新》(1959)、论文《发现的逻辑，还是研究的心理学？》(1965)、论文《再论范式》(1969)、撰于《批判与知识的增长》中的《反思对我的批评》(1969)、《科学革命的结构》第二版《后记——

① Elad-Strenger, Julia. Changing minds: A psychodynamic interpretation of Kuhnian paradigm change[J]. Review of General Psychology, 2013, 17(1): 40-52.

② 李蓉.论库恩科学哲学的社会学转向[D].武汉大学博士论文，2010.

1969》(1969)、《必要的张力》之《前言》(1977)、论文《可通约性、可比较性、可交流性》(1982)、致辞论文《“结构”以来的道路》(1990)和讲演论文《历史科学哲学面临的棘手难题》(1991)。

库恩对“范式”的使用方式①以及以其为重要基础之一的科学进展(库恩称之为“革命”)分析决定了这个词范畴和意指的模糊性,在推进科学哲学研究和“范式”研究热潮的同时,相伴而生了许多“范式现象”:肢解、误用、忽略。②如 Joseph Rouse(2013)例举了被哲学文本、历史学文本和社会学文本忽略的关于库恩工作的三个方面。③ 笔者将在下文尽可能系统展示“范式”的本质所在。

库恩认为前科学发展至“常规科学”是科学研究的重要阶段,常规科学是“严格根据一种或多种已有科学成就”,④是既成科学及成果,也是“某一科学共同体承认这些成就就是一定时期内进一步开展活动的基础”。⑤ 他认为,与“常规科学”对应的“范式”,“是一个同‘常规科学’密切有关的术语”,这种相关性体现在面对“难题”时的操作意义与指导意义。“科学界利用规范的一个收获是,只要接受了这种规范,就有了一个标准来选择那些可以肯定有解的问题。”⑥而面对常规科学不可解的问题时,“却被作为形而上学、作为其他学科的对象,或者有时只是因为太成问题,并不值得花费时间而被抛开了……因为

---

① 库恩对该词的使用并不统一,据玛斯特曼对库恩的“范式”概念的考察,在《科学革命的结构》一书中就出现 21 次之多,而每次又有不同的论述和界定,意指也有所相异。并且库恩自始至终也未给出一个明确的定义和范畴界定。

② 在“范式”研究热潮之中,众多研究者简化了该词本身的真正意旨,而只关注其中的“规则性”或“方法论”亦或“团体价值观念”等,这种对“范式”一体性的肢解造成了诸多的误用现象,如一些研究者把其完全等同于“宏观的规范”。也有一些研究者提出对“范式”层次的误解与误用。

③ Joseph Rouse. Recovering Thomas Kuhn[M]. Topoi, April 2013, Volume 32, Issue 1, pp 59-64.Joseph Rouse 列举了三个方面:一是库恩的早期贡献对哲学的发展被不恰当地忽略了;二是库恩的相互区分的三项研究主题没有被充分认知;三是库恩用尽毕生精力开展的关于科学哲学、意志与语言哲学的整体性努力已经成为不被重视的领域。

④ 库恩.科学革命的结构[M].李宝恒,纪树立,译.上海:上海科学技术出版社,1980:8.

⑤ 库恩.科学革命的结构[M].李宝恒,纪树立,译.上海:上海科学技术出版社,1980:8.

⑥ 库恩.科学革命的结构[M].李宝恒,纪树立,译.上海:上海科学技术出版社,1980:30.

它们不能用规范所提供的观念工具和实验工具来表述”。① 库恩承认,“解难题活动,是一种高度积累性的事业,它追求的目标即科学知识稳步的扩大和精确化,是有杰出成就的。”②但“科学事业的一个典型成果”却被忽视与落空,那不是常规科学所能办到的,“常规科学的目标并不在于事实或理论的新颖,就是成功时也毫无新颖之处。”③反常与危机逐渐显现,此时对危机的反应就会逐渐推动“科学革命”的出现。“革命”时期对应的是“非常科学”,而其方式则是“范式”的转换:“从一种处在危机中的规范过渡到一种新的规范,由此而能出现常规科学的一种新传统,远不是一个积累的过程,不是靠老规范的分析和推广而达到的。”④这种特殊的转换方式即为“革命”,其后果是新的“范式”形成。库恩认为,“规范愈是确切,愈是广泛,它对反常现象、从而也即对规范变化的时机提供愈是灵敏的指示器。”⑤最终,他把与“范式”和“革命”相关的范畴进行了归纳,发现了两个现象与一个要素。库恩认为,“革命”(“范式”完成转换)是“世界观的改变”,⑥并且通过“革命”而进步。他说,“但发现和发明的区别,也即事实和理论的区别,可以马上证明完全是人为的。这种人为性对本文一些主要论点是一个重要线索。”⑦

库恩着重强调了“范式”的“平行特征”与“相继特征”。他认为,处于同一

---

① 库恩.科学革命的结构[M].李宝恒,纪树立,译.上海:上海科学技术出版社,1980:30-31.

② 库恩.科学革命的结构[M].李宝恒,纪树立,译.上海:上海科学技术出版社,1980:43.

③ 库恩.科学革命的结构[M].李宝恒,纪树立,译.上海:上海科学技术出版社,1980:43.

④ 库恩.科学革命的结构[M].李宝恒,纪树立,译.上海:上海科学技术出版社,1980:70.

⑤ 库恩.科学革命的结构[M].李宝恒,纪树立,译.上海:上海科学技术出版社,1980:54.

⑥ 关于“科学革命”(“范式转换”)与“世界观的改变”的研究国外较为深入,各具体学科领域的研究不断开展。Elad-Strenger,Julia(2013)撰文指出,TMT(terror management theory)理论可以卓有成效地证明科学“范式”是科学家们所持有的世界观的观点,其转换性和阶段性是存在的。(Elad-Strenger,Julia.Changing minds:A psychodynamic interpretation of Kuhnian paradigmchange[J]. Review of General Psychology,2013,17(1):40-52.

⑦ 库恩.科学革命的结构[M].李宝恒,纪树立,译.上海:上海科学技术出版社,1980:43.

"阶段"(关于"阶段"之"科学阶段"与"历史阶段"笔者将于后文论及)的"范式"除了共有特征:比共有的规则和假设具有优先地位[①]之外,不同"范式"之间具有相似的"动态模式"(见图1)与"要素"(主要包括"共同体"与"范例")(李蓉,2010;王鑫,2012)。非同一"阶段"的"范式",除内在连续性,库恩更注重其差异性:"前后相继的规范之间的差别是必要的和不可调和的。"[②]库恩将其称为"不可通约性"。实际上,库恩对"不可通约性"的理解是一种对"范式"典型特征的阐释,我们也可发现库恩理解及尝试的逐渐变化。[③]

后期的库恩更加注重"范式主义"的语言学和分类学阐释,侧重使用"词典"(lexicon)("分类词典""专业词典")。但"范式"作为库恩哲学的核心并未动摇,[④]"库恩放弃了'范式'概念,事实上并没有影响他的哲学立场和哲学观念。"[⑤]这种转变在于库恩科学理念的转变:从对科学的理性认知转向了科学社会实践活动(李蓉,2010)。

库恩有意无意地创造了一个体系,这也是哲学的惯性使然。在他的思想里,"范式"从来不是孤立存在的。所以当接触到玛斯特曼提出的《科学革命的结构》中"范式"的21种用法(定义)时,他强调了书写的文笔差异(李蓉,2010),而非"范式"自有差异。他说,"一方面,它(范式)代表着一个特定共同体成员所共有的信念、价值、技术等等构成的整体;另一方面,它指谓着那个整体的一种元素,即具体的谜题解答:把它们当作模型和范例,可以取代明确的规则作为常规科学中其他谜题解答的基础。"[⑥]体现了"范式"内的体系性。这种宏观与微观之间的有机联系是建立在微观有用性基础上的,所以他指出"范式"的"确切性"与"广泛性"是"范式转移"的基础指示器。同时,库恩也非常注重科学认知的可检验性特征,他强调"科学共同体"在"科学革命"中的能动意

---

① 库恩.科学革命的结构[M].李宝恒,纪树立,译.上海:上海科学技术出版社,1980:41.

② 库恩.科学革命的结构[M].李宝恒,纪树立,译.上海:上海科学技术出版社,1980:85.

③ 在库恩看来,"不可通约性"展现了不同"范式"之间的关系,而表现这种关系的手段包括了"标准""概念""词汇""世界观",后期他又强调"局部不可通约""不可翻译性""专业词典""分类学词典"。

④ 许多研究者认为,库恩科学哲学思想中许多关键概念与表述,包括语言学转向内容,均在"范式"中找到交汇点。

⑤ 万丹.库恩后期哲学中抛弃了"范式"吗[J].自然辩证法通讯,2012:3.

⑥ 库恩.科学革命的结构[M].金吾伦,等译.北京大学出版社,2003:157.

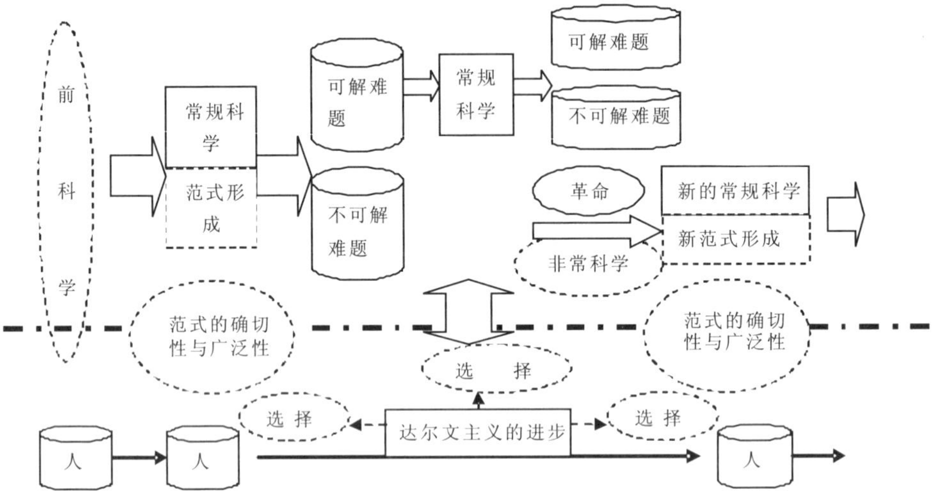

图1　“范式”之“动态模式”

义，体现了库恩哲学的基本意向：“研究科学发展的模式和动力是库恩科学哲学的基本意向。”①

在三个层次中，“进步”是一个敏感的话题。在库恩的“范式主义”思想中，“进步”是一种“革命”性后果，它不是传统的“累积性的事业”，也不是“不断否定，不断增长”的过程，而是一个进化的过程，是一个不预设终极目标的过程（李蓉，2010）。因此库恩所言之“进步”，是科学的动态开放模式，“范式”的存在状况决定了“进步”的总体走向。

库恩“范式主义”的产生、形成和发展经历了一个从客观主义逐渐走向相对主义的过程，这表现在向“语言哲学”的转向之中，从“科学存在”走向“科学认知”。许多研究者对此持肯定态度。但库恩体系中的“实验实践性”却常常被研究者们忽视。② 在“范式主义”体系中，社会文化纬度有着重要的地位，包括“范式”“科学共同体”“常规科学”“科学革命”“科学知识的增长”等，因此“范式主义”是“从纯粹理性认知活动到科学社会实践活动”。③ 在审视“范式”时，我们应关注“语言哲学”转向中的实践特色，即“科学共同体”共享“词典”过程的实践特征，同时进一步发掘其中作为“社会与人文的文化实践”。在此意义

① 李蓉.论库恩科学哲学的社会学转向[D].武汉大学博士论文，2010.

② Joseph Rouse. Recovering Thomas Kuhn[M]. Topoi，2013，32(1)：59-64.

③ 李蓉.论库恩科学哲学的社会学转向[D].武汉大学博士论文，2010.

上，库恩的科学哲学便具备了一定的社会学特色，在论及价值性时，他这样说："这些承诺明显地属于社会学。"[①]所以在库恩的科学认知王国中，"科学"就是某种程度的"多元实践有机体"。这一现象也并非孤立，如兹纳涅茨基甚至把"知识史上所有新的发展"都归功于科学家们"做了比他们的社会圈子对他们的要求和期望更多的事情"。[②]

一般而言，自然主义者强调科学一定程度生存于价值选择之外，但库恩却把其引入科学研究之中。他强调"科学共同体"与"单个科学家"在面对价值选择时的不同。除了在界定"范式"时强调"特定共同体的成员所共有的信念、价值、技术等等构成的整体。"之外，他还说："共有的价值尽管无力支配个人的判断，却足以决定共有这种价值的群体的选择。"[③]"由于库恩承认价值是科学家在选择时的重要因素，则受到女性主义者和后殖民主义作家所欢迎。"[④]在库恩后期提出的"学科母体"(disciplinary matrix)的四种成分中，也必然地出现了"价值"。[⑤]

这种"价值"具有"阶段性"，对应"范式"的阶段性。库恩思想中的"阶段"既包括"科学阶段"：常规科学一科学革命一新的常规科学；[⑥]也包括"历史阶

---

① 库恩.必要的张力[M].范岱年，等译.北京大学大学出版社，2004，XI.在这一点上，法国社会学家布迪厄对社会学的界定也是有力证据材料，他认为社会学的任务就是："揭示构成社会宇宙(Social Universe)的各种不同的社会世界(Social Worlds)中那些掩藏最深的结构，同时揭示那些确保这些结构得以再生产或转化的机制。"皮埃尔・布迪厄，华康德.实践与反思——反思社会学导引[M].李猛，李康，译.邓正来，校.北京：中央编译出版社，1998：6.

② 弗・兹纳涅茨基.知识人的社会角色[M].郏斌祥，译.南京：译林出版社，2000.

③ 库恩.必要的张力[M].范岱年，等译.北京：北京大学大学出版社，2004：11.

④ 何兵.库恩后期科学哲学思想研究[D].复旦大学博士论文，2006.

⑤ 库恩后来提出"学科母体"以替代"范式"，想以此化解或消减人们在"范式"问题上的困扰。"学科"指特定的研究领域，"母体"指学科中多样元素，元素可产生多种组合。四种成分包括：符号概括、范例、模型、价值。

⑥ 周寄中(1983)在书中描述成"'常规科学'与'革命科学'这两个科学知识发展的不同阶段之间做螺旋型上升的循环运动。"周寄中.库恩和科学革命的结构[J].百科知识，1984：5.

段”:库恩“范式主义”思想的前一中一后分期,①阶段性存在的科学共同体也位列其中。② 因此,围绕“范式”与“价值”,我们可发现库恩“科学哲学”与“历史哲学”的交汇之处。

波普尔承认“范式”具备的“价值性”,但却十分警觉其给科学事业带来的“危险”。危险“在于人们对于知识的无批判接受,这并不使知识更确定也不能使知识更丰富,只会造成知识的不确定性上升,从而不利于人类文化的发展。”③在科学事业中,波普尔强调的是“证伪性”:“衡量一种理论的科学地位是它的可证伪性或可反驳性或可检验性。”④“危险性”的后果体现于“保守性”。⑤ 实际上,当我们用整体论观点审视“范式主义”的时候,发现“常规科学”在其中是一个开放的“常规”,它受“难题”“范式确切性与广泛性”“科学共同体”等诸多因素左右,其“动态性”明显体现于“革命”的发生。

二、欧美社会科学研究“范式”特征

与“范式”这一科学研究工具的研究热潮相比,科学研究中的“范式”分类

---

① 金吾伦的划分:前库恩时期(Pre—Kuhn),过渡时期的库恩、后库恩时期(Post—Kuhn)(金开伦.库恩[M].台湾远流出版事业股份有限公司,1994年版,第11页)。一般地把库恩《科学革命的结构》发表之前的时期归为“早期”,《科学革命的结构》《必要的张力》和《黑体理论和量子的不连续性》时期代表了“中期”,也是库恩及其思想影响达到极致时期,之后的库恩作品归为“晚期”,这一时期的成果多收录在《〈结构〉之后的路》(2000)之中。

② 库恩在《再论范式》一文写道:“科学共同体是由一些学有专长的实际工作者所组成。他们由他们所受教育和训练中的共同因素结合一起……这种共同体具有这样一些特点:内部交流比较充分,专业方面的看法也比较一致。”(库恩.必要的张力[M].范岱年,等译.北京大学出版社,2004:288-289.)实际上强调了“科学共同体”组成者的同一历史阶段性。

③ 万丹.库恩后期哲学中抛弃了“范式”吗[J].自然辩证法通讯,2012:3.

④ 波普尔.科学知识进化论[M].纪树立,译.北京:三联书店,1987:62.

⑤ 关于库恩是否为“保守的”,有着许多争论,甚至形成了一种研究库恩及其思想的脉络。这涉及哲学、政治、方法以及库恩的学术形成和发展环境等方面。在一些场合,库恩也并不否认自身带有的“保守性”,主要指涉“常规科学”,他也曾对此做了三点说明。(拉卡托斯,马斯格雷夫.批判与知识的增长[M].周寄中,译.北京:华夏出版社,1987.)库恩的说明表明,“保守性”是一种相对稳定的内容与机制。

应用研究显得相对平静。划分"范式"类型是一种对"划分依据模式"的选择，主要有三类：宏观基础—中观理论—微观方法模式；领域模式；历史进程模式。在三类依据模式之下，再选择具体依据或依据组合，从而形成形式多样的范式类型。在应用分析中，"方法论"①是宏观基础－中观理论－微观方法模式中常被运用的依据。孙绵涛(2003)认为西方有三个代表性的范式方法论，并构成三个层次：元范式方法论、一般范式方法论、方法范式方法论，并以《哲学范式和质的研究》(Rothwell，R.，1998)、《关于另类范式的对话》(Guba，E.G.，1990)以及《质性研究方法的理论基》(陈伯璋，2000)中的观点展开了讨论。②玛格丽特·玛斯特曼(Margaret Masterman)把"范式"概括为三类：形而上学范式(或元范式)、社会学范式和人工范式(或构造范式)，前者为哲学范畴，社会学范式是作为学术传统和具体学科成就的社会学范畴，人工范式是不断探索与构建的概念工具，并成为本学科公认的范例。她认为人工范式正是库恩关注的核心。(李蓉，2010)针对社会科学研究，"范式"的应用类型划分依然沿用这一思维模式。③ 有研究者认为，在现代社会科学诞生之初的三个世纪里，形成了机械论范式、有机论范式和人文主义范式，并在本体论、认识论、方法论和价值论等方面有着不同特征。④

"哲学范式的转换，从根本上取决于对自身生存发展、生命本质的意义、实现方式和内容的改变，体现人类对自己生存命运的关注，对理想境界及本性善的价值追求。"⑤哲学"范式"转换的这一特征决定了处于后台的哲学及其"范式"对社会科学研究范式有着重要影响。下文以西方社会科学研究"范式"中

---

① 如孙绵涛的界定："所谓范式方法论(paradigm methodology)是指一些西方学者(包括受西方范式方法论影响的台湾地区的学者)借用范式(paradigm)这一范畴在对科学研究的理论基础进行探讨时提出的一种方法论。"孙绵涛.西方范式方法论的反思与重构[J].华中师范大学学报(人文社会科学版)，2003：6.

② 孙绵涛.西方范式方法论的反思与重构[J].华中师范大学学报(人文社会科学版)，2003：6.

③ 如美国学者贝利(Kenneth Bailey)指出，"范式""在社会科学中，就是观察社会世界的一种视野和参照框架。它由一整套概念和假定所组成"。(贝利.现代社会科学研究方法[M].上海：上海人民出版社，1986：31.)

④ 殷杰、樊小军.社会科学范式及其哲学基础[J].山西大学学报(哲学社会科学版)，2010：1.

⑤ 常江，涂良川."哲学范式"转换与当代哲学价值论取向[J].吉林师范大学学报(人文社会科学版)，2008：5.

最重要的构成元素“理论与方法”进行剖析。

西方社会科学具有古典意义的开放精神(指包括政治在内的历史平台的开放性),古典传统中的哲学问题实证方法逐渐受到了功利主义与先验性假设理论的冲击,科学主义与人本主义逐渐分流。孔德把实证精神引入他所创立的社会学,继斯宾塞、涂尔干、默顿的发展再经社区学派的扩充,使以调查为基础、注重应用的各分支学科得到发展。而这期间还有多种声音,韦伯的理解社会学、齐美尔的形式研究、把日常生活纳入研究的常人方法论以及与心理学、解释学等多学科的结合产生的非实证性社会学也对整个学科的建设与发展作出了巨大贡献。理论上的拒斥不等于问题的解决,也不是对目标的放弃或对立,而是不同视域中的理论价值、方法价值的张力,这应归结于价值博弈中的目标与方法的多向性,而多向性与开放性的基础是社会研究的开放空间。这种空间不是后现代主义者们形容的对时间进行奴役的位置感,而是某一时代历史平台的开放性所提供的社会研究“理论与方法”互动能力。但无意识的互动局面是偶发的,难以维持长久,且这种历史平台的开放性并不易得。

伽达默尔为了防止片面的自我中心的学术视角,提出了“视域融合”①的方法论。人的局限性硬生生地划割出学科与方法,但我们必须明白现实世界是不以我们对它们的分割为界的,学科之间的界限不应成为封闭的栅栏。同样,知识人的社会角色是半固定的,而不是僵化或仅仅表现为角色的平行复杂现象(如角色丛等)。兹纳涅茨基在《知识人的社会角色》一书中按不同类型把知识人加以功能化分析。② 他们各司其职,应需而生,并在几乎固定的知识领域规则行使职责。表面看来,知识人是被分开了,不相往来,他们的“理论与方法”也是如此。但这种现象在运动的状态下就改变了。工艺加工师与原料供应者在静止时,不相往来,亦没有必要。因为工艺师熟知已生产的原料性能,他们可根据自己的已有知识改变工艺过程与方法,原料师也熟知工艺的加工和使用范围,自可按固有方法与原料生产。但生产加工开始了,原料师发现了一种贵族们非常喜好的元素,他渴望以此壮大自己并抢占市场,但工艺师却并没有与原料师完全一致的观察力与信息来源。于是,随着静止状态的被打破,“理论与方法”又必须重新走到一起,原料师与工艺师坐到了一起,完成一项共

---

① 尼采、胡塞尔、伽达默尔都曾钟情于“视域”(Horizon)的使用。伽达默尔将当前视域同过去视域相结合的状态称之为“视域融合”。

② 参见弗·兹纳涅茨基.知识人的社会角色[M].郑斌祥,译.南京:译林出版社,2000.

同的使命，人为的学科划分再次统一。

在哲学领域，自康德后形而上学已不再有更多激烈的争论，原因主要有两方面：一是发源自泰勒斯经柏拉图与亚里士多德的科学化与人本化的杂糅般的发扬，到笛卡尔以反思精神对二元对立的型相与质料的总结性调和，再到康德，形而上学作为一个独立领域已日臻完善。而自然科学与经验世界的繁盛已把哲学的重心不断推进，不是深入化而是与现实化、批判化、伦理化和科技化的不间断融合。形而上学统治一个学科的时代或许只有人类面对终极选择与情境时才可能重新焕发其活力。其二，哲学世俗人文关怀取代了暂时无法解释的形而上学诸问题。作为一个学科，它自下而上的意义与价值和它自身的可拓展空间是不可回避的问题。形而上学在对时空万物的本质发出尝试性的思辩探索的同时，也开启了哲学智性的人文关怀。所以，短暂的形而上学追寻史是人类自身意义的一个里程碑式的标志。但作为一个学科，拓展自身的哲学并没有完全脱离自己已达到的形而上学水平而任意发展。形而上学在不知不觉中充当了一个隐含的“范式”前提，融入了新的哲学发展之中。基于此，“范式”在现实世界中又多出一个应被审视与警觉的内容：潜意识中的形而上学。它不仅仅是对宇宙、时空、抽象观念、人的意识思辩性的探讨，更逐步转化为存在状态、消费观念、价值取向、行为准则等人们实践的具体行为前提。而这就是历史机会成本产生的最关键因素之一。

如果社会研究者的创造性逃不出潜在的形而上学束缚或者始终不能超越形而上学潜在设定的目标，那么，社会研究的“范式”则会趋于静止。中世纪的教义生活经历了文艺复兴的淘洗已失去了对日常生活中意义的支配话语权。思想的启蒙又进一步唤起了自由与科学的呼声，哲学的新天地得以展现，形而上学在达到高峰之后也逐渐隐匿。人本主义作为一个大的流派发端于叔本华的意志主义，科学主义则发端于实证主义的兴起。两大思潮都源于19世纪30年代，在一百多年里大体经历了三个阶段：19世纪30年代到20世纪初是两大对立思潮形成时期；20世纪初到20世纪70年代是两大思潮发展与逐渐趋近时期；20世纪70年代至今是两大思潮开始出现合流的时期。① 由于篇幅所限，我们不便对西方这一庞大的哲学发展历程作出过细的分析，仅就两大思潮的合流阶段做简要评说。承接语言哲学与现象学的是后现代主义与科学哲学。后现代主义把科学主义的逻辑结构与人本主义的心理取向进行加工，完成了二者的合流。解构理性、关注边缘、批判物质幻想是激进的理论表现。科

① 夏基松.现代西方哲学[M].上海：上海人民出版社，2006：1.

学哲学(“范式主义”是重要构成)把自然化趋势与社会化趋势交织到一起,把伦理学中的技术伦理与社会伦理与政治学、法学结合,勾勒出我们的现实世界。从某种程度上说,科学主义与人本主义从对立到合流更多的是社会研究方法上的融合与进化,它来源于工具理性的泛滥和伦理空间的窒息。合流后的哲学与其他社会学科突出的代表就是解构主义与后现代主义。这些理论家们面对现实恼羞成怒,把怨恨发泄到社会研究之中,理论与方法成为了泄愤的工具。以此挽救社会、祛除弊病,无疑将会大大增加历史机会成本。就如同一位家长在自己的孩子做错事时痛骂一顿并将其赶出家门,孩子可能觉悟了,回家认错改过自新,但更可能的后果是孩子从此误入歧途而毁掉一生。

三、中国社会科学研究“范式”特征

中国社会科学文化的轨迹是以儒学为核心的传承演绎与吸收改造相交融的历史。东周诸侯国的大分裂让社会思想开化,动荡的社会现实孕育出了先秦百家。自西汉始,儒道二学逐渐取得了学术及政策上的支配地位。而墨家学说则由于目标过高、理想化的色彩过重而被现实边缘化。两汉经学盛行,一部《春秋》虽经过各传发挥使其形成各种地方特色,但玄学的兴起则是对社会腐化气息的变种对待。魏晋的士族大夫们竭力“贵无主静”,倡导易、老、庄三玄的幽思冥想之风,以麻痹人民,维持其糜烂生活。理论与方法对实践的漠视导致了愚昧之气弥漫,也催生了玄学与谶纬迷信的结合,即使极具破坏性的农民起义与王朝战争也只能靠愤怒与谶言的召唤才具有动摇的力量。佛学从东汉传入以来,始终走的是统治者御用哲学奉承者的路线。主张避世内省的禅宗以及天台、华严二宗则是明显地与中国传统文化结合产生的三大流派。他们以翻译著作、讲习经义、编撰佛典的方式逐步完成佛教哲学的体系。而隋唐时期正是封建社会的一个顶峰阶段,统治者想保持统治永存,百姓想安居乐业,受压迫者寻求逃遁避世之道,这是佛道盛行并与科举制开设、巩固儒学的主体地位相适应并暗地交合的重要原因。宋明理学则是在北宋物质文明辉煌一时与“家天下”受到外部严重威胁的时候被赋予重要意义的。从周敦颐、张载、邵雍开其端经二程到朱熹集大成,这是一种经验主义的复古情绪的深化。这种传统让中国人喜欢回味历史,而在某种程度上欠缺对未来的展望。明末清初的思想家们的理论及民国初年的西化思潮则是国人在被大世界撬开双眼后的新的经验材料的反映:清初三大思想家的理论中都已具有了民主平等色彩，魏源以《四洲志》为蓝本写成《海国图志》，提出“师夷长技以制夷”之主张，而徐继畲的《瀛环志略》则更能震撼国人的神经，因为它描述了一个几千年中国人闻所未闻的外部世界，虽然忠于清王朝的康有为提出“虚君共和”的折中主张，但至少他也是被时代潮所击醒的。

历史是一个平台，使理论与方法得以体现，但二者也绝不是历史的自然结果。如先秦儒学至战国分为八派，《春秋》也逐渐演化为五家，佛教东传后同样衍生出八宗。因此，中国封建时代社会科学的演化进程也就一定程度代表了“范式”类型：先秦子学—两汉经学—魏晋玄学—隋唐佛学—宋明理学—清朝朴学。“范式”直接产生于这个变化着的平台，但历史的变迁必须依重人类的创造力与实践，这就打破了理论与方法对历史的完全依赖，历史的主体在涉及社会研究时，其潜在的创造性在不知不觉中推动着理论与方法走向自我意识，总有一个被设定的目标或要探索的目标。仅依靠传统与经验的历史自然缺失了某些部分，也压抑了某些潜能，产生的结果就是在理论与方法看似有机的系统传承中对具有超越性的创造力的忽视。

对中国传统理论而言，对伦理与个体内省的强调使有效的制度性和开放的集团与个人精神遭到严重压抑。所以，该历史平台上有限的经验与研究造就的理论是有瑕疵的，而有瑕疵的理论对现实的指导也就增加了历史的机会成本。这种隐性的成本会逐渐外显为社会存在的“特征性缺乏”，这在对不同社会机体的比较研究中表现得尤为明显。

近代中国社会科学研究“范式”某种程度上是社会危机的空前恶化的后果。在那个历史阶段，社会科学家们关注的是如何摆脱殖民奴役、如何解决社会危机、探索能够找到光明的出路。如果再具体划分的话，有以魏源为代表的“求学仿效范式”、康有为为代表的“改良图强范式”、陈独秀为代表的“反传统革新范式”。五四运动后至新中国成立，社会科学家们的学术旨趣主要集中于当时社会的大量现实问题，“社会学范式”大量涌现。①

不难发现，从清末至新中国成立，中国社会科学研究的范式是以社会生活哲学为引领，形成了特色独具的“拯救范式”。新中国成立后，社会科学研究多经波折，但总体取得了巨大发展。尤其体现于20世纪80年代之后，对此后文讨论。

---

① 按郑杭生、李迎生《中国社会学史新编》(2000年)的观点，把中国早期社会学划分为“早期应用社会学”“乡村建设学派”“综合学派”“马克思主义学派”。

四、社会科学研究"范式转移"困境

社会科学研究有两个中心级:"理论级与实证级"(a theoretical level and an empirical level),前者指关于社会现象内或之间的抽象理论概念,后者指以构建更好的理论为目标的理论概念或关系在实际中的应用。[①] 二者是社会科学研究不可缺少的构成。"范式转移"困境在"理论级与实证级"中均不同程度存在。

随着社会生活的不断细化与交叉化,社会科学的构成也越来越丰富,其研究的分布面越来越广,科学家们的旨趣也五花八门,各有所专。"范式阶段性"的"存在"(一种人为界定的存在)似乎并没有影响研究的进行,同时给人们一种印象:"范式转移"是那样容易且不受拘束——当然,这是库恩所说的"科学革命"的直接后果,而这完全是一种假象。

把"社会现实生活"与"社会科学研究"相关联,那么无疑后者落后于前者的步伐。这即是现实物质生活不断细化的结果,也是科技在日常生活中应用的后果。社会科学研究被现实生活无限分割,科学家们忙于耕种本身那一小块自有地,撒下种子时他们无比欣喜,可当发现一块生活的处女地时,他们又毫不犹豫地又踏上了开耕之路。而这时,原来的耕地和现在的耕地都在快速变化着,土壤酸碱度、肥沃程度、水分供给程度、气温、早晚温差、空气湿度等,他的耕作只存在了一天就枯萎死去。社会科学家们就这样不断重复着同样的研究。

革命的发生在于对一个问题以全新的"范式"彻底解决,而这不是原有"范式"能够完成的,也不能把原有"范式"应用于新的问题,或者说革命产生的新"范式"是完成超越原有"范式"的。社会科学革命本身是艰难的过程,现在更难实现也更具革命性意义。社会发展的复杂性以及社会生存发展的众多难题,社会科学革命的发生面对的是无数复杂的"难题网络",而非单个难题;同时,"范式"的功利主义局限了对自我的突破。作为库恩所主张的"人",在能动力的发挥上受到了无形的局限。他们不再真正为土地的"收成"考虑,或者说

① Anol Bhattacherjee. Social Science Research: Principles, Methods, and Practices [EB/OL]. USF Tampa Bay Open Access TextbooksCollection.Book 3.PP3.http://scholarcommons.usf.edu/oa_textbooks/3.

没有长远的“收成”意识，而迷恋于土地多少的比较和那存活了一天的“成果”。这是社会资本网络无限扩张的后果，对自我利益的追逐损害了社会科学发展需要的创造力的形成和发挥。

更重要的问题是，“哲学宗教化”导致宗教气息远远超过了社会科学所能产生的“社会影响力”，西方哲学对社会科学研究的影响在无形地弱化，社会科学研究的基础在社会底层中发生着动摇和不确定，抑或宗教化趋势。我们不难想象，在一定“范式”下的社会科学成果影响力在衰减的背景下，一个没有强大基础的“社会科学革命”的出现是多么艰难而又可贵。而这虽被人们期盼，在宗教气息过于浓厚的生活世界中，却得不到广泛支持。

宗教是一种信仰的皈依，给予的是一种精神的支撑。涂尔干在描述信仰是这样说：“信仰状态是一种平静的状态，一种安稳的状态，这也是我们追求它的原因。”①但当宗教不再呵护信仰带来的平静与安稳，它也就不再拥有社会的合法性，成为“异化的宗教”，甚至发展成残害生命的“邪教”。此时宗教化的哲学也失去了社会合法性。

生活虚拟化的影响也不能忽视。生活不断碎片化（尤其导致的“心理活动与认知定位”的碎片化）与高科技应用的不断日常化交织在一起，形成了生活的不确定性与无目标性混合的后果。这是后现代主义者们最为痛恨的，同时也是现实的存在。人们多数时间生活在虚拟的空间之中，社会角色出现深度虚拟，对社会和社会科学的真实性失去热情，而沉浸或着迷于虚拟中的愉悦。除了对“经济”与“政治”保持着“热情”之外，人们已经对社会其他因素与构成麻木了。在这样的背景下，社会科学研究不知不觉地脱离了受众，抑或只沦为受众关注口味的一种解释工具。

结语　一种“中国式构建范式”

任何“范式”离不开一定的哲学基础。哲学范畴、范式范畴和方法范畴这三者在科学研究中有着紧密的联系。② 库恩关于“科学进化论”以及“世界观

① 爱弥尔·涂尔干.实用主义与社会学[M].渠东，译.上海：上海人民出版社，2000:8.

② 孙绵涛.西方范式方法论的反思与重构[J].华中师范大学学报(人文社会科学版)，2003:6.

的改变"则意指了哲学范畴。"历史判断之选择性"(Selectivity of Historical Judgment)理论要求历史的书写要有一个历史相关性当中的可比较标准,而这一标准包含了哲学元素。对库恩而言,该标准指导着(科学)历史的研究与呈现。[①] 当然,我们不能简单地认为"哲学观决定范式",也不能简单认为"范式可以选择哲学观",但必须承认哲学在"范式"中的基础性地位。因为哲学的宏观可以帮助社会科学家们把握社会科学的基本"元框架",或者说没有哲学思维的存在,社会科学研究难有作为。"哲学宗教化"对社会科学研究的重大影响也表明了哲学相对于"范式"的不可或缺性。

前文分析表明,库恩对"价值"的认可是非常局限的。社会科学有其内在的价值性,这一价值不只局限于个人、群体或某一科学阶段,还包括"实践价值"。这在库恩"范式主义"中也有所体现。但若再深入一些,不难发现"实践价值"在社会科学研究中扮演的角色不可缺少。Bent Flyvbjerg, Todd Landman, Sanford Schram(2012)提出了社会科学研究中的"应用的实践智慧"(Applied Phronesis)并对其进行了阐述。[②] 郑杭生(2012)提倡的"理论自觉"在笔者看来也是以中国特色的实践价值为关注中心的。[③] 只有实践才能让现实生活的开拓结出硕果,也只有实践的社会科学家才能耕种好自己的田地。实践是解决生活虚拟化的最重要方法,只有通过实践才能突破虚拟的困扰,也只有实践才能唤回人们深陷的灵魂。通过实践,宗教才会现出其本来面貌,揭开一些被人们神化而无限放大的现象迷雾,哲学才能恢复生机和活力。关于"价值论范式转换"的研究同样表明,从西方主张的"实在论"走向立足于人的价值性活动,面对和关注现实生活世界是一种当代哲学的必然选择,从而真正创造人与社会的发展空间。

屈从于利益驱动的社会研究是缺乏历史贡献力的。政治与社会研究作为两个不同的领域,必须在价值取向上进行区分。政治不能以压迫手段抑制社会研究,否则只能促成理论的萎缩与政治的乏力。但政治却可以吸纳社会研究之成果为己所用,从而在理论上、实践上达到自身的逐步完善,进而推进社

---

① Paul Hoyningen-Huene.Philosophical Elements in Thomas Kuhn's Historiography of Science[J].Theoria.Revista de Teoría, Historia y Fundamentos de la Ciencia, 2001,27:281-292.

② 具体见 Bent Flyvbjerg, Todd Landman, Sanford Schram. Real Social Science: Applied Phronesis[M]. Cambridge University Press,2012.

③ 郑杭生."理论自觉"与中国风格社会科学——以中国社会学为例[J].江苏社会科学,2012:6.

会研究价值取向的深入，从根本上完成社会的进步。所以，社会研究与政治不是必然矛盾的，二者的价值取向也并不是必然分割的，关键还要看二者之间完成的是怎样的互动。虽然政治系统有其自身独特的存在方式与场域规则，但它终是构成历史进程的一部分，历史是社会研究的平台，政治也就暗含在了这一平台之中，从而完成与社会研究的互动。

在西方古典“法哲学”研究中，“政府”相对“个人”与“社会”的地位与作用被“科学共同体”反复强调。如柏拉图对“正义”强调时的观点，奥古斯丁的“正义政府”等，但可惜这种传统逐渐被各个社会领域中的“自由主义”所取代。①

新中国成立后，中国社会科学研究经历了以“政治范式”为核心的过程，政治色彩影响了社会科学研究的各个方面，进而逐步向“政治的民生范式”转换，以毛泽东思想、邓小平理论、“三个代表”思想、科学发展观、中国梦为轴心，逐步出现了自上而下的社会科学领域对民生研究的热潮。“中国梦”实际是一种“生活哲学”或“民生哲学”，把社会科学研究的哲学基础与实践性有机结合。“群众路线”是“价值实践性”的最好体现之一。因此，新中国成立后中国社会科学“范式”并非完全如库恩所言之“范式”，而是一种具备其“范式”元素同时有着自身特色的“范式”。这种“范式”以马克思主义哲学为基础，以“价值实践性”为核心，从上而下在社会科学中构建起一种为社会整体进步和民族复兴而奋斗的模式。笔者将其称为“中国式构建范式”。

笔者认为“中国式构建范式”具备四种典型特征。第一，它具备坚定的哲学基础。马克思主义哲学观是一种辩证的唯物史观，其科学影响力与历史影响力不必再赘述。它的历史唯物特征彻底排除了宗教化因素（针对哲学宗教化现象），尤其邪教因素的出现与存在。马克思主义与宗教有着本质区别，不是“新现世宗教”，“对马克思主义和共产主义的信念也是一种信仰，是一种科学的信仰”。② 它从骨子里排斥迷信与愚昧。第二，它具有明确的价值导向与价值目标。“中国式构建范式”主张人民是历史的创造者，以服务人民为价值导向，以推进历史进步、国家富强、社会和谐、人民安居乐业为价值目标，社会主义核心价值体系就是价值导向与价值目标的原则与指导。正如毛泽东同志

---

① 柏拉图认为，“在国家的身上即在更大的本质身上，我们能够比在单一的人的身上，更好地看到什么是正义的事情。”奥古斯丁认为，“没有正义的政府，如果不是大强盗，又是什么呢？”H.科殷（Helmut Coing）.法哲学[M].林荣远，译.北京：华夏出版社，2002：19.

② 陈荣富.马克思主义不是“新现世宗教”[J].马克思主义研究，2007：10.

所说："一切群众的实际生活问题，都是我们应当注意的问题。"①第三，鲜明的实践特征。它来自于实践并且用于指导和推进社会科学和现实生活中的实践。"中国高校哲学社会科学繁荣计划"就是典型例子：通过各种务实举措推进高校社会科学繁荣，以高校社会科学的繁荣服务国家与社会。第四，明确的政治方向性。在共有的哲学基础上，政治与社会科学实现了在同一历史平台上的有益互动，其核心纽带是为人民服务的价值性与实践性。

面对各种困境，"中国式构建范式"有其显著特色。它关注现实生活，引导构建一种高度自恰的生活方式。② 以此为基础不断推进社会科学研究的深入化和体系化。在宏观上有效抑制功利主义的局限，从而有效推动科学革命的到来，在此期间难题不断出现，并被不断解决。马克思主义信仰既是一种价值体系也是精神信仰，已经与中国实际结合形成了中国特色的马克思主义理论体系。该体系既是信仰的具体阐释，也是实现信仰的实践指导，同时也是具有强大支撑力量的核心价值体系。它的诸多特色是解决生活世界虚无化难题的一把钥匙。

但在这种"中国构建范式"中，仍有一个问题需要十分警觉，也是库恩所言"范式转换"面临的困境之一：功利主义的局限，主要针对的是"科学共同体"或"科学研究群体"。库恩对这一问题的研究主要集中于后期的《"结构"以来的道路》之中。K.Brad Wray(2013)认为应加深对"专业研究群体"(specialty research communities)研究并肯定了库恩的贡献。③ 功利主义对"专业研究群体"的局限在中国十分突出，社会科学界中重要的表现之一就是"学术腐败"，须引起高度重视。

以"中国构建范式"审视西方社会科学发展中的"理论与方法"困境，发现在以下方面大有助益，同时也可视为对库恩"范式"的开拓性补充。

第一，真正的社会研究不是政治压迫的产物，它需要的是历史平台的开放性，以及与政治有效、平等的互动性。

第二，对潜在的研究前提时刻保持必要的审视，这是与形而上学预设和历史平台的静止性相联系的。

---

① 毛泽东.毛泽东选集(第1卷)[M].北京：人民出版社，1991：136.

② 这种自治性指统一精神目标——共产主义精神文明和统一的物质目标——高度发达的共产主义社会。

③ K.Brad Wray.*The Future of The Structure of Scientific*[J] Topoi. Revolutions. 2013，32(1)：75-79.

第三,理论与方法的非静止性是各个环节必不可少的。这决定了社会研究理论与方法的过程色彩,而过程并不意味着对的全盘否定,因为动态过程是特色质所要求的、所必备的。所以方法与理论要呈现动态特征,自身的过程与彼此的互动相结合才会一步步接近“质”。埃利亚斯所独创的历史描述社会学就先强调了理论与方法应避免“进程缩减”的谬误。①

第四,另外需强调的一点是历史性与情境性。这与布尔迪厄的“场域”理论有诸多相似,这里排除机械化的机器这一极端情况,不以功能主义和有机论为评价尺标,而以逻辑与规则为发生学原则,各组成部分与要素只在作用力中得到体现。所以,这样展现出的根本属性则是独立公允、不掺带任何假象的直观,这不同于胡塞尔的先验还原与直观还原方法(二者合称现象学还原方法)。因为胡氏现象学中的现象非事物之现象,乃是意识流动之现象,它代表着一种默思性的直觉探索,人的意识则完全覆盖了客观的诸多显规则与潜规则。

第五,以历史性与情境性为前提,把科学家的创造性与理论成果的现实状况相结合进行可变动的提炼与总结。这里所说的可变动是指理论、方法自身的以及二者之间的可修正性,它将各种具体因素考虑进来,完成的是直接应用性研究。

第六,最后需突出的是以价值目标为导向的对僵化的学科界限的冲破。理论与方法的相互借鉴、综合使用都是服务于社会研究的总体意义价值的,学术研究可以对立,因为那可促成一种开拓性的张力,但知识被人为分割并孤立存在,这对社会科学研究有百害而无一利。

最后笔者想强调的是,马克思指出:“最复杂的真理、一切真理的精华(人们)最终会自己了解自己。”②人不但是研究技术哲学元问题之根本(离不开研究人的问题),③也是社会科学研究之根本。这决定了“范式”的人性特征。

---

① 诺贝特·埃利亚斯.论文明·权力与知识——诺贝特·埃利亚斯文选[M].斯蒂芬·门内尔,约翰·古德斯布洛姆编,刘佳林译,南京:南京大学出版社,2005:32.埃利亚斯则从“过程性”与“状态性”之间的关联与差异入手对西方社会科学做了剖析。他提出的“进程缩减”理论产生的巨大影响不可抹杀。他强调“进程的社会科学”,要关注社会的过程性,而非只看到某一时间点上的“状态性”。实际上,埃利亚斯所反思的正是在科学中如何实现理论与方法的历史统一性。埃利亚斯说,“进程缩减”“指那种在概念上把进程简化为状态的普遍倾向。”

② 马克思,恩格斯.马克思恩格斯全集(第2卷)[M].北京:人民出版社,1957:101.

③ 肖玲.马克思主义人学思想对技术哲学元问题研究的价值[J].马克思主义研究,2012:11.

“以人为本”作为科学发展观的核心，为我们清晰地勾勒了社会科学研究“中国式构建范式”的本质特征，这也决定了该“范式”无息无止的生命力。

参考文献：

[1]马克思，恩格斯.马克思恩格斯全集(第2卷)[M].北京：人民出版社，1957.

[2]毛泽东.毛泽东选集(第1卷)[M].北京：人民出版社，1991.

[3]夏基松.现代西方哲学[M].上海：上海人民出版社，2006.

[4]弗·兹纳涅茨基.知识人的社会角色[M].郑斌祥，译.南京：译林出版社，2000.

[5]库恩.科学革命的结构[M].李宝恒，纪树立，译.上海：上海科学技术出版社，1980.

[6]库恩.必要的张力[M].范岱年，等译.北京：北京大学大学出版社，2004.

第二部分 西藏法治建设专题研究

西藏非物质文化遗产法律保护问题研究

侯　蕾[*]

摘要：保护非物质文化遗产有利于促进世界范围的交流与合作、有利于维护世界和平。然而在全球化和社会变革进程中，文化的多样性和独特性受到前所未有的冲击。我国优秀的传统民族文化面临严峻挑战，诸多珍贵的非物质文化遗产面临损坏、消亡的严重威胁，用法律手段加强对非物质文化遗产的保护已刻不容缓。保护少数民族非物质文化遗产就是保护少数民族人权，根据西藏地区藏族非物质文化遗产的特殊性，本文从非物质文化遗产的概念、中国及西藏地区非物质文化遗产立法保护现状、非物质文化遗产保护工作所面临的问题和对西藏非物质文化遗产的法律保护这四个方面来分别进行阐述和分析。

关键词：西藏；非物质文化遗产；法律保护

由各族人民历经千年创造、积累下来的非物质文化遗产作为一种稀缺的文化资源，维系着华夏儿女的民族精神，衔接着国家的历史与未来。非物质文化遗产是民族精神活动的再现，具有非物质性、传承性、群体性、民族性和地域性等特征。虽然我国已经颁布了《非物质文化遗产法》，但是在西藏地区由于特殊的地理环境、人文特点、传统习惯等因素，非物质文化遗产的法律保护工作还存在着有待完善的地方。

---

* 侯蕾，西藏民族大学法学院。

一、非物质文化遗产的概念

按照2003年联合国教科文组织《保护非物质文化遗产国际公约》的定义，非物质文化遗产是指“被各社区、群体，有时是个人，视为其文化遗产组成部分的各种社会实践、观念表述、表现形式、知识、技能及其相关的工具、实物、手工艺品和文化场所”。非物质文化遗产是世界各民族在与大自然的相互融合过程中所产生的传统文化和传统知识不断传承、创新和积淀的成果，具体内容包括：(1)口头传统和表现形式，包括作为非物质文化遗产媒介的语言；(2)表演艺术；(3)社会实践、仪式、节庆活动；(4)有关自然界和宇宙的知识和实践；(5)传统手工艺。

按照2011年《中华人民共和国非物质文化遗产法》的定义，非物质文化遗产是指各族人民世代相传并视为其文化遗产组成部分的各种传统文化表现形式，以及与传统文化表现形式相关的实物和场所。非物质文化遗产是中华民族文化的精华，是民族智慧的象征，是民族精神的结晶。具体内容包括：(1)传统口头文学以及作为其载体的语言；(2)传统美术、书法、音乐、舞蹈、戏剧、曲艺和杂技；(3)传统技艺、医药和历法；(4)传统礼仪、节庆等民俗；(5)传统体育和游艺；(6)其他非物质文化遗产。

由此可以看出，《保护非物质文化遗产国际公约》语言描述的对象更加宽泛，是面向全世界不同地域、不同国家、不同文化背景的非物质文化遗产保护主体的。相比较而言，《中华人民共和国非物质文化遗产法》的制定更加符合我国的汉语语言习惯和各民族非物质文化遗产保护的国情，比如对传承主体的表述、保护对象、表现形式的再诠释和再演绎，符合我国实际情况的定义重新界定，更加有利于团结各族人民发展和保护我国的非物质文化遗产。

非物质文化遗产是文化多样性的一种隐性体现，是社会创造力的集中体现。传承和保护非物质文化遗产有利于维持文化的多样性，促进人类社会不断向前发展，有利于增强中华民族的文化认同感，有利于维护国家统一和民族团结，有利于促进社会和谐和可持续发展。伴随着我国经济的快速增长、国际地位的迅速提高、文化影响力的蓄势待发，有必要以更全面、更多责任感的态度来对待非物质文化遗产保护问题。

二、中国及西藏地区非物质文化遗产立法保护现状

(一)国家层面非物质文化遗产立法保护现状

非物质文化遗产的不断减少和消亡同样引起了国际社会的广泛关注,1998年联合国教科文组织公布了《人类口头和非物质遗产代表作条例》、2001年通过了《世界文化多样性宣言》、2003年又通过了《保护非物质文化遗产公约》,其详细地界定了非物质文化遗产的概念、范围以及保护办法。至此,关于非物质文化遗产保护的国际立法已经比较完备,标志着以联合国教科文组织主导的、世界各国参与的非物质文化遗产保护工作已经达到了新的水平和阶段。与此同时,世界其他国家和地区也相继颁布实施了各自的非物质文化遗产保护相关的法律法规,如日本的《文化财保护法》(1950年),韩国的《文化财保护法》(1962年),法国的《保护历史古迹法》(1913年)、《考古发掘法》(1941年)、《历史街区保护法》(1962年),意大利的《文学艺术版权法》(1889年)等。

中国对非物质文化遗产的保护始于2003年,迄今为止已经历经了13个春秋。中国政府也建立了符合中国国情和非物质文化遗产特点的保护制度和机制建设。2011年2月25日全国人民代表大会颁布了《中华人民共和国非物质文化遗产法》,至此中国的非物质文化遗产保护走上了全面的法治轨道。自2001年中国昆曲列入世界级"非物质文化遗产名录"以来,中国已经有46个项目入选到联合国公约框架下的人类非物质遗产代表作和急需保护的非物质文化遗产名录。截止到2014年7月,中国是世界上拥有世界非物质文化遗产数量最多的国家。目前我国国家级非物质文化遗产项目共1219项,省级9000多项,普查非物质文化遗产资源总量约87万项,国家层面认定的非物质文化遗产代表传承人有1986人。截止到2013年年底,中央财政投入到非物质文化遗产的专项资金达到28亿元,是整个保护工作强有力的经济后盾。将非物质文化遗产的保护、保存工作纳入法制化轨道,有利于从法律制度层面更好地推动非物质文化遗产的传承和发展。

(二)西藏地区非物质文化遗产立法保护现状

自改革开放以来,西藏作为发展相对落后的西部少数民族地区,中央在政策上给予了特别的关注和倾斜,对于民族地区、边远地区非物质文化遗产保

护、保存工作，国家进行大力扶持。中央第五次西藏工作座谈会上更是提出把西藏建设成为“重要的中华民族特色文化保护地”“重要的世界旅游目的地”，并将此确定为西藏未来发展的长期目标。西藏文化积淀沉厚、文化资源丰富、人文精神等文化要素都是其他任何民族地区无法复制的。为了推进西藏文化资源战略转型，西藏自治区政府编制《西藏自治区文化产业发展规划》（2011—2020 年），关注藏区传统民族文化产业的发展。西藏非物质文化遗产的内容十分丰富，它体现了西藏少数民族文化的民族性、独特性及其中华文明的多样性。2013 年年底，西藏已基本摸清全区非物质文化遗产的种类、数量与分布状况。除藏戏、格萨尔被列入联合国人类非物质文化遗产代表作名录外，还有国家级非物质文化遗产代表作 76 项、国家级非遗代表性传承人 68 名、自治区级非物质文化遗产保护项目 323 项、自治区级非遗代表性传承人 227 名，以及县级非物质文化遗产保护项目 814 项，涉及了民间文学、传统音乐、传统舞蹈、传统戏剧、曲艺、体育游艺与杂技、传统美术、传统技艺、传统医药、民俗等 10 个种类，涵盖了非物质文化遗产包含的所有资源种类。

非物质文化遗产保护是一项长期而又复杂的系统性工作，西藏自治区始终坚持非物质文化遗产保护工作贯彻保护为主、抢救第一、合理利用、传承发展的指导方针，坚持政府主导、社会参与、长远规划、分步实施的原则，打造出符合西藏自治区区情和民情的非物质文化遗产保护工作机制和科学有效的传承机制。为了使非物质文化遗产保护工作更加具有法律效应，科学、全面、系统地抢救和保护现存的西藏非物质文化遗产，根据《中华人民共和国非物质文化遗产法》和有关法律、法规的规定，结合自治区实际情况，西藏自治区十届人大常委会第九次会议于 2014 年 3 月 31 日审议通过《西藏自治区实施〈中华人民共和国非物质文化遗产法〉办法》，2014 年 6 月 1 日正式实施，首次将非物质文化遗产保护工作全面纳入法治轨道，成为我国第 14 个出台关于非物质文化遗产保护方面法律法规的省（自治区、直辖市），这标志着西藏非物质文化遗产保护工作正式步入了有法可依的新阶段。①

① 目前西藏列入国家级“非物质文化遗产名录”的有藏族唐卡、藏族邦典、卡垫织造技艺、拉萨甲米水磨坊制作技艺、藏族造纸技艺、藏医药、藏族金属锻造技艺、藏香制作技艺、井盐晒制技艺、藏族服饰、藏族矿植物颜料制作技艺等。

三、当前西藏非物质文化遗产保护工作存在的问题

在经济全球化和现代化的冲击下，我国的非物质文化遗产正面临着历史上前所未有的急剧变迁。文化的多元化也必然是社会自身进化的一种必然表现。联合国教科文组织保护非物质文化遗产的最终目的就是为了保护和促进文化的多样性，而西藏非物质文化遗产是中国多元文化的重要载体，蕴含着藏民族数千年来特有的精神价值和文化意识，也是整个人类精神文明的不可或缺的组成部分。

文化遗产的传承，其实就是一个文化信息价值转化为社会力的过程。但是，随着经济全球化和中国改革开放步伐的日益加快，目前我国西藏地区的非物质文化遗产的生存、保护和发展遇到面临着严峻的考验。多元文化的冲击、传承人的锐减以及由于民族地区经济的欠发达与法律保护意识的欠缺等因素导致保护机制的脆弱，都在加速冲击和消解着西藏少数民族非物质文化遗产。

1. 非物质文化遗产保护、开发和利用存在不当之处。由于现代市场经济大环境下，传统的生活方式日益分崩离析，非物质文化遗产的载体面临着威胁和消解的可能性。由于西藏地区特殊的高原地理环境，经济社会发展水平、民众受教育水平等指标皆低于同期全国平均水平，再加上对非物质文化遗产保护工作的学习和宣传工作做得不到位，以致从管理层到普通民众对非物质文化遗产保护意识淡薄，重申报、重开发，轻保护、轻管理的现象比较普遍。另外，出于对国家保护非物质文化遗产目的认识的偏差，或者出于追求直接或者短期经济利益的驱使，对世界文化遗产进行超负荷利用和文化资源的不当利用等保护性破坏情况的普遍存在，存在商业化、人工化和城镇化倾向，使西藏的非物质文化遗产的真实性、完整性受到损害。

2. 非物质文化遗产政府工作机制存在缺陷。由于我国申请非物质文化遗产工作才开始不过十余年，保护非物质文化遗产的具体工作方式方法以及管理利用还不够系统、合理，抢救和保护非物质文化遗产已经迫在眉睫。目前尚未建立适合我国非遗保护工作实际并具有整体性和有效性的工作机制，政府相关管理体制和层次偏低、机构设置和职能交叉，尤其是政府主导的相关工作机制的有效性亟待完善。由于保护工作未能纳入国民经济和社会发展整体规划，与保护相关的一系列问题不能得到系统性解决，保护标准和目标管理以及收集、整理、调查、记录、建档、展示、利用、人员培训等工作相对薄弱，管理、

利用资金能力不足等困难普遍存在。

3. 非物质文化传承人面临危机，传统技艺濒临消亡。由于西藏乃至中国非物质文化遗产赖以生存和发展的重要基础——农耕（游牧）文明的逐渐削弱，甚至在部分地区消失，民众生活方式以及价值观的嬗变以及外来多元文化的影响，使古老而具有历史感的非物质文化遗产逐渐地或部分地失去了生存与繁荣的土壤。从主体的角度来讲，非物质文化遗产是以人为本的活态文化遗产，它强调的是以人为核心的技艺、经验和智慧，它的特点是活态流变。对西藏非物质文化遗产传承的保护从根本上来说是对人的保护，传承人的危机才是藏民族文化传承过程中最薄弱的环节。一方面，虽然非物质文化传承人为藏民族文化的延续和发展作出了不可磨灭的贡献，但是由于对非物质文化遗产传承事业重视不够，导致传承人整体社会地位不高，其社会影响力也有限。有些非物质文化遗产不能给传承人带来收益，导致有些非物质文化遗产所有人和传承人的生活比较困难，致使这类非物质文化遗产失去学习的吸引力，在此种情况下，何谈非物质文化表达形式的传承与创新。另一方面，非物质文化遗产传承人的不断减少和老龄化使得他们自身的文化传承能力不断下降，加上年轻人又不太愿意学习祖辈相传的非物质文化技艺，有不少独门技艺又基本以内传的方式代代相传，传内不传外，传承途径单一，这些因素都会导致西藏一些需要依靠口传心授方式传承的非物质文化遗产和文化传统濒于消亡。

4. 非物质文化遗产的法律保护不完备。非物质文化遗产大都属于传统民族民间文化，是人类智力活动的产物，具有知识产权的本质特征，对它的保护依赖于以知识产权制度为基础的综合手段。但是基于公法保护的理念基础，《非物质文化遗产法》回避或者较少涉及知识产权保护的问题，整体上是属于行政法的性质，不利于非物质文化遗产所有者和继承人主体权利的实现和保护。比如《非物质文化遗产法》与《专利法》《商标法》《著作权法》等相关法律衔接不够，未将非物质文化遗产的创造者、传承人的私权利加以明确规定等，不符合实际保护工作的需要。就法律保护模式而言，《非物质文化遗产法》仍旧停留在公法保护为主的模式，重公法保护、轻私法保护，从长期效应来看，这种行政法性质的法律保护可能挫伤个人及非政府组织的积极性和主动性。具体涉及的西藏非物质文化遗产保护工作，整体上呈现重保护、轻传承的现象，实际执法情况不尽如人意，存在有法不依和违法难究的情况。

四、对西藏非物质文化遗产的法律保护

随着经济社会的快速发展,西藏非物质文化遗产所依存的社会环境日益复杂,非物质遗产保护、保持和发展面临着许多新的情况和问题,制定符合实际、针对性、操作性强的地方性法规,将对继承、弘扬优秀的民族传统文化起到重要的作用。目前我国的非物质文化遗产保护工作已经由起步阶段的基础性工作转向深入开展科学保护的发展性阶段,建构非物质文化遗产法律保护机制也是构建我国社会主义法治社会的必然要求。

(一)建立健全非物质文化遗产法律保护相关立法

构建非物质文化遗产法律保障体系,将非物质文化遗产的保护、保存工作纳入法制化轨道,有利于从法律制度层面更好地推动非物质文化遗产的传承和发展。首先,在承认价值与增进尊重、有利于保持文化的多样性的前提下,要适时适度地转变相关的法律理念。比如在非物质文化遗产权属认定、传承人认定和利益分配等方面,可以适当考虑少数民族习惯法的适用。其次,进一步明确非物质文化遗产的知识产权保护原则和制度,包括非物质文化遗产知识产权的保护范围、非物质文化遗产著作权使用制度等。我国对于少数民族非物质文化遗产的知识产权保护制度可以要求不受现行知识产权法理论、原则的拘束,自行发展创新全新的法理。再次,在思维转变的同时,非物质文化遗产的保护和传承更要强化法律及其制度的作用,真正执行好文物保护法、环境保护法等法律法规。从实际出发,尽快制定更加完善的抢救和保护非物质文化遗产的相关法律、政策,科学、全面、系统地抢救和保护现存的西藏非物质文化遗产。最后,非物质文化遗产的保护、传承、利用和管理,应当尊重传统,坚持真实性和完整性,防止歪曲和滥用。完善和加强对非物质文化遗产保护的司法惩罚力度。修改和完善刑法相关规定,加大非物质文化遗产的刑法保护力度。

(二)构建政府干预与民间自然传承合理平衡的法律保护机制

非物质文化遗产存在形态的复杂性,决定了抢救与保护工作的复杂性和特殊性。必须建立以政府为主导、社会广泛参与的法律机制。一方面要明确规定西藏地区政府和各职能部门在非物质文化遗产保护工作上的法律责任和法律义务，政府行政行为的原则和限度。尤其是在本地区非物质文化遗产遭遇损失和破坏的时候，政府在关键时刻要扮演决策者的角色，通过法律手段、行政手段和经济手段等干预和引导西藏地区非物质文化遗产保护和传承工作。虽然说非物质文化遗产的保护工作是政府的主要工作职能，但是这也离不开公众积极广泛地参与。比如与之相关的文化博物馆和图书馆除了做文献资料的保管工作之外，还可以向公众做适当的启蒙和推广工作；各级学校可将本地区、本民族的传统艺术、民俗习惯等内容纳入相关课程体系中去；设定"非物质文化遗产日"活动，以增强民众对非物质文化遗产的保护意识。

(三)通过立法明确非物质文化遗产传承人的法律权利和法律义务

要想保护好我国非物质文化遗产，需要充分调动起民间艺人的积极性。非物质文化遗产的本质是生命性的，即活态的，是以人的声音、形象、技艺作为基本手段并以口传心授得以延续的，一旦失去活态，非物质文化遗产也将会随着传承人的消失而终结。要保护非物质文化遗产所有人和传承人，很重要的一个法律前提就是要明确所有人和传承人所拥有的法律权利和法律义务。从目前西藏地区非物质文化传承人的保护情况来看，国家和西藏地区相关部门应该制定认定传承人资格、条件、权利、义务、程序认定等方面的法律法规，通过立法来保护西藏非物质文化所有人和传承人应该享有的荣誉和应该获取的经济利益，使其有所劳、有所养。国家和西藏地区文化管理等相关部门应该设立专项文化扶植资金，录制传承人的技艺资料、保存其作品、资助其传习技艺、培养传人、改善其生活条件和从艺条件。政府要充分动用相关的行政资源，为西藏的非物质文化遗产传承人身价的增值提供支持，增强他们的自信心和肩负本民族重托的责任感。

(四)加强非物质文化遗产相关法制普及和宣传工作，建设社会主义法治社会

保护非物质文化遗产是人民文化生活权利受法律保护的一个重要体现。保护和传承非物质文化遗产，必须从增强公众的非物质文化遗产保护意识入手，动员全社会力量积极而又广泛地参与。西藏自治区政府已经根据宪法的规定，制定出适应本民族非物质文化遗产教育传承法，传承保护藏民族具有代表性的文化资源。一方面，通过宣传教育，普及与西藏有关的非物质文化遗产保护工作相关的法律法规和知识，增强西藏民众对非物质文化遗产保护的意识。文化行政部门、教育部门、法律主管部门要创造一切可能的机会进行教

育、宣传工作，对于每一个公民，尤其是未成年儿童，更要加强本土非物质文化遗产的传承法律知识，培养根深蒂固的自觉、自主的法律保护意识，传承和发展本民族的非物质文化遗产资源。另一方面，充分发挥新闻媒体和群众监督作用，把非物质文化遗产保护工作置于全社会的监督和支持之下。要在科学保护的前提下合理开发利用，充分发挥非物质文化遗产的教育和宣传作用，不断提高非物质文化遗产的社会效益和经济效益，推动西藏经济社会的全面、协调和可持续发展。

(五)建立非物质文化遗产资源数据库

2010年文化部已经提出将“非物质文化遗产数字化保护工程”纳入“十二五”规划中。数字化技术可以实现非物质文化遗产数据的大规模储存和管理，实现对非物质文化遗产项目、传承人、生态保护区的联动检测评价。西藏自治区昌都地区成为中国首批十三个地区非物质文化遗产数字化保护试点单位之一。首先，要开展西藏地区的非物质文化遗产普查、建档工作，将各类非物质文化遗产文献化和数字化，建立各类非物质文化遗产数据尤其是电子数据库。以利于全面了解和掌握非物质文化遗产的种类、数量、分布状况、生存环境及现状，为非物质文化遗产抢救和保护工作做好基础性的保障工作。其次，虽然我国已经制定了相关文化遗产保护的法律法规，比如说《文物保护法》《非物质文化遗产法》，但是由于数字化保护是新兴的保护理念，这些法律法规对此尚未重视或者说是尚未涉及。因此需要通过法律法规来确立非物质文化遗产数字化保护制度，为非物质文化遗产的数字采集、资源数据库建设和数字化标准规范制定规范性的法律文件，以此指引西藏地区的具体保护工作。数字化为西藏非物质文化遗产保护、开发与展现提供新的发展契机，创造新的技术和物质手段，改变西藏传统文化遗产的保护方式，推动西藏民众乃至全国人民更广泛地享有人类非物质文化遗产。

藏族非物质文化遗产承载着本民族的生命基因，是本民族文化精神的重要标识。西藏自治区在全面贯彻落实科学发展观的同时，逐渐探索出符合西藏特色的非物质文化保护途径和方法，推动着西藏地区非物质文化遗产保护工作有序、持续、科学地发展。

参考文献：

[1]马宁.论西藏非物质文化遗产的现状及其保护[J].西藏大学学报，2014，4.

[2]郭蓓.国际非物质文化遗产法律保护概况及启示[EB/OL].http：www.ihchina.cn/

inc/detail.jsp? info_id=4282.

[3]王小平.非物质文化遗产传承的法律保护[N].光明日报,2014-2-26.

[4]罗莉.西藏文化产业:时代发展的必然产物[J].西藏社会经济与文化发展研究,2013,12.

[5]朱晓进."非遗"传承:"输血"变"造血"[N].人民政协报,2014-7-5.

[6]包桂荣.民族自治地方少数民族非物质文化遗产的法律保护研究[M].北京:民族出版社,2010.

[7]安凌.我国非物质文化遗产传承人的法律保护研究[D].重庆大学硕士学位论文,2012.

[8]李依霖.少数民族非物质文化遗产的法律保护研究[D].中央民族大学博士学位论文,2013.

[9]吴双全.我国非物质文化遗产法律保护的新探索[J].兰州学刊,2013,12.

[10]杨妍,朱启才.非物质文化遗产保护的理论研究综述[J].经济研究导刊,2013,7.

《西藏自治区道路交通安全条例》的立法评价及其完善

雷朝霞[*] 侯 明[**]

摘要:2009年通过的《西藏自治区道路交通安全条例》自施行以来,对维护西藏的道路交通秩序发挥了重要作用。以法制统一性、制度设计合理性、技术规范性、针对性和可操作性为要素对该法规进行评价的结论为其已不能适应西藏道路交通安全的发展和要求,最后对其修正和完善提出了相应的建议。

关键词:《西藏自治区道路交通安全条例》;立法评价;立法完善

《西藏自治区道路交通安全条例》(以下简称《条例》)于2009年通过,2010年1月1日起施行。《条例》实施三年多以来,对于维护西藏的道路交通秩序,预防和减少道路交通事故发挥了重要作用。随着西藏道路交通的进一步发展,道路交通管理工作需要适应新形势,研究新情况,解决新问题。因此,亟需对《条例》能否适应西藏社会经济发展的新形势和道路交通安全的新要求进行立法评价,并结合评价结论进行相应的完善,以提高立法质量和立法水平。

一、《条例》基本情况概述

《条例》是2009年7月经西藏第九届人民代表大会常务委员会第十一次会议通过的一部地方性法规。《条例》由标题、目录、题注、主文四部分构成,分9章,共95条。第一章为“总则”,第二章至第八章分别为“交通安全责任”“车

* 雷朝霞,西藏民族大学法学院讲师。主要研究方向为立法学、知识产权法学。

** 侯明,西藏民族大学法学院教授。主要研究方向为诉讼法学、律师法学。

辆和驾驶人”“道路通行条件”“道路通行规定”“交通事故处理”“执法监督”“法律责任”，第九章为“附则”，未设置分则。

二、对《条例》的立法评价

对《条例》的立法评价主要从法制统一性、制度设计合理性、技术规范性、针对性和可操作性[1]几个方面展开。

(一)法制统一性评价

1.《条例》的规定与宪法、相关法律、行政法规等上位法的基本原则及具体规定是否抵触。《中华人民共和国立法法》(以下简称《立法法》)第 63 条规定："省、自治区、直辖市的人民代表大会及其常务委员会根据本行政区域的具体情况和实际需要，在不同宪法、法律、行政法规相抵触的前提下，可以制定地方性法规。"这样，在不与上位法相抵触的前提下，各省、自治区、直辖市的人大及人大常委会就有地方性法规的制定权。西藏人大常委会据此通过了《条例》并公布施行。《条例》以《中华人民共和国道路交通安全法》(以下简称《道交法》)和《中华人民共和国道路交通安全法实施条例》(以下简称《道交法实施条例》)为立法依据，结合西藏实际，为解决西藏道路交通管理工作的热点、难点问题提供了比较完善的法律保障。《立法法》第 89 条规定："行政法规、地方性法规、自治条例、单行条例应当在公布后的 30 日内报有关机关备案。"《条例》已报全国人民代表大会及其常务委员会和国务院备案。因此可以认定，该地方法规已经通过合宪性审查，符合我国《立法法》中关于地方性法规制定程序的有关规定。《条例》与《中华人民共和国宪法》(以下简称《宪法》)、《道交法》《道交法实施条例》以及其他相关的法律、行政法规等上位法的基本原则不抵触。但是《条例》的具体规定与《道交法》的规定存在不一致的地方。2011 年《道交法》第二次修正的内容有两个，一个是关于酒后驾驶机动车的规定(第 91 条)，另一个是关于机动车牌证管理制度(第 96 条)。《道交法》对酒后驾驶机动车和违反机动车牌证管理都规定了较原来更重的处罚。但是《条例》与这两项相关的第 70 条和第 72 条都没有进行相应的修改，还是沿用《道交法》第二次修正之前的相关规定。因此，《条例》的规定虽然与《宪法》《道交法》《道交法实施条例》以及其他相关的法律、行政法规等上位法的基本原则不抵触，但是和《道交法》的具体规定相抵触。

2.《条例》与相关地方性法规是否相互衔接、协调。与《条例》相关的地方性法规是2006年11月通过并于2011年11月修正的《西藏自治区公路条例》,2000年通过并于2007年3月、2011年11月两次修正的《西藏自治区道路运输条例》。《条例》与《西藏自治区公路条例》《西藏自治区道路运输条例》内容衔接、协调,共同构成了比较健全的西藏道路交通安全法制体系。

3.《条例》设置的行政处罚是否合法、适当。根据《中华人民共和国行政处罚法》(以下简称《行政处罚法》)第8条的规定,行政处罚分为七种:警告;罚款;没收违法所得、没收非法财物;责令停产停业;暂扣或者吊销许可证、暂扣或者吊销执照;行政拘留;法律、行政法规规定的其他行政处罚。根据《道交法》第88条的规定,对道路交通安全违法行为的处罚种类包括:警告、罚款、暂扣或者吊销机动车驾驶证、拘留。《条例》中设置的行政处罚种类有警告、罚款、暂扣或者吊销机动车驾驶证、拘留、没收违法所得。《行政处罚法》第11条规定:"地方性法规可以设定除限制人身自由、吊销企业营业执照以外的行政处罚。法律、行政法规对违法行为已经作出行政处罚规定,地方性法规需要作出具体规定的,必须在法律、行政法规规定的给予行政处罚的行为、种类和幅度的范围内规定。"《条例》设置的行政处罚未超越立法权限。在具体处罚方面,依据《道交法》第123条规定,结合西藏经济发展水平较低的实际,对涉及罚款类处罚的罚款上限分别进行了20%和40%的下调,涉及的条款有第68条、第69条、第70条、第71条、第72条、第73条、第74条、第75条、第78条、第79条、第81条、第83条、第84条。《条例》设置的行政处罚符合西藏的实际,体现了过罚相当的原则。

4.条文内部之间是否冲突。《条例》前后之间相互呼应,既有权利的规定,又有义务的规定;既有倡导性的法律规范,又有禁止性的法律规范;前面有禁止性行为,后面有相应的法律责任条款,条文内部内容基本统一、协调,不存在自相冲突的情况。

(二)制度设计合理性评价

1.《条例》的主要制度设计是否科学、合理。《条例》中的主要制度有交通安全责任制度、交通安全行政许可制度、交通事故损害赔偿责任制度、交通违法责任制度。

(1)交通安全责任制度设计是否科学、合理。交通安全责任制度的核心条款是第7条至第20条,对各级人民政府、安全生产、公安、交通、农牧、建设、卫生、教育、工商、质监、旅游、气象、新闻出版、广播电视等与道路交通有关的各个部门的管理职责和机关、部队、企业事业单位、社会团体及其他组织的职责进行了明确规定。这也是《条例》的地方特色之一。《条例》对《道交法》规定的各个部门的管理职责进行了细化。交通安全责任制度设计基本科学、合理。

(2)交通安全行政许可制度设计是否科学、合理。交通安全行政许可制度的核心条款是第22条:“公安机关交通管理部门应当自受理申请之日起3个工作日内完成机动车登记审查,对符合条件的,应当发放机动车登记证书、号牌和行驶证;对不符合条件的,应当向申请人说明不予登记的理由。”该条明确规定了交通安全行政许可的模式、期限,公安机关交通管理部门对符合条件的,应在期限内发放机动车登记证书、号牌和行驶证,对不符合条件的,应当说明理由,这样管理相对人的权利能够得到及时、有效的保护。《条例》规定的交通安全行政许可制度设计科学、合理。

(3)交通事故损害赔偿责任制度设计是否科学、合理。交通事故损害赔偿责任制度的核心条款是第53条:“机动车与非机动车驾驶人、行人之间发生道路交通事故造成人身伤亡、财产损失的,由保险公司在机动车第三者责任强制保险责任的限额范围内予以赔偿;不足部分按照下列规定承担赔偿责任:(一)非机动车、行人负事故全部责任的,机动车一方承担不超过10%;(二)非机动车、行人负事故主要责任的,机动车一方承担20%;(三)非机动车、行人负事故同等责任的,机动车一方承担60%;(四)非机动车、行人负事故次要责任的,机动车一方承担80%。”该条表明:交通事故损害赔偿的归责原则为过错推定原则,明确了机动车的责任比例标准。在机动车没有过错时,机动车一方承担不超过10%的赔偿责任。10%的比例标准经过多年的实践已被社会普遍接受和认可,除此之外还没有一个其他的比例标准比它更有说服力。该条体现的是以人为本、尊重生命的交通事故处理理念。机动车与非机动车驾驶人、行人之间发生交通事故时,机动车一方要多承担责任。这样做到了既公平确定责任,又体现了对非机动车驾驶人、行人的保护,进一步增强了可操作性。交通事故损害赔偿责任制度明确了各种情形下机动车一方承担责任的具体比例,充分保护了弱势群体的利益,其设计科学、合理。

(4)交通违法责任制度设计是否科学、合理。交通违法责任制度的核心条款是第67条至第93条,即第八章“法律责任”。《条例》规定的法律责任,主要是对道路交通管理相对人违反本法的行为设定的行政处罚以及对公安机关道路交通管理部门及其交通警察设立的行政处分。此外,为了有利于公安机关交通管理部门严格执法,在规定法律责任的同时,还规定了相应的行政强制措施。在规定这些行政责任和行政强制措施的基础上,《条例》也注意了与刑事责任和民事责任的衔接，从而构成了相对独立又相互联系的责任体系。因此，交通违法责任制度的设计科学、合理。

2.《条例》的相关配套制度是否可行。除上述主要制度外，《条例》还规定了驾驶人驾驶安全信息记录制度、机动车准入制度、机动车牌证管理制度、非机动车登记管理制度等配套制度。例如，《条例》第 32 条规定："自治区实行机动车驾驶人驾驶安全信息记录制度。持有西藏自治区核发的机动车驾驶证的驾驶人，或者持有外省市合法的机动车驾驶证驾驶西藏自治区注册登记的营运机动车的驾驶人，应当领取驾驶人信息卡。驾驶人信息卡记载驾驶人道路交通违法、事故处理、违法行为累计记分和其他信息。"《条例》规定的配套制度有利于主要制度的执行，设计合理。

3.执法主体的权责是否具体，对可能存在职能交叉的部门权力配置的规定是否明确。《条例》第 9 条规定："公安机关交通管理部门应当严格执行车辆登记和驾驶人员考试发证制度，维护道路交通秩序，查处道路交通安全违法行为，处理道路交通事故，负责城市道路标志标线、交通信号灯、交通技术监控设备的维护和管理，做好道路交通安全宣传教育工作。"《条例》对公安机关交通管理部门的职责并未采取分项列举式的规定，也未规定兜底条款，这样就无法为未能预料到的情形预留空间。《条例》第八章"法律责任"实际上是对公安机关交通管理部门的执法权力进行了具体的规定，例如公安机关交通管理部门对道路交通安全违法行为可处以警告、罚款、暂扣或者吊销机动车驾驶证、拘留等行政处罚。可见，《条例》对公安机关交通管理部门的权力设定虽清楚、明晰，但对其职责的设定不够全面和周延。除了公安机关交通管理部门这一执法主体外，《条例》在第二章"交通安全责任"中对各级人民政府、安全生产、交通、农牧、建设、卫生、教育、工商、质监、旅游、气象、新闻出版、广播电视等与道路交通有关的各个政府协管部门的管理职责进行了清晰、全面、合理的规定。和《道交法》相比，《条例》对与道路交通有关的各个部门的管理职责的规定更加具体化和细化，这样与道路交通活动相关的各个部门的职能重叠和交叉现象就可避免。因此，《条例》对可能存在职能交叉的部门进行权力配置的规定明确。

4.救济渠道的设置是否合理有效。该项内容包括：(1)交通安全执法单位接受社会监督的规定是否清楚、全面、合理。《条例》第 66 条规定："任何单位和个人都有权对公安机关交通管理部门及其交通警察的违法违纪行为进行检举或者控告。县级以上人民政府公安机关、监察机关应当向社会公布举报电话、通讯地址和电子邮件地址，收到检举控告应当依据职责及时查处。"这是

《条例》中关于交通安全执法单位接受社会监督的规定。该条规定中的“应当依据职责及时查处”并未规定查处的具体期限，“及时”一词规定不清楚，而且《条例》也未规定县级以上人民政府公安机关、监察机关如果对收到的检举控告未及时查处、未查处应当承担什么样的法律责任。所以，《条例》第 66 条关于社会监督的规定不够清楚、全面、合理。(2)管理相对人的权利是否得到充分保障，受侵害时是否得到有效救济。管理相对人的权利和受侵害时的救济规定涉及的条款是《条例》第 54 条、第 62 条、第 63 条、第 64 条、第 65 条。第 54 条管理相对人对交通事故异议的申请复核权、第 62 条对不开具收据的罚款的拒绝缴纳权，是有关管理相对人权利和受侵害时救济措施的核心条款。第 63 条至第 65 条是对公安机关交通管理部门执法时的义务性或禁止性规定，如“不得向当事人收取费用”“不得向当事人收取拖车费用”，但反过来也就是管理相对人的权利。综观《条例》只规定了管理相对人对交通事故异议的申请复核权，如果公安机关交通管理部门对符合道路交通许可或审批条件的人员或车辆不发放驾驶证或不予批准即不作为的话，管理相对人能不能就此提出异议或者通过其他渠道寻求救济，《条例》却只字未提。

由于《条例》关于社会监督的规定不够清楚、全面、合理，管理相对人的权利无法得到充分保障，受侵害时的救济规定不够全面，所以《条例》救济渠道的设置不够合理、有效。

5.设定的执法自由裁量权幅度及范围是否合理。该项内容包括两个方面：(1)是否制定了道路交通行政执法自由裁量具体实施办法。早在 2011 年 4 月，为了规范西藏旅游行政执法行为，统一裁量处罚尺度，西藏旅游局就在《旅行社条例》《旅行社条例实施细则》《导游人员管理条例》和《西藏自治区旅游条例》颁布实施的基础上，制定了《西藏自治区旅游行政处罚自由裁量权规范细化实用手册》并于同年 5 月开始执行，大大降低了执法人员在执法过程中的随意性，对行政处罚的自由裁量权进行了有效的规范，更好地维护了公民、法人或其他组织的合法权益。而在《条例》出台之后，西藏并没有制定道路交通行政执法自由裁量具体实施办法。(2)执法自由裁量权幅度及范围的设定是否合理。《条例》中设定的执法自由裁量权基本上有如下几种：①在行政处罚幅度内的自由裁量权，即公安机关交通管理部门在对交通管理相对人作出行政处罚时，可在法定的处罚幅度内自由选择，包括在同一处罚种类幅度内的自由选择和不同处罚种类的自由选择。如第 84 条规定：“乘车人违反本条例第四十八条规定的，处警告或者 5 元以上 30 元以下罚款。”也就是说，公安机关交通管理部门可以在警告、罚款这两种处罚中选择一种，也可以就罚款的数额加以选择。②对事实性质认定的自由裁量权,即公安机关交通管理部门对交通管理相对人的行为性质或者被管理事项的性质的认定有自由裁量的权力。例如,第77条第2款规定:"有前款行为,影响道路交通安全的,公安机关交通管理部门可以责令停止违法行为,迅速恢复交通。"这里的行为对道路交通安全是否有"影响",缺乏客观的衡量标准,公安机关对"影响"性质的认定有很大的自由裁量权。③对情节轻重认定的自由裁量权。如《条例》第74条规定:"有下列行为之一的,由公安机关交通管理部门处200元以上1200元以下罚款:……(八)非法拦截、扣留机动车辆,不听劝阻,造成交通严重阻塞或者较大财产损失的。"其中"严重阻塞""较大财产损失"都是语义模糊的词,又没有规定认定严重阻塞或者较大财产损失的法定条件,这样行政机关对情节轻重的认定就有自由裁量权。总之,《条例》设定的执法自由裁量权的幅度及范围比较合理。

6.行为模式与法律责任是否配套,违法行为有无对应的处罚规定。《条例》中的具体法律规范的行为模式和法律责任基本上是配套的,典型的如,第24条与第67条、第25条与第68条、第27条与第69条、第33条与第76条、第39条与第79条、第41条与第80条、第42条与第81条、第43条与第82条、第47条与第83条、第48条与第84条都是行为模式和法律责任相对应,违法行为基本上都有相对应的处罚规定。但是《条例》中还有一些行为模式没有相对应的法律责任,如第23条是关于车辆维修经营者的义务性规定,但未规定未履行义务应该承担什么样的法律责任;第37条规定了建设行政主管部门设置盲道及盲道设施的义务,但也未规定建设行政主管部门未履行此项义务的法律责任;还有第40条及第46条,都没有配套的法律责任和处罚规定。也就是说,《条例》中设置的每个违法行为并不是都有相应的处罚规定。

(三)技术规范性评价

1.《条例》的名称评价。《条例》全称是《西藏自治区道路交通安全条例》,是西藏的地方性法规,旨在规范西藏的道路交通秩序,执法者、守法者从《条例》的名称可以看出其性质、规范的主要内容、效力等级,因此,《条例》的名称规范、科学、准确。

2.《条例》的结构安排评价。如前所述,《条例》由标题、目录、题注、主文四部分构成,主文部分采取章、条、款、项的法的体例的编排方式。《立法法》并未就在什么情况下需要设置目录作出规定。《条例》虽然只有95条,但却分为九章,因此设置了目录,这样不仅检索方便,而且给人一目了然的感觉。《条例》

在目录后载明:“(2009年7月31日西藏自治区第九届人民代表大会常务委员会第十一次会议通过)”。这与《立法法》第54条第3款关于法律标题题注的规定是一致的,该款规定:“法律标题的题注应当载明制定机关、通过日期。”就法的体例(即卷、编、章、节、条、款、项、目)的设置而言,《条例》将“总则”“附则”分别纳入章的编排之中,“总则”为第一章,“附则”为第九章,未设置分则,这是该法规在总体框架设计上的一大特征。《条例》因篇幅较短,未设置篇,而以章为最大的编排单位,这样自无划分总则、分则、附则三大块的必要,而是将总则、附则纳入章的编排序列,这与我国大多数法律的编排方式是一致的,基本上是科学合理的。

《条例》第一章“总则”包括6条。第1条规定了《条例》的立法目的,“维护道路交通秩序,预防和减少道路交通事故”是较具体、直接的立法目的,“保护人身安全,保护公民、法人和其他组织的财产安全”是较抽象、间接的立法目的,从具体到抽象、直接到间接的逻辑顺序排列,安排合理,体现了“以人为本”的立法理念。第2条是关于《条例》法律效力的规定:“在自治区行政区域内的车辆驾驶人、行人、乘车人以及与道路交通活动有关的单位和个人,应当遵守本条例。”该条规定了法的空间效力和对人的效力,未规定时间效力。第3条至第6条分别是《条例》的原则、政府职责、主管部门、表彰和奖励的规定,主要明确政府及其相关部门在道路交通中的管理职责,明确公安机关交通管理部门是道路交通安全管理唯一的执法主体,避免了道路交通安全执法的混乱。同时,明确安全监管、交通、建设、农牧、旅游等其他有关部门的职责。

第二章至第八章是《条例》最重要的部分。第二章“交通安全责任”(第7条至第20条)是《条例》独具地方特色之处。本章将各级人民政府、安全生产、公安、交通、农牧、建设、卫生、教育、工商、质监、旅游、气象、新闻出版、广播电视等与道路交通有关的各个部门的管理职责和机关、部队、企业事业单位、社会团体及其他组织的职责进行了明确和细化。道路交通系统的三要素是人、车、路,其中人和车是活动的因素,路是交通运输的基础设施,是比较固定的因素。所以《条例》第三章“车辆和驾驶人”(第21条至第32条)对人、车这两个活动的因素做了具体规定,确立了车辆和驾驶人应该遵守的基本规定。在第四章“道路通行条件”(第33条至第37条)对路这个固定的因素做了规定。虽然只有五条,《条例》却将其独立成章,这样人、车、路三要素在顺序衔接上就比较合理。第四章的内容在于明确和规范道路交通安全的“硬件”,规定了“硬件”就顺理成章地引出了第五章“道路通行规定”(第38条至第48条)这个交通安全管理的“软件”。因此,第四章起的是承上启下的作用。第五章共11

条，规定了道路通行的基本通行原则以及机动车、非机动车、行人和乘车人的主要通行规则。但因在制定《条例》时，西藏处于零高速状态，所以第五章中没有高速公路通行的有关规定。第六章“交通事故处理”（第49条至第54条）对交通事故的处理做了具体规定。第七章“执法监督”（第55条至第66条）对作为执法主体的公安机关交通管理部门及其工作人员交通警察的执法行为设置了各项监督制度，目的是规范权力的行使、防止权力的滥用。将本章的内容设置在第八章“法律责任”之前，体现了西藏政府保护公民权利和从严治警的决心。第八章“法律责任”（第67条至第93条）共有27条，是条文数量最多的一章。根据行为所违反的法律规范的不同，可将法律责任分为刑事责任、行政责任和民事责任三种。《条例》规定的法律责任，有对道路交通管理相对人违反本法的行为设定的行政处罚以及对公安机关道路交通管理部门及其交通警察设立的行政处分，还规定了相应的行政强制措施。《条例》也注意了行政责任、行政强制措施与刑事责任和民事责任的相互衔接，责任体系相对独立又相互联系。[2]

《条例》第九章为“附则”，附则即法律的附属部分，附则不是每个规范性文件都必须具备的。其内容主要包括：关于名词、术语的定义；关于解释权的授权规定；关于制定实施细则的授权规定等。[3]258《条例》“附则”共两条，对道路交通安全协助管理人员及《条例》的施行日期做了规定。

总之，《条例》的整体结构安排合理，顺序恰当，条文间逻辑关系清楚。

3.《条例》的语言表达技术评价。立法语言是法律语言的书面表现形式之一，立法语言要求准确肯定，简洁凝练，规范严谨，庄重严肃和通俗朴实。

(1)准确肯定。“就是用清楚、具体、明白无误的语言文字，在法律条文中规定人们的条件、行为模式和法律后果以及其他内容。”[3]269《条例》在语言表述上是比较严谨的。例如第5条规定：“自治区人民政府公安机关交通管理部门负责全区道路交通安全管理工作。市(地)、县人民政府公安机关交通管理部门负责本行政区域内的道路交通安全管理工作。安全监管、交通、建设、农牧、旅游等其他有关部门在道路交通安全工作中依法履行相应的职责。”

当然，在坚持立法语言的准确性、肯定性的同时，有条件地使用模糊词语也是可以的。《条例》中就有很多使用模糊语言的例子。例如第74条规定：“有下列行为之一的，由公安机关交通管理部门处200元以上1200元以下罚款：……(八)非法拦截、扣留机动车辆，不听劝阻，造成交通严重阻塞或者较大财产损失的。”其中“严重”“较大”都是模糊词语，这样法律条文在适用时就有一定的伸缩性和灵活性。

(2)简洁凝练。“是指通过使用包含较大信息量的语言文字，用尽可能少的语言材料表达尽可能多的内容。”[3]270 如第 83 条规定：“驾驭畜力车的驾驭人有下列行为之一的，交通警察应当予以警告，或者处 5 元以上 30 元以下罚款：(一)驾驭未驯服的牲畜的；(二)横过道路不下车牵引牲畜的；(三)离开畜力车不拴系牲畜的；(四)驾驭畜力车并行的。”这里为了表义清楚、易懂，就使用了并列复指结构(一)、(二)、(三)、(四)项，并列做“下列行为”的复指成分。这种复指成分一般使用“的”字短语，这已成为立法语言中程式化的语言形式之一，“的”字短语概括性强、包容性大，其使用避免了冗赘，使立法语言简洁、明确。

(3)规范严谨。立法语言一般要符合常规；文字的使用必须字斟句酌，力求严密周详、无懈可击。[3]270-271《条例》中有几处存在相同情况用不同词汇表述、前后不一致的情况，例如：第 71 条第 3 款规定：“有前两款行为的，由公安机关交通管理部门扣留机动车至违法状态消除。”第 4 款规定：“运输单位的车辆有本条第一款、第二款规定的情形，经处罚不改的，对直接负责的主管人员处 2000 元以上 3000 元以下罚款。”第 3 款的表述是“有前两款行为的”，第 4 款的表述又是“运输单位的车辆有本条第一款、第二款规定的情形”。再如：第 74 条第 1 款规定：“有下列行为之一的，由公安机关交通管理部门处 200 元以上 1200 元以下罚款……”；第 2 款规定：“行为人有前款第二项、第四项情形之一的，可以并处吊销机动车驾驶证；有第一项、第三项、第五项至第八项情形之一的，可以依法并处十五日以下拘留。”第 1 款的表述是“有下列行为之一的”，第 2 款的表述又是“行为人有前款第二项、第四项情形之一的……；有第一项、第三项、第五项至第八项情形之一的……”，同一条文的表述前后存在不一致之处。依据《现代汉语词典》，“行为”是指“受思想支配而表现在外面的活动”，“情形”是指“事物呈现出来的样子”，二者词义有明显区别。《条例》第 71 条和第 74 条在同一条文中针对同一项内容，第一款将其称作“行为”，第二款将其称作“情形”，究竟有何区别，令人费解。另外，《条例》在数字和时间的表述上也存在前后不一致的情况，容后详述。因此，《条例》的立法语言在规范严谨性上有一定的欠缺。

(4)庄重严肃。《条例》中未夹杂日常生活口语、文学语言等非法律语言，也没有使用怀疑性、询问性、商榷性、讨论性、建议性和其他不肯定性的文字。《条例》在表述事物如组织机构、时间、文件等时，也都使用的是全称，没有用简称。这样无疑是庄重、严肃的。

(5)易于为人们所理解和掌握，还要通俗朴实，即平实质朴、明白易懂。综观《条例》全文,没有使用晦涩难懂的词语,没有用形象性的词汇和文学上的夸张、比喻、形容等手法,没有用隐语、诙谐语和双关语等,也没有使用地方语言、古语等不容易被人理解的语言和已经过时的旧的公文程式套话。《条例》的语言做到了易看、易读、易懂。

4.《条例》的标点符号、数字表述评价。标点符号是法律语言必不可少的组成部分。规范性文件中最常用的符号有逗号、句号、顿号、分号、冒号、括号和书名号。综观《条例》,使用较多的标点符号是逗号、句号、顿号、分号、冒号,《条例》对标点符号的使用符合国家语言文字规范标准。由于《条例》中涉及期限和罚款,因此在很多地方都使用了数字表述。国家语言文字规范标准虽然对在什么情况下应该使用中文表述数字,在什么情况下应该使用阿拉伯数字表述数字没有规定,但是《宪法》《立法法》《道交法》等除了对日期的表述使用阿拉伯数字外,表述数字的时候,都是使用中文。而《条例》对数字的表述存在前后不一致的地方比较多。例如:同样是表示期限,《条例》在第 23 条表述为“一年”,在第 36 条第 2 项表述为“5 日”,在第 64 条表述为“3 日”,在第 70 条表述为“一个月以上三个月以下”“十五日”;同样是表示百分比,《条例》在第 53 条分别表述为“10%”“20%”“60%”“80%”,而在第 71 条则表述为“百分之二十”“百分之三十”,在第 74 条第 4 项表述为“百分之五十”。我国《宪法》《立法法》《道交法》以及我国其他效力层级较高的法律如《中华人民共和国刑法》等对距离、年龄、货币金额、期限的表述都是使用中文,而《条例》在表示距离、年龄、货币金额等时都是使用阿拉伯数字,这与我国高位阶规范性文件对距离、年龄、货币金额等的表述不一致。因此,《条例》的标点符号使用规范,但数字的表述不符合国家语言文字规范。

(四)针对性和可操作性评价

1.《条例》的各项规定是否符合西藏道路交通安全管理的实际,能否解决道路交通安全管理中的问题。除总则和附则外,《条例》其他七章的各项规定虽然基本上符合《条例》制定当时西藏道路交通安全管理的实际,但是随着西藏经济的不断发展,西藏已经打破了零高速的状态,拉萨至贡嘎机场专用公路作为西藏首条高速公路已于 2011 年 7 月通行,以后还会有更多的高速公路建成并投入使用,《条例》第五章“道路通行规定”对高速公路的通行没有进行规定,所以《条例》现在已经不太符合西藏道路交通安全管理的实际情况,无法针对性地解决道路交通安全管理中出现的各种问题。

2.条款内容是否具有针对性。综观《条例》,条文中使用“积极”“鼓励”“支持”等政策性语言的地方不多，只在第4条使用了“加强”“组织落实”；条文中使用“及时”“限期”“按时”“增强”等不确定性语言的地方也不多，在第10条、第18条、第19条、第36条、第49条、第50条、第59条、第60条、第65条、第66条、第72条、第76条、第85条使用了“及时”，在第30条使用了“按期”，在第49条使用了“尽快”。《条例》中提倡性、号召性、宣示性条款较少，实质性、具体化条款较多，条文的可操作性较强，便于有效处理道路交通违法行为。

3.是否重复立法，是否对上位法的规定进行了细化。《条例》具有明显的地方特色，《条例》第二章“交通安全责任”（第7条至第20条）、第21条、第23条、第24条、第27条、第31条、第37条、第48条、第59条都是具有地方特色的条款和制度，并没有对上位法《道交法》和《道交法实施条例》进行简单的、大量的照抄照搬，这些具有地方特色的条款和制度都是根据本地实际对上位法的原则规定、授权性规定和主要制度进行的细化，因此具有很强的针对性和可操作性。

4.名词术语是否界定清楚，无歧义。规范性文件中对名词术语和重要用语的解释通常在附则部分。《条例》第九章“附则”只是对道路交通安全协助管理人员及《条例》的施行日期做了规定，并未对《条例》中涉及的其他名词术语进行界定。

5.行政许可、审批的可操作性是否强。《条例》中涉及行政许可的核心条款是第22条，涉及行政审批的核心条款是第27条，即：“自治区对电动自行车、人力三轮车、残疾人机动轮椅车实行登记管理。车辆所有人应当到当地公安机关交通管理部门申领非机动车牌证。未经登记的，不得上道路行驶。申请人申请非机动车登记应当交验车辆，并提交以下材料：(一)车辆所有人的身份证明；(二)车辆来历证明；(三)车辆出厂合格证明或者车辆进口凭证。申请残疾人机动轮椅车登记的，应当提交残疾人证明和县级以上医疗机构出具的下肢残疾的证明。”《条例》设置的交通安全行政许可和审批必要且条件具体、公开、合理，时限明确，程序便民，可操作性强。

三、进一步完善《条例》的几点建议

《条例》颁布实施以来，为西藏的道路交通管理提供了法律保障，为有关职能部门依法行政提供了管理依据，为西藏的道路交通秩序营造了良好的法制环境。从总体上看，《条例》的制定和实施，对于维护西藏的道路交通秩序起到了积极的推动作用，取得了较好的社会效益，基本实现了其立法目的。但随着经济社会的发展，道路交通管理工作中出现了新情况、新问题，《条例》已不能适应新形势的发展和西藏道路交通安全的要求，有必要进行相应的修订。针对《条例》评价中出现的各种问题，提出如下修改建议：

1.完善公安机关交通管理部门的职责。建议对公安机关交通管理部门的职责采取分项列举式的规定，并增加规定兜底条款，如“法律、行政法规规定的其他职责”，为未能预料到的情形预留空间。

2.增加设置管理相对人的救济渠道。建议《条例》关于社会监督的规定应明确查处的期限，建议增加管理相对人对公安机关交通管理部门不作为的异议权或救济渠道。

3.完善交通违法责任制度。具体包括：

(1)建议增加关于车辆维修经营者的法律责任，建设行政主管部门未设置盲道及盲道设施的法律责任，机动车违反借道通行或变更车道规定的法律责任，自行车、电动自行车违反道路行驶规定的法律责任。

(2)修改酒后驾驶机动车的法律责任。建议按照《道交法》第 91 条的规定，对《条例》第 70 条关于酒后驾驶机动车的法律责任进行修改。

(3)修改违反机动车牌证管理的法律责任。建议按照《道交法》第 96 条的规定，对《条例》第 72 条关于违反机动车牌证管理的法律责任进行修改。

4.规范立法语言，使其前后一致。具体包括：

(1)规范同一条文的前后用语。建议将第 71 条第 4 款的表述改为“运输单位的车辆有本条第一款、第二款规定的行为”，以便和第 71 条第 3 款表述一致；将第 74 条第 2 款的表述改为“行为人有前款第二项、第四项行为之一的……；有第一项、第三项、第五项至第八项行为之一的……”，以便和第 74 条第 1 款表述一致。

(2)规范数字表述。建议对距离、年龄、货币金额、期限进行表述时统一使用中文，如“百分之十”“五日”“五十元以上二百元以下”等。

5.增加高速公路的通行规定。建议在《条例》第五章“道路通行规定”一章中根据《道交法》和《道交法实施条例》的有关规定，增加高速公路的通行规定。

6.界定《条例》中涉及的名词术语。建议在附则部分对有可能引起歧义或不同理解的名词术语进行定义，如“城市客运车辆”“公路客运车辆”等。

参考文献：

[1]市人大常委会法制工作委员会关于委托开展《重庆市消防条例》立法后评估工作的函[EB/OL]. http://www.ccpc.cq.cn/zgwgzdt/fgwgz/201303/t20130327_58310.html/2014-2-23.

[2]龚昌旦.《道路交通安全法》立法后评估制度初探[D].山东大学硕士学位论文,2009.

[3]朱力宇,张曙光.立法学:第三版[M].北京:中国人民大学出版社,2009.

西藏藏族婚姻纠纷调处主体及其现代嬗变

李春斌*

摘要：通过对西藏藏族传统社会婚姻纠纷调处主体及其现代变迁的梳理和考察，发现在当下的西藏社会，代表国家公权力的村长、人民调解员、信访组织、法院等部门发挥着最终裁判功能，代表私力救济的亲朋好友、寺院喇嘛、村庄精英只起着辅助性的作用。在实际案件的解决过程中，作为魅力型权威代表的喇嘛并没有出现在调解过程中，取而代之的是代表国家——权力"在场"的"村长""法官""信访组织"等权力符号体系，具有明显的国家——权力中心主义的色彩。

关键词：西藏；藏族；藏族婚姻纠纷；藏族婚姻法律文化

藏族是一个非常注重秩序圆满及和谐的民族。藏族著名英雄史诗《格萨尔》中有句谚语说道："牦牛尾巴长了春季伤膘，纠纷尾巴长了殃及子孙。"①该谚语说的就是要及时解决纠纷，追求秩序圆满。而在藏族著名的格言典范《萨迦格言》中更是说道："强求一律是纠纷的根源，清规戒律是绑人的绳索。"②该格言强调的正是不要人为制造纠纷和冲突，要给社会主体各种自由。

当然，受佛教因果报应、生死轮回观念的影响，藏民所谓的和谐是一种动

---

* 李春斌，西藏民族大学法学院副教授。

基金项目：本文系作者主持的国家社会科学基金项目"西藏藏族婚姻法律文化研究"(12CFX058)及教育部人文社会科学研究一般项目(西藏项目)"西藏农牧区社会保障现状调查及法制建设研究"(11XZJC820001)的阶段性成果。

① 尕藏才旦.史前社会与格萨尔时代[M].甘肃民族出版社，2001：105.

② 萨班·贡嘎坚赞.萨迦格言[M].次旦多吉，等译.拉萨：西藏人民出版社，1980：48.

态和谐。社会的秩序可以打破，但必须恢复，只要通过赔偿，并用赔偿的物质或金钱超度亡魂，使亡魂尽快转世，那么受害者和加害者之间的平衡就可以恢复。“纠纷不是社会反常的标志，相反，它是达至平衡和和谐的路径，藏民这种生发于宗教的和谐观缓解了当事人之间的世俗紧张关系。”①西藏藏族婚姻纠纷解决机制中的调处主体作为藏族婚姻法律文化的重要组成部分在总体上适用上述藏族社会对于纠纷认知的基本理念。

最高人民检察院首席大检察官曹建明则撰文指出，“在司法过程中，将善良的民俗习惯有条件地引入审判领域，在不与现行法律冲突的前提下，运用善良风俗解决社会矛盾纠纷，将民俗习惯的合理运用作为对法律适用的一定补充”②是转变司法观念、创新工作方式的具体体现，也是人民法院有效化解社会矛盾、促进社会和谐的重要举措。江苏省率先在全国通过了《江苏省高级人民法院关于在审判工作中运用善良民俗习惯有效化解社会矛盾纠纷的指导意见》(苏高法审委[2009]1 号)，并在泰州市、姜堰市等地展开试点工作。③ 在此背景下，有关对西藏婚姻纠纷调解机制中调处主体及其现代嬗变的研究，有重要的意义。

一、西藏藏族传统社会婚姻纠纷调处主体

在传统西藏社会中，婚姻纠纷解决主要通过调解和审理解决，可称之为“调处”。调处分为调解和处理两种方式。调解一般是非对抗性的，并且可能是非正式进行。处理(包括审理)则集中表达了西藏藏族社会的整体利益要求。“审理的目的反映在公共权威采取的各种救济或补救措施之中(如恢复原状、损害赔偿等)，或者试图要求某人作出某种行为或停止一定的行为(如要求停止违反习惯法的行为)，或者要求界定或明确习惯法权利”。④

西藏藏族婚姻纠纷调处机制在藏族传统社会冲突的解决中具有重要作

① 周欣宇.文化与制度：藏区命价纠纷的法律分析[D].西南政法大学博士学位论文，2009:38。

② 曹建明.和谐司法视野下民俗习惯的运用[J].人民法院报，2007-8-30(5).

③ 公丕祥.民俗习惯司法适用的理论与实践[M].法律出版社，2010.

④ 彼得·G. 伦斯特洛姆.美国法律辞典[M].贺卫方，等译.中国政法大学出版社，1998:27.

用，对于藏族社会纠纷的处理、社会秩序的维持、民族认同的形成，甚至在某种程度上对社会公正的实现均具有积极意义。由于在民主改革前，西藏社会是“政教合一”的体制，因此，在传统西藏藏族社会婚姻纠纷的解决中，“政教”之全权代表——活佛、喇嘛及有名望的僧侣，部落首领及其直系后裔、部落头人、部落长老、部落“卓博”等起着非常重要的作用。

(一)活佛、喇嘛及有名望的僧侣

“活佛”，最早是指宗教修行中获得成就的僧人，在藏语里叫“朱古”(*sprul-sku*)，有幻化的意思，“朱”是变幻之意，“古”是藏语敬语，意思是“身体”，“朱古”连起来就是指“化身”。所有藏传佛教转世修行者都能拥有这个称号，通常也会被称为“仁波切”(藏语，意思为“上师”，直译为汉语，是“宝”的意思。但是这个称谓并不专属于转世者，只要修行有所成就的人，都可能被冠上这个称谓)。到元代活佛转世[①]制度创立后，活佛成为寺庙领袖的特称。在“政教合一”的体制之下，“活佛”就是藏族人的无上至尊精神领袖和导师。

“喇嘛”，也是藏传佛教中对“上师”的一种称呼。“喇嘛”的意思是“上师”，是梵语中“*Guru*”一词的翻译对应词。“*Guru*”本意为“重”，引申为“受尊重的”“受敬重的”，又引申为“所尊重的、敬重的人”，即“上师”“本师”或“师长”。在藏传佛教中，喇嘛有着特殊地位，是整个藏传佛教组织系统的核心。藏传佛教信徒对喇嘛往往敬若神灵。通常说，佛教包含佛、法、僧“三宝”，但在藏传佛教中确有佛、法、僧、喇嘛“四宝”之说，将喇嘛置于与“三宝”相等的崇高地位。

---

① 所谓“活佛转世”，即是活佛圆寂后为了继续完成普度众生的善缘，不昧本性，寄胎转生，进而通过一定的宗教程式承袭其前身之名号、地位等的一种宗教行为。作为转世的活佛，一般必须具备以下几个基本条件：第一，具有活佛名号及其身份，或达到佛的境界，而其他人(包括普通僧侣)都不能进行转世。第二，必须通过一定的宗教程式，方能承袭前世名号、地位等，从而成为转世活佛。否则，即为非法，同时也很难得到广大信徒的认同。第三，作为转世活佛，必须拥有一定的信徒。倘若没有信徒，活佛也就名存实亡[参见星全成.藏传佛教活佛转世制度研究[J].青海民族学院学报(社会科学版)，1998(01).]。在1252年，藏传佛教噶玛噶举派高僧噶玛拔希，被蒙古大汗蒙哥封为国师，噶玛拔希临终前为保住本教派利益，以佛教意识不灭、生死轮回、化身再现、乘愿而来为依据，要求弟子寻找灵童继承黑帽，黑帽系活佛转世制度就此建立起来。后来藏传佛教各派纷纷仿效，其中最大的两个世系转世是达赖活佛和班禅活佛。其次是用于确认蒙藏大活佛、呼图克图的转世灵童{参见东嘎·晋美.从活佛到教授——追忆我的父亲东嘎·洛桑赤列[J].西藏教育，2012(6).}

而实际上，尊敬上师也是印度佛教的传统，在印度密教组织中更是如此。这种传统随着密教一同传入西藏，在西藏愈演愈烈。由于喇嘛在藏传佛教中占据极其重要的地位，人们也有把藏传佛教称作"喇嘛教"的。① 当代美国著名藏学家戈尔斯坦的巨著《喇嘛王国的覆灭》，②则将西藏民主改革前的传统社会简称为"喇嘛王国"，可见"喇嘛"在西藏的地位了。

活佛、喇嘛都生活在寺院中。在"政教合一"的农奴制度下，寺院"不仅是宗教活动中心，同时具有辖区行政管理权；不仅有执法权，同时也有立法权；寺主或活佛在自己的势力范围内具有至高无上的政治权力，主宰本地区广大农牧民的命运"。③ "舍寺院无教育"，寺院既是活佛肉体上的栖息地，也是精神知识传播的殿堂。事实上，就传统藏族社会而言，一般情况下，只有僧侣及贵族子弟才有资格接受教育。另外，传统上，佛教也视大智大慧的活佛所从事的教育事业为最高尚的职业，这在藏语文本中的《萨迦格言》《水树格言》等格言典籍中多有记载。而有名望的僧侣虽然没有达到"佛"的成就，但其修行也达到了一定的境界，受到特定区域内广大信众的认同，④因而也具有极高的威

---

① 王尧，陈庆英.西藏历史文化辞典[J].拉萨：西藏人民出版社；杭州：浙江人民出版社，1998：144.

② 该书全称为《西藏现代史(1913—1951)——喇嘛王国的覆灭》，其英文全称为"A History of Modern Tibet，1913—1951：The Demise of the Lamaist State"，该书获亚洲研究协会颁发的"20世纪中国最佳图书奖——约瑟夫·列文森奖"荣誉奖(提名)。国内的译本参见[美]梅·戈尔斯坦.喇嘛王国的覆灭[M].杜永彬译，中国藏学出版社，2005.

③ 洪源.关于寺院、僧侣、活佛的法律地位与财产所有权有权刍议[J].西藏研究，1999，1：78.

④ 有研究者通过考察青海海南藏族自治州的相关史料后指出，从藏族部落习惯法一项重要特点就是通过社会知名人士进行调解，这些人士大多为藏区有一定知识文化的"能人"，其中很多为佛教僧侣(张鹏飞.藏族部落习惯法对司法实践消极影响的考察——以青海省海南藏族自治州为例[M].兰州大学硕士学位论文，2011：33.)。另有研究者指出，在甘肃甘南藏区，由于权威调解人士可能兼有几种身份，像寺院活佛作为知名人士在人大、政协担任职务、部落头人跻身政协在藏族社会较为普遍，如拉卜楞寺嘉木样活佛现任甘肃省人大常委会副主任，碌曲县西仓十二部落总头人才巴朗杰原是土官郭哇，现为碌曲县政协副主席就是佐证(蒙小莺，蒙小燕.解析当代甘南牧区民间纠纷调解中的藏族部落习惯法[J].中国藏学，2010：1.)。可见，僧侣及最高修行者活佛不仅在西藏藏区，在青海及甘肃等藏区同样具有至尊的威望。

望。在西藏，不尊重寺庙、不尊重喇嘛、不尊重经典是要受到指责的。①

一般来讲，寺院僧人出面调停是常见的，这主要是因为僧人作为宗教上的信仰对象，被人们视为公正、善良的化身，甚至是佛菩萨的化身，他们的裁决被视为神佛的意志。一般的僧侣尚且如此，那么活佛、喇嘛及有名望的僧侣的调停裁判可想而知了。这些客观的背景使得活佛、喇嘛及有名望的僧侣成为重大婚姻纠纷事件(一般情况下表现为部落或头人之间因为婚姻纠纷而引起的大规模的械斗等)②——的重要担当。

(二)部落首领及其直系后裔

部落首领及其直系后裔是传统西藏社会婚姻纠纷解决机制中的另一个重要民间权威。一般而言，部落首领及其直系后裔依据习惯法享有一定范围内的特权。在部落中，最基层的头人是由部落民众推选产生的，称为“老民”，专职负责调解。③ 以西藏当雄宗④为例，早在20世纪以前就已分成8个部落。每个部落都设有甲本、藏革、坤都、久本、马本、休令等头人。其中甲本是由8

---

① 王尧，陈庆英.西藏历史文化辞典[M].拉萨：西藏人民出版社；杭州：浙江人民出版社，1998：333.

② 有研究者指出，时至今日，在部分藏区，受民主改革之前藏族社会政教合一的社会管理模式影响，婚姻纠纷的解决仍主要是运用传统的方法和力量，如发生在2009年5月青海省果洛藏族自治州牧区社会的一起婚姻纠纷，由于处理不当后发生缠杀，就是运用传统纠纷解决方式解决的。其处理的一般情形是：当任何一方对家庭财产分割有争议时，都需要进行再一轮的谈判。有些部落规定，因男方有外遇引起纠纷时，只要证据确凿，男方需要给女方赔偿一个人的命价。谈判一般由当事人双方亲属出面。协商不成后，双方会纠集各自的势力、带领更多的人来示威。如果双方彼此不甘示弱，纠纷会进一步升级，这时极有可能发生械斗事件。如果杀死了人，就要赔偿死者的命价。这时候，就会有活佛及有名望的僧侣等组成调解组织进行调解(冯海英.传统与现代：论安多藏族牧区社会冲突治理——基于两类常见纠纷的思考[J].西藏研究，2010：4.)。

③ 王尧，陈庆英.西藏历史文化辞典[J].拉萨：西藏人民出版社；杭州：浙江人民出版社，1998：176-178.

④ “宗”(rdzong)，意为“寨落”或“城堡”，旧籍也作“营”。清代西藏地方政府基层行政机构，相当于内地的县，隶属于“基巧”(*spri-khyab*，相当现专区一级的行政区域)管辖。以其区域的大小、人口的多寡和地理位置的重要，分为边宗、大宗、中宗和小宗(即四个等级)。边宗、大宗人口二三百户不等，小宗仅百余户。通常边宗、大宗多设僧俗宗本(边缺营官)为五品。清代乾隆年(1763—1795)间，全藏共计122宗(营)，大小宗本162人(王尧，陈庆英.西藏历史文化辞典[M].拉萨：西藏人民出版社，1998：353.)。

个部落中年长而任职最长的藏革提升，经色拉喇吉批准任命的，是终身的职务。他也是部落的最高头人，管理本部落百姓，执行宗本的一切指示与命令，帮助宗本登记人口，并“调处本部落的一般日常纠纷，维护部落治安”。① 再以西藏那曲地区的那曲宗之罗马让学部落为例，“如果属于一般性的偷盗、打架、离婚、分家、债务纠纷等案件可由甲本处理”。② “甲本”就是当地的部落头领，像婚姻纠纷就是典型的“一般日常纠纷”，这种纠纷一般会由部落头人进行调解。

实际上，这种情况不仅仅存在于西藏，在青海等藏区也是普遍存在的。例如，位于现在青海省海北藏族自治州范围内的《刚察部落制度及法规》中记载：“家庭失和，夫妻离异，须征得头人允许。”③

在藏族的英雄史诗《格萨尔王传》中对头人的调解和处断也做了描述：“恳请贵国主持公道声张正义，让死者得到安息，让凶犯受到惩罚，唯有贵国能担此重任。希望遵照法王麦吾的遗命，本着人道中十六条法律，和天道中因果的微细报应，及诉讼处断的十二条法规，作出合理的定谳，虽然负担起这个职责的人很多，但是我们还是想烦请二王做决断”。④ 这里的二王即《丹玛青稞宗》⑤中的总管王戎查叉银和副总管王达让阿奴司盼，这说明部落头人就是典型的纠纷解决人。

事实上，正是因为这种特殊的身份，使得部落头人及其后裔享有很高的威望，而这种威望又使得属民对其极其信任，这种信任使调解作为西藏藏族婚姻

① 参见张济民主编.渊源流近：藏族部落习惯法法规及案例辑录[M].青海人民出版社，2002:106.实际上，在其他藏区，上述情况同样存在。如在青海省的现果洛藏族自治州范围内的莫坝部落，依据《莫坝部落旧制与法规》，部落首领是至高无上的，有许多特权，主要有：(1)掌握部落的政教大权，保持部落的稳固；(2)制定法令、税则；(3)任免官职；(4)处罚牧民，没收财产；(5)审理案件，裁判纠纷；(6)决定迁移游牧的时间和草山划分；(7)摊派无偿差役；(8)收取婚嫁礼款；(9)享有丧葬生育中的礼遇；(10)处理绝户财产；(11)租赁或割让草山；(12)组织和指挥部落武装；(13)处理对外部落的交涉；(14)决定部分宗教活动；(15)摊派对僧侣的供奉和寺院的修缮费；(16)摊派无偿劳役等(张济民主编.渊源流近：藏族部落习惯法法规及案例辑录[M].青海人民出版社，2002:14-15.)。

② 《中国少数民族社会历史调查资料丛刊》修订编辑委员会编.藏族社会历史调查局.3(修订本)[M].民族出版社，2009:45.

③ 张济民.渊源流近：藏族部落习惯法法规及案例辑录[M].青海人民出版社，2002:87.

④ 角巴东主.丹玛青稞宗[M].高等教育出版社，2011:29.

⑤ “丹玛青稞宗”是《格萨尔王传》中的其中一部史诗。

纠纷解决机制进一步正当化。

(三)部落长老

"部落长老",藏语中叫"措本"(*Tsho-dpon*),其在西藏藏族的婚姻纠纷调处机制中也扮演着非常重要的角色。在西藏传统社会,老人凭借其年龄、资历等所积累的经验,往往会成为部落内部的智者,而这正是民间调解人所具备的最为重要的素养。祷词"苯拉休果马东,乘拉度果马东",意思就是"但愿不要去告官,但愿不要到法场",就是讲用告状打官司来解决是没有办法的办法。[①]相较而言,他们更愿意选择同一社会共同体内的其他人,如长者等来解决他们的纠纷。

西藏社会历来有尊老的习俗。[②] 早在吐蕃松赞干布时期,在佛法"十善"基础上制定的《法律二十条》中就规定,要"孝顺父母,报父母恩",并要"尊敬高德,以德报德"。[③] 有着藏族《论语》之称的《礼仪问答写卷》中记载了"孝"的作用和意义,认为"孝""尊老"会有无上的"福报","若能如此行事,自己所做一切,必将平安、顺利"。反之,如果"不能控制、约束自己,听信他人之言,心生误念,杀害、分裂主子、官人、父母乃至亲友、奴仆当中诸人,此等恶人,所有见之者,可视之为鬼魅"。"父母养育儿子,儿子敬爱父母之情应如珍爱自己的眼睛。父母年老,定要保护、报恩。养育之恩,应尽力报答为是。例如,禽兽中之豺狗、大雕亦报父母之恩,何况人之予乎。虽不致如愚劣之辈不能利他,也应听父母之言,不违其心愿,善为服侍为是。""不孝敬父母、上师,即如同畜生,徒有'人'名而已。"[④]"父母、上师"等年龄较大的长者一般会成为人们尊敬的对象。而在牧区藏族部落中,"尊老"更加成为一种基本礼俗,因为父母是养育自己的最大恩人,一切老人又都是有经验的生产能手或是一切知识的传人,所以对老人都十分尊敬。一般情况下,"有了纠纷和争端也要请老人调停"。[⑤]

这在其他藏区也有体现。如清代光绪二十五年(1894 年)十月初一,云南藏民制定的《三行老人、头目公议重订详细章程》中,在涉及处理婚姻方面的纠

---

① 潘志成.藏族社会传统纠纷调解制度初探[J].贵州民族学院学报(哲学社会科学版),2009(1):16.

② 据笔者 2010 年和 2011 年两次进藏田野调查,这种西藏社会的"尊老习俗"直到当下依然如故。

③ 李鸣.中国民族法制史论[M].中央民族大学出版社,2008:138-139.

④ 王尧,陈践.敦煌古藏文《礼仪问答写卷》译解[J].西北史地,1983(2):14.

⑤ 陈庆英.藏族部落制度研究[M].中国藏学出版社,1995:411.

纷时,“老人”就是最重要的纠纷裁判人之一。在甘肃甘南的卓尼藏区,在接到原告的诉讼请求一两日之内,大总承即交由该村老民三四人负责调解,调解时,老民中的一人代表原告发言,一人代表被告发言,其他人处于仲裁地位。[①]甘肃甘南藏区,老民也是一般民间纠纷——当然包括婚姻纠纷——的调解主体。另外,在四川的西康(即现甘孜藏族自治州)理塘一带,群众之间发生口角、打架等纠纷,一般也是由威信较高的老人出面调处,事后向头人报告。[②]

(四)部落“卓博”

“卓博”,藏语为“*Grogpo*”,意为“亲朋好友”。人总是生活在一种由血缘关系所组成的差序格局中。因此,在发生婚姻纠纷时,人们基于信任首先想到的便是通过自己的“卓博”来解决问题。

通过“卓博”解决纠纷是西藏藏族婚姻纠纷解决机制中最常用的方式之一。如西藏那曲县桑雄阿巴部落在离婚时,一般是“双方协商,亲友知道后劝解无效而分居”,“至于很贫困的家庭(离婚)头人是不管的,双方家长只能做些劝解工作”。[③] 部落“卓博”解决婚姻纠纷,总体上而言属于“私力救济”[④]的范畴。通过部落“卓博”解决纠纷,是基于对自己亲朋好友的信任,因此往往能收到较好的效果。

---

① 陈庆英.藏族部落制度研究[M].中国藏学出版社,1995:239.

② 徐晓光.藏族法制史研究[M].法律出版社,2000:351.

③ 《中国少数民族社会历史调查资料丛刊》修订编辑委员会编.藏族社会历史调查局.3(修订本)[M].民族出版社,2009:207-208.

④ 所谓私力救济,简言之,就是通过私人的力量解决纠纷的方式。私力救济可以分成不同的几种情形:一是纠纷当事人一方直接以暴力方式,强制或者要挟对方当事人服从,这种私力救济,所凭借和依赖的就是暴力,所以,有力的人必然对乏力的人带来不公。二是纠纷当事人一方委托第三人,通过一定方式处理纠纷,“摆平矛盾”。三是双方当事人以武力的方式解决,即当事人相互施之以武力,直到一方取胜。四是纠纷双方当事人之间通过协商解决纠纷。五是纠纷双方当事人在可信任的第三人主持下,所进行的协商[谢晖.论民间法与纠纷解决[J].法律科学(西北政法大学学报),2011:6.]。有关私力救济,徐昕、桑本谦、范愉、左卫民等学者进行过详细的考察(徐昕.论私力救济[M].中国政法大学出版社,2005;桑本谦.私人间的监控与惩罚[M].山东大学出版社,2005;左卫民等.变革时代的纠纷解决:法学和社会学的初步考察[M].北京大学出版社,2007:12-34;范愉.私力救济考[J].江苏社会科学,2007:6.)。

二、西藏藏族婚姻纠纷调处主体的现代嬗变

1959年西藏“民主改革”后，随着西藏传统社会最基本的制度——政教合一的封建农奴制的彻底废除，西藏地区实现了百万农奴梦寐以求的当家做主的权利。西藏的社会制度也实现了历史性跨越，由“政教合一”的封建农奴制社会进入人民当家做主的社会主义社会。实际上，这场波澜壮阔的改革不仅废除了西藏传统社会的等级制度和部落制度，而且从国家法的角度对其旧制度的一切予以全盘否定。把一切包括西藏藏族婚姻习惯法在内的各种民族地域性法律文化及法律制度等旧文化、旧制度均归结为“封建”“落后”，口诛笔伐。该种思维模式表现在实践中就是对代表国家力量国家法的极度推崇和对旧法（包括习惯法）的全面“不继承”、[①]唾弃、鄙视及严厉禁止。

但改革开放后国家工作中心转移，“以经济建设为中心”，国家对整个社会的控制力也在随之减弱。在此背景下，从20世纪90年代初开始，整个藏区的

---

① 20世纪50年代，杨兆龙先生在《华东政法学报》发表了一篇题为“法律的阶级性和继承性”的文章（杨兆龙.法律的阶级性和继承性[J].华东政法学报，1957：3.），提出“法律的继承性和任何法律体系的形成发展以及任何阶级的统治，有着永远不可分割的关系”，一石激起千层浪，上海市法学会、中国政治法律研究学会、复旦大学、北京大学、北京政法学院等著名学会和学府对于“法律到底有无继承性”进行了激烈的讨论（梅耐寒.关于“法的阶级性和继承性”的讨论——介绍上海法学会第二次学术座谈会[J].法学，1957：3.）。但实际上，更多的是对上述观点的批判，“我们必须根据唯物主义的阶级观，划清新法和旧法的原则界限。认定一切旧法的反动性，它是剥削阶级用以压迫劳动人民的工具，全部否定它，毫无惋惜”（方今.也谈法的阶级性和继承性[J].法学，1957：3.）。自此之后，“法的继承性”是一个不能讨论的话题，或者说是一个被强大的意识形态所遮蔽的话题。直到20世纪80年代初期，这个话题才被重新讨论，并在中国最权威级的刊物《中国社会科学》上撰文明确论证并提出法具有继承性的观点。“法的继承性是指依次更迭的法的发展的连续性，即新法在否定旧法的阶级本质的前提下，有选择、有批判地吸收旧法中合理的、科学的、积极的因素，使之成为新法体系的一个有机组成部分（张贵成.论法的继承性[J].中国社会科学，1983：4.）。”至此，中国法学界关于“法的继承性”的认识才步入正常轨道。回顾这段历史，有利于我们认清意识形态和法学研究之间的关系。

习惯法出现了“回潮”[①]的趋势,并与国家法形成明显的矛盾和冲突。经过较长时间的调查和讨论,学界对此现象也基本上形成三种态度或意见,即无害论(保留论)、废除论(否定论)、改革论(改造论)。[②] 其中,以“改革论”为多数学者所赞同。而如何改革,涉及很多具体的问题,要做大量的调查工作。学界目前的研究主要集中在藏族习惯法中最具特色的刑事习惯“赔命价”规范上,对于民事习惯尤其是婚姻方面的习惯,除对单复式婚有所探讨外,对“婚姻纠纷解决机制的现代嬗变”这一话题很少涉猎。基于以上现实,笔者于2010年7月至8月和2012年8月两次深入西藏农牧区S县和牧区H县田野点及其基层组织、法院等部门进行实地调查,同时通过深入访谈、座谈及问卷调查等研究方法获得一手资料,现将考察结果陈述如下。

前文述及,在西藏传统社会中,活佛、喇嘛及有名望的僧侣,部落首领及其直系后裔、部落头人、部落长老、部落“卓博”等是婚姻纠纷的主要调处人。但在民主改革后,尤其是召开第一次“西藏工作座谈会”(1980年)[③]以来,传统西藏社会婚姻纠纷的调处人结构已经发生了巨大变化。亲朋好友、基层干部、村庄精英、寺庙的僧侣喇嘛、信访组织及法院等成为解决婚姻纠纷的新调处人。

(一)亲朋好友

血缘、地缘、业缘或教缘关系而形成的差序格局构成了一个人的基本人际关系网络。其中因为血缘关系而构成的网络是每个自然人最基础的人际关系,在此基础上才形成了其他人际关系。在笔者的田野调查及访谈中发现,亲

---

① 近10年来,藏区部落习惯法大有回潮复辟之势,与现行法形成了明显的对抗(张济民.浅析藏区部落习惯法的存废改立[J].青海民族研究,2003:4.)。改革开放以来,尤其是近年来,青海藏区的赔命价有复兴的趋势{杨方泉.民族习惯法回潮的困境及其出路——以青海藏区“赔命价”为例[J].中山大学学报(社会科学版),2004:4.}。在社会矛盾凸显的新时期,要做好民族工作和司法工作,维护藏区安定团结的政治局面和经济社会的发展繁荣,就不得不重视习惯法“回潮”这一社会现实[穆赤·云登嘉措.藏区习惯法“回潮”问题研究[J].法律科学(西北政法大学学报),2011:3.]。

② 张济民.浅析藏区部落习惯法的存废改立[J].青海民族研究,2003(4):99-101.

③ 鉴于西藏经济发展水平低于全国乃至低于其他少数民族地区的实际情况,中央决定对西藏经济社会发展加大扶持力度,专题研究西藏及其他藏区经济社会发展的大政方针问题。从1980年开始截至目前,共召开五次西藏工作座谈会,分别是1980年、1984年、1990年、2001年及2010年。

朋好友是当下西藏藏族社会婚姻纠纷当事人的第一选择对象,当事人一般会将夫妻之间的纠纷通过当事人双方的亲属或朋友来解决。“家丑不可外扬”的观念不仅适用于汉族地区,藏族地区的普通民众对此也深以为然。只有当亲朋好友不能解决婚姻纠纷时,当事人才将其纠纷诉诸其他主体。

(二)基层干部

基层干部,包括村干部、驻村干部或基层官员等群体,这些人在藏族民众看来就是国家权力的外化和代表——虽然事实上不完全是。权力代表着对资源的占有和支配能力。官员或者干部的级别越高,对资源的占有和支配权力和能力就越强。村干部在国家权力运作中已经与国家权力建立了稳定的长效联系机制,国家各项优惠政策在藏族群众中的落实都离不开村干部的介入就是明证。① 干部在第三方纠纷的解决中,扮演着重要的角色,乡村主任书记、治安委员会、调解委员会等,他们是基层社会的最基本的组织,国家依靠这些基层干部完成对社会的管理。

有研究者指出,“在藏区的不少村寨牧场内,一旦发生纠纷,一个宗教人士的影响力往往大于司法工作者。当事双方首先都愿意求助于当地德高望重的宗教人士”。② 这些研究与笔者的访谈及观察是不相符合的。笔者的观察及访谈所得认为,当下西藏社会,只要基层政权有足够的力量和权威,在当事人婚姻发生纠纷,无法通过私立救济方式解决时,一般就会找村主任解决纠纷。“纠纷一般会找村主任,但前提是村主任在当地要有足够的威望,处事比较公正合理,在群众中有威信。”③“一般会找村调解委员会、村干部解决婚姻纠纷。调解领导小组的成员,主要是村干部。当然,并不是说所有的(村干部)都有威信。”④

(三)村庄精英

村庄精英可分为传统型精英和现代型精英。前者是以名望、地位、特定文

---

① 后宏伟.藏族习惯法中的调解纠纷解决机制探析[J].北方民族大学学报(哲学社会科学版),2011(3):61.

② 王玉琴,德吉卓嘎,袁野.藏族民间调解的脉动[J].西藏大学学报(社会科学版),2011:4.该论者的潜意识是把当下的西藏社会仍然视为一个典型的“乡土社会”,但现实情况是当下的西藏社会也在发生巨大的变迁,正在从“乡土社会”向“商土社会”迈进。

③ 2012 年 9 月 22 日笔者对西藏昌都地区和拉萨市基层工作的 Z、Y 的访谈记录。

④ 2012 年 9 月 22 日笔者对西藏山南地区桑日县基层工作的 D 的访谈记录。

化中的位置乃至明确的自我意识为前提而形成的村庄精英，后者是指在市场经济中脱颖而出的经济能人。① 他们在农牧区具有广泛的影响力和号召力。村庄精英凭借其财富、知识、能力、道德品格等个人魅力或其他原因形成一种非强制性的影响力。该影响力促成了当事人对他的信任，而信任是建立社会秩序的主要工具之一。

笔者的访谈资料证实当下村庄精英在婚姻纠纷中所起的重要作用。“在我所驻的村上有一个医生，当地人称之为‘神医’，能治各种疑难杂症，在当地百姓中威望相当高。如果发生较大的婚姻纠纷，当事人无法解决，他们一般会请这个‘神医’来出面帮忙。”②在亲朋好友及基层干部调处婚姻纠纷失效时，村庄精英就充当了解纷主体的角色。

(四)寺庙的僧侣喇嘛

由于西藏社会在当下仍然全民信教，寺庙的僧侣、喇嘛仍然是相当重要的婚姻纠纷解决主体，这在诸多研究中已经做了说明，一如前述，在此不赘。但需要说明的是，该解决主体，只有在较大的婚姻纠纷处理时(如可能引起械斗或者命案发生)才会参与。“大的纠纷比如因为婚姻而引起的流血冲突或者当地人自己认为比较大的婚姻纠纷会找喇嘛。但如果死人的话，就会上报，按照刑事诉讼的一般程序提起公诉。”③

(五)信访组织

“信访”作为中国特色的公民权利表达机制，在 20 世纪 80 年代中期以前在了解民情、化解矛盾、解除民忧、公民监督和提供决策参考信息等方面曾发挥了重要作用。但 20 世纪 80 年代中期以后，信访活动所涉及的内容及其所造成的影响，却有违信访制度设计者的初衷。以较大规模群体访和表达形式激烈的个体访为主要标志的信访高潮至今仍然没有明显的落潮迹象，成为影响社会秩序稳定的重要因素。④ 尽管如此，信访组织在藏族社会中依然有着

---

① 后宏伟.藏族习惯法中的调解纠纷解决机制探析[J].北方民族大学学报(哲学社会科学版)，2011(3)：37-38.

② 2012 年 9 月 23 日笔者对西藏山南地区桑日县基层工作的 D 的访谈记录。

③ 2012 年 9 月 22 日笔者对西藏昌都地区和拉萨市基层工作的 Z、Y 的访谈记录。

④ 张炜.公民的权利表达及其机制建构——陕西省西安市临潼区信访状况研究报告[D].西南政法大学博士学位论文，2008：1-4.

相当的威信力。笔者的访谈资料证实，在上述主体均不能解决婚姻纠纷时，当事人一般也会找信访组织来解决纠纷。“我们这儿婚姻纠纷来信访的一般很少，当然也有。婚姻纠纷来信访的一般当事人都是有点文化水平的（高中以上），我们都会详细了解情况、备案，能沟通的尽量沟通。不能沟通的，我们一般建议他们去找村委会，或者实在不行的话，告诉他（她）们找法院。我们这儿主要是个中转站”。[①]

（六）法院

在学理上，法院是西藏社会婚姻纠纷解决的最后一道保障线和屏障，也是维护婚姻秩序的安全阀。笔者的实证调查证实，西藏各个基层法院当下均花了相当大的气力来建设“温馨调解室”，力图将婚姻纠纷通过“调解”方式结案。

三、西藏藏族婚姻纠纷调处主体及其现代嬗变的考察结果

通过对西藏藏族传统社会婚姻纠纷调处主体及其现代变迁的梳理和考察，发现在当下的西藏社会，代表国家公权力的村主任、人民调解员、信访组织、法院等部门发挥着最终裁判功能，代表私力救济的亲朋好友、寺院喇嘛、村庄精英只起着辅助性的作用。在实际案件的解决过程中，作为魅力型权威[②]代表的喇嘛并没有出现在调解过程中，取而代之的是代表国家—权力“在场”的“村长”“法官”“信访组织”等权力符号体系，具有明显的国家—权力

---

① 2012 年 7 月 16 日笔者对西藏山南地区桑日县政府信访办公室工作人员 A 的访谈记录。

② 马克斯·韦伯提出了被人们广泛应用的权威分类，即把权威系统分为魅力型权威、传统权威、法律权威，并以此作为“统治系统”的分类。魅力性权威指的是一种个人魅力，即被认为是超自然的或者超人的，或者是特别非凡的，任何其他人不可企及的力量或者素质，因此也被视为领袖。建立在非凡的、献身于一个人以及由他所默示和创立的制度上的神圣性，或者英雄气概，或者楷模样板之上的，称之为魅力型统治[马克斯·韦伯.经济与社会（上册）[M].林荣远译，商务印书馆，1997:269-283.]。

中心主义[①]的色彩。

西藏藏族传统婚姻纠纷调处主体的逐渐式微，主要原因是在社会变迁背景下作为婚姻纠纷调处主体的生存环境已经发生改变，传统的纠纷调处主体已经难以为继。在西藏藏族婚姻纠纷调处主体中，担任中间调解人的民间权威主要有部落头人和长老、活佛僧侣等。尽管存在所谓藏区习惯法的“回潮”问题，但部落头人、活佛僧侣等一般情况下只对草场纠纷或者部落间的械斗等大型的纠纷调处。虽然当下的藏族社会尊老习俗依然存在，甚至老人依然发挥着重要的作用。但无可否认的是，随着近30多年来中央对西藏的大力支持和西藏本身的发展，在市场经济的大潮下，新型村庄精英已经成为在婚姻纠纷调处主体中另外一个重要的角色。

---

① 这里所指的国家—权力中心主义是指国家主导的纠纷解决机制，这里的纠纷解决机制既不同于1949年以后的国家权威模式，也并非主张国家司法权力在纠纷解决体系中的中心地位，而应当是一种以向民众提供服务为基点，各种国家权力（包括行政权、司法权，甚至立法权）良性互动、优势互补的综合机制。对该问题的进一步深入研究，参见左卫民等.变革时代的纠纷解决：法学与社会学的初步考察[M].北京大学出版社，2007：10.

西藏湿地保护相关法律问题探讨

——兼论《西藏自治区湿地保护条例》的完善

李　红*

摘要：西藏湿地对保障高原乃至周边的生态安全，维护高原生物多样性，改善高原生态环境具有重要意义。长期以来，由于人们对湿地重要性的认识不够，导致西藏天然湿地面积日益减少，水土污染日趋严重，生物多样性逐渐丧失。《西藏自治区湿地保护条例》（以下简称《条例》）虽然在湿地保护中发挥着一定的作用，但还存在一些问题。当前，制定全国统一的湿地保护法，重新界定西藏湿地定义，按照综合生态系统管理模式重构西藏湿地保护体制，完善西藏湿地保护制度，才能实现西藏环境、经济和社会的可持续发展。

关键词：西藏湿地；法律保护；西藏湿地保护问题

湿地与森林、海洋被称为地球三大生态系统。作为青藏高原主体的西藏高原受喜马拉雅造山运动的作用及高原独特气候影响，形成了面积大、分布广、特征独特的高原湿地生态系统。星罗棋布的湖泊、辽阔的沼泽和众多的河流湿地，对保障高原乃至周边的生态安全，维护高原生物多样性，改善高原生态环境具有重要意义。近年来，人们逐渐意识到西藏湿地的重要性与稀缺性，让西藏湿地的保护走上了法制化道路。尽管如此，西藏湿地的保护仍存在诸多问题，因而，加强对西藏湿地保护的立法探讨，有着现实的意义。

* 李红，西藏民族大学法学院副教授。

一、西藏湿地资源保护存在的主要问题

(一)西藏湿地资源概况

西藏是中国湿地中海拔最高、面积最大、分布最为集中的地区之一。据2011年西藏自治区第二次湿地资源调查结果显示,西藏湿地总面积达652.9万公顷,占西藏土地面积的5.31%,居全国第二位。西藏湿地属于典型的高原湿地,包括湖泊湿地、河流湿地、沼泽湿地、人工湿地4大类。西藏高原丰富的湿地资源与环境孕育了亚洲重要江河,是世界上重要的“江河源”。

(二)西藏湿地资源保护存在的问题

长期以来,由于人们对湿地重要性的认识不够,导致西藏天然湿地面积日益减少,水土污染日趋严重,生物多样性逐渐丧失。

1. 围垦使大量天然湿地面积消失。西藏大部分地区湿地因地处半干旱气候区,沙丘地貌分布广泛,土壤石砾含量较高,适合建房作土坯的土壤相对匮乏,而沼泽湿地土壤有机质含量高,土壤黏性相对较强。因此,社区周边沼泽湿地被大量开挖用于制作房屋或围墙建设土坯用土,造成湿地破坏。同时,随着城市化进程的加快,城市内或近郊的湿地被大量围垦或填埋以满足城市建设用地需要,导致湿地不断萎缩,使湿地景观镶嵌度下降,适宜于湿地鸟类栖息的沼泽丧失殆尽,生物多样性急剧下降,湿地蓄水功能丧失。

2. 部分水体环境质量不容乐观。西藏大部分湿地区工业废水排放较少,但随着西藏人口的增长,工农业生产的发展和城市建设的扩大,交通干线和城镇区的工业废水、废渣、生活污水和化肥、农药等有害物质排放,在一定程度上污染和破坏了部分湿地生态系统,降低了湿地的各种价值。有少部分湿地实际上已成为工农业、生活废水、废渣的承泄区。

3. 资源过度利用使湿地生物资源总量及种类日益减少。湿地周边牧民世代与湿地相生相息。但随着人口密度增加,牧业生产的加大,不合理利用湿地资源的生产方式导致对湿地资源的破坏,造成湿地生态环境质量的降低,生物资源总量下降。同时,破坏了湿地的植被,局部沼泽湿地退化或趋于退化,影响了珍稀鸟类和水生动物的栖息环境和食物来源,从而威胁其生存和繁殖。

二、西藏湿地保护问题的法律原因

西藏湿地保护问题，之所以会出现今日的严峻形势，一个关键性的原因在于我国湿地资源尚未真正得到国家法律的有效保护。尽管西藏自治区九届人大常委会第十九次会议于2010年11月正式通过了《西藏自治区湿地保护条例》（以下简称《条例》），并在该条例中对西藏湿地保护与管理的原则和体制、湿地保护规划、湿地自然保护区的设立和管理以及湿地保护措施和湿地资源利用等都做了规定。但是，由于《条例》存在许多不足之处，而且国家层面至今还没有制定一部普遍适用的湿地保护的法律，实践中对现有法律制度的执行又存在诸多问题，使得《条例》在西藏湿地资源保护中的绩效大打折扣，没有起到其应有的作用。

（一）缺乏国家层面的湿地保护立法

一是在国家层面上，至今还没有制定一部关于湿地保护的综合性法律，保护湿地的一些规定零散在《森林法》《水污染防治法》《野生动物保护法》《水法》《自然保护区条例》等法律法规中，缺乏针对性、系统性和可操作性，不能满足我国湿地资源保护的需要；二是《西藏自治区湿地保护条例》属地方性的法规，效力等级不高，且《条例》在一些方面还没有处理好经济建设与环境保护之间的关系，《条例》的执行力偏低，直接影响了西藏湿地资源的生态环境保护。

（二）湿地定义范围狭窄

《条例》第2条规定："本条例所称湿地，是指自治区行政区域内具有生态调控功能的、适宜喜湿野生动植物生长的、天然或者人工的、常年或者季节性的潮湿地域。"我国于1992年加入保护"国际重要湿地"的《拉姆萨尔公约》第1条第1款规定："为本公约的目的，湿地系指不问其为天然或人工、常久或暂时之沼泽地、湿原、泥炭地或水域地带，带有或静止或流动、或为淡水、半咸水或咸水体者，包括低潮时水深不超过六米的水域。"该公约虽然重在保护国际重要湿地，但从其定义我们不难看出，公约实际意图是通过定义湿地，最大限度地推广其适用的范围。在公约第4条第1款中规定："缔约国应设置湿地自然保护区，无论该湿地是否已列入名册，以促进湿地和水禽的养护并应对其进行充分的监护。"列入名册是公约对有国际重要意义的湿地的保护措施，但公约也强调对可能因尚不具备这种重要意义而未列入名册的湿地也要充分保护。而《条例》中湿地的概念，以强调生态调控功能为条件，从而缩小了湿地范围，不利于对西藏湿地进行全面保护。

(三)立法对西藏湿地保护缺乏系统性和整体性

湿地是集土壤、水、动植物和微生物等要素而形成的一个完整的生态系统。由于《条例》在立法的价值理念上没有将西藏湿地作为一个完整的生态系统看待，没有很好地尊重湿地作为一个完整生态系统的要求，造成《条例》在对湿地各构成要素的保护与合理利用进行规定时却出现湿地的保护顾此失彼，造成众多的所谓的“合理利用”湿地资源的活动其实并不合理。

(四)西藏湿地保护的管理体制亟待健全

《条例》明确规定，西藏湿地保护由县级以上人民政府领导、县级以上人民政府的林业主管部门负责湿地保护的组织、协调、指导和监督工作，县级以上人民政府有关部门应当按照各自职责，做好湿地保护工作。乡镇人民政府应当配合有关部门做好湿地保护工作。这样的规定，看似湿地保护部门非常明确，吸收了多部门管理弊端多的经验；但同时由于要求有关部门按照各自职责，做好湿地保护工作，这又带来了另一弊端，即不同部门之间会因目标不同，出现利益争夺或者互相推诿的现象，将对西藏湿地整体保护的科学管理带来不利影响。同时，由于条例对林业部门的“组织、协调”的权利范围问题没有明确的法律规定，也会导致林业部门的组织、协调工作难以落到实处。

(五)湿地保护制度不完善

《条例》第3章专门规定了湿地保护制度，包括建立湿地资源档案、湿地监测、湿地保护规划、湿地事故报告、建立自然保护区、环境影响评价等制度。虽然对西藏湿地保护起着一定的监督保障制度，但都是一些原则性的规定，特别是重要的环境影响评价制度，仅在24条作出“因国家和自治区重点工程建设项目以及通乡、通村公路确需占用湿地的，应当依法进行环境影响评价”的规定，对湿地环境影响评价中应遵守的主要规范以及对政策、规划的环环境影响评价没有作出规定，使得实施效果大打折扣。

三、西藏湿地保护法律制度与机制的完善

生态环境的保护要求人类正确处理好人与自然关系和人与人的关系。如果环境法律调整机制的失灵或无效,就会导致人与自然关系的失调、失控的恶化。因此,防治环境污染和生态破坏,就必须通过立法创设新型的环境法律调整机制,引入社会调整机制,形成以生态化方法为特色的环境法律调整机制,弥补行政调整和市场调整的不足。建立"人与自然和谐相处"的新型的人与自然关系的法律保障。完善西藏湿地保护立法,就应该确立这种法律调整机制。从维护整体湿地生态系统的高度来规范湿地资源的利用、保护与管理行为,使法律在其中发挥其应有的作用。完善西藏湿地保护法律制度与机制,不能只是零敲碎打,或只停留在具体范围等技术层面上,而是应当从法律的基本理念、法律制度的功能和内容、实施机制等进行全面改造和创新。

(一)尽快制定全国统一的湿地保护条例

全国现有 12 个省出台了省级湿地保护条例,5 个地级市出台了市级湿地保护法规,4 个省、直辖市针对重点湿地制定了保护法规。几十年来,我国在湿地保护管理及立法方面取得了长足进步,积累了丰富的经验,制定、出台全国统一的湿地保护条例时机已成熟。有了具有普遍约束力的法律保障,再根据西藏湿地保护的具体情况对《条例》进行修订,湿地保护管理体制不顺、征占用收费开征难度大等问题才能得到解决,《条例》实施的效果才能得到提高。

(二)重新界定湿地的概念

界定湿地的概念,既要与国际接轨,又要符合西藏湿地保护的具体情况,而且还要保证具有较强的可操作性。在我国加入的另一《湿地公约》中,将湿地界定为:具有调节水温状况、庇护野生动植物等生态功能,以保护生态系统和野生动植物为主要目的的常年或季节性的天然水体、积水地段和人工水体。完善《条例》中关于湿地的界定,可以借鉴此概念,采用概括式与列举式相结合的规范表达方式,扩大湿地的范围。首先根据《湿地公约》中的湿地定义对西藏湿地的范围进行综合概括,再根据西藏湿地的具体情况作出列举。这样扩大性的概念,湿地的范围更加广泛,更加有利于对西藏湿地的保护。

(三)按照综合生态系统管理的模式重新构建西藏湿地保护与管理体制

综合生态系统管理是指管理自然资源和环境的一种综合管理战略和方法。它要求综合对待生态系统的各组成成分,综合考虑社会、经济、自然(包括环境、资源和生物等)的需要和价值,综合采用多学科的知识和方法,综合运用行政的、市场的和社会的调整机制,来解决资源利用、生态保护和生态系统退化的问题,以达到创造和实现经济的、社会的和环境的多元惠益,实现人与自然的和谐共处。西藏湿地的保护涉及土地、水、森林、动物、矿产等众多自然资源,还涉及西藏地区的经济、社会、生态等各个方面。按照综合生态系统管理原则的要求,应当将湿地范围内的水体、土壤、植被、动物、微生物及其构成的生态系统作为统一整体进行管理。对湿地整体及其构成资源予以统一管理。

(四)完善行政管理体制以及冲突解决机制

《条例》中规定了林业行政主管部门负责组织、协调、监督保护区的管理工作,其他相关部门进行配合。这一规定正是实践了湿地管理管理从要素式管理为协调式管理,使参与湿地管理的各政府部门在湿地保护与合理利用上达成一致。由于湿地管理的特殊性,在今后的工作中,应该凸显林业部门的作用,该部门既没有对事项的统一管理权,也没有综合管理权,但对与管理中的重要问题,有跨部门进行行政协调的权利,并明确林业部门的"组织、协调"的权利范围。

(五)完善湿地保护制度

湿地保护,必须建立完善的制度,才能有效地发挥对西藏湿地保护的监督保障作用。作为最为重要的环境影响评价制度,这一制度的实质是贯彻"预防为主"原则,在建设过程中采取防范措施,以减少生态环境的破坏和资源的浪费。湿地环境评价制度,是指对涉及湿地的规划和建设项目实施后可能对湿地造成的环境影响进行分析、预测和评估,提出预防或者减轻不良环境影响的对策和措施。目前,在湿地保护中,对湿地的开发利用在可行性研究阶段提出评价报告的为之甚少,这种缺乏评价或评价之后滞后的做法根本起不到预防生态破坏的功能,《条例》应该在此予以完善。

参考文献:

[1]蒋天雪.和谐社会背景下湿地保护立法的完善[J].人民论坛,2011(2).

[2]冯嘉.生态环境保护走出困境的良方[J].四川党的建设(城市版),2010(10).

[3]陈享霖.黄清武,闽江口湿地环境研究[J].能源与环境研究,2010(2).

[4]王艺,任德成.论我国湿地保护立法存在的问题及完善[J].山东科技大学学报,2008(10).

[5]朱建国.中国湿地资源立法管理的基本原则、制度与措施[J].法治论丛,2006(5).

[6]黄锡生,黄亚珍.我国湿地保护的法律思考[J].资源与环境,2005(6).

[7]刘士国.用法制之盾保障区域良性发展[J].环境保护,2010(6).

关于西藏基层人民政府纠纷行政解决机制的调查与思考

——以西藏自治区康马县康马镇为例

李文峰*

摘要：西藏基层人民政府纠纷的行政解决机制是西藏民间纠纷最为有效的解决方式。当地长期形成的风俗习惯使得行政机关在处理一些纠纷时将风俗习惯考虑到其中，使得西藏基层政府处理民间纠纷的方法体现出一些不同于其他地区的特点。本文以西藏自治区康马县康马镇为例对于西藏自治区基层人民政府纠纷行政解决机制进行探讨。

关键词：西藏；基层政府；纠纷；行政解决机制

一、问题的提出

在现代的法治社会中，司法诉讼制度仍然发挥着重要的作用。但是，对于解决一些乡土社会的民间纠纷来讲，司法诉讼的机制和作用只是相对的。在我国的许多农村中，国家法的制定和农村的实际情况有时会出现脱节。相比较而言，当地形成的一些风俗习惯在广大农村有了应用的空间，特别是偏远的乡村具有更大的适用性。由于司法诉讼和风俗习惯同时存在，当纠纷发生的时候当事人就有了选择余地。他们往往选择他们习惯适用的风俗习惯来解决彼此之间的矛盾纠纷，因为风俗习惯解决矛盾纠纷具有低成本、高效益的优势。

西藏自治区是少数民族聚居区，长期形成的风俗习惯使得行政机关在处理一些纠纷问题时将风俗习惯考虑到其中，这也是一种有效解决纠纷的方法

---

* 李文峰，西藏民族大学法学院讲师。

之一。使得西藏基层政府处理民间纠纷的方法有其特殊性,体现出一些不同于其他地区的特点,因此有必要将其作为一个话题进行分析研究。康马镇人民政府作为西藏自治区691个乡(镇)政府中的一个,具有西藏基层乡(镇)政府代表性。因此,本文以西藏自治区康马县康马镇为例对于西藏自治区基层人民政府纠纷行政解决机制进行探讨。

二、西藏康马县康马镇人民政府纠纷行政解决的主要形式

纠纷行政解决机制的方式较多,但是要找到适合当地实际需要的、实用的方式是必须经过实践来证明的。行政主体解决争议的目的,不单纯是为了解决纠纷,在另一个层面上,也是为了行政管理的需要。对于康马镇人民政府也不例外。就康马镇人民政府所辖区范围内的发生的民事纠纷和一些他们矛盾,在实际工作中,镇政府主要以行政调解和狭义的行政裁决为主,其次是行政给付、行政确认、行政强制执行和行政指导。

(一)行政调解

行政调解,是指由行政主体出面主持的,以国家法律、法规和政策为依据,以自愿为原则,以平等主体之间的民事争议为对象,通过说服等方法,促使双方当事人平等协商、互让互谅、达成协议,消除纠纷的一种具体行政行为。①

基层政府直接服务于人民,面对面地解决他们之间出现的各种矛盾纠纷。当地农牧民群众对康马镇人民政府的正确领导树立的权威的服从与高度的信任,使得他们自愿听从康马镇政府有益的劝导、说服,化解纠纷解决矛盾,极大地促进当地社会的和谐发展。

个案1

多方协调沟通　化解劳资纠纷

2008年开始,上级政府投资大量的资金修建日喀则地区至亚东县的一级

① 湛中乐.行政调解、和解制度研究—和谐化解法律争议[M].法律出版社,2009:36.

柏油路。该条路段经过康马县境内的康马镇人民政府所管辖的几个行政村。公路的修建中雇用了行政村的村民在工地干活，村民能为在自个家门口打工赚钱很是兴奋，干起活来也特别的卖力。工地对雇用的村民要求是：每个人每天干完自己手中的活之后都要到工程负责人处领取当天干完活的票据，此票据一方面能够证明自己在工地干了活，另一方面也是最终工资结算的凭证，直到自己干完工地的活之后，按照自己手中的票据到工程财务处领取自己的工资。2010年年底，康马县境内的路段修建完成，修建这一路段的负责人通知在工地干过活的村民携带自己的票据到工地财务处领取工资。在工地干过活的村民都相继领取了工资，然而一位打过工的村民达瓦次仁却没有领到工资，双方因此发生了纠纷。该村民找到康马镇人民政府要求为自己讨个说法，原因是他把自己在工地干活的票据弄丢了，工地因为该村民没有干活票据而拒绝发给他工资。镇政府对此件事情高度重视，在县人大办和县社保局的大力支持下，及时就劳资纠纷双方当事人和该村民一起在工地干过活的相关证人聚集在乡政府会议室面对面进行调解。刚开始调解时，工地负责人态度特别强硬，他们认为没有干活的票据怎么能证明他在工地干过工作，这位村民也感到委屈，明明自己在工地干了活，就因为自己粗心丢失了干活的票据而不给发工钱。镇政府相关领导认真做好双方的调解工作，并通过和该村民一起干活的十几个人的证明，多次和工地负责人进行协商，最后纠纷得到了有效解决，该村民拿到了自己的工钱。

(二)狭义的行政裁决

行政裁决，一般指行政机关根据法定职权和程序，以裁决方式对处理争议的制度和程序。狭义的行政裁决仅指行政机关解决民事纠纷的活动，这也是我国学界的主流观点。本文中的行政裁决仅指狭义的行政裁决。

康马镇人民政府作为最基层的人民政府，它行使行政裁决权的法律依据除了司法部1990年颁发的《民间纠纷调处办法》赋予乡镇人民政府对各类民间纠纷行使裁决权外，还有国家通过法律和行政法规赋予地方政府和有关部门对行政的民事纠纷，进行裁决和调解。① 相比较诉讼程序而言，行政裁决程序简便、迅捷和收费低廉，有利于减少当事人讼累，减轻当事人经济上的负担。由行政机关进行裁决，当事人无须经过复杂繁琐的诉讼程序就可以使纠纷得

① 张树义.纠纷行政解决机制研究—以行政裁决为中心[M].中国政法大学出版社，2006:31.

到及时解决，避免一些纠纷久拖不结，防止矛盾激化，有利于稳定生产和生活秩序，有利于社会的安定团结。

具体到康马镇人民政府辖区范围的民事纠纷运用行政裁决权处理的主要有两种情况：草场纠纷和石材纠纷。这两种纠纷都属于权属纠纷，而权属纠纷是指双方当事人因某一财产的所用权或使用权的归属产生争议，包括草原、土地、水、滩涂及矿产等自然资源的权属争议，双方当事人可依法向有关行政机关请求确认，并作出裁决。权属纠纷的行政裁决是指行政机关依法对平等主体之间因财产的所有权或使用权归属纠纷之间作出的确权裁决。权属纠纷裁决的结果是权属关系得以确认。下列案例中涉及的权属纠纷属于自然资源权属争议。

个案 2

想办法解决矛盾纠纷

康马村和白龙村是康马镇人民政府辖区范围内的两个行政村。这两个行政村的草场相邻，各村放养的羊群和牛群时常会越过界限吃草，双方就此发生扣留对方村民放养的羊和牛而引起的纠纷事件，每次都是镇政府出面调解解决彼此间的纠纷。为了杜绝这两个行政村草场纠纷的再次发生，康马镇人民政府领导多次和县农牧局领导进行协商，最后由县农牧局下拨给镇政府草场围栏的铁丝 2 吨左右，分发给两个行政村足够的铁丝，要求他们把各自的草场进行围栏，确保康马村和白龙村不会再发生草场纠纷事件。

个案 3

现场解决纠纷　服务安居工程

西藏农牧民盖房前必须准备的材料有石头和土坯。在党中央和自治区政府的关怀和地方政府资金的支持下，从 2006 年开始在西藏农村实施安居工程建设项目，主要目的就是为了让农牧民住上宽敞舒适的房子，达到人畜分离的目的。康马镇各村每年都会有许多农牧民实施安居工程建设，这就使就地取材的石材变得尤为紧缺，因为石材是安居工程建造时不可或缺的重要材料之一。康马村和白龙村是相邻的两个行政村，都紧靠同一座山，山底有一处石材比较符合建房用料，这个地方恰好位于两个村的行政划分交界处。双方的两户村民都想独自拥有这一处开采的石材而发生了纠纷。纠纷得到康马镇人民政府领导的高度重视，组织工作人员多次到两家进行单独谈话，并就其中的利害关系做了分析说明。随后镇政府及时组织人员到石材开发的现场就开发的石材进行了合理分配，两家农户都得到了一定数量的优质石材，满足了他们安居工程建造所需的石材。

三、关于西藏自治区康马县康马镇纠纷行政解决机制的思考

(一)西藏基层人民政府纠纷行政解决机制存在的问题

1. 调解职能过于集中化。由于长期形成的习惯，各村农牧民群众出现纠纷之后就直接找到镇政府要求给他们做主，他们相信镇政府能够给一个满意的处理结果。镇政府就行政工作职能分工安排来说，综合治理办公室专门负责处理日常的民事纠纷和一些轻微的刑事案件，而综合治理办公室的工作人员目前只有镇武装部部长一人，因此，大部分纠纷都是由武装部部长负责处理，一般处理的结果当事人还都是比较满意的。这其中主要原因之一是镇武装部部长是一名转业军人。当地人对军人都有一种尊重之情和惧怕的心理情结，在他们的心目中，军人在部队守卫边疆保卫祖国，在地方也会保护人民群众。镇武装部部长处理问题能够严格按照部队程序化模式进行，通过当事人的陈述再加上他自己的正确判断，当事人都对调解结果比较满意。这就使村民们对镇政府的处理问题的公平程度有了更进一步的信任，基本上出现纠纷之后不会到各自的村委会寻求权利的保护，而是不管怎样直接到镇政府大院要求给他们做主。在他们的内心深处，政府就是为民做主的，有事找政府这是自古以来流传下来的模式。慢慢的，村委会的调解职能就名存实亡，这难免对村委会的其他工作也带来了一定的影响。从2006年底至2010年底，全镇7个行政村共发生矛盾纠纷53件，其中村民之间的纠纷有36件，家庭成员、亲属之间纠纷有17件。在这53件纠纷中村委会解决的纠纷有15件(其中包括6件村民之间的纠纷，9件家庭成员、亲属之间纠纷)，剩余的38件纠纷都是由镇政府出面解决的。

2. 工作人员和群众法律知识欠缺。由于单位的大部分工作人员都不是法律专业毕业，因此相对来说对法律知识不是特别的了解。康马镇政府是最基层的政府，在日常处理纠纷的过程中会涉及大量法律知识，所以自己首先必须对于法律知识有个大概的了解和掌握，才可能更好地为民众服务。工作人

员日常接触到的法律知识都是通过报纸、电视和网络获得的,并没有进行系统或者统一的知识培训,知识都是零散的,没有衔接面。有些工作只是按照领导的安排和部署去完成,不能全面理解或者不明白自己处理纠纷的依据是什么;哪些可以做,哪些不能做,应当怎么做;这无疑为今后的工作留下了隐患。

相比较镇政府工作人员而言,镇辖区范围内的农牧民群众的法律知识更加贫乏。他们了解法律知识的面更窄,一方面是通过电视能够了解到一些法律知识,另一方面在每年的普法宣传月中或多或少能够了解一些简单的法律知识。对于农牧民群众来说,似乎法律知识离他们太遥远了。在他们的观念中,法律是可有可无的东西,没有几个人会使用法律武器来保护自己的权益。他们的想法就是,有问题找政府,政府会给他们解决问题。

(二)关于完善西藏自治区康马县康马镇纠纷行政解决机制的思考

1. 加强村委会调解职能。在中国的现今社会中,农村的人们都是生活在一种熟人社会环境中。当人们之间出现一些民事纠纷和轻微的刑事案件之后,他们寻求的都是一种能够不伤害彼此之间长久建立起来的人际关系的有效方式来解决彼此之间的问题。在这样的背景之下,村委会的作用能够得到充分的发挥和利用。相比乡(镇)人民政府而言,在日常的工作事务中,村委会和村民们接触的机会是比较频繁的。村委会的成员一般都是从各自熟悉的村民中通过选举产生的,被选举的村委会成员作为村民的一员,长期生活在这个村子里,对村民们彼此直接的各种关系应该是比较熟知的。出现问题之后他们会能够通过各种他们处理问题的土办法将矛盾及时化解。也许处理问题的方式方法和态度不符合一些常规处理问题的模式,但最终的问题被有效地解决,这也应该是皆大欢喜的结局。比如在处理当事人的矛盾纠纷时,村委会成员对当事人都是知根知底的,所以会直接先将当事人双方"痛骂"一顿。因为在他们的观念里面,就如人们常说的俗话,一个巴掌拍不响,出现矛盾纠纷当事人都或多或少有错,不会完全只是一个人的错,只不过就看谁的错大,谁的错小而已。这种矛盾纠纷处理的结果就是在双方之间彼此的妥协、让步、互相谅解的基础上达成一致。

另外,一些矛盾纠纷得到了处理之后,还应当做好后期的回访工作。这是因为当时在村委会成员的调解之下,当事人都是处在一个熟人社会当中,彼此之间也或多或少碍于面子没有将当时更多的内心真实想法说出来,这就为今后的矛盾纠纷发生留下了隐患。所以做好村民矛盾纠纷的回访环节是一项非常重要的工作任务。要虚心倾听当事人的一些想法,将这些矛盾纠纷的隐患消灭在萌芽状态，避免矛盾纠纷的再次发生，这也是为社会主义新农村建设和和谐社会的建立贡献力量的一种方式。

2. 加强行政执法工作中的主动性。依法治国，建设社会主义法治国家的理念已经开展了十几年的时间。加上普法工作的有效开展，电视法制频道真实案例的解读，让更多的村民学到了许多法律知识。当自己的权利受到别人侵犯时，他们逐渐学会运用法律的武器保护自己的权利。村民自我保护的法律意识提高，这就使一些村民将以前不是"问题"的事情也要为自己讨个说法，使矛盾纠纷的数量有逐年增加的趋势，如2006年总共有7件矛盾纠纷，2007年就有9件矛盾纠纷，2008年则有10件矛盾纠纷，2009年和2010年分别为12件和15件。这就需要村委会时常了解村民的需求，自己能够处理的及时解决，不能处理的问题尽早上报镇政府，镇政府第一时间积极主动下村为村民讲解相关问题，将小问题立即处理，避免大的矛盾纠纷的发生。

镇政府应该时常组织相关工作人员下到各村了解是否有新的问题的出现，能够当场解决的当场给予解决，不能马上处理的问题，做好问题的记录汇总，及时将意见反映到县政府或相关部门请求给予解决，增加工作的主动性，着实为和谐社会建设作出新的实质性帮助，做好服务型政府的角色。

3. 利用专职人员和普法办做好法制宣传工作。2002年4月，康马镇人民政府委派一名工作人员参加了日喀则地区东部9个县的乡（镇）司法助理员培训班。在培训班期间学习了许多相关的法律知识，法律知识都是涉及农村中出现纠纷时如何运用法律知识处理农牧民群众之间出现的矛盾纠纷。根据资源的合理利用与共享，康马镇政府可以要求参加培训过的工作人员将相关的法律知识传授给镇政府的其他干部职工，教会他们如何在具体的纠纷处理中合理运用，达到事半功倍的效果，充分享用法律资源为人民服务。

加强与县普法办公室的协作，在适当的时候邀请县普法办的工作人员到各行政村为村民们做普法知识宣传。与此同时制作法律知识小册子发放到村民手上。通过一些身边发生的真实案例的讲解，教会村民们如何学会使用法律武器保护自己的合法权益，而不是等纠纷出现了再找相应的部门进行解决，造成一些不必要的伤害和损失。现在随着中央对西藏农牧民群众的各项优惠政策的实施，如今的农牧民群众生活条件越来越好，生活质量比以前有了大幅度的提高，家庭经济也比较富裕了，基本的诉讼费用的缴纳没有困难，出现纠纷之后也可以选择进行诉讼来维护自己的权益。

参考文献：

1.曾宪义.民族地区现代化进程中的民主法制建设[M].民族出版社，2002.

2.杨士宏.藏族传统法律文化研究[M].甘肃人民出版社，2004.

3.梁慧星.裁判的方法[M].法律出版社，2003.

4.吴庚.行政法之理论与实用[M].中国人民大学出版社，2005.

5.张康林.多元化纠纷解决机制研究——以北京市西城区人民法院“四点一线”多元化纠纷解决机制为中心[M].人民法院出版社，2010.

6.左卫民.中国基层纠纷解决研究——以S县为个案[M].人民出版社，2010.

7.范愉.纠纷解决的理论与实践[M].清华大学出版社，2007.

8.何兵.和谐社会与纠纷解决机制[M].北京大学出版社，2007.

9.张树义.纠纷行政解决机制研究——以行政裁决为中心[M].中国政法大学出版社，2006.

10.赵旭东.纠纷与纠纷解决原论——以成因到理念的深度分析[M].北京大学出版社，2009.

11.湛中乐.行政调解、和解制度研究——和谐化解法律争议[M].法律出版社，2009.

论主体立法与西藏法制建设及完善

倪 娜*

摘要：主体和行为是立法所要考虑的两个维度。近现代的平等理念使得行为立法的重要性凸显，却同时淡化了主体立法的重要性。本文首先对主体立法进行分析，并在此基础上指出人们对主体立法存在的误解，进而揭示了主体立法在当代的价值和意义。西藏自治区是我国实施民族区域自治的地区之一。而民族区域自治正是一种主体立法的具体运用方式。在这个意义上，西藏法治建设及其发展完善都有赖于对主体立法的重视及运用。

关键词：主体立法；行为立法；西藏法制建设

一、主体立法

(一)主体立法与行为立法

法律是对主体的行为加以调整的社会规范。因此，立法针对的要素有两个：一曰主体，二曰行为。对于分别考虑这两个因素的立法思路及方法，我们也可以分别称之为主体立法与行为立法。具体而言，主体立法是指首先根据主体的不同情况作出划分，再针对不同主体来分别确定其应适用的规则；而行为立法则是指不区分主体的状况而仅针对各种行为来确定规范及准则，只要行为相同，则适用同一规则并导致相同结果。由于主体立法对主体加以区分，似乎凸显了主体的不同身份，也有学者称之为“身份立法”。[①]

---

* 倪娜，西藏民族大学法学院副教授。

① 陈建华.对我国法制建设中“身份立法”的思考[J].珠江水运，2003：6.

近现代法制建立在平等理念的基础之上，主张主体在法律上的平等，因此在逻辑上不难推断近现代法制以行为立法为圭臬的价值取向。很典型的立法例如刑法和民法，刑法规范的是犯罪行为，因此秉承法律面前人人平等之原则，同样的犯罪行为即应被同等对待，在定罪与量刑上也不应当同罪异罚。同样地，民法规范的是民事行为，平等原则也是其基本原则之一，因此同样的民事行为其法律后果原则上也应相同。但即便是在以行为立法为主导的现代法律体系中，主体立法因其特有的价值仍在其中占有一席之地。仍以上文所举之刑法与民法为例，尽管刑法和民法原则上均采取行为立法，但刑法中的刑事责任年龄制度和民法中的民事行为能力制度则均为不折不扣的主体立法。可见，主体立法和行为立法并不可能各自孤立，而是应在整体的法律制度中相辅相成。或者说，完善的立法，即应该是主体立法和行为立法相互配合、各得其所的立法。

(二)对主体立法的误解

主体立法本身是独具价值的，但因其曾与封建等级制度有瓜葛，因此在当代蒙受了不白之冤，遭到了众多学者的误解与诟病。例如，有学者从我国民法规定的所有制角度对主体立法提出批评，认为我国的所有权分为国家所有权、集体所有权和个人所有权，“这是一种以主体的身份为出发点，而不是以主体的行为为出发点的立法方式。程序的平等观要求法律规定的形式性，即不问作出行为的主体是什么身份，对其行为皆以普通型的法律进行调整，以实现不同主体在法律面前的平等。因此，在实践中，只有按照程序平等的原则杜绝以主体身份为出发点的立法模式，代之以主体行为为出发点的立法模式，才能真正贯彻民法之平等原则”。① 还有学者从分析经济人立法和合同法的角度指出，“经纪人立法属于主体立法，合同法属于行为立法。二者可以而且也能够和平共处，共同构筑调整经纪人的法律体系”，但又接着指出，“主体立法的指导思想是交易安全的保护”②。还有学者谈道，“民事主体制度的发展，可以上溯到罗马法。在古罗马时期，法就针对不同的人，赋予不同的法律人格，自由民与奴隶之间，市民与非市民之间的人格差别很大。奴隶是法律关系的客体，即使是罗马市民，由于家族或氏族的存在，法律也只赋予家父民事主体地位。虽然在罗马中后期，市民与非市民之间的法律人格趋于平等，个人开始可以以

① 徐纯先.试论民法之平等原则[J].广西社会科学，2002:6.

② 高富平.经纪人立法的主体立法思路[J].经纪人，2001:5.

自己的名义进行民事活动，法律人格逐渐赋予个人，但奴隶仍然不具有民事主体地位”。①

从上述对主体立法的理解可以看出，学者们对主体立法主要存在着至少两个方面的误解：第一，认为主体立法就是应当规定主体的平等，而不应区分主体的身份；第二，认为主体立法是为市场交易服务的，因而主体立法的指导思想是保护交易安全。对于第一种观点，笔者想从罗马法的角度进行分析。首先，作为罗马法集大成之作的《民法大全》之重要组成部分的《法学阶梯》，在结构上就将“人法”也即主体立法放在其第一卷紧接“正义与法”（第1题）、“自然法、万民法和市民法”（第2题）等有关法的首要问题之后，作为第3题加以阐述②，由此可见《法学阶梯》的编纂者对主体立法重要性之理解。其次，该第3题“人法”的内容中第一项 I.1,3pr.的内容为：“人法的主要划分是这样：所有的人，要么是自由人，要么是奴隶。”③这段话在今天看来当然是非常刺眼的，因为该法明显地在为已经被现代文明所淘汰的奴隶制张目。但我们如果足够细心就会发现，让我们不能接受的其实并不是该法的划分方法本身，而仅仅是划分的结果。因为，反观我们现代法制主要构成部分的民法和刑法，其中仍然有主体划分制度，例如刑事责任年龄制度和民事行为能力制度即是一种典型的主体划分制度。因此我们不能陷入一种过分简单的逻辑，认为只要是对主体进行划分的制度就是制造不平等的制度而因此对之加以排斥。对于第二种误解，笔者想说的是，将主体立法的指导思想囿于保护交易安全也是不妥当的。在此，笔者仅以民法中的监护制度为例进行分析。监护制度建立在主体划分的基础上，该制度将自然人中的弱势者（未成年人和成年人中的精神障碍者）划分出来作为保护对象，为其设立监护人以保护其人身、财产及其他合法权益。可见，监护制度的功能在于弱者保护，即保护作为弱势者的被监护人之利益，而并非所谓的保护交易安全。

（三）主体立法的当代价值

事实上主体立法本身具有非常重要的作用。首先，主体立法与平等价值并不相悖，而且它正是实现正义所必然要求的。因为，主体立法的基本方法是根据主体的不同情况对主体进行划分，并在划分的基础上进行区分对待。哈

---

① 马骏驹，宋刚.民事主体功能论[J].法学家，2003:6.

② 优士丁尼.法学阶梯：第二版[M].徐国栋译，中国政法大学出版社，2006.

③ 优士丁尼.法学阶梯：第二版[M].徐国栋译，中国政法大学出版社，2006:23.

特曾提出过正义涉及两个方面，即“同等情况同样对待，不同情况区别对待”。因此哈特关于正义的这条原则也常被用来对在社会中分配负担与利益之法律的正义或不正义作出评价。[①] 而对主体根据其不同情况作出划分并加以区分对待，这正是在实现正义所要求的“不同情况区别对待”。可见，根据主体情况作出划分本身并没有错，只是对不同主体如何分别进行调整、如何分配其权利义务，则存在一个价值取向的问题。假如对主体是进行“扶强抑弱”式的调整，则此种主体立法当然应受到批评，而如果反之是进行“扶弱抑强”的主体立法，则其何错之有？再者，正义亦有形式正义与实质正义之分。主体立法即具有实现实质正义之价值。前述民法和刑法中的刑事责任年龄制度及民事行为能力制度即是出于实现实质正义之目的，而且因其合理性此二制度已分别被各国刑法和民法所采纳。

在当代，主体立法尤其具有重要意义。正如有学者指出的，现代社会，在一定程度上又发生着一个“从契约到身份”的过程。[②] 现代社会的身份主要可以从经济领域的身份、家庭领域的身份以及社会层面的身份等几个角度去解读。首先，我们分析一下经济领域的身份。有学者指出，经济上的支配关系已经构成了一种新的身份关系。该学者认为，相对于契约来说，经济上的身份具有一种日益增长的重要性。例如，消费者身份、雇员身份、大企业与小企业的身份；此外，还有格式合同、交易程序化等所涉及的弱势主体身份的问题。[③] 因此，保护经济领域的弱者也就成了契约正义（实质正义的一种）的必然要求。其次，我们再来分析家庭领域的身份。随着男女平等观念被现代社会普遍接受，家庭领域中女性的弱势身份确有改观，但也并没有完全摆脱弱势地位。大多数家庭暴力的受害者仍为女性即可证明这一点。作为家庭成员的未成年子女近年来也成为应受到更多关注的一类主体，尤其是农村留守儿童群体的问题更暴露出对未成年人的保护仍亟待加强。家庭领域的弱势身份也应成为主体立法考虑的一个因素。再次，我们来分析社会层面的弱势身份。就社会整体而言，也存在着弱者身份，例如，妇女、儿童、老年人、流浪者等身份。因此，主体立法针对现代社会的弱者身份进行调整就具有重要意义。保护社会弱者是分配正义对法律的必然要求。尽管针对一些社会弱势主体的专门立法在现代法律体系中已不鲜见，例如，我国已经出台的相关立法，包括《消费者权益保

---

① 哈特.法律的概念[M].许家馨，李冠宜译，法律出版社，2011：158-161.

② 杨立新.从契约到身份的回归[M].法律出版社，2007：156.

③ 柳经纬.当代中国民事立法问题[M].厦门大学出版社，2005：18.

护法》《老年人权益保障法》《未成年人保护法》等。但上述法律的具体实施及其进一步完善仍有赖于我们对于主体立法思路的认可与接纳。换言之,如果说主体立法思路的精髓在于“合理之分”,则对主体立法思路的完善和深化就有赖于“合理之细分”及“合理之再细分”。所谓合理,即合乎法律保护弱者的正义要求。

二、主体立法与西藏法制建设及完善

(一)主体立法是民族区域自治制度的立足点

我国是一个统一的多民族国家,对少数民族地区,我国实行民族区域自治制度。民族区域自治制度是我国的一项基本政治制度。民族区域自治是指在国家统一领导下,各少数民族聚居的地方实行区域自治,设立自治机关,行使自治权的制度。我国的民族区域自治制度是建立在以《宪法》和《民族区域自治法》为依据的法律制度保障基础之上。首先,我国《宪法》第4条规定:“中华人民共和国各民族一律平等。国家保障各少数民族的合法的权利和利益,维护和发展各民族的平等、团结、互助关系。禁止对任何民族的歧视和压迫,禁止破坏民族团结和制造民族分裂的行为。国家根据各少数民族的特点和需要,帮助各少数民族地区加速经济和文化的发展。各少数民族聚居的地方实行区域自治,设立自治机关,行使自治权。各民族自治地方都是中华人民共和国不可分离的部分。各民族都有使用和发展自己的语言文字的自由,都有保持或者改革自己的风俗习惯的自由。”我国《民族区域自治法》的“序言”中有这样的表述:“民族区域自治是在国家统一领导下,各少数民族聚居的地方实行区域自治,设立自治机关,行使自治权。实行民族区域自治,体现了国家充分尊重和保障各少数民族管理本民族内部事务权利的精神,体现了国家坚持实行各民族平等、团结和共同繁荣的原则。”

从民族区域自治制度的上述立法之精神可以看出,主体立法的思路正是民族区域自治制度的立足点。我国是一个多民族国家,但各民族的人口比例并不均衡,其中汉族人口占全国总人口的绝大多数,其他55个民族的总人口占全国人口的8%。因此,中国在习惯上把汉族以外的55个兄弟民族称为

“少数民族”。[①] 我国《宪法》规定各民族一律平等。但正如学者所指出的，民族平等是指不同民族在社会生活和交往联系的相互关系中，处于同等地位，具有同样的权利；是指各民族在社会生活的各个方面的地位、待遇和权利、利益的平等。[②] 换言之，民族平等并不意味着抹平民族个性及各民族之间的差异性。斯大林曾经说过：“民族是人们在历史上形成的有共同语言、共同地域、共同经济生活以及表现了共同的民族文化特点的共同心理素质这四个基本特征的稳定共同体”。[③] 我国各少数民族的形成均有深厚的历史渊源，并形成了各具特色的民族文化。我国正是本着主体立法的思路，站在尊重各少数民族并保护其基本利益的立足点上，主要以少数民族的聚居为要素，对少数民族聚居区实行民族区域自治制度。

(二)主体立法对西藏法制建设及完善的意义

主体立法思想对少数民族聚居区的首要意义即在于赋予少数民族聚居区人民以广泛的自治权。西藏自治区是我国实行民族区域自治的少数民族地区之一。而民族区域自治制度的一个基本要素是自治机关依法享有广泛的自治权。我国《宪法》第 115 条规定：“自治区、自治州、自治县的自治机关行使宪法第三章第五节规定的地方国家机关的职权，同时依照宪法、民族区域自治法和其他法律规定的权限行使自治权，根据本地方实际情况贯彻执行国家的法律、政策。”第 116 条规定：“民族自治地方的人民代表大会有权依照当地民族的政治、经济和文化的特点，制定自治条例和单行条例。自治区的自治条例和单行条例，报全国人民代表大会常务委员会批准后生效。自治州、自治县的自治条例和单行条例，报省或者自治区的人民代表大会常务委员会批准后生效，并报全国人民代表大会常务委员会备案。”第 117 条规定：“民族自治地方的自治机关有管理地方财政的自治权。凡是依照国家财政体制属于民族自治地方的财政收入，都应当由民族自治地方的自治机关自主地安排使用。”第 118 条规定：“民族自治地方的自治机关在国家计划的指导下，自主地安排和管理地方性的经济建设事业。”第 119 条规定：“民族自治地方的自治机关自主地管理本地方的教育、科学、文化、卫生、体育事业，保护和整理民族的文化遗产，发展和繁荣

① 宋才发.民族区域自治制度是民族法律和民族政策的集中体现[J].河北法学，2012:12.

② 彭谦.中国民族政策法律化研究[M].中央民族大学出版社，2006:15.

③ 斯大林.斯大林全集(第 11 卷)[M].人民出版社，1955:286.

民族文化。”第120条规定：“民族自治地方的自治机关依照国家的军事制度和当地的实际需要，经国务院批准，可以组织本地方维护社会治安的公安部队。”第121条规定：“民族自治地方的自治机关在执行职务的时候，依照本民族自治地方自治条例的规定，使用当地通用的一种或者几种语言文字。”从我国宪法的上述规定可以看出，民族自治地方享有的自治权的具体内容包括立法权以及经济、教育、科学、文化、卫生、体育、当地通用语言文字的使用等各项事业的广泛的自主管理权。西藏自治区的法制建设及完善正是以民族区域自治权为制度设计框架来进行的。自西藏自治区成立以来，西藏法制建设所取得的长足进步就是强有力的证明：自1965年以来，西藏自治区已制定、颁布的地方性法规和具有法律效力的决议和决定共150多项，内容涉及政权建设、经济发展、文化教育、语言文字、司法、文物保护、野生动物和自然资源保护等许多方面。①

主体立法思想对少数民族聚居区的另一个重要意义在于分配利益时给予少数民族聚居区以优惠与照顾。我国《宪法》第118条第2款规定：“国家在民族自治地方开发资源、建设企业的时候，应当照顾民族自治地方的利益。”第122条规定：“国家从财政、物资、技术等方面帮助各少数民族加速发展经济建设和文化建设事业。国家帮助民族自治地方从当地民族中大量培养各级干部、各种专业人才和技术工人。”正如学者所指出的，民族区域自治不但保障了各民族当家做主、自己管理本民族内部事务和自主发展的权利，同时为民族自治地方经济发展提供了政策优惠。国家在经济文化建设的过程中，照顾各少数民族的需要，从财政、物资、技术等方面对少数民族和少数民族地区提供帮助，给予一些优惠政策。② 事实上，自西藏自治区成立以来近50年的历史实践已经证明了民族区域自治制度对西藏社会全面发展的巨大推动作用，尤其是西藏经济的快速发展更证明了这一点：1988年，西藏地方财政收入打破“零”的记录；1992年财政收入首次突破1亿元；1993年，财政收入接近2亿元。2011年西藏地方财政收入达到57.17亿元，增长56.4%，增速同比提高20.1个百分点。③

综上可见，西藏未来法制建设和完善仍要依托主体立法思路下的民族区域自治制度，其重点则在于一方面更好更灵活地行使自治权，另一方面借力于

① 格珍.民族区域自治制度在西藏的实践及其经验启示[J].西藏研究，2009:3.
② 黎莲芬.论民族区域自治制度的价值蕴含和价值功能[J].学术论坛，2004:6.
③ 赵明霞.民族区域自治制度在西藏的辉煌实践[J].西藏发展论坛，2012:4.

国家对西藏自治区的各方面优惠政策来发展自治区各项事业及推动自治区社会全面进步。

三、小结

主体立法因为在历史上曾与奴隶制、封建等级制等有过关联，一直以来遭到了很深的误解，被认为是与现代的平等理念相悖，其重要性因而也一直被忽视了。其实，细究起来，主体立法无非是对主体根据其不同情况加以划分并作出区分对待的一种立法思路和立法技术。对当代社会而言，主体立法尤其有着重要意义。因为随着社会的发展及社会分化，一些社会弱势者被分化了出来。按照实质正义的要求，这些社会弱势主体应该得到法律的特殊关照。因此在立法上就应该把这些弱势者加以区分，在权利义务的划分上给予其关照。主体立法对于包括西藏自治区在内的民族自治区域的法制建设及完善具有重要的意义。因为民族区域自治制度本身就是主体立法思想的成果，同时也是民族自治地区进行法制建设和完善的制度框架。

动物福利视角下的西藏野生动物法律保护研究

唐　池*

摘要：青藏高原是我国野生动物资源最为丰富的地区之一。但随着经济的增长、人口的增加、交通条件的改善、狩猎工具的提高和改进，人们对野生动物资源的摄取量大幅增加。立法保护的漏洞和管理制度的缺失，导致乱捕滥猎和虐杀野生动物的行为屡禁不止，造成西藏地区部分野生动物资源走向濒危、灭绝。本文从动物福利视角分析问题，并提出西藏野生动物法律保护的建议。

关键词：动物福利；西藏野生动物；法律保护；生物多样性

据公安部刑事侦查局官方微博2014年8月15日消息，西藏虐杀国家一级保护动物藏野驴案已于昨日告破，警方抓获两名嫌犯。近日，网络流传男子活割藏野驴的图片引发众怒。经民众举报，警方抓获两名嫌犯，据查两名嫌犯为陕西天宇电力公司员工，他们用车追赶、撞击藏野驴，致使受伤倒地，随后用刀将活藏野驴开肠破肚，挖出内脏，最后把驴肉分给工地工人食用。① 这个案件引人深思，曾几何时，西藏地区被誉为“野生动物的乐园”，青藏高原的巨大落差及有力的大气环流形成了西藏地区从“热带”到“寒带”的独特生态环境。不同的生态环境为种类多样的野生动物提供了栖息之所。再加之，佛教“众生

---

* 唐池，西藏民族大学法学院讲师。研究方向为环境与资源保护法。

本文为西藏民族学院一般项目“西藏自治区资源开发与环境保护立法问题研究”的阶段性成果。

① 西藏虐杀一级保护动物藏野驴案破获，2嫌犯落网[EB/OL].http://news.sohu.com/20140815/n403481986.shtml.

平等”及“忌杀生”的思想，为野生动物的繁衍和发展提供了良好的环境基础。但随着经济的增长、人口的增加、交通条件的改善、狩猎工具的提高和改进，人们对野生动物资源的摄取量大幅增加。加之立法保护的漏洞和管理制度的缺失，乱捕滥猎和虐杀野生动物的行为屡禁不止，导致西藏地区部分野生动物资源走向濒危、灭绝。

一、西藏野生动物资源状况及野生动物福利法律保护的必要性

《2013 年西藏自治区环境状况公报》指出，目前西藏是世界上环境质量最好的地区之一，大部分区域仍处于原生状态。同时，这里也是世界上生物多样性最为丰富的地区之一，动植物种类极为丰富。西藏自治区环保厅副厅长庄红翔介绍，据统计，目前西藏有野生脊椎动物 798 种，其中 196 种为西藏特有。藏野驴、野牦牛、藏羚羊等为中国特有的珍稀保护动物，滇金丝猴、野牦牛、藏羚羊、黑颈鹤等 45 种为国家一级重点保护野生动物。① 西藏自治区野生动物种类居全国第三位，其中大中型野生动物数量的储量居全国第一位。被列为国家重点保护野生动物的有 125 种，占全国重点保护野生动物的三分之一以上。因此加强西藏地区野生动物法律保护具有十分重要的意义。

动物的福利是和动物的康乐联系在一起的。所谓动物的康乐，是指动物“心理愉快”的感受状态，包括无任何疾病，无任何行为异常，无心理的紧张、压抑和痛苦等。目前被国际社会所广泛承认的动物福利观念，并不是说我们不能利用动物，也不是一味地去保护动物，而是应该怎样合理、人道地利用动物，要尽量保证那些为人类作出贡献和牺牲的动物，给予最基本的人道对待。②印度国父圣雄甘地认为：“从一个国家对待动物的态度，可以判断这个国家及其道德是否伟大与崇高。”此话也许有些绝对，但一个虐杀动物的人，很难让人相信他是善良、慈悲、优雅的文明人。加强动物福利保护，不仅是对动物的关注，更是整个社会道德涵养提高的表现。可找到的反证是，日本学者研究发现，暴力犯罪的青少年中，高达八成的人虐待过动物。另有调查显示，在美国

---

① 中国重点保护野生动物三成以上分布在西藏[EB/OL]. http://news.163.com/14/0606/10/9U2624RL00014JB5.html.

② 陆承平.动物保护概论[M].北京:高等教育出版社,1999:52-53,36-49.

有家庭暴力的家庭中,70%的家庭会虐待宠物;而几乎所有的连环杀人凶手在青少年时期都有过虐待动物的行为。因此,所谓的"尊重和善待动物,终将惠及人类自身",绝不夸张。[①] 野生动物福利作为动物福利的重要组成部分,由于事关生态平衡的维持与生物多样性的保护,因此在立法中体现动物福利理念对于合理利用与保护野生动物资源是十分必要的。[②]

二、动物福利视角下西藏野生动物资源开发利用保护中存在的问题

(一)以"人类中心主义"导向下的重利用、轻保护问题

"人类中心主义"是传统法律的哲学基础和方法论基础,在野生动物保护法律中,人类中心主义思想根深蒂固。对于野生动物的保护从根本上是为了更好地利用野生动物为人类服务,这反映了我国现存的一种立法的功利主义思想。我国现行的《中华人民共和国野生动物保护法》所确定的立法的目的即:为了保护珍贵野生动物、濒危的野生动物,实现自然资源的合理利用,从而维持生态平衡。因此在法律适用过程中,西藏地区野生动物的保护也仅限于那些濒危的、珍贵的野生动物,而范围更为广泛的其他普通野生动物并未列入保护名录。对现在尚未发现有利用价值或暂时没有利用价值的野生动物的保护存在空白。这种立法中重利用、轻保护,重经济价值、轻生态价值的理念,导致了很大一部分野生动物因为缺少法律的庇护而被人类肆意的虐杀、残害,使非濒危灭绝类野生动物和普通野生动物沦为濒危物种,最终逐步走向消亡。

(二)法律未对虐待野生动物的行为进行规定的问题

我国目前现行的有关野生动物保护的法律中没有对虐待、伤害野生动物的行为进行惩处性的规定,存在法律空白。我们走进野生动物园,在不同的场馆中随处可见被作为观赏资源的野生动物囚禁于狭小的空间里,供游客欣赏。

---

① 评论:向虐杀动物的行为说"不"[EB/OL]. http://www.chinanews.com/sh/2013/12-19/5639584.shtml.

② 常纪文.动物福利法——中国与欧盟之比较[M].北京:中国环境科学出版社,2008:12-223.

不时有游客拍打围栏或敲击玻璃引起野生动物的注意。游客不分种类的将食物、垃圾、甚至有毒有害物质投掷给动物。而面对动物园门票收入下滑克扣野生动物口粮等虐待动物的现象也已成为业内潜规则。在马戏团里,为了防止野生动物进行对抗,对表演的野生动物进行经常性的虐待,更有甚者,将动物的指甲和牙齿拔出来以达到训练的目的。管理员收取拍照费用后,表演的野生动物在烈日下与排着长龙的游客合影,诸如此类的虐待野生动物的行为只是受到规章的约束或道德上的谴责,未能得到法律有力的惩治和规范。

(三)野生动物黑市交易问题

据不完全统计,全球每年野生动物的走私交易利润达100亿美元,仅次于毒品和军火成为第三大非法贸易。在国际市场上,中国的藏羚羊披肩一直都倍受人们的青睐,这对我国的野生藏羚羊造成了很大的灾难。由于杀害一只藏羚羊得到的绒毛量非常少,人们为了追求高额利润,不顾道德和法律上的约束,开始大规模的屠杀藏羚羊。现在我国的野生藏羚羊已经相当稀少。① 除了藏羚羊,其他的藏区珍稀野生动物制品也成为黑市交易中的走俏商品。野生动物不仅成为艺术品原材料、皮毛、宠物等商品,还是藏药的重要药材来源,西藏的药用动物达百余种,用量较大的有:鹿属、麝属、熊类和豹类。对麝香、鹿茸、熊胆、豹骨的大量市场需求,使得这类动物遭到无情的扑杀。人们的消费需求成为驱动野生动物贸易的原动力。在巨大经济利益的诱惑下,偷猎者不惜铤而走险,残忍猎杀、毒杀野生动物,使得野生动物的数量明显下降。虽然法律中明确规定禁止猎杀野生动物,但是由于交易形式网络化和强隐蔽性及执法、监管力度不够,未能有效遏制盗猎者的猎杀行为,即使能够对犯罪者进行制裁,其惩处力度也存在很大局限性。

(四)充满血泪的野生动物餐桌问题

野生动物不仅被开发成艺术品原材料、皮毛、宠物、药材等商品,其另一个重要的消费渠道就是满足人们的口腹之欲。当人们厌倦了普通菜肴和山珍海味,对野生动物垂涎三尺的时候,就是野生动物生存灾难的又一开始。在人们的餐桌上,不分动物的保护等级,只分煎炸蒸煮的烹饪方式。当人们在桌上大快朵颐地享受美味的同时,在宰杀场传来的是野生动物们惨绝人寰的哀号和金钱驱使下人们沾满鲜血的双手。西藏地区因其拥有多样的野生动物种类,

① 王宗仁.藏羚羊的跪拜[M].西藏人民出版社出版,2007:294.

成为不法商贩、酒楼宾馆聚集的地方，大量的野生动物活体及制品在这里交易、集散和消费，其中不乏国家保护一级动物及濒危野生动物物种。野生动物上餐桌，人们不仅吃出了生态赤字，引发了环境和健康问题，更破坏了野生动物应有的福利。

三、西藏野生动物法律保护建议

(一)确立野生动物立法保护新理念

野生动物立法保护理念是指导野生动物保护立法的依据，是决定野生动物法律是否符合客观实际及自然规律的理论基础。野生动物作为自然资源的一种，既具有经济价值又具有生态价值，符合自然资源双重属性的特征。我们应该摒弃野生动物保护法中只侧重于野生动物资源的利用，而轻视动物资源的生态保护，把野生动物当作人类的附属品和财产而忽略动物本身生命价值的传统立法理念。现今，只有将动物福利引入立法，树立我国野生动物保护立法新理念，才能制定出符合实际、操作性强的野生动物保护法律法规，如明确尊重野生动物的生命权利，发挥野生动物在大自然中的生态作用，保持物种的延续等理念，积极地将我国的野生动物保护理念与国际接轨，结合国外野生动物保护思想及我国的实际情况，制定出具有中国特色的野生动物保护法律法规。

(二)扩大野生动物保护法的保护范围

我国野生动物保护法中的保护对象仅限于珍贵、濒危野生动物和“三有”动物，其保护范围过于狭窄，也违反了环境立法中的预防为主的原则。野生动物保护法应该扩大动物保护的范围。野生动物的含义本就是指生存在野外，独立于人类的所有动物，也包括部分经过人工驯养的野生动物。每一种动物在自然界中都具有重要的地位和作用，都是生态系统当中不可缺少的组成部分。如果我们不行动起来对现有的普通野生动物进行保护，那么在不久的将来，它们将会不可逆转地成为濒危稀有动物。因此，作为保护野生动物最强有力的武器—法律，不能只保护野生珍稀动物的福利，其保护对象不能仅以现在是否濒危、珍稀、有价值来确定，而应在平等对待野生动物的基础上，合理地区别对待，以体现对生命的尊重，对普通野生动物的关怀。建议可以借鉴国外的做法，将野生动物划分为鸟类、哺乳类、爬行类、两栖类和昆虫类等，并相应对现行野生动物保护有关规定进行修改，以类别代替名录。

(三)建立健全野生动物保护执法机制

我国居高不下的野生动物非法捕猎和黑市贸易的形成原因之一，就是缺少健全的野生动物保护执法机制。因此，我们亟须健全野生动物保护的执法制度。首先，要明确野生动物保护主管部门的管理权限并对其进行明确的划分，协调部门间的自身职责利益，在沟通或对《野生动物保护法》进行必要变动的基础上明确各自权限。做到明确野生动物保护主管部门责任，使责任落实到人，避免权力的冲突和重合。其次，要加强对责任部门的内部监督及公众监督，一旦发现违法违纪人员应严格追究其责任，避免有法不依、不按要求进行执法情形的出现。再次，协调好野生动物保护各分管部门的利益，提高各野生动物保护分管部门的积极性。针对不同行政区域的各地野生动物主管部门，应积极开展野生动物保护的联合执法活动，逐步形成联合执法行动机制。最后，建立野生动物非法贸易和滥捕的监测机构，其目的是掌握野生动物非法贸易和滥捕的动态，为执法机关提供科学的数据。目前，我国的台湾和香港地区及周边国家俄罗斯、日本、马来西亚等国均有相应的监测机构。虽然我国野生动物非法贸易猖獗，滥捕野生动物现象严重，但政府和民间都没有设立相应的专门机构，使得国家相关部门不能及时掌握野生动物非法贸易和滥捕的信息，不利于国家作出科学、合理的决策保护野生动物。[①]

(四)加强西藏地方性野生动物保护立法

保护藏区的野生动物，除了依据国家制定的野生动物保护的相关法律法规，我们还要依靠地方立法，细化国家法律、补充法律的漏洞和加强国家法律的可操作性，保证国家法律的实施在西藏符合区情和实际。西藏地区野生动物保护的地方立法在服从国家立法的基本原则和制度的前提下，结合西藏地区实际情况，制定符合实际需求的具体制度，走出一条适合区情、民族文化及传统习惯的保护野生动物的道路。受历史文化及佛教尊重生命、众生平等教义的影响，藏区的大多数群众都信奉“不杀生”的宗旨。相传为松赞干布时就

---

① 张奎.我国野生动物保护法律制度完善研究[D].昆明理工大学硕士学位论文，2011:33.

制定的《神教十善》，第1条就是"不许杀生造罪"。[①] 这种朴素的环境保护理念和民族习惯为维护青藏高原生态平衡及保存野生动物多样性起到了积极的作用。因此我们在西藏地区的野生动物保护立法中，应整合吸纳民族地区野生动物保护习惯，结合西藏野生动物的实际状况，使西藏地方性野生动物保护立法获得更广泛的群众认同和实施。

(五)重视野生动物栖息地保护

我国《野生动物保护法》中有相关野生动物生存环境的保护制度。如该法第8条规定："国家保护野生动物及其生存环境，禁止任何单位和个人非法猎捕或者破坏。"另外在第10条、第11条、第12条、第20条分别规定了自然保护区制度、环境监测制度、环境影响评价制度、禁猎区制度等。但是，由于人们在经济发展上的急功近利，缺乏可持续发展的思想，致使社会经济发展造成对生态环境的巨大冲击。在青藏高原随着现代畜牧业的发展及草原经营使用权的进一步明确，草原上树立起一道道铁丝围栏，其阻隔了野生动物的天然生境，割断了野生动物迁徙的道路，铁丝围栏挂死挂伤野生动物的现象也时有发生。而过度放牧致使草原退化，草原退化又促使牧民向资源相对丰富的无人区进发，进而进一步挤占野生动物生境。在西藏地区，草原围栏、铁路、公路对高原野生动物生境造成的影响属于显性破坏，而草原载畜量过高、过度放牧、挤占野生动物的生境等，则构成了对草原野生动物生境的隐形破坏。[②] 因此，我们要建立环境与发展综合决策机制，充分考虑生态环境的承载能力和生态保护的需要，保护野生动物栖息地。避免对野生动物生境的人为切割，尤其在自然保护区核心区内禁止修建公路、铁路、围栏等影响野生动物生境的设施。严格控制自然保护区中人口和牲畜的数量，避免对野生动物生境的隐形挤压。根据可持续发展的要求，对各项资源开发、项目开发进行环境影响评价，并实行环境保护一票否决制。建立政府领导环保责任制度，把地区生态质量纳入领导政绩考核内容。努力实现生态西藏、经济西藏的双赢局面。

(六)严格惩治猎杀、伤害野生动物的虐待行为

刑法是制裁违法行为最具强制力核威慑力的方式之一，根据我国现行的刑法规定，只有行为人非法捕杀的是国家重点保护的珍稀濒危野生动物时，才

---

① 刘务林.西藏高原人类保护利用野生动物简史[J].西藏大学学报，1993(3)：47.

② 蒋志刚.青藏高原野生动物的生境结构与保护[J].大自然，2009(1)：11.

会追究行为人的刑事责任，而对于伤害、虐待野生动物的行为，无论其是何种野生动物都不构成犯罪。我国现行刑法规定有关野生动物保护的罪名有非法猎捕、杀害珍贵、濒危野生动物罪；非法收购、运输、出售、珍贵、濒危野生动物、珍贵、濒危野生动物制品罪；非法狩猎罪；非法捕捞水产品罪。这些罪名明显受制于我国《野生动物保护法》对野生动物的界定，且这项罪名规定于《刑法》第6章“破坏环境资源保护罪”之中。这些做法大大削弱了我国野生动物的刑法保护。① 针对以上存在的问题，建议在刑法中增设破坏野生动物资源罪，对在主观上故意伤害、虐待野生动物，破坏野生动物资源的行为，明确规定要负刑事责任。增设食用、出售野生动物罪，所谓“没有买卖就没有杀戮”，对食用、出售等消费野生动物的行为人要给予刑法层面上的震慑作用，加大不法分子的违法成本，以法律的严格规制保障野生动物福利的实现。

参考文献：

[1]西藏虐杀一级保护动物藏野驴案破获2嫌犯落网[EB/OL].http://news.sohu.com/20140815/n403481986.shtml.

[2]评论：向虐杀动物的行为说“不”[EB/OL].

http://www.chinanews.com/sh/2013/12-19/5639584.shtml

[3]中国重点保护野生动物三成以上分布在西藏[EB/OL].http://news.163.com/14/0606/10/9U2624RL00014JB5.html

[4]陆承平.动物保护概论[M].北京：高等教育出版社，1999：52-53，36-49.

[5]王宗仁.藏羚羊的跪拜[M].西藏人民出版社出版，2007.

[6]张奎.我国野生动物保护法律制度完善研究[D].昆明理工大学硕士学位论文，2011.

[7]刘务林.西藏高原人类保护利用野生动物简史[J].西藏大学学报，1993：3.

[8]蒋志刚.青藏高原野生动物的生境结构与保护[J].大自然，2009：1.

[9]詹长英.试论完善我国野生动物保护法刑事立法的有关条款[J].野生动物杂志，2007：5.

[10]常纪文.动物福利法—中国与欧盟之比较[M].北京：中国环境科学出版社，2008.

① 詹长英.试论完善我国野生动物保护法刑事立法的有关条款[J].野生动物杂志，2007：5.

论西藏律师的特殊性对西藏高校法学教学的引导

王丹屏*

摘要：西藏高校法学专业的学生，大多数在西藏就业，是西藏法治建设的中坚力量。西藏高校的法学教学，除了教授学生基本的法律实务技能之外，还应该结合西藏法律工作者尤其是律师工作的特殊性，加强学生参与化解社会矛盾、担任法律顾问、推进依法行政等方面的实践技能。

关键词：西藏；法学；法律实务技能

一、西藏律师工作的基本情况

党的十七大以来，西藏地区的律师坚持以邓小平理论和“三个代表”重要思想为指导，深入贯彻落实科学发展观，围绕各级党委、政府中心工作，充分发挥职能作用，依法履行职责，在服务经济发展、推进民主法治建设、维护人民群众合法权益、促进社会和谐稳定、保障公平正义等方面，发挥了积极作用。

（一）律师队伍建设不断加强

队伍建设，是律师事业繁荣发展的基础工程。据统计，截至2012年底，西藏共有各类律师事务所25家（普通合伙所12家，个人所5家，国资所8家），相比2007年增长67%；执业律师184人，相比2007年增长142%。西藏律师中有博士3人，硕士31人，双学士8人，大学本科120人。①

---

* 王丹屏，西藏民族大学法学院副教授。研究方向为刑法。

① 《西藏律师基本情况》，西藏自治区拉萨市司法局提供，2013年5月。

西藏不断推动律师队伍建设实现新发展，取得了显著成效。2008年，西藏珠穆朗玛律师事务所被评选为“2005—2007年度全国优秀律师事务所”，2011年，西藏雪域律师事务所被评选为“全国优秀律师事务所”。央金律师被评为“首届全国十佳律师”。西藏岗底斯律师事务所刘世强被评为“全国优秀律师”。

(二)法律服务职能作用日益凸显

相对于其他省区的律师业，西藏地区的律师始终要坚持高举维护社会稳定、维护祖国统一和民族团结的旗帜。把服务经济发展作为重要任务，讲政治、顾大局，依法开展法律服务。为西藏自治区的经济跨越式发展和社会长治久安作出了积极贡献。

据统计，2012年西藏律师共办理各类案件2436件（刑事诉讼辩护270件，民事诉讼代理1083件，行政诉讼代理23件，非诉讼法律事务490件，仲裁业务575件）。其中，调解成功152件，法律援助案件147件，咨询和代写法律文书2473件。担任机关和企事业单位法律顾问592家（其中，企业法律顾问160家）。[1]

二、西藏律师工作的特殊性及意义

人们赋予律师很高的象征意义：律师的地位反映了公民权利受尊重的程度，反映了国家的法治状况，也反映了社会文明和开化的进程。

(一)特殊性

西藏地区律师除了承担一般的律师业务外，还有很多重要的作用。例如，参与化解社会矛盾、担任法律顾问、推进依法行政等。律师能够第一个了解社会的潜在矛盾，将民族矛盾和宗教矛盾的解决纳入司法程序，从而将矛盾消灭于萌芽状态，促进和谐社会的建立。[2]

由于西藏特殊的自然环境和文化背景，开展法律援助工作也是西藏律师承担的社会责任。法律援助工作是一项保障社会弱势群体合法权益的社会公益活动。[3]比如，通过设立法律援助基金，及时救助工伤、交通事故等人身伤害案件的受害人；为群众答疑解惑，教育引导并帮助群众通过合法渠道表达合理诉求；将群体性纠纷诉讼案件、涉诉信访类案件统一纳入司法救助和法律援助案件的范围。

(二)意义

1. 有利于促进民族团结。由于律师本身职业的特性,他们能够在第一时间接触存在的社会矛盾,特别是不同民族间的一些民事纠纷。如果律师能够顾大局、识大体,运用自己的专业知识晓之以理、动之以情,就会将矛盾大事化小,小事化了。如果律师带有民族情绪,本来一桩民事纠纷可能会演化成一场民族冲突。[4]因此,律师正确发挥作用能够促进各民族间的理解与团结。

2. 有利于解决宗教与法律之间的矛盾。只有宗教活动在法律的范围内规范运行,才能使宗教既满足信教群众的需要,也不至于影响社会稳定。只有寺庙人员知法、懂法、守法,才能促进宗教和法律的协调发展。

3. 有利于维护社会稳定。律师具有化解社会矛盾的职业优势和专业素养。充分发挥律师的作用,努力防范矛盾激化,能够防止小矛盾变成大矛盾、简单矛盾演变成复杂矛盾、个案矛盾上升为社会矛盾。通过引导和帮助群众正确处理个人利益和集体利益、局部利益和全局利益、维护权益和履行义务的关系,促使群众自觉维护改革发展稳定的大局。通过营造崇尚法治、依法办事的社会氛围,促进社会的和平与安定。

三、西藏律师业务对法学教学的引导

(一)要有明确的教学目标

法律实务技能是法学专业人才培养的一个十分重要的实践性环节,是一门实践性很强的基础课,是法学专业教学计划中重要的实践教学环节。学生在学习过程中需要学会询问当事人、谈判、法律咨询、模拟审判及刑事侦查基本技能,了解公检法司系统的办案过程和工作流程,熟悉法学专业就业口径基本技能。

对于西藏高校法学教学来说,除了基本的法律实务技能之外,还应该结合西藏地区的法治建设,提高学生的法律职业素养,使学生牢固树立社会主义法治理念。将法律实务技能融入化解社会矛盾、维护西藏和谐稳定的首要任务中,实现所办案件法律效果、政治效果和社会效果的有机统一。

(二)要给学生树立社会主义法治理念

对学生来说,掌握法律实务技能是工具,树立社会主义法治理念是根本。法学教育普遍重视“法律是什么”,即法律专业知识的讲授,而“学法为什么”的问题鲜有提及。在多元化的社会大背景下,某种程度上对大学生的思想造成了一定的冲击。部分法学专业的大学生理想信念缺失或动摇,价值观改变或模糊,学习法律的动机和目的也呈现多元化。在某些学生眼中,法律沦为谋私利的工具,公检法国家公务员成为社会地位的象征。因此,我们在教学中首先要引导学生如何成为一名合格的民族地区法律工作者。要坚持社会主义核心价值观,加强思想政治教育。要做中国特色社会主义法律工作者、做市场经济发展的服务者、做社会公平正义的保障者、做民族团结的维护者、做社会和谐的促进者。最终实现法律工作的“三统一”:即法律效果、社会效果和政治效果的统一。

(三)要创新课堂教学实践方法

随着形势的发展,以往的以灌输为主的单一的课堂讲授方法必须改变。

1. 分层次教学法。针对民族地区法学教育的实际情况,对区内和区外学生分别教学,采取不同的教学大纲、教材和案例。

2. 案例教学法。案例教学法是一种具有启发性、实践性,能提高学生决策能力和综合素质的一种教学方法。这种教学方法将抽象的理论与具体案例结合起来,组织学生对相关法律问题进行讨论和辩论,训练学生自主判断、逻辑思维、临场发挥和用“法言”“法语”表达思想的能力,培养学生的逻辑思维能力和法律思维习惯。

3. 通过课堂讨论、情景剧、观看法律类的影视作品、DV 制作等多种教学方法,使法学教学内容与社会现实和学生的思想实际相结合,增强课堂教学的实效性。

(四)要丰富课外教学实践形式

依托法学实践教学基地,组织形式多样的实践教学活动。[①]

1. 组织学生外出参观考察。不仅可以帮助低年级法学专业学生感性地认识法律实务工作的性质、内容、流程等情况,同时能激发学生的学习兴趣。

---

① 西藏民族学院法学院学生实习实践相关资料,法学院教学办提供,2013 年 5 月。

通过参观看守所、监狱等部门，可以对学生起到很好的警示教育，增强学生的法律意识；通过考察法院，旁听审判，让学生全程观摩审判过程，熟悉司法实务部门的工作流程，深刻理解刑事案件立案侦查、审查起诉、法庭审判等主要环节，明确已决犯和未决犯各项基本权利等。外出参观考察，提高了学生的专业学习兴趣，巩固和丰富了法学基本理论知识。

2. 联合模拟法庭开展各项模拟审判。通过模拟法庭的现场感和直观感，可以进一步加深学生对法律知识和司法程序的理解，提高学生运用法律知识解决具体问题的能力，锻炼和培养学生的组织能力、语言表达能力和团队意识。一次模拟审判，经过确定案例、分配角色、角色准备、模拟审判、庭审总结等多个环节，扩大了学生的参与面。通过现场播放案件视频的方式，生动全面地再现了模拟案件的真实过程，俨然是一次真正的庭审，展示出“正义审判”，让学生看到了庄重严肃的审判实景。联合法院、检察院等司法部门，举办案件审判进校园活动，让学生受到真实生动的法律事务教育。

3. 邀请校内外专家来校讲座举办。本着“走出去，请进来”的实践教学理念，要不断增强与西藏与内地法律实务部门的沟通联系。有实务经验的专家报告，既有扎实的理论基础，又有丰富的实践案例，语言通俗易懂，内容丰富多彩。通过聆听报告，加深了学生对我国司法部门的认识，提高了学习法律知识的兴趣和实际动手能力，坚定投身法律工作的志向。

(五)要提高教师法律实务水平

为了培养学生的实践能力，教师自身必须有丰富的实践经验和较强的实践能力。尤其是法学实践教学对教师提出了很高的要求，教师应当具有很高的法律实务操作能力，甚至法学教师本身就应当是一个优秀的法律实务工作者。如果一个法学教师没有司法实践经验和能力，对司法实务没有切身的感受。那么在教学过程中就很难提出具有真实性和典型性的案例，其对案例的分析和对模拟审判的指导往往是主观的和教条式的。法学专业教师应当走出大学校园，参与法律实务工作，积累司法实践经验，并借此了解我国尤其是西藏的法治建设状况。

1. 鼓励法学教师做兼职律师工作。深入地了解社会，了解司法的运作过程，在法学教学和法学理论研究中具有理论联系实际的自觉性和能力。在课堂教学中，教师可以运用自己办案的亲身感受作为例证对法律原理、原则进行解释和说明，从而避免纯粹的和空洞的理论教学。

2. 与司法机关合作，由法院聘请法学教师作为陪审员参与司法审判。二者可以实现优势互补。

3. 高校法学院可以聘请司法实务界人士到学校任教。他们走进大学课堂进行教学,不仅有丰富生动的案例,而且又有深刻的理论分析。他们可以把经过长期司法实践积累的经验和技巧传授给学生,使学生学到法律实践中活的知识。

参考文献:

[1]张培中.为西藏跨越式发展和长治久安提供司法保障[J].人民检察,2012:2.

[2]何平.关于民族地区充分发挥律师作用的几点思考[J].中国司法,2010:9.

[3]徐梅.新疆少数民族地区法律援助——现状调查与研究[J].中国政法大学学报,2009:5.

[4]赖声洪.民族地区律师肩负的特殊使命[J].中国律师,2008:7.

藏族习惯法与西藏社区矫正的理念建构*

王亚妮**

摘要:藏族习惯法是藏民族在长期的生产、生活实践中逐渐积淀而成并为本民族所信守的部分观念形态与约定俗成的群众生活模式规范。藏族习惯法长期以事实的状态存在着,并调整着藏族社会的各种关系。虽然藏族习惯法的内容与现代法制观念存在一定的差异,但是随着民族地区法治化程度的不断推进,藏族习惯法观念蕴涵的积极因素愈发凸显,其强调社会矛盾的彻底解决、社会关系的复合与现代刑罚社区矫正的刑罚理念不谋而合。推行西藏社区矫正在于充分挖掘藏族习惯法的积极因素,并将发达的刑罚理念融入本土资源,推动习惯法的现代转型,实现西藏社区矫正的理念建构。

关键词:习惯法;社区矫正;理念建构

社区矫正又称为社区矫治、社区处遇,即将符合条件的罪犯放入社区开展行刑与矫正工作,其源于西方发达国家,是西方前卫的犯罪矫正制度。社区矫正的理念与人道主义思想、人权观念密不可分。2003 年我国选取了比较发达的北京、上海、天津、江苏、浙江、山东六地开展社区矫正试点,随后矫正工作逐步在全国推广。西藏的社区矫正随着全国范围的展开也由试点进入全面推进阶段。西藏位于我国西南边陲,是藏民族聚居区域,民族地区社会稳定是关键。民族地区社会稳定的基点是建立符合民族地方政治、经济、文化和社会关系发展特点与规律的社会稳定机制,社会稳定机制的重要因素就是缓和社会矛盾,减少和预防犯罪。社区矫正着眼于修复被破坏的社会关系,是西藏社会

---

* 西藏自治区哲学社会科学专项基金项目“社区矫正与西藏社会稳定机制研究”(12BFX001)的阶段性成果。

** 王亚妮,西藏民族大学副教授。

稳定机制的构成部分,对西藏社会的稳定与发展,构建和谐西藏具有重要意义。

一、西藏社区矫正的发展现状

西藏社区矫正工作以深入开展反分裂斗争,维护西藏地区社会稳定为基点,突出对非监禁罪犯的教育、矫正力度,做到预防和减少犯罪,为构建平安西藏、和谐西藏创造良好的社会环境。西藏社区矫正于 2011 年开始试点,2013 年全面推开,其中 2012 年 8 月首批试点的拉萨市七县一区累计矫正人数为 76 人,日喀则江孜县矫正人数为 33 人。[1] 2013 年 11 月全区累计接收矫正人员 605 人,2014 年 8 月昌都地区累计矫正人员 189 人,[2] 拉萨市在册矫正人员 105 人。[3]

社区矫正在西藏开展的时间不长,但是工作成效斐然。首先,矫正区域设置适当。西藏社区矫正工作采取以点及面的方式,先在部分地区试点,条件成熟后全区广泛推行。2009 年 11 月,自治区高级人民法院、自治区检察院、公安厅、司法厅联合制定《关于在我区开展社区矫正试点工作的请示》(藏司委字[2009]47 号),因基础条件限制进展缓慢,2011 年试点工作展开,确定拉萨市和日喀则地区江孜县为首批试点单位,拟定拉萨市城关区 7 个乡镇为试点。① 首批矫正试点区域是交通较便利、经济较发达、人口相对集中的区域。人口资源的富足和社区建设的相对完善有利于促进犯罪人员与社区人员的双向互动过程,便于矫正工作的有序开展。2013 年自治区司法厅、两高及公安厅四个部门经过广泛而深入的调查研究及资料整合联合制定《西藏自治区社区矫正实施办法》(藏司字[2013]227),为全区贯彻执行社区矫正提供较为完善的法律依据,随即全区逐步将社区矫正广泛推开。其次,矫正工作机制合理。西藏社区矫正与社会管理创新相结合,确定“改革创新、以人为本、社会参与、维护稳定、帮教结合”的基本工作原则。组织机构上,2011 年自治区司法厅建立社区矫正工作领导小组,指导协调社区矫正试点的工作。2012 年拉萨市司法局先后在全市的 38 个乡、8 个镇、8 个办事处试点挂牌成立司法所,将社区矫正

---

① 根据 2012 年西藏自治区相关调查资料确定的具体 7 个试点乡镇为:扎细办事处、当雄县乌玛塘乡、日喀则城南办事处、江孜县江孜镇、乃东县泽当镇、贡嘎县杰德秀镇、那曲县那曲镇。

工作纳入基层司法行政和维稳工作中。2013年10月司法厅申请设立自治区是社区矫正局,为司法厅内设机构,并以纳入警察序列。工作机制上,自治区、市结合实际先后制定一系列矫正工作实施的文件,①对矫正工作任务、纪律、职责、制度及其衔接、执行进行明确化,并就矫正对象的监督管理和考核奖惩作出细化规定,为社区矫正规范、有序开展奠定了良好基础。最后,矫正业务培训全面。自治区各级司法部门多次举行各种形式的社区矫正轮训,对社区矫正的相关知识进行全面学习与研讨,并深入实地与对口援建的江苏省司法厅工作人员举办培训交流及现场学习。2013年7月自治区司法厅在日喀则地区江孜县举办了为期3天的首届全区社区矫正工作现场培训班,并实地观摩了社区矫正人员的公益劳动基地及其矫正人员文书档案管理,促进了社区矫正工作的规范化、制度化。

二、西藏社区矫正的现实意义

社区矫正是我国经济社会发展和民主法治建设的形势和需要,契合了构建社会主义和谐社会的时代要求。西藏地区因为各种因素的影响,其社区矫正工作还处在试点和推行的探索阶段。事实证明,西藏开展社区矫正有利于合理配置行刑资源、提高罪犯改造质量、促进社区治安秩序的良性循环。同时,社区矫正对西藏的民主法治建设、刑罚现代化推进及其西藏社会管理创新具有深刻的价值意蕴。

(一)社区矫正是西藏地方法治建设的重要内容

法治是政治文明发展到一定阶段的重要标志,少数民族地方法治建设是国家整体法治建设的重要组成部分,是国家全面落实依法治国基本方针、建设社会主义法治国家的基本路径。地方法治建设的推进为自下而上切入,着眼地方实际,积极实践,勇于创新,中国法治建设应当充分发挥地方法治的积极性和活跃性。社区矫正作为刑罚执行方式,其体现了对罪犯人权的重大改观,使犯罪人更大程度获得人道尊重、人文关怀,这是尊重和保障社会主义法治基

① 西藏自治区及拉萨市司法局资料:《关于我区开展社区矫正试点工作的意见》《加强和创新社区矫正工作试点方案》《社区矫正工作流程图》《拉萨市社区矫正工作突发事件应急处置预案》《关于加强社区矫正衔接工作的若干规定(试行)》。

本原则的要求。社区矫正作为我国司法体制改革和刑事法治建设的重大举措,是我国法治建设的重要内容,符合我国现阶段经济社会发展的要求,符合人民群众对社会和谐稳定和公平正义的需求,也符合刑罚执行社会化的国际趋势。统一性是我国法治建设的重要特点和基本要求,也是地方法治建设坚守的基本观念,从法治统一性角度出发,社区矫正制度在西藏势在必行。法治化的核心在于民主政治,以人为本,法治的精神不仅要求对一般人权利的保障,更需要对犯罪人权利进行保障,刑法的本质不应局限于对于犯罪者的惩罚,更应当立足于人本质方面的复归、解放和再造。西藏社区矫正工作应以法治统一为基础,发掘藏族生活习惯、宗教习俗、法律文化中的积极因素,充分发挥地方法治建社的活跃性,注重各种社会关系的良性互动,促进西藏的和谐发展。

(二)社区矫正是西藏刑罚现代化理念的实践体验

现代化是我国社会主义建设事业和体制改革的指导方向,刑法现代化的核心就是刑罚现代化。刑罚现代化是刑罚在传统的基础上有方向的变迁过程。[4]刑罚现代化的实质是刑罚结构日趋文明化,具体表现为由复仇走向文明、由身体刑走向自由刑,总体趋向是刑罚日趋轻缓化。社区矫正是现代化刑罚的重要标志,其以犯罪分子的社会危害程度为基点,轻罪侧重矫正,将犯罪分子置于社区,不剥夺其人身自由,避免犯罪人的交叉感染和“标签效应”,是刑罚进一步走向文明和科学的典型代表。西藏地缘关系,宗教盛行,习惯法地位突出,早期习惯法残存的等级制度、轻罪重罚影响了刑事法律在西藏地方的实施。随着刑罚现代化理念的深入,西藏地区的刑罚制度逐步走向现代化。2009 年西藏地区着手司法体制改革,2011 年试点社区矫正,2013 年全区广泛铺开。① 西藏人口稀少,司法资源缺乏,将犯罪人置于社区既促进罪犯矫正,也可实现刑罚效应。《犯罪学》研究证明,犯罪的产生是社会诸多因素与犯罪分子综合作用的产物,犯罪不仅仅是犯罪分子个人自由意志的结果,还基于一定的社会原因。西藏现代化过程中,社会经济的跳跃式发展自然给西藏经济及社会生活产生了不小的冲击与影响,会引发一定的社会矛盾。社会造就犯罪,就有责任帮助犯罪分子消除犯罪动机,使他们重新适应正常的社会生活。

① 2012 年 7 月 11 日的中国西藏新闻网报道一则拉萨市城关区法院审理的贪污案件,被告人认罪态度好,案发后积极退赔赃款,具有自首情节,综合各种因素给予被告人判处缓刑,实行社区矫正。

社区矫正将犯罪分子置身于多种良性社会关系所构成的特定社会环境中，使犯罪分子重新在社会关系中找到自己的归宿，通过对犯罪分子施以一定的救助、矫正和改造使其复归社会，这样有利于犯罪分子回归社会，也有利于西藏刑罚理念的现代化转型。

（三）社区矫正是西藏社会管理创新的必要手段

社区矫正工作是贯彻落实宽严相济刑事政策的一项刑罚执行制度，助推社会管理创新工作。根据中央《关于加强和创新社会管理的意见》（中发[2011]11号）和中办发[2011]25号、中办发[2011]30号等文件都明确要求，要建立和完善适应宽严相济刑事政策要求的社区矫正工作体系，加强对包括社区矫正人员在内的特殊人群管理，预防和减少重新犯罪。加强对社区矫正人员的管理、教育，帮助他们顺利融入社会，减少重新违法犯罪，是执政为民，以人为本理念在司法领域的生动体现。社区矫正是社会管理制度的一项重大创新，适应了现阶段我国经济社会发展和民主法治建设的形势和需要，契合了构建社会主义和谐社会的时代要求，是完善中国特色刑罚执行制度的有意探索。西藏地区正处于经济社会转型时期，社会矛盾突出，犯罪总量很大，如何有效控制犯罪、管理服刑人员是减少再犯率、维护西藏地区社会稳定的关键。社区服刑人员是社区的特殊人群，需要科学的管理手段和正确的教育矫正方式。以社会管理创新促进社会和谐与政治稳定达社会秩序、政治秩序和人心秩序的维系与有机统一，有利于巩固和强化西藏维稳的社会根基。管理和矫正的有效性直接关系到再犯率，关系到民族地区的稳定与发展，当地司法行政机关作为各种社会矛盾和利益冲突的平衡者，承担着惩罚犯罪、化解矛盾、维护民族地区社会和谐稳定的重要职能。

三、藏族习惯法对社区矫正的可能启发

多年以来，藏族刑事习惯法为维护少数民族地区公民的生命、财产安全和社会秩序发挥着不可替代的作用。随着刑法现代化的深入，罪刑法定原则将习惯法推向了一个尴尬的地位，然而几十年的实践证明习惯法始终存在于民族地方并实现着其应有的基本功能。藏族习惯法制约着藏族人民的生产生活，必然对社区矫正产生影响。随着法治观念的不断推进，刑罚社会化理念不断深入，藏族习惯法也不断发展，基于特殊人文和地理环境的藏族刑事习惯法

"罚赔"观念凝聚的法理念为西藏社区矫正的开展提供了积极的思路。

(一)"罚赔"契合了社区矫正价值理念中的刑罚现代化观念

藏族习惯法的"赔命价""赔血价""强奸罚锾"等将"罚赔"作为刑罚内容,目的是给予犯罪人以经济惩罚,弥补受害人的损失,抚慰受害人及其亲属痛苦的心灵,同时避免犯罪人的牢狱之灾,甚至避免了剥夺生命的代价,这种不以身体和生命相抵、而以财产作赔的刑罚方式是刑事法律走向文明的标志。社区矫正是刑罚现代化的重要标志,强调的轻缓方向与"罚赔"理念如出一辙。涂尔干认为,所有犯罪都是直接或间接对强烈而明确的集体意识的触犯。集体意识决定犯罪,刑罚意味着集体意识对犯罪的反抗。藏族习惯法的"罚赔"理念代表当时当地集体意识对犯罪的刑罚观念,其创设的是以财产刑为主的刑罚理念,"罚赔"取代监禁刑与生命刑体现对生命的尊重、对人权的尊重,彰显刑法的谦抑性①,与我国刑罚现代化之路的社区矫正制度殊途同归。

(二)"罚赔"契合了社区矫正价值理念中的恢复观念

"罚赔"作为民族地区解决纠纷的主要模式,并非简单的就是赔偿钱财,它是在相关当事人共同参与基础上双方达成的赔偿协议,双方存在协调、商议的过程,有利于恢复加害人与被害人、加害人与因其犯罪行为而破坏的社会关系的恢复。经济罚赔后,往往获得被害人家属的谅解,可见"罚赔"强调的重点在于对已破坏的社会关系的重建。原有国家制定法机制之下,侧重强调犯罪行为本身对社会的危害性,往往将自由刑作为对犯罪人的惩罚,甚至包括剥夺生命,案件中被害人往往不被关注,甚至不能获得经济上的补偿,被害人权利虚置,不利于社会关系的修复。社区矫正作为刑罚方式的重大改革,其关注因犯罪而受损的公平正义的恢复,关注受害人、犯罪者和社区之间正常社会关系的恢复,与藏族习惯法"罚赔"不谋而合。

(三)"罚赔"契合了社区矫正价值理念中的社会参与观念

"罚赔"参与调解仪式者除了当事人双方外,还包括生活在同一地方的大量民众,当事人及旁观者经历了一场现场教育,有助于警戒犯罪。"罚赔"后加害人生活在自己熟悉的社区,民众对其行为进行无形监督,这种来自民间的习

① 刑法的谦抑性指刑法的经济性或节俭性,是指立法者应当力求以最小的支出、少用甚至不用刑罚获取最大的社会效益,即有效地预防和控制犯罪。

惯是大众认可的，正如有观点说：人人都是维护习惯法的斗士，这些已经深入民心的规则事实上对犯罪人的行为规范作用远胜于监禁。社区矫正观念认为犯罪尽管是个人的行为，但导致犯罪的原因则不排除是环境与个人互动的结果。因此，社会有责任参与罪犯的教育改造，将犯罪分子放在自己最熟悉的社区，强调的是社区广泛参与矫正，依靠社会力量、整合社会资源，重获新生。

四、基于藏族习惯法的西藏社区矫正的理念建构

基于以上分析可见，藏族习惯法对构建西藏社区矫正具有重要影响。“罚赔”是西藏地方处理杀人、伤害、强奸、偷盗等案件的习惯规则，规范作用突出，长期任由发展则势必影响到法律的权威。国家法制在推进的过程中有意无意地对民族地方的规则、惯例和习惯法造成冲击，然而在国家法影响微弱或尚未触及的社会边缘地带，习惯法仍大量的存在，它是基于民族伦理道德传统承袭的产物，是迎合民众需求而生，是现实生活中普遍存在的“活法”。[5]应当正确认识和看待藏族习惯法的“罚赔”，以国家法律引导其现代转型，对具有现代价值理念的功能加以吸收和利用。并以此为契机，将其传统化的犯罪控制理念予以发扬光大，以期促进西藏地区社会关系和谐，促进西藏社会稳定与发展。

(一)利用“参与”观念确定矫正主体

藏族习惯法“罚赔”是一种特殊的法律现象和法律文化。“罚赔”作为刑事习惯法的刑罚方式，其执行力和权威性很关键。“罚赔”的主持者通常为活佛、僧侣或其他宗教上层人士，这源于民众虔诚的宗教信仰，宗教人士事实充当了神圣的代言。习惯法蕴含大量宗教成分，是宗教世俗化的结果，在宗教教徒眼里，神权是至高无上的，他们对宗教的信仰和崇拜程度远远超过了对法律的信仰。“藏族人为达到解脱之目的，视佛教为生命之核心，喇嘛为生活之导师，认为任何典章制度只有依附于佛教才有意义。”[6]由此，宗教人士支持下的“罚赔”执行力具有权威性和实效性。社区矫正是刑罚的执行方式，刑罚的顺利执行有赖于人们对刑法的高度信赖和认可，藏族社区里人们认可的是身边的法律，作为法律文化重要内容的“罚赔”制度是根植于藏族人们心理，是藏区聚居区域社会运行的内在机制，参与人员借助宗教影响作用往往起到更好的作用，正如社会人类学创始人马林诺夫斯基所言，“巫术与科学都是满足一定实际需要的文化工具”。

社区矫正是社会化的行刑模式，是由专门的国家机关在相关社会团体、民间组织及其社会志愿者等大量社会资源参与基础上运行。社会资源的广泛参与是社区矫正的重要特点，西藏的社区矫正处于发展初期，矫正工作人员数量亟需扩充，藏族习惯法“罚赔”源起的“参与人”为西藏社区矫正队伍的建设提供了引导。首先，矫正工作人员招录坚持专业化、精英化，从司法行政部门内部选拔具有丰富经验的监狱和劳教工作人员，其中藏族比例达到50%以上，以便于沟通和顺利执行。其次，矫正志愿者选拔应充分开发和利用社区资源，引导社区力量组成矫正志愿者参与矫正，并对志愿者进行培训，吸收警务站人员负责监督工作，吸收宗教人士、旧的部落头人或其后裔负责思想教育，对其行为进行引导和规范，通过志愿者建立良好的信任机制。西藏社区矫正需要借助习惯法的力量及其民间规约实现矫正，民间力量应当成为社区矫正的主要资源。

(二)利用“恢复”观念确立矫治手段

藏族习惯法认可恢复性赔偿，恢复观念被藏民族广泛认同。藏族聚集区社会秩序的运营主要依赖于传统宗教、民族习惯法为主的本土资源。这些本土资源构建的犯罪控制模式为社区矫正提供了动力和基础。“罚赔”为典型的本土产物，其目标在于通过“罚赔”敦促犯罪人认识犯罪的严重后果、认罪悔罪、改过自新，更为重要的是弥补被害人，给予被害人及其亲属赔偿，恢复与被害人及其他人的正常社会关系。由此，社区矫正可以引入将藏族习惯法的“恢复”理念来探寻合理的“矫治”方案。

首先，教育矫正方面，教育矫治的目标是引导犯罪人全面正确认识自己的行为及其后果。“罚赔”过程中参与调解的人员多为宗教人士或当地族群权威人士，调解现场有加害人、被害人及其双方亲属，此法正如同西方“家庭小组会议”模式，强调家庭成员的参与，唤醒犯罪人的羞耻感和责任感。社区矫正可以将此引入教育矫治。社区矫正人员组织犯罪人与被害人见面，让被害人陈述犯罪造成的伤害、犯罪人聆听犯罪造成的伤害，并邀请双方的家庭成员、朋友及其邻近社区人员参加，辅助犯罪人认识犯罪后果继而对自己的行为感到羞耻，在此期间适时进行公共道德和法律常识宣传活动，增强参与大众的法制观念、道德素养，唤醒犯罪人悔罪意识，继而达到思想教育目的。

其次，劳动矫正方面，劳动矫治目标是转化思想、矫正恶习、掌握一定的劳动技能，继而通过劳动弥补犯罪造成的伤害，修复社会关系。“罚赔”通过赔偿实现对受害人及其亲属的补偿，赔偿方式除了现金赔偿，还可以用金银或自己饲养的牛羊偿付,赔偿方式多样化的目的是要求犯罪人尽其所能地满足被害人的经济损失及其心理安慰,这些赔偿均来源于犯罪人自己劳动所得,社区矫正可以适当地引入此种理念,在劳动矫正项目设置上社区服刑人员力所能及的劳动项目,在征得服刑人员与被害人双方同意后,可以安排服刑人员向被害人提供一定时间的补偿性劳动,以弥补被害人受到的伤害,化解社会矛盾,促成社会关系的恢复。[7]

再次,心理矫正方面,心理矫治是从认知和情感方面着手,矫正违法犯罪心理,提高其社会适应能力。"罚赔"事实上是运用精神强制力达到经济上补偿受害人的目的,其注重的不是报复性惩罚而是主张经济利益满足后人性的终极关怀,给予被害人积极生活下去的精神支持,有利于人与人、人与社会关系的维护和良好构建,犯罪人也有了赎罪的机会与可能。社区矫正可以引入此种观念,即注重被害人的人文关怀和犯罪人赎罪的心理需求。社区矫正施行前对犯罪人的人身危险性进行全面评估,进行心理测评,确定人格类型,心理健康教育阶段关注不同犯罪人的个体需求进行针对性的心理治疗,尽可能减少对犯罪人格的进一步贬低和损害,促进犯罪人健康人格的形成,以便其顺利融入社会。

(三)利用"正义"观念确保矫正效果

正义是法的理念,也是刑罚的精神。罗尔斯提出,正义是指各不相让的要求之间的某种恰当的平衡,正义的基本主题就是社会的基本结构,即社会体制分配基本权利和义务以及确定社会合作所产生的利益分配方式。藏族习惯法中的"赔命价""赔血价""赔歼价""赔盗价"的"罚赔"法理念是被藏族民众普遍接受的,其发挥着对被害人的赔偿功能,消解了被害人与犯罪人的矛盾,根据现代刑罚理念似乎是"以罚代刑",但在少数民族刑罚观念中赔偿即是罚则,其有利于补偿被害人并能从根本上解决社会矛盾,这是藏族刑事习惯法所确定的规则,也是双方共同协商基础上的利益均衡,双方都默认的规则体系,这种法律文化是根植于藏族人的内心,是调整少数民族生产生活的重要依据,是其价值和行为规范体系,也是藏族聚居区社会运行的内在机理和模式,这种被大众认可的权利和利益分配方式为社会正义。正义取决于平衡方式的共同构建,任何单一目标都不可能凌驾于其他价值之上。

社区矫正本质上强调犯罪人与被害人,社会生活原状的恢复,强调社会中普遍遵循的准则,只要这些准则能够对社会生活中相互对抗的利益要求确立恰当的平衡,那么这种体制就是正义的。正如休谟所言,正义可能是一种谨慎的，小心提防的美德。藏族刑事习惯法中的“赔罚”观念之所以长期存在，甚至近年来出现大量回潮，一定程度上取决于原有观念的余存，另则国家法治发展过程中被害人权益保障缺位，引发部分被害人心生愤懑，招致社会矛盾丛生，现行法治不能满足或是完全平衡某种社会利益分配时，人们就会转而寻求更为合理的解决方式。西藏社区矫正可以借助于本土文化中的“修复正义”理念确保矫正的贯彻实施并取得积极的社会效果。法治是一个渐进的过程，必须考虑到法治与传统的牵绊，法治的关键在于得到普遍的遵从，真正能够得到有效贯彻实施的法律，就是那些与惯例相一致或相近的规定。

参考文献：

[1]西藏自治区司法厅，拉萨市司法局，江孜县司法局.统计资料[R].2012:8.

[2]西藏自治区人民政府.昌都地区社区矫正工作进展良好[EB/OL].http://www.xizang.gov.cn/xzshfz/79445.jhtml,2014-8-22.

[3]西藏自治区司法厅，拉萨市司法局.统计资料[R].2014:8.

[4]郝方昉.刑罚现代化研究[R].中国政法大学出版社，2011:4.

[5]贾登勋，朱宁芳.论国家制定法和藏族习惯法的融合与对接，以法律多元主义为视角[M].126-127.

[6]吕秋文.从西藏传统社会权力结构之分析探讨西藏社会落后之原因[J].中国藏学，1992(增).

[7]王平，何显兵，郝方昉.理想主义的〈社区矫正法〉——学者建议稿及其说明[M]，中国政法大学出版社，206-211.

传统口头文学的法律保护

——以藏族史诗《格萨尔》为例*

杨长海**

摘要:传统口头文学的特性决定应建立一套以公法为主兼采私法、公法与私法相结合的保护模式来调整这类遗产的保护。《非物质文化遗产法》依赖行政手段的保护方法对传统口头文学做了概括性或原则性规定,其典型缺陷是对防范"不当利用"行为缺乏具体规定。当前,在构建民间文学艺术特别知识产权制度难于突破诸如"作品范围""权利人范围"等理论瓶颈情况下,应继续发挥公法优势,开发诸如"注册""同意"等制度方法,以防对传统口头文学的滥用。

关键词:传统口头文学;《格萨尔》;公法;私法

一、传统口头文学保护的法律路径:公法为主兼采私法

传统文化遗产的法律保护,要么采用公法的立法模式,要么采用私法的保护方法。[1]对于传统口头文学采用何种立法模式,需要对传统口头文学本身进行分析。探讨传统口头文学的特征,目的在于明确与特征相配套的保护原则或方式。

* 西藏自治区哲学社会科学专项资金项目"法治语境下西藏非物质文化遗产保护问题研究"(批准号:13BFX002)的阶段性研究成果。

** 杨长海,西藏民族学院法学院副教授。研究方向为非物质文化遗产法。

(一)传统口头文学的民间性

文学艺术重要内容是广大人民的社会生活、斗争、思想、感情和希望等,他们是民族文化财富的生产者。《格萨尔》从以前的民间文学作品中汲取了充分的营养,继承了优秀的传统,①为我们提供了宝贵的西藏原始社会的形态和丰富的资料,构成整个人类文化宝库的一个重要部分,成为文化多样性的重要组成部分。对文化多样性的保护,要求我们引入公法保护机制。公法保护的优势是可以集中公共资源投入到濒危文化遗产的拯救与保存工作,开展文化遗产教育,弘扬优秀的民族文化。[2]

(二)传统口头文学的集体性

民间口头文学作品一般是群众集体的创作。这种集体性的重要表现,是在它已经成为"初坯"之后,在不断传唱或讲述的过程中,受到无数的唱述者的加工、琢磨。在这种加工、琢磨中,不但渗入那些唱述者的思想、感情、想象和艺术才能,也包括那些听众的意见和情趣在内。民间口头文学作品一般是无法署名的。比如《格萨尔》在口头说唱中,艺人随时有所增减,内容原不十分固定。因此,传统口头文学艺术绝非一般意义上的知识产权,其保护至少涉及传统口头文学艺术的传播者、收集者和其自身三方主体。传播者与收集者具有多样性,他既可能是族群,也可能是个体,甚至可能是国家。传播者与收集者的多样性决定其权益的保障远非目前的知识产权法体系所能达致的。

(三)传统口头文学的传承性

传承性强调应注重"以人为载体的知识技能的传承"。《格萨尔》这部英雄史诗的长期创作和流传过程中,其口耳相传的传承方式,由实用而逐渐艺术化,形成了一种内容专一的口头性曲艺"说唱"的表演形式。由于《格萨尔》艺术主要存留在传承人的口头,因而传承人与他们所表演的故事一样,都被视为本民族的瑰宝。《格萨尔》传承特色表明民间口头文学从内容到形式都是与特定民族或区域的自然环境、生产生活方式和历史文化背景紧密相联的,具有丰富的历史、文化、艺术和科学价值。传承性特征要求我们必须从保持相关社区、群体实际生活状态的完整性出发,通过"就地传承"方法,达到切实保护传统文化遗产的目的,比如在《格萨尔》的原生地建立"文化生态保护区"与"非物

① 百度百科——格萨尔王传[EB/OL]. http://baike.baidu.com.

质文化遗产保护区”。这是私法方法力所不能及的。

(四)传统口头文学的艺术性

传统口头民间文学是一种特殊的文学,一种用语言以及兼用表演的艺术。史诗《格萨尔》以其雄浑磅礴的气势,通过对几十个邦国部落之间战争的有声有色的叙述,表现手法起伏曲折,跌宕有致,既表达“藏族人民厌恶分裂动荡、渴望和平统一的美好理想”的现实主义的积极方面,又以“绮丽的幻想赋予格萨尔以超凡的本领”,给史诗增加了浓郁的浪漫主义色彩。民间口头文学艺术性特征,昭示法律应对该源生非物质文化遗产特殊群体的利益予以关照。为防止对口头文学不当的商业利用而获取经济利益,却不给来源地人民任何回报的不公平现象,有必要创设一种私法保护机制,即在知识产权框架内设立相关制度为民间口头文学提供私法上的保护。

综合传统口头文学以上特性,应建立一套以公法为主兼顾私法、公法与私法相结合的保护模式来加强民间口头文学艺术的保护。既发挥公法外围追溯弥补性保护的优势,同时配伍知识产权制度这种私法性质的内源性保护力量,对民间口头文学艺术提供自力的救济手段。

二、传统口头文学法律保护的实证分析

(一)传统口头文学表达的法律保护

传统口头文学本质上是一种信息权。无论国际的国内的立法实践,都努力在知识产权制度框架内谋求传统民间文学艺术的保护。[3]但用典型知识产权(如版权)来保护民间口头文学艺术,难免暴露其固有的缺陷。例如,在版权制度下,作为“思想与表达”二分法结果,版权保护的只有作品中的思想的表达,并不保护信息本身。因此,典型知识产权只能保护传统口头文学的衍生作品。《建立世界知识产权组织公约》第 2 条即列举知识产权包含“1.文学、艺术以及科学作品;2.表演、录音制品与广播……”。就《格萨尔》而言,西藏著名艺人扎巴在世期间曾说唱《格萨尔王传》达 40 部之多,其中有记录说唱《格萨尔王传》25 部半,近 60 万诗行,600 多万字,并且在其所说唱的内容中有许多都是其他说唱艺人没有说过的或与其他艺人不同的。因此扎巴老人可以成为作者,受《著作权法》的保护。

现存的民间口头文学艺术大多经历了长期的发展与传承过程。上文举例扎巴老人演绎的作品属于民族民间文艺最近的创造性版本，受现行知识产权法的保护。而对于此前民族民间文艺最早版本或较早版本的保护，典型知识产权(版权)显得无能为力了。但由于民间口头文学具备与知识产权同样的属性以及现行知识产权制度的开放性，一些学者认为，在整体上民间文学艺术的知识产权保护并不存在理论上的障碍。这些学者建议制定规制此类问题的特别法律，即在现有知识产权制度以外单独创制保护民间文学艺术国内法或国际条约，类似于许多国家通过的保护半导体芯片或者电脑程序的特别法律。《国内法示范法》为民族民间文艺设计了一系列类似著作权的权利及权利限制制度，其第2条规定了4种类型的民族民间文艺中，第1类即为“口头表达形式”(verbal expressions)。一些国家如玻利维亚、摩洛哥，已经实施了依据《国内法示范法》而通过的国内法规范。我国《著作权法》也把民族民间文艺纳入(特别)著作权的保护范围。

(二)传统口头文学母题、素材的法律保护

虽然传统口头文学作品一部分(最近创造性演绎作品以及此前最早版本或较早版本)受到了知识产权的保护，但这样的保护仍然微弱的，因为作为作品的基础部分(母题、素材等因素)已处于公共领域。因此，对于这些不具有知识产权意义的事项，应另行作出制度安排，比如将其纳入“非物质文化遗产”公法保护制度予以保护。UNESCO在1993年启动的“人类活瑰宝”体系以及“人类口头和非物质遗产代表作”项目，掀起一场保护非物质文化遗产的世界性运动。2003年10月11日联合国第32届大会审议通过的《保护非物质文化遗产公约》对非物质文化遗产的定义、内容、保护等方面做了标准化规定，其第2条对非物质文化遗产所定范围即包括“1.口头传说和表述……”。2011年全国人大常务委员会第19次会议通过的《非物质文化遗产法》，对非物质文化遗产的调查、代表性项目名录、传承与传播等方面做了规定第2条6大类型非物质文化遗产中第1类即为传统口头文学。

(三)传统口头文学载体语言的法律保护

传统口头文学离不开其载体语言。没有语言，口头传统与表达便不能存在。几乎所有的非物质文化遗产(从宇宙知识到礼仪乃至手工艺品)，其日常的演练依赖语言，其世世代代的传承也与语言密不可分。然而，根据UNESCO的解释，公约规定非物质文化遗产的范围并不包括语言本身或作为

一个整体的语言(语法、词汇与句式)。① 换言之,作为非物质文化遗产的载体语言需与特定项目一起构成非物质文化遗产。《保护非物质文化遗产公约》第2条对非物质文化遗产范围第1类型完整表述为:“口头传说和表述,包括作为非物质文化遗产媒介的语言。”我国《非物质文化遗产法》第2条规定的非物质文化遗产范围中第1类型也表述为:“传统口头文学以及属于传统口头文学组成部分的语言。”由此,作为史诗《格萨尔》载体语言的藏语与史诗一起构成非物质文化遗产,受《非物质文化遗产法》的保护。

三、当前法律保护传统口头文学的缺陷及其弥补

(一)公法缺陷

由上可见,传统口头文学的保护主要依赖公法手段。特别是2011年6月1日起实施的《非物质文化遗产法》,是我国第一次以国家法的形式对我国境内的非物质文化遗产作出规定,对于非物质文化遗产的保护具有重要意义。但应看出,《非物质文化遗产法》只是对我国非物质文化遗产最基本问题(非物质文化遗产界定与范围、保护原则以及传承与传播等)做了概括性或原则性的规定,非遗具体的保护问题并不是该法的立法目标。对于传统口头文学,只是在非物质文化遗产的分类中提到而已,②其具体的保护问题并未涉及,缺乏可操作性。此外,《非物质文化遗产法》作为我国实施联合国《保护非物质文化遗产公约》,其主旨是贯彻公约中“确认、立档、研究、保存、保护、宣传、弘扬、传承和振兴”的非遗保护方法,但这种依赖行政手段保护方法对防范“不当利用”行为缺乏明确规定。[4] 因此,《非物质文化遗产法》这样的非遗保护基本法对传统口头文学的保护是十分有限的。

(二)私法缺陷

如前面论证,现有知识产权(版权)只能保护传统口头文学艺术衍生(或演绎)的作品的最近版本。而对于最早版本或较早版本的保护,需要特别制度。

---

① See UNESCO & ICH, Questions and Answers about Intangible Cultural Heritage, http://www.unesco.org/culture/ich/index.php? lg=en&pg=00451#1.

② 参见《非物质文化遗产法》第2条。

我国知识产权战略目标包含民间文学艺术知识产权保护内容，如 2008 年中国国务院《国家知识产权战略纲要》明确提出，加强民间文艺保护，促进民间文艺发展，为此建立民间文艺保存人与后续创作人之间合理分享利益的机制，维护相关个人、群体的合法权益。[5] 2001 年修订后的《著作权法》第 6 条仍然保留了民间文学艺术作品的著作权保护办法由国务院另行规定，但到目前为止，仍有“作品范围”“权利人范围”“付酬方法”等方面的分歧难以突破，①这是民间文学艺术特别保护制度尚未出台的原因所在。

(三)弥补

综合公法与私法两种立法模式的缺陷可发现，保护传统口头文学的使用价值，保证土著民族实现经济利益促进可持续发展是当前立法所应解决的突出问题。在信息如此发达的当今社会，如何保障《格萨尔》等传统口头文学免遭非法利用或滥用，吸取“花木兰案件”以及“乌苏里船歌事件”的前车之鉴，是理论与实务界面临的现实难题。在当前公法方法一家强势，私法方法处于“难产”状况下，笔者建议应采取继续发挥公法的强势并克服其缺陷的办法来解决问题。可开发的手段包括：

1.设立“侵犯非物质文化遗产罪”：通过在《刑法》中加入侵犯非物质文化遗产罪，以及在相关附属刑法中规定非法利用非物质文化遗产刑事责任的办法加以完善；

2.建立民间文学艺术的注册制度：传统口头文学等非物质文化遗产一旦记录在册，意味着相关披露的信息即不能主张其创造性；

3.建立传统口头文学数据库：建立并更新传统口头文学档案及相关数据信息库，记录民间文学艺术的流传、遗存等情况，可使全世界范围内查找与审查对于传统民间文学的利用情况，防范这类遗产的盗用；

4.建立同意制度：禁止任何个人或公司在未经源生群体同意情况下对于传统口头文学因素获得版权以及其他法律保护的权利，以防民间口头文学的滥用。

参考文献：

[1]魏清沂，罗艺.民族民间文学艺术类非物质文化遗产保护模式的法理分析[J].甘肃政法学院学报，2012(4).

① 全国人大常委会法制工作委员会行政法室.非物质文化遗产法释义及实用指南[M].中国民主法制出版社，2011:141.

[2]杨艳.非物质文化遗产的法律思考[J].法学杂志,2007(5).

[3]Carlos M Correa. Traditional Knowledge and Intellectual Property[M]. Geneva : Quaker United Nations Office, 2001.

[4]杨长海.西藏非物质文化遗产保护之地方立法探讨[J].西藏发展论坛,2012(2).

[5]周安平.民间文学艺术的知识产权保护模式研究[J].文艺研究,2009(6).

西藏商标的显著性分析

张　林*

摘要：商标显著性不仅仅是商标的本质特征，还是调节私人利益与公共利益的主轴。具有宗教意义的符号应当属于共有领域的专有符号，不能通过注册商标的方式为私人所占有。西藏的众多山脉具有丰富的意义，大量商品经营者注册山脉商标有使该商标显著性被淡化的危险，而一些山脉组合商标的出现使得山脉商标有蜕变为地理标志的趋势。对于传统技艺，由农民合作社来申请和使用商标，既有利于非物质文化遗产的传承，又有利于发挥商标的标示来源功能，增强商标的显著性。

关键词：商标显著性；西藏商标；山脉商标；农民专业合作社

西藏作为世界第三极，具有特殊的自然条件和人文环境，珍贵的藏药和精美的藏式手工艺品吸引着中外数以万计的消费者。近年来，随着商标法律知识的普及和市场竞争的加剧，西藏企业和个体工商户意识到商标在市场经济中所发挥的特殊作用，申请注册商标的热情不断高涨。据统计，截至今年第一季度，西藏全区注册商标共计 3856 枚。其中，中国驰名商标 11 枚，自治区著名商标 66 枚，地理标志证明商标 6 枚。[1]而本文将从商标显著性的角度对西藏商标的特点进行一些分析。

* 张林，西藏民族大学法学院副教授。

基金项目：本文系国家社科基金青年项目“依法治藏与西藏社会治理的长效机制研究”的阶段性研究成果，项目编号：14CFX004。

一、商标显著性的概念

(一)我国学者对商标显著性的理解

对于商标显著性,有学者认为:“显著性是指商标识别和区分商品来源的能力,包括‘识别性’和‘区别性’两个方面。所谓识别性,是就标志与对象之间的关系而言的,它要求标志应当是简洁的、可记忆的,应当与对象之间没有直接的关联性。所谓区别性,是就某一标志与其他标志之间关系而言的,它要求一个标志能够区别于其他标志,与他人使用于相同或类似商品上的商标不相同、不近似。”[2]有学者认为:“商标的显著性也叫做商标的识别性或区别性,具体是指该标识使用在具体的商品或服务时,能够让消费者觉得,它应该或者实际与商品或服务的特定出处有关。”[3]还有学者认为,商标显著性是“商标标示产品出处并使之区别于其他同类产品的属性”,并认为“标示与区别相辅相成,系一枚硬币的两面”。[4]纵观上述观点,我们发现国内学者在解释商标显著性时,大多使用了“识别性”“区别性”“标示出处”等词语,但如果细致分析,我们会发现上述学者实际上对于识别的主体、区别的对象、标示的对象在理解上存在着细微的差别。例如对于“区别”的对象究竟是与他人已经注册或使用的商标相区别,还是与相同商品的不同来源相区别。商标识别的是某一商品或服务的来源,区别的对象则是使用不同商标标识的同类产品,商标的识别对象与区别的对象是存在一定差异性的。有学者在分析商标显著性时提出这样的一个观点:“商标不仅仅让消费者将特定的商品或服务与特定的经营者相联系,更重要的是将不同经营者提供的商品或服务相区别。”[5]也就是说,商标的显著性在消费者的头脑中主要表现为两个过程:首先是将商品或服务与某一个特定经营者联系起来,发挥商标对商品或服务来源的标示功能;其次,消费者根据商标的差异性对于同种类商品或服务进行相互区别,从而准确作出消费选择。当然这只是学理上的划分,在消费者的购买活动中上述两个过程可能是同时进行,并密切结合的,因而将识别性与区别性视为“一枚硬币的两面”是相当准确的。

(二)国外学者对商标显著性的理解

美国商标法学家麦肯锡认为,“显著性”是商标法的关键概念。由于它与日常生活中使用的"显著性"不具有相同的含义,因而有时会导致对它的误解。"显著性"在商标法中具有特殊的含义。如果一个标识不具有"显著性",它就不是商标。不论是固有显著性还是获得显著性,如果没有达到显著性,那么该标识不具有"商标""服务商标"的法律地位。没有显著性就没有商标。[6]美国商标法学者米勒和戴维斯认为,商标显著性是商标获得联邦注册的条件,没有显著性(不论是固有显著性还是获得显著性)将无法获得商标权利。如果商标发挥标示来源功能并以此避免混淆、欺骗或错误,那么商标必须具有显著性。[7]

美国的毕比教授认为,按照现行规则要成为商标法的保护对象,商标必须具有固有显著性或具有获得显著性。"一个具有固有显著性商标,它的能指不能被合理地理解为是对其所附着商品的描述或装饰",[8]例如,苹果电脑。对于消费者的倾向或简单的市场文化,消费者将"自动地"意识到该"能指"是作为来源的指示,然而并不是所有商标都具有来源固有显著性的,许多包含"能指"的商标都被理解为是对它们所附着商品的描述或装饰。例如,一罐汽油上的 Super Blend(特级混合物)商标,该类商标要想获得商标法的保护,生产者就必须证明通过使用该商标已经取得标示来源的"第二含义"。

(三)商标显著性的国外立法

《保护工业产权巴黎公约》并未对"显著性"的概念直接加以阐释,仅在第6条之5规定,"缺乏显著特征的商标,或者完全是用在商业中表示商品的种类、质量、数量、用途、价值、原产地或生产时间的符号或标记所组成,以及在要求给予保护的国家的现代语言中或在善意和公认的商务实践中已经成为惯用的"。《巴黎公约》将缺乏显著性视为拒绝注册的条件,意味着商标只有取得显著性才能获得法律保护。《与贸易有关的知识产权协定》(以下简称 TRIPS 协定)也没有对商标"显著性"的含义加以阐释,仅在第15条第1款对商标的功能进行了描述,与《巴黎公约》不同的是,TRIPS 协定并没有对缺乏显著性的标识加以列举,在描述商标功能的同时,TRIPS 协定确立了判断标识是否具有显著性的标准,即是否具有区别有关商品或服务的特征。更为重要的是,TRIPS 协定对获得显著性进行了规定:"若标志没有固有的能够区别有关商品及服务的特征,则各成员方可将其通过使用而得到的显著性作为或给予注册的依据。"与《巴黎公约》相比,获得显著性的规定乃是 TRIPS 协定一大亮点,它在客观上承认了商标显著性具有可变性,通过商业使用,缺乏显著性的商标同样可以具有显著性。

1988年的欧共体商标第一号指令[9]认为，各国应当将缺乏任何显著性作为驳回商标申请或宣告商标注册无效的理由，通过立法加以明确列举。同时欧共体商标第一号指令在第3条明确规定了获得显著性，即缺乏显著性的商标经过使用获得显著性，但纯粹由商品本身性质决定的标记，取得某种技术效果所必需的标记或者赋予商品实质价值的标记不能通过使用获得显著性。1995年生效的《欧共体商标条例》并没对商标显著性进行立法解释，仅在第7条将缺乏显著性的商标规定为"驳回注册的绝对理由"。

(四)我国《商标法》对显著性的规定

新中国成立后，我国于1982年制定了新中国的第一部《商标法》，在该法第7条规定："商标使用的文学、图形或者其组合，应当有显著特征，便于识别。使用注册商标的，并应当标明'注册商标'或者注册标记。"在该条文中，立法者并没有将显著性作为申请注册的商标应当具有的特征，而是作为所有商标应当具有的特征。2001年修订《商标法》时，该条文被修改为："申请注册的商标，应当有显著特征，便于识别，并不得与他人在先取得的合法权利相冲突。"有很多学者将该条文视为商标显著性在我国立法中的主要体现，"便于识别"则成为立法者对显著性的解释和说明。[10]2001年修订的《商标法》还在第11条对不具有显著性的标志进行了列举：仅有本商品的通用名称、图形、型号的；仅直接表示商品的质量、主要原料、功能、用途、重量、数量及其他特点的；其他缺乏显著特征的情形。此外，我国还借鉴《与贸易有关的知识产权协定》的规定，增加了"获得显著性"的规定，即缺乏显著性的标志可以经过使用具有显著性特征。2013年我国对《商标法》进行了第三次修订，在这次修订中，增加了注册商标成为其核定使用的商品的通用名称，任何人可以请求商标局予以撤销的规定。

(五)小结

有学者就认为，商标显著性的制度设计就是为了在保护商标专用权人利益的同时，防止权利人对于商标标识的使用构成不公平的垄断，从而平衡与消费者、其他竞争主体的利益关系。[11]从这个角度来看，显著性在商标法中充当着"平衡器"的作用，通过对它的规范和调控，能够充分平衡各主体之间的利益关系，维护市场经济的有序竞争。本文认为，作为基于商标标示来源功能之上的抽象概念，显著性乃是立法者对于各种相关利益加以平衡的关键性概念。在市场经济中，既要保护经营者商标选择自由、表达自由的权利，又要防止经营者将公有领域的标识、词语加以注册，阻碍他人的平等竞争，损害消费者利益。

二、西藏商标显著性分析

(一)西藏商标中的宗教元素与商标显著性

西藏自治区的商标具有浓郁的民族特色和宗教特色。例如图1的圣鹿商标(食品)。圣鹿商标的中间图案来源于大昭寺大门之上的“卧鹿金轮”图形(见图2)，而在藏传佛教中“卧鹿”与“金轮”都具有不同的宗教含义。“卧鹿”是说释迦牟尼讲道时，林中的金色羚羊和金鹿都来聆听，这两只金鹿，表示聆听说法之意。而“金轮”又有如下解释：一是佛法能摧毁众生烦恼邪恶，如转法轮王转动“轮宝”摧毁山岩一样，故“轮”如佛法；二是佛祖说法，如车轮碾转不停，即“法轮常转”。所以讲说法喻为“轮”。经书中说：“轮具二义，一者转义，二摧辗义，以四谛轮转度与他，摧破结惑，如王轮宝，能坏能安、法轮亦尔、坏烦恼怨，安住谛理。”[12]由此可见，大昭寺的“卧鹿金轮”图形是具有特殊宗教意义的。

图1　圣鹿商标

图 2　大昭寺的“卧鹿金轮”

“卧鹿金轮”是大昭寺的标志性图案，对于普通消费者，尤其是广大的藏族消费者来说，一看到“卧鹿金轮”首先联想到的是大昭寺，而不是某个商品的生产者或经营者。“卧鹿金轮”图案的商标具有较强的识别性和区别力，但这种识别性和区别力首先并不来自于某个企业的良好商誉，而是来自宗教寺院的知名程度和在佛教中的特殊地位。当消费者看到某种食品上使用了“卧鹿金轮”图案就会将其与著名的宗教寺院联系起来，并不可避免地以自己对“卧鹿金轮”的理解去判断包含该标志的商标所代表的意义。脱俗的佛法建筑符号怎能用于标示某种商品的来源，商标与宗教建筑符号之间所产生的这种联系是不合适的，在我国《商标法》尚未对此加以规定的情况下，应当避免将公有领域的宗教符号纳入私人领域。

在西藏，同样著名的宗教建筑物还有布达拉宫。布达拉宫是神圣的，布达拉宫中保存有多位达赖喇嘛的灵塔，它还是驻藏大臣、中央代表主持达赖喇嘛转世灵童坐床仪式的重要场所。[13]在今天的中国，每当提及它时人们都会很自然地联想起西藏，这座凝结藏族劳动人民智慧又目睹汉藏文化交流的古建筑物群，以其辉煌的雄姿和藏传佛教圣地的地位成为西藏的象征。

但问题是，如果布达拉宫及其图案使用在并不能代表西藏特色的商品上，甚至使用在粗制滥造的商品上时，是否会伤害到那些对布达拉宫顶礼膜拜的汉藏人民的感情呢？经过在中国商标网的搜索，笔者发现西藏自治区布达拉宫管理处已经将中英文的布达拉宫(POTALA PALACE)及布达拉宫实景在45类商品上申请商标注册，也就是说，西藏自治区布达拉宫管理处通过注册布达拉宫商标及其实景图形的方法排除了他人的商业使用，从而有效避免神圣的布达拉宫与某种商品的商标产生联系。但是，经笔者搜索发现，仍然有9个企业和个人注册了“布达拉宫”商标（见图3），涉及冬虫夏草、白酒、烟草、食用蜂胶、矿泉水等7大类20多种商品。而在对拉萨八廓街周围的商贸城调查中，笔者发现，布达拉宫文字及其图案被广泛使用在藏药、西藏特色食品和工艺品的外包装上。众多商品经营者对布达拉宫商标的淡化使用。[14]商标应当与某一类商品的生产者或销售者保持一一对应的关系，维持这种唯一性既有利于明确商品的生产者或销售者的商品质量保证责任，也有利于消费者通过商标识别某一类商品的来源，但是如果众多企业在众多商品上使用相同或相似的商品，就会使商标与商品来源之间的直接联系变得日益模糊，从而使商标的显著性损失殆尽。

图3　布达拉宫商标

(二)西藏山脉商标的显著性分析

西藏地处被称为“世界屋脊”的青藏高原，平均海拔在4000米以上，而在青藏高原南侧，中国与印度、尼泊尔的边境线上蜿蜒着一条东西走向的弧形山系，它就是喜马拉雅山。喜马拉雅山全长2400千米，宽约200～300千米，山势高峻雄伟，平均海拔6000米以上，海拔超过8000米的山峰有11座，而海拔8844.43米的世界第一高峰珠穆朗玛峰乃是地球之巅、万山之首。喜马拉雅山作为世界知名山系具有世界（海拔）最高的意义，如果将其作为自己商品或服务的商标，无疑在向消费者暗示该商品具有非常高的品质，因而很多商品或服务经营者都申请注册了喜马拉雅商标。

经过笔者在中国商标网的检索，共有25个企业和个人在33类商品或服务中注册了喜马拉雅商标及其英文HIMALAYA，并且笔者发现除了西藏砍巴嘎布卫生用品有限公司和西藏雅鲁臧布食品有限公司之外，其他申请注册喜马拉雅商标的企业的注册地都在内地，与喜马拉雅山并没有多大的联系。喜马拉雅不仅仅是一个山系的名称、一个公众知晓的地名，它还具有明确的文化意义，而商品经营者之所以选择它作为商标很多程度是看中该商标的文化意义。

但问题是，大量相似商标的注册和使用，将严重影响喜马拉雅商标的显著性。据本文在商标网查询，在已注册的商标中，与喜马拉雅商标相似的商标包括喜马拉雅山、喜马拉雅山脉、喜马拉雅四季、喜马拉雅健康等商标，很多相似商标甚至直接将喜马拉雅与某种商品的主要原料结合起来，如喜马拉雅冰川水、喜马拉雅山雪水。按照我国《商标法》第 11 条的规定，仅直接表示商品主要原料的标志不具有显著性，不得作为商标注册。而按照《与贸易有关的知识产权协定》第 22 条对地理标志的定义，①喜马拉雅商标更适宜作为一种地理标志而存在。该标志应当为所有开采喜马拉雅山矿泉水的经营者所共同所有，而不能通过注册商标的方式为某一个经营者所独占，在赋予注册商标排他性权利的同时必须兼顾社会公共利益和公平竞争的市场秩序。

在西藏，除了喜马拉雅山，还有冈底斯山、念青唐古拉山、昆仑山，笔者认为应当加强对这些著名山脉商标的注册审查和使用管理。如果使用该山脉商标的商品（如矿泉水）来自于该山脉，就应当依据《商标法》第 11 条第 1 款的规定认定该商标“缺乏显著特征”，并不予以注册，从而给开采相同山系的商品（如矿泉水）经营者留有公平的竞争环境。当然，依据《商标法》第 11 条第 2 款规定，对于缺乏显著性的山脉商标，经营者经过长期排他性使用，如果具有了区别力和识别力，经过相关机构的审查也是可以作为商标注册的。

（三）西藏商标与非物质文化遗产保护

西藏拥有丰富的非物质文化遗产，根据西藏自治区最新的非物质文化遗产普查工作统计，西藏共发现非物质文化遗产项目近 800 个，而其中传统技艺项目有 134 个，传统医药项目 67 个。[15] 在这些非物质文化遗产中，很多传统技艺具有物质的形态，如藏刀锻制技艺、藏香制作技艺、藏族哔叽手工编织技艺，通过特殊的技艺生产出大量的手工艺品，而其中的很多商品都已经申请了注册商标，例如，拉孜藏刀、尼木藏香和泽帖尔（见图 4）手工纺织品。值得注意的是，申请上述商标的主体并不是某一个企业或非物质文化遗产的传承人，

① 地理标志是指识别一货物来源于一成员领土或该领土内一地区或地方的标识，该货物的特定质量、声誉或其他特性主要归因于其地理来源。

而是一些非物质文化遗产的传承组织或合作组织。例如，拉孜藏刀商标的申请人是由拉孜县藏刀民间交流协会，尼木藏香商标的申请人是尼木县藏香协会，泽帖尔商标的申请人则是乃东县民族哗叽手工编织专业合作社。

“非物质文化遗产不仅是一种文化，而且是发展经济的重要资源。”[16] 在追求差别化的市场中，非物质文化遗产中所包含的民族特色、地域特色成为所开发产品的核心竞争力。本文将以自治区级非物质文化遗产——西藏泽当镇的“泽帖”手工纺织工艺为例，对西藏非物质文化遗产的产业化与商标之间的关系进行分析。

图 4　泽帖尔商标

“泽帖”是西藏氆氇中的精品，其中的“泽”是生产地山南地区泽当镇的简称，“帖”是藏语音译“帖玛”的简称，意为“毛哗叽”。“泽帖”意为山南地区泽当镇本地独有的纯手工精羊毛哗叽纺织产品，它是氆氇工艺中技术难度最大、面料最精细、做工最为复杂的一种。“泽帖”工艺在 2009 年 8 月被确定为西藏自治区级非物质文化遗产，目前正在申报国家级非物质文化遗产。

“泽帖”的经营主体是“农民专业合作社”，其全称为“乃东县民族哗叽手工编织专业合作社”。该合作社成立于 2008 年 5 月，是由“非物质文化遗产传承人”巴桑召集，由米玛等 7 名当地农民发起的组织。该合作社以“传承藏民族非物质文化遗产”为宗旨，其目的是“通过继承和发展民族优秀文化遗产，增加全体成员收入，带动当地无业青年再就业，帮助周边农牧民走共同富裕道路”。

对于西藏的农牧民来说，“农民专业合作社”并不是一个新鲜事物。自 20

世纪80年代，伴随着西藏农村经济体制改革，为适应农牧业产业化的发展需要，专业合作社大量涌现并迅速发展。据统计，西藏现有较规范的农牧业合作社共有200多家。[17]农民专业合作社与小农户相比能够有效筹集资金、分散经营风险，推动农业产业化的发展，提高市场的竞争力。更重要的是采用灵活的专业合作社能够保护作为弱势群体的农民利益。

在非物质文化遗产形成与传承的过程中，个人创造与集体再创造的结合是非物质文化遗产形成的主要原因。对非物质文化遗产的传承而言，传承者往往同时是创造者，体现出群体维系和个人活态传承表现的二位一体性。因此，非物质文化遗产的产权应当归属于来源群体和传承人。[18]而由农民合作社来申请商标，并在组织生产、销售中使用该商标既有利于非物质文化遗产的传承，还有利于发挥商标的标示来源功能，增强商标的显著性。

西藏拥有许多在国内外知名的商标，如5100矿泉水、拉萨啤酒、甘露藏药等驰名商标，但从整体来看西藏的商标的注册和使用情况不尽人意。有学者认为，除了自然的、历史的因素影响外，市场经济发育缓慢，主体意识不够是主要原因。[19]笔者认为，在制定和实施西藏的商标战略之时，应当结合西藏工商业发展的实际情况。西藏地广人稀，城镇化水平低，拥有广阔的农牧区，农畜产业、传统食品、传统纺织业、手工业的经营者往往采用家庭模式或私营企业模式自产自销，农民专业合作社或地方民间协会在商品的生产和销售方面发挥着重要的作用。由农民专业合作社或地方民间协会申请注册商标，并对商标的许可使用进行监督管理，既能降低商标的申请、管理费用，还能强化家庭之间的协作关系，提高生产效率和经济效益。

三、小结

从商标法的立法宗旨来看，它是一部服务于保护不同市场主体利益、促进市场公平竞争的法律。我国《商标法》第1条规定，“保障消费者和生产、经营者的利益，促进社会主义市场经济的发展”，该规定实际上就是对利益平衡宗旨最明确的说明。有学者也认为，商标法的立法目的体现了对各种市场主体的利益平衡。[20]商标专用权人、消费者和存在竞争关系的经营者之间都存在着各种利益关系，都需要加以平衡。其中：

(一)消费者利益应当首先获得保护

在自由竞争的市场经济中,面对强大的公司企业,消费者的利益往往是最容易受到忽视的。正如亚当·斯密在《国富论》中所强调的:“消费是一切生产的唯一目的,而生产者的利益,只在能促进消费者的利益时,才应当加以注意。但在重商主义下,消费者的利益,几乎都是为了生产者的利益而被牺牲了。这种主义似乎不把消费者看作一切工商业的终极目的,而把生产看作工商业的终极目的。”[21]亚当·斯密的上述观点影响巨大,就连美国第二巡回法院法官在审理商标侵权案件时,都以《国富论》为出发点论证对消费者利益进行保护的重要性。[22]虽然存在《消费者权益保护法》《民法通则》等一系列保护消费者利益的法律,但是商标法对消费者利益的保护是不可替代的,它与消费者利益密切相关,甚至可以说,离开了消费者,商标专用权的正当性将会发生动摇。作为商标的本质特征,商标显著性首先描述的是商标标识在消费者头脑中的认知状态,而不是在生产者、销售者头脑中的认知状态。对于一个描述性标志经过使用是否具有“第二含义”,固有显著性的判断以及显著性的退化往往都是依据相关公众的主观认知加以判断的。

对相关利益主体进行利益平衡并不意味着,在法律价值上各主体的利益诉求具有相同的地位。“法律的目的只在于:以赋予特定利益优先地位,而他种利益相对必须做一定程度退让的方式,来规整个人或社会团体之间可能发生,并且被类型化的利益冲突”。[23]利益平衡需要统筹兼顾,但这种“兼顾”是建立对各种利益的重要程度进行分类的基础上。而商标显著性概念的提出,就是要确立消费者利益的优先地位。在商标法中,我们经常从私权理论出发,将处于平等地位的商标专用权人与市场竞争者之间的利益关系视为商标法的主要的利益关系,并将商标专用权人的利益放到了首要地位。该种观点实际上是与事实不一致的。虽然商标专用权人和消费者都是商标法律制度的直接受益人,但是只有消费者利益才是终极的利益,商标专用权人的利益只具有手段地位。

(二)不能通过注册商标的方式攫取共有领域的符号

在源远流长的人类社会中,存在着大量的符号、图案、词语等标识,它们首先是作为千百年来人类不断积累的共有资源而存在,每一个社会成员从出生开始就在不断的学习和使用这些标识。从财产法的角度来看,人类知识的宝库是向所有人开放的,“所有事物都向所有人敞开,不属于一个人也并不属于另外一个人。(Belonged no more to one than to another)"[24]每一个人都拥有对人类共有知识的"潜在的权利",任何人都可以通过自己的努力去实现这种权利,发挥词语、符号、图案和颜色的商业价值,而不需要经过其他人同意,在这一点上人与人之间是没有差别的。尤其是在缺乏法律对排他性权利进行界定的情形下,模仿和复制是被许可的,并且事实上,作为自由竞争的实质性元素,该行为还应当被鼓励。"模仿是竞争生命的血液。正是实质相同的生产企业未受到阻碍的利用,才会产生通常的供给—需求的运转,才会产生社会必须偿付的特定商品的合理价格"。[25]商标专用权制度在保护权利人的同时也不断增加社会成本,而最明显的例子就是:对于一个市场新入者可以选择的公有领域的标识,如词语、颜色、图案或造型变得越来越少。那些主张加强保护的人通常会认为,这种扩张只会是有益的,并不会对任何人(除了伪造者和盗版者)产生消极作用。但事实上并非如此,"商标法保护范围的每一次扩大都从商业语言中转移走了一些潜在符号"。[26]因此,笔者认为在审查商标注册申请时,应当严格把握标准,在一定的文化背景中审视商标的显著性,尤其对那些具有宗教意义的符号、词语和图形,应当将其留在共有领域,而不为他人专有使用。

参考文献:

[1]冯骥.用商标品牌创造新价值[N].西藏日报,2014-7-30(5).

[2]吴汉东,知识产权法[M].北京:北京大学出版社,2009:245.

[3]黄晖.商标法[M].北京:法律出版社,2004:56.

[4]彭学龙.商标显著性新探[J].法律科学,2006(2):62-66.

[5]邓宏光.商标法的理论基础——以商标显著性为中心[M].北京:法律出版社,2008:14.

[6]J.THOMAS MCCARTHY.McCarthy on Trademarks and Unfair Competition[EB/OL]http://international.westlaw.com/find/default.wl? bhcp=1&db=119215&docname=MCCARTHY,2013-11-20.

[7] ARTHUR T. MILLER& MICHAEL H DAVIS. Intellectual Property Patents, Trademarks and Copyright[M].宋建华,等译.北京:中国人民大学出版社,2004:157.

[8]BARTON BEEBE.The Semiotic Analysis of Trademark Law[J].UCLA Law Review,2004(51):669.

[9]欧共体.欧洲共同体理事会协调成员国商标立法第一号指令[S].1988-12-21.

[10]黄晖.商标法[M].北京:法律出版社,2004:56.

[11]冯晓青.知识产权法利益平衡理论[M].北京:中国政法大学出版社,2006:144.

[12]拉都.藏族传统吉祥八宝图的文化内涵及其象征[J].康定民族师范高等专科学校学,2009(6):2.

[13]唐景福.从达赖喇嘛的名号、册封、坐床及亲政看西藏地方与祖国的关系[J].青海民族学院学报(社会科学版),1989(2):18-27.馨庵.第十三达赖喇嘛转世灵童寻访、认定和坐床考实[J].中国藏学,1995(3):47-53.

[14] FRANK I SCHECHTER. The Rational Basis of Trademark Protection[J]. Harvard Law Review 1927(6):825.

[15]新华社.西藏普查共发现近800个非遗项目[EB/OL].中国西藏新闻网.http://www.chinatibetnews.com/2013/1123/1311042.shtml,2014-8-10.

[16]李晓秋,齐爱民.商业开发和非物质文化遗产的"异化"与"反异化"——以韩国"人类活的珍宝制度"设计为视角[J].电子知识产权,2007(7):39.

[17]尹昌斌.扶持西藏农牧业合作社重在基地化集约化市场化[J].中国农民合作社,2012(2):42.

[18]王吉林,陈晋璋.非物质文化遗产的权利主体研究[J].天津大学学报(社会科学版),2011(7):322.

[19]李桂安.西藏企业要进一步增强商标意识[J].西藏发展论坛,2002(1):24.

[20]冯晓青.知识产权法利益平衡理论[M].北京:中国政法大学出版社,2006:144.

[21]亚当·斯密.国富论:国民财富的性质和起因的研究[M].谢祖钧,孟晋译,长沙:中南工业大学出版社.365.

[22]Eastern Wine Corp.v.Winslow-Warren Ltd., 137 F.2d 955, 960.3(2th Cir.1943).

[23]卡尔·拉伦茨.法学方法论[M].陈爱娥译,北京:商务印书馆,2003:1.

[24]SAMUEL PUFENDORF.On the Duty of Man and Citizen According to Natural Law[M].Cambridge:Cambridge University Press,1991:537.

[25]American Safety Table Co.v.Schreiber, 269 F.2d 255, 272, 122 U.S.P.Q.29, 43, 122 U.S.P.Q.541(2d Cir.1959).

[26]S.L DOGAN.& M.A.LEMLEY.Trademarks and Consumer Search Costs on the Internet[J].Houston L.Rev., 2004.(41):788.

西藏青少年法制教育研究

宗 栋*

摘要：西藏少数民族青少年的教育不仅是西藏教育的整体发展，也关系到西藏的可持续发展。本文从系统的角度提出了对学生的教育需求的指标体系，并期望通过学校教育的调整，满足学生的教育需求，解决目前的问题，减少大量的学生逃课的现象。但限于学识、经验、文献、文化背景的差异等因素，仍然存在一些不足的地方，需要今后进一步进行深入研究。

关键词：西藏；青少年；法制教育

在现代社会主义法治建设时期，对西藏地区的青少年进行法制教育尤为重要，然而由于西藏民族地区的经济、文化、教育滞后，加上当地特殊的风俗习惯，与东部地区形成了特殊性对比，影响着西藏民族地区法律教育的发展过程。本文在调查研究的基础上，从西藏民族地区法律教育的特殊性出发，研究西藏民族地区的法制教育方面相关问题，探讨对藏族青少年的法制教育的对策。

一、西藏民族地区青少年法制教育的重要性和必要性

2011 年，我国社会主义法律体系已经建成，这在我国法制建设道路上具有里程碑的意义，也标志着我国依法治国基本方略得到进一步发展。十七大报告对社会主义法制做了重要论述："坚持依法治国基本方略，树立社会主义法治理念"，"深入开展法制宣传教育，弘扬法治精神，形成自觉守法用法的社

* 宗栋，西藏民族大学法学院讲师。

会氛围”。早在十五大，我们党就对“依法治国”这一理念做了论述。依法治国，是党领导下的广大人民群众，依照宪法和法律规定，通过各种途径和形式，管理国家事务，管理经济和文化事业，社会事务，依法保障所有的国家工作顺利进行，逐步实现社会主义民主政治的制度化、法律化，法律制度不因领导人的改变而改变。依法治国，是党领导人民治理国家的基本政策，是社会主义市场经济发展的客观要求，是社会文明进步的重要标志，是保证国家长期稳定重要指标。

至今，我国先后进行了六次全国性的普法教育。普法教育对于提高全民族的法律意识和法制观念，实现“依法治国，建设社会主义法制国家”具有重要的意义。每次普法教育都将青少年的法制教育纳入普法教育的重要环节，给予专门的安排和强调。普法教育是提高人们的法制意识和法制观念的重要手段，对青少年的普法教育归根到底就是加强法制教育。青少年是学习知识的黄金年龄，他们容易学习新知识，容易被忽视的新知识，容易接受新知识。一方面，青少年的法制教育，青少年学习相关法律，如刑法、民法、商法、知识产权法、诉讼法、民事诉讼法，使青少年成为懂法、守法的公民。另一方面，积极参加内容丰富的社会实践活动，使青少年的社会法律知识更加丰富，让年轻人成为知法、懂法的公民。西藏民族地区，法律教育应制定民族特色的，供青少年学习和社会实践活动相适应的法律法规。无论是法律知识还是法律的社会实践，都是联系在一起的，可以说，法律教育，法制教育是青少年法制教育的重要途径。

中国是一个多民族的国家，在处理民族问题上，中国采取民族区域自治制度。在国家的统一领导下的民族区域自治地方，民族自治机关，行使自治权，在该地区实行区域自治，这种制度叫作民族区域自治。实行民族区域自治，体现为少数人的管理的内部事务权利，充分尊重和保护自主权利的状态，体现了中国坚持平等的实现要求，团结和共同繁荣的原则，体现民族因素与区域因素的统一，其中区域因素包括政治因素和经济因素、历史因素和现实因素。我国的民族自治地方分为自治区、自治州、自治县三级。到目前为止，我国民族自治地方共有155个，其中主要包括5个自治区、30个自治州、120个自治县。其中的55个少数民族里面，有44个民族建立自治地方。实行自治的少数民族人口占少数民族人口总数的70%以上。2009，民族自治地方制定自治条例134个，单行法规418个。民族自治地方根据当地实际，婚姻法、选举法、土地法、草原法继承的替代或补充规定的法律74条。

在民族区域自治的替代和补充规定中，通过法律维护民族地区稳定和全国各企业的可持续发展具有重要的意义。通过培养青少年对民族区域自治法的学习，使其对我国的法律法规的丰富性和特殊性有所了解，在一定程度上对各民族的团结有重要的意义。青少年法制教育是民族区域自治法得到贯彻的重要途径。

二、西藏民族地区青少年法制教育现状

自普法教育工作进行以来，各地各部门要集中在西藏自治区的经济和社会发展的总体条件下，在法律知识不断深入全国法制宣传教育的发展过程中，以宪法为核心的法律体系已经越来越受到重视，公民的法律意识和法律素质进一步增强。同时，我们也应清醒地看到，在西藏青年法律教育法制工作也有一些严重的问题和缺陷。主要表现在以下几个问题：

（一）青少年法律教育的一些地方的认识不到位

青少年法制宣传教育是一项复杂的社会系统工程，涉及社会、学校、家庭、需要全社会的共同努力。然而，无论是各类学校的，还是社会的各个方面，甚至一些学生的家长，都有不同程度的倾智主义的倾向，从而忽视了青少年的法制教育。

（二）在校生的法制教育还不完善

《新疆维吾尔自治区法制宣传教育条例》规定："教育行政部门应当组织各级各类学校根据教学大纲和教育特点，保障法制宣传教育计划、课时、教材、师资同步落实。"然而，从"四落实"标准看，与其他地方还是有一定的差距，在法律教育中，有一些学校有流于形式的现象：一是对青少年缺乏具有独认系统法律教科书；二是教学时间不均匀，得不到保证，一些其他课程占据了思想道德法制教育课时间；三是法律专业教师普遍缺乏，法学课大多数由思想品德课或政治课教师来代上；四是评价体系和标准相对不够完备，法律教育中的"四落实"的不足。

（三）青少年法制教育体制还不健全

青少年法制教育是在学校和课堂、学校、家庭、社会部门之间尚未建立科学的联动合作机制。在性能上，尽管许多部门都参与了青少年法制教育，但在

更多的情况下，是按照这个部门的需要，各部门按自己需求计划人数的。目前，中小学法制副校长队伍是进行了重大的调整和充实，但大多数是当地派出所的警察来负责，小学里面的法律辅导员主要由当地司法所的人员担任，所以在进行法制教育过程中会受到工作以及知识方面因素的影响。

（四）有条件的学校，通过照片、板报、广播来宣传法制教育的内容，基本的消防知识、健康、反对邪教等

从小学到高中的学校，几乎没有什么区别。

（五）少数民族语言教材、书籍和法律教育网站缺乏

强烈建议尽快落实更科学、更符合年轻人需要的法制教育教材，阅读内容更加容易掌握，如建设《天山网》的网页模式，“新疆新闻”“新疆”的法律规则，各种少数民族语言版本的网站，使青少年法制教育模式更加灵活，内容更加丰富。

三、西藏民族地区青少年法制教育问题的对策

（一）将法制教育与民族地区经济发展相结合

马克思主义基本原理表述：经济基础决定上层建筑，上层建筑反作用于经济基础。法律教育是上层建筑的一部分，受国家经济约束的影响。同时，地区经济发展的好坏将一定程度上反映法律教育的好坏。因此，加强和改进对西藏民族地区青少年法制教育，要注意结合民族地区经济的发展进行法学教育。

（二）法制教育要与世界观、人生观、道德观、民族观教育紧密结合

法律教育是我国教育体系的重要组成部分，在法学教育中，我们要全面贯彻党和国家的教育方针、政策、法律和法规，自觉抵制各种违反教育方针、政策、法规的思想倾向。

（三）加强法制教育制度建设

首先，明确法律责任教育领导。对于学校的开放法学教育和法律教育，领导能力起着重要的作用。通过调查，一般主要的法律教育的学校领导有：法律教育组组长、法制副校长，安全部法律学校领导。教育领导明确自身法律责任，

是建立一个强大的法律教育的前提。其次,明确法制教育教师责任制。法制教育课程教学由法制教育老师负责,班级法制活动由班主任负责。第三,对法律学校的教育管理水平进行评估。主要是通过了解学校法律教学的目标,法制教育活动的开展等。第四,对教师情况进行评估。主要包括教师业务素质、教学成果、教学方法等进行评估。第五,对学生的法律素质进行评估。这种评估要把教学考试和学生社会实践能力真正结合起来,真正反映学生的法律素质。

(四)加强法律人才队伍建设

在这个阶段,一方面我们发现人才过剩的问题,如大学生就业难,一直是各级政府亟待解决的问题,另一方面我们也发现人才严重缺乏,在偏远的西藏民族地区尤其明显。如国家司法考试的分数线在贫困地区较低,但从实际的角度来看,法律人才在西藏民族地区仍然是很稀少,贫困县更是严重短缺,几乎没有一个法学本科的人从事有关工作。优秀人才的匮乏,呼吁大力引进人才,我们需要建立和完善人才引进机制。人才的培养,首先是教育,在这一阶段,应增加多个本科学位和研究生学位授予机构,扩大法律专业的学生占学生人数的比例;其次是现有的法律人才,尤其是基层法律人员的法律教育培训,应从先进的法律理念和法律工作经验开始学习,及时更新现有的法律知识和对目前的工作进行总结,从而总结出成功的经验,更好地服务于少数民族的人民。

西藏少数民族青少年的教育不仅是西藏教育的整体发展,也关系到西藏的可持续发展。本文从系统的角度提出了对学生的教育需求的指标体系,并期望通过学校教育的调整,满足学生的教育需求,解决目前的问题,减少大量的学生逃课的现象。但限于学识、经验、文献、文化背景的差异等因素,仍然存在一些不足的地方,需要今后进一步进行深入研究。

参考文献:

[1]吕志祥.藏族习惯法——传统与转型[M].北京:民族出版社,2007.

[2]杨士宏.藏族传统法律文化研究[M].兰州:甘肃人民出版社,2004.

[3]李步云.法的两重性和基本矛盾[J].中外法学,1992(01).

[4]刘学灵.论法律文化[J].社会学研究,1983(01).

[5]狱公王祥.传统与现代性——中国法制现代化的历史逻辑[J].中国社会科学,1993(02).

[6]李步云.法律意识的本原[J].中国法学,1992(06).

第三部分

西藏思想道德建设研究

更好发挥教师教书育人作用 推动西藏高校思想政治工作深入开展

侯衍社*

2014年以来,习近平总书记先后考察北京大学、北京市海淀民族小学和北京师范大学并发表重要讲话,对大学生、小学生和教师都提出了殷切期望和明确要求。9月28日至29日,习近平总书记在“中央民族工作会议暨国务院第六次全国民族团结进步表彰大会”上发表重要讲话,他着眼中华民族始终追求团结统一的奋斗史,深刻指出加强中华民族大团结、构筑各民族共有精神家园的方向和路径,为我们做好民族工作提供了重要指导。认真学习、深刻领会和切实贯彻习近平总书记的这些重要讲话精神,特别是他在北京师范大学与师生座谈时关于“四有”好教师的深刻论述,对于我们更好发挥教师教书育人重要作用,对推进西藏高校思想政治工作的深入开展,具有重要意义。

一、认真学习领会习近平总书记一系列重要讲话精神,深刻把握重要讲话思想内涵和精神实质

2014年5月4日,习近平总书记在与北京大学师生座谈时发表了题为“青年要自觉践行社会主义核心价值观”的重要讲话,指出我国作为一个有着13亿多人口、56个民族的大国,确立反映全国各族人民共同认同的价值观“最大公约数”,关乎国家前途命运,关乎人民幸福安康。他特别强调了青年树立和培育社会主义核心价值观的重要性,并语重心长地指出,掌握了正确的世界观、人生观、价值观这把总钥匙,就能够对是非、正误、主次,真假、善恶、美丑作

* 侯衍社,中国人民大学马克思主义学院副院长、教授、博士生导师。

出正确判断和正确选择。围绕着如何践行社会主义核心价值观,他从理想信念、思想品德、知识能力、学风以及世界观人生观价值观等方面对大学生提出明确要求,希望广大青年要在以下四个方面下功夫:一是要勤学,下得苦功夫,求得真学问。二是要修德,加强道德修养,注重道德实践。三是要明辨,善于明辨是非,善于决断选择。四是要笃实,扎扎实实干事,踏踏实实做人。从知行合一上下功夫,核心价值观才能内化为人们的精神追求,外化为人们的自觉行动。他殷切期望广大青年,要在党的领导下,"勇做走在时代前列的奋进者、开拓者、奉献者,以执着的信念、优良的品德、丰富的知识、过硬的本领,同全国各族人民一道,担负起历史重任。"

2014 年 5 月 30 日,习近平总书记在北京市海淀区民族小学考察工作时,做了《从小积极培育和践行社会主义核心价值观》的重要讲话。他强调:"我们倡导的富强、民主、文明、和谐,自由、平等、公正、法治,爱国、敬业、诚信、友善的社会主义核心价值观,体现了古圣先贤的思想,体现了仁人志士的夙愿,体现了革命先烈的理想,也寄托着各族人民对美好生活的向往。只要是中国人,就应该自觉培育和践行社会主义核心价值观。"适应少年儿童的年龄和特点,他明确提出了少年儿童培育和践行社会主义核心价值观的四点要求:一是记住要求,就是要把社会主义核心价值观的基本内容熟记熟背,让它们融化在心灵里、铭刻在脑子中。二是心有榜样,就是要学习英雄人物、先进人物、美好事物,在学习中养成好的思想品德追求。三是从小做起,就是要从自己做起、从身边做起、从小事做起,一点一滴积累,养成好思想、好品德。四是接受帮助,就是要听得进意见,受得了批评,在知错就改、越改越好的氛围中健康成长。习总书记强调:学校要把德育放在更加重要的位置,全面加强校风、师德建设,坚持教书育人,根据少年儿童特点和成长规律,循循善诱,春风化雨,努力做到每一堂课不仅传播知识,而且传授美德,每一次活动不仅健康身心,而且陶冶性情,让社会主义核心价值观的种子在学生们心中生根发芽。

2014 年 9 月 9 日,习近平总书记在同北京师范大学师生代表座谈时,做了题为《做党和人民满意的好老师》的重要讲话,他强调指出:教师在实现"两个百年"目标、实现民族伟大复兴中国梦的历史进程中担负着特殊历史使命,他对全国教师提出了做"党和人民满意的好老师"的四条标准:一要有理想信念,二要有道德情操,三要有扎实学识,四要有仁爱之心。好的教师应该是"经师"和"人师"的有机统一,既要做具有扎实学识的"经师",又要做具有理想信念、有道德爱心的"人师"。他强调指出:"教师重要,就在于教师的工作是塑造灵魂、塑造生命、塑造人的工作。"他从为实现民族伟大复兴培养合格接班人的高度强调：今天的学生就是未来实现中华民族伟大复兴中国梦的主力军，广大教师就是打造这支中华民族“梦之队”的筑梦人。他希望全国广大教师把全部精力和满腔真情献给教育事业，在教书育人的工作中不断创造新业绩。

2014 年 9 月 28 日至 29 日，习近平总书记在中央民族工作会议暨国务院第六次全国民族团结进步表彰大会的重要讲话中强调：“加强中华民族大团结，长远和根本的是增强文化认同，建设各民族共有精神家园，积极培养中华民族共同体意识。”他着眼中华民族始终追求团结统一的奋斗史，深刻指出了加强中华民族大团结、构筑各民族共有精神家园的方向和路径，为我们做好民族工作提供了重要指导。

认真学习领会习近平总书记这一系列重要讲话精神可知，他是从关系到实现全国各族人民始终同心同德、团结奋进的高度，从维护国家统一和民族地区和谐稳定的高度，从实现中华民族伟大复兴中国梦的高度强调：一定要加强青少年的思想政治教育，特别是理想信念教育和思想品德教育，使之树立正确的世界观、人生观和价值观，把他们培养成为社会主义事业的合格建设者和可靠接班人。为此，就必须充分发挥好教师教书育人的主导作用。习近平总书记这一系列重要讲话精神对于更好发挥教师在思想政治工作中的作用具有重要指导意义，对于新阶段西藏高校深入开展好思想政治工作也具有重要指导意义。

二、当前西藏高校思想政治工作面临的主要困难和问题

西藏高校思想政治工作的主要对象是少数民族大学生。他们的政治意识、思想道德、心理状况和学习情况，他们的世界观、人生观和价值观，关系到学生稳定、学校稳定，关系到民族团结、国家稳定的长远大局。特别是，境内外敌对势力千方百计地利用由于历史原因所造成的少数民族地区与发达地区的差距，利用民族、宗教问题进行思想渗透和政治分化，给西藏高校思想政治工作带来特殊困难和问题。近年来，达赖分裂集团加紧与我们争夺青少年，拉拢、腐蚀青少年，特别是西藏高校大学生，致使西藏高校处于反分裂斗争的前沿阵地。正如习近平总书记在庆祝西藏和平解放 60 周年大会上的讲话中所强调：“做好西藏工作，是深入贯彻落实科学发展观、全面建设小康社会的迫切需要，是实现可持续发展的迫切需要，是维护民族团结和社会稳定的迫切需要，是维护祖国统一和国家安全的迫切需要。加快西藏发展、维护西藏稳定，

既是中央的战略部署和明确要求，也是西藏各族干部群众的强烈愿望和共同责任。”[①]做好西藏高校思想政治工作，对于维护祖国统一和国家安全，维护西藏的和谐稳定，对于加快西藏地区的跨越式发展，具有十分重要的作用，西藏高校思想政治工作者必须从这样的高度科学分析存在的问题，切实采取有效措施，以更加积极主动的姿态创造性地开展工作。

应当承认，西藏高校大学生思想政治状况的主流是好的，是积极、健康、向上的，是大有希望大有前途的。广大学生爱国、爱党、爱藏、爱校，对国家的未来、西藏地区的发展前景十分关注、具有信心，他们整体上具有自强、创新、创业和成才意识。但是，由于国内外复杂因素的影响，也有一部分大学生在思想政治道德状况方面呈现出比较复杂的情况，少部分大学生程度不同地存在着理想迷茫、信念模糊、价值取向扭曲、责任感不足、艰苦精神淡化、团结观念较差、心理素质欠佳等问题。陈敦山在《西藏高校思想政治教育理论与实践》一书中，从大学生的角度具体分析了目前西藏高校思想政治工作面临的主要难题：第一，基础知识水平参差不齐，既是学生学习上的困难，也是学生思想政治教育的难点。由此导致思想政治理论课教师和其他教师教书育人的效果受到很大影响。第二，部分学生受浓厚宗教氛围的影响，不同程度地存在着宗教信仰心理或宗教感情，对宗教的本质认识不清。第三，学生学习压力不大、动力不足、进取意识不强。第四，达赖分裂集团的分裂破坏活动，致使西藏不稳定因素增大，对思想政治工作直接形成挑战，增大了思想政治教育工作的难度。第五，思想政治教育工作队伍整体力量不足、素质不高。[②] 陈敦山的分析是比较全面中肯的。对于这些问题，需要我们高度重视并有针对性地采取有效措施加以引导和解决。高峰、胡敏、金华等人认为，西藏高校大学生在政治认知方面的特点主要表现为：一是一致性与模糊性并存。二是稳定性与易变性并存。三是主动性与被动性并存。四是现实性与理想性并存。只有对于西藏高校大学生政治认知的特点和规律有了正确把握，才能使马克思主义“四观两论”教育顺利开展，大学生“四个认同”才能有效提高。[③]

应该指出，目前西藏高校在思想政治工作方面做了不少探索，取得了明显

---

① 习近平：《在庆祝西藏和平解放60周年大会上的讲话》，《人民日报》2011年7月20日。

② 参见陈敦山：《西藏高校思想政治教育理论与实践》，西藏人民出版社2012年版，第12～17页。

③ 参见高峰、胡敏等：《西藏民族学院学报：哲社版》2013年6期。

成效。比如西藏民族大学，在开展思想政治教育方面工作是很扎实的，成效也比较突出。2013 年 9 月 2 日《西藏日报》以《西藏民族学院努力建构大学生思想政治教育工作大格局》为题对此做了长篇报道。文章指出：西藏民族学院面对新形势、新任务、新要求，紧跟时代步伐，进一步发扬优良传统，不断探索民族高校大学生思想政治教育工作的特殊规律，建立完善长效机制，推动思想政治工作上水平、上层次，取得显著成效。学校通过构建“坚持一个中心，抓好三支队伍，打造六个阵地”思想政治教育工作体系：坚持“一个中心”，凸显思想政治工作在育人工作中的核心地位；强化思想政治理论课教师、班主任及政治辅导员、党团干部及共青团干部“三支队伍”，为思想政治教育人才工程提供有力支撑；建强“六个阵地”，包括思想政治理论课主阵地以及民族团结进步教育、校园文化、社会实践、网络教育、心理健康教育等辅助阵地，形成思想政治教育工作的强大合力。狠抓大学生思想政治教育工作，为实现培养社会主义新西藏的合格建设者和可靠接班人的育人工作目标夯实了基础。

高峰、胡敏等老师撰写的长文《创新模式增强西藏高校思想政治教育针对性实效性》[①]对加强西藏高校思想政治教育工作的针对性实效性作了比较系统和颇有价值的探讨。文章比较系统地梳理了西藏高校思想政治教育多年来在内容上逐渐形成的“四个一”教育模式，即“一个抓手”，“一个切入点”，“一个核心”，“一个理念”：“一个抓手”，就是坚持以马克思主义祖国观、民族观、宗教观、文化观；马克思主义唯物论和无神论的“四观两论”教育为抓手，增强大学生对祖国的认同、对中华民族的认同、对中华文化的认同、对中国特色社会主义道路的认同这“四个认同”的思想意识；“一个切入点”，就是坚持以民族团结进步教育为切入点，增强大学生维护民族团结，反分裂、反渗透的思想意识；“一个核心”，就是坚持以“老西藏精神”教育为核心，增强大学生树立崇高理想信念，以艰苦奋斗精神为西藏社会发展建功立业的思想意识；“一个理念”，就是坚持以人为本的教育理念，培养广大学生增强自信、超越自我、塑造成熟健康人格。文章对于西藏高校思想政治教育工作这一新模式的理论概括，十分有利于增强西藏高校思想政治教育的针对性、实效性。

当然，由于面临着各种复杂的形势和特殊的任务，目前西藏高校思想政治教育工作在思路理念、体制机制、内容方法、条件保障以及队伍建设等方面都还存在着需要进一步加强和改进的方面。以下我仅从教师队伍这个维度，谈谈在新阶段加强西藏高校思想政治工作的一点浅见。不当之处，请批评指正。

---

① 《西藏民族学院学报：哲社版》2013 年 6 期。

三、进一步强化教师在高校思想政治工作中的重要作用

习近平总书记在同北京师范大学师生代表座谈时强调，“四有”好教师是“经师”和“人师”的统一，是品行和学问的统一，是德与才的统一。从他的论述可以明确看出，他所强调的有理想信念、有扎实学识、有道德情操、有仁爱之心这“四有”中，其中三个方面都明确指向了教师的政治思想、道德情操和心理深处，也就是教师的“德”的方面，扎实学识其实也有道德意蕴在其中。习近平总书记关于好老师的论述，对于深入开展西藏高校思想政治工作具有重要指导意义。面对新形势新任务，高校教师特别是思想政治课老师，要努力做“经师”和“人师”的有机统一，按照习近平总书记要求，努力发挥好以下四方面的重要作用：以理想信念感召学生，以人格魅力感染学生，以扎实学识吸引学生，以仁爱之心塑造学生，通过自己扎扎实实的努力，为西藏高校思想政治工作的深入开展作出自己的应有贡献。

（一）以理想信念感召大学生，让核心价值观入脑入心

高校教师坚定理想信念，大学生才可能树立理想信念。作为教师，要客观评价新中国成立以来和改革开放以来我国取得的巨大历史成就，客观评价中国共产党成立以来带领全国各族人民取得的巨大历史成就，不断增强对中国特色社会主义理论、道路和制度的信心，坚定中国特色社会主义理想信念，做中国特色社会主义共同理想和中华民族伟大复兴中国梦的积极传播者。要积极倡导并践行富强、民主、文明、和谐，自由、平等、公正、法治，爱国、敬业、诚信、友善的社会主义核心价值观。特别是，西藏高校教师要结合西藏高校实际，坚持马克思主义祖国观、民族观、宗教观、文化观，以及唯物论和无神论教育，增强大学生对祖国的认同、对中华民族的认同、对中华文化的认同、对中国特色社会主义道路的认同。要围绕建设团结、民主、富裕、文明、和谐的社会主义新西藏这个宏伟目标，大力倡导“特别能吃苦、特别能战斗、特别能忍耐、特别能团结、特别能奉献”的“老西藏精神”精神，努力培养适合西藏经济社会发展需要的合格建设人才，为西藏的跨越式发展和长治久安贡献力量。

（二）以人格魅力感染大学生，引导他们把握好人生方向

师者为师亦为范，学高为师，德高为范。教师的道德情操和人格魅力是成

功教育的重要条件。毛泽东在烽火连天的战争年代还牢记着恩师徐特立60岁生日，并且亲自写信祝贺他，情真意切地表示："你是我二十年前的先生，你现在仍然是我的先生，你将来必定还是我的先生。"因为徐老具有"革命第一，工作第一，他人第一"的政治理想、道德情操和人格魅力。习近平总书记指出，教师的职业特性决定了教师必须是道德高尚的人群。"做一个高尚的人、纯粹的人、脱离了低级趣味的人，应该是每一个老师的不懈追求和行为常态"。

西藏高校教师面对来自藏区的大学生，更要注重自身的道德修养和言行举止。许多教师在日常教学和工作生活中率先垂范、以身作则，以高尚的道德情操赢得了广大学生的衷心拥护和爱戴，与民族大学生建立了深厚的友谊，大大促进了思想政治教育工作的开展，在引导和帮助学生把握好人生方向方面发挥了重要作用。

(三)以扎实学识吸引大学生，让他们领略知识和智慧的力量

学识是教师之基。扎实的知识功底、过硬的教学能力、科学的教学方法是老师的基本素质，也是吸引学生的硬实力。孔子的贤徒颜渊曾经对孔子如是评价："仰之弥高，钻之弥坚；瞻之在前，忽焉在后。夫子循循然善诱人，博我以文，约我以礼，欲罢不能。既竭吾才，如有所立卓尔。虽欲从之，末由也已。"这种高山仰止的仰慕之情正是学生对老师学识能力的高度肯定。

大学生的主要任务就是学习。思想政治理论课是科学，具有科学系统内容和内在逻辑结构，必须以科学的态度学习它，研究它。思想政治理论课又具有意识形态性，讲授它需要科学的教学方法和较高的教学技巧。特别是在西藏高校，教师面临的情况较之一般高校更复杂，因此，西藏高校思想政治理论课教师比较一般高校的教师客观要求更高：既要具有广博的一般知识，又要具有精深的专业知识；既要掌握系统的科学理论体系，又要具有良好的教学方法和教学艺术，这样才能在开展教学过程中既让大学生学到科学知识，又学到分析问题的方法，既授人以鱼，又授人以渔；既让学生领略到科学理论的魅力，又领略到智慧的魅力，从而能够让学生对所学知识入脑入心，在"润物细无声"的过程中开展思想政治教育工作。教师在教学方法方面，要特别注意做好以下工作：一是增强课堂教学中教师和学生之间的良性互动，调动教和学两个方面的积极性。二是积极采用灵活多样的教育方式方法。一些教师的教学实践表明，选取一些大学生感兴趣的热点专题问题，如人生观问题、价值观问题、爱情观问题、成长成才问题等，会受到大学生热烈欢迎和积极配合。三是适当加大实践教学的分量，坚持理论教育和实践教育相结合。要进一步加强西藏大学

生的实践教育，使他们对我国国情、民族地区实践，对我国当下正在深入进行的波澜壮阔的改革开放和现代化建设有较多较深的了解和认识，使他们在理论和实践的相互观照、相得益彰中提升自身思想道德和知识水平。

（四）以仁爱之心塑造大学生，做他们的好朋友和贴心人

“仁者，爱人”。爱是教育的灵魂，没有爱就没有教育。思想政治理论课教师要坚持以人为本，注重人文关怀。一要坚持解决思想问题与解决实际问题相结合。开展思想政治工作要贴近实际、贴近生活、贴近学生。要注重摆事实、讲道理、办实事，坚持以理服人、以情感人，循循善诱地开展具有针对性的教育工作，积极服务于学生学习生活的各种正常需要。二要注重加强大学生心理健康教育。由于学习、生活、经济和情感等方面的压力，有的大学生出现了心理压力过大、急躁焦虑等问题，严重影响了他们的正常学习和生活。对此我们要积极采取措施，及时疏导学生情绪，最大限度地减轻他们的精神压力，以保障他们正常的学习和生活。同时，要未雨绸缪，针对大学生心理健康问题的特点和趋势，制定科学合理的大学生心理健康教育规划和措施，通过相关的沟通辅导、心理咨询、诊疗服务等方式方法，进行有效引导和疏导，不断增加他们的正能量，从而培育他们自尊自信、理性平和、积极向上的健康心态，把他们培养成为合格建设者和可靠接班人。

论思想政治工作在建设和谐稳定西藏中的重要作用

陈敦山*

摘要:近年来,西藏社会总体形势是和谐稳定的,但是也存在一些不稳定的因素。思想政治工作是我党在意识形态领域一项重要工作,是我党的政治优势的重要体现。根据西藏社会实际,思想政治工作在建设和谐稳定西藏中具有重要作用。我们应积极发挥思想政治工作优势,通过积极科学的思想政治工作维护西藏社会和谐稳定。

关键词:西藏;和谐;稳定;思想政治工作

西藏的和谐稳定是西藏头等重要的大事,也是全国人民关注的问题。习近平总书记在参加十二届全国人大一次会议西藏代表团审议时提出了"治国必治边,治边先稳藏"的重要战略思想,对于推进西藏跨越式发展和长治久安具有重大指导意义。当前,我们应该对西藏社会和谐稳定形势有一个客观的估计和准确的认识,而且应该从多种视角来探索维护西藏社会和谐稳定的举措。本文拟从我党的思想政治工作这一优势和传统来探究其在维护西藏社会和谐稳定中的重要作用。

一、西藏近年来社会和谐稳定形势不容乐观

1951年5月23日,《中央人民政府和西藏地方政府关于和平解放西藏办

* 陈敦山,西藏民族大学马克思主义学院教授。主要研究方向为思想政治教育理论与实践。

法的协议》,即《十七条协议》在北京签署,西藏获得了和平解放。按照《十七条协议》的规定,对于西藏的现行政治制度,中央不予变更。达赖喇嘛的固有地位及职权,中央亦不予变更。有关西藏的各项改革事宜,中央不加强迫。西藏地方政府应自动进行改革,人民提出改革要求时,得采取与西藏领导人员协商的方法解决之。然而,西藏当时地方政府在部分反动上层人士的挑唆裹挟下于1959年3月悍然发动了武装叛乱,中国人民解放军迅速平息了叛乱,以第十四世达赖为首的反动上层逃亡印度。在这种情况下,中央宣告对西藏进行民主改革,彻底废除西藏实行了上千年的黑暗的政教合一的封建农奴制。自此,西藏社会实现了千年的跨越,从最黑暗最落后的封建农奴制社会进入到社会主义社会。60多年的社会主义建设,西藏的政治、经济、文化、教育事业快速发展,西藏人民的生活水平迅速提高,西藏社会长期保持了稳定和谐发展。特别是中央针对西藏的客观实际,分别于1980年、1984年、1994年、2001年、2010年召开了五次西藏工作座谈会,就西藏的发展和进步从国家层面进行推进,协调全国力量支援西藏发展,使得西藏经济建设和各项事业以跨越式速度向前发展,这种快速发展使西藏有了和谐稳定的社会基础,也使西藏社会基本实现了长期和谐稳定。

在中国共产党的领导下,西藏各族人民谋发展,思稳定,促和谐,人们珍惜西藏来之不易的和谐稳定生活,共同维护西藏和谐稳定的大局,正是因为这样,西藏基本保持了长期和谐稳定局面。但是,我们也要清醒地看到一个事实,西藏的和谐稳定是相对而言的,60多年来,西藏的和谐稳定始终受到西方敌对势力和达赖分裂集团的破坏和干扰。第十四世达赖是图谋西藏独立的分裂主义政治集团的总头子,是国际反华势力的忠实工具,是在西藏制造社会动乱的总根源,是阻挠藏传佛教建立正常秩序的最大障碍。几十年来,达赖集团不断变换手法,制造舆论混淆视听,有意通过所谓的“宗教自由”“保护西藏传统文化”“保护环境”“保护母语”等问题向我国、我党发难,挑起西藏民众对中国共产党在西藏的治理政策的不满,还通过策动自焚、暴力事件等手段在西藏挑起事端。西方敌对势力也有意培植、扶持达赖分裂集团,把西藏问题作为遏制中国发展的一颗棋子,企图以“藏独”来分化中国。这些现实问题严重影响到西藏的和谐稳定。因此,近年来的各种情况表明,近年来乃至以后很长一个时期西藏和谐稳定的形势不容乐观。但是,在中国共产党的坚强领导下,通过全方位的工作能够为西藏和谐稳定打下坚实的基础。特别是我党的思想政治工作将会与和谐稳定西藏建设工作形成良性互动。按照经济基础和上层建筑的辩证关系,一方面,西藏和谐稳定建设工作有利于思想政治工作的开展,另一方面，思想政治工作又能有力促进西藏和谐稳定建设。

二、思想政治工作在西藏社会和谐稳定方面起着重要作用

思想政治工作是党的意识形态工作的重要内容，也是我党政治优势的重要表现形式和实现方式。在中国共产党领导西藏各族人民建设和谐稳定西藏社会的过程中，思想政治工作在促进西藏社会和谐稳定方面发挥着重要作用。

(一)能够促使人民群众增强对社会稳定重要性的认识

思想政治工作使西藏各族人民群众明白，社会和谐稳定事关千家万户和每个人的幸福生活。中国共产党在西藏执政过程中，要通过形式多样的思想政治工作，宣传中国共产党治国理政的理念，宣传党的路线方针政策，特别是要宣传西藏工作的目标要求。中央第四次西藏工作座谈会确定了西藏在新时期的发展目标是“一个中心，两件大事，三个确保”，即坚持以经济建设为中心，紧紧抓住发展经济和稳定局势两件大事，确保西藏经济加快发展和社会全面进步，确保国家安全和西藏长治久安，确保各族人民生活水平不断提高。这个目标可以说深入人心，使西藏各族人民家喻户晓。每当达赖分裂集团通过各种手段破坏西藏稳定，造成严重的社会危害时，我党也及时通过各种媒体对分裂分子进行谴责，对社会局势发表社论，呼吁各族人民群众自觉维护社会稳定，党政干部深入街道和社区开展走访、座谈，安抚人民，鼓励人民自觉维护社会稳定。因此，我党通过深入细致的思想政治工作，使西藏各族人民增强了对社会稳定重要性的认识。

思想政治工作能够增强人民群众的生活幸福感。人民群众愿不愿意自觉维护社会局势的稳定，对生活是否满意，也就是他们对生活幸福感如何，对于社会稳定也相当重要。当人民群众生活富足，安居乐业，他们对社会生活很满意，幸福感就很高，如果人民群众日子过得清贫，生活艰辛，他们对社会生活不满意，幸福感就不高。一个人生活幸福感是其对社会生活的自我感觉，这种自我感觉更多地通过对社会整体生活状况、自身及家庭生活状况纵向比较而获得的一种感受。西藏在和平解放与民主改革以前，绝大多数人民群众过着悲惨的生活，衣不蔽体，食不果腹。在中国共产党的领导下，西藏发生了天翻地覆的变化，西藏各族人民翻身当家做了主人，生活水平大大提高。特别是近年来，西藏各族人民群众人均收入不断提高，生活水平也不断提高。有些人可能

对生活的变化缺乏感受,或者淡忘,原因正如古诗里的一句话“只缘身在此山中”。而思想政治工作将西藏社会主义建设取得的成就展现出来,通过开展新旧西藏对比教育,让西藏各族人民群众清楚了解西藏经济建设社会发展取得的巨大成就,心领神会地感受自身生活水平的提高,从而增强生活幸福感。

(二)能够促使人民群众更加支持拥护中国共产党的领导

社会能否和谐稳定,与执政党的自身建设、执政党的执政能力和执政水平有很大的关系。中国共产党自建党以来不断加强自身建设,使党的执政能力和执政水平不断提升,使党在领导西藏社会主义建设的事业中愈发坚强有力。正是这样,西藏社会在中国共产党的坚强领导下,西藏政治、经济、文化各项事业发展迅猛,社会日益和谐繁荣昌盛。当然,对于社会和谐稳定来说,执政党的执政水平和执政能力很重要,老百姓是否拥护支持执政党对于社会和谐稳定也很重要。如果执政党很优秀,执政能力和执政水平都很高,但是老百姓不拥护不支持执政党的领导,那也会严重影响社会和谐稳定。

客观地评价,中国共产党在西藏历史发展进步的过程中所起到的作用是非常巨大的,是世人皆有目共睹的。但是别有用心的西方敌对势力和达赖分裂集团蓄意诋毁中国共产党在西藏的执政地位,恶毒攻击中国共产党在西藏的各项正确的方针政策。西方敌对势力和达赖分裂集团通过宗教或其他貌似合理的人权等华丽的外衣包装而来的辞藻,对中国共产党在西藏的政策进行恶毒地攻击,搬弄是非,挑起善良的西藏各族人民群众对中国共产党在西藏执政的不满情绪,这势必会影响到西藏社会和谐稳定。

针对以上所面对的客观现实,适时并恰到好处地开展思想政治工作,批驳西方敌对势力和达赖分裂集团对中国共产党的蓄意攻击和丑化,还中国共产党在西藏执政的真实情况,向善良的人民群众说明有关事情的是非曲直,促使人民群众能真正明辨是非,从而理解中国共产党在西藏政策的科学性和合理性。这样,将会赢得西藏各族人民对中国共产党更衷心的拥护和支持。

(三)能够积极化解西藏社会的各种人民内部矛盾

按照马克思辩证唯物主义的观点,矛盾无时不在、无处不在,西藏社会也必然会存在一定的矛盾。而且,西藏是我国社会发展中最为特殊的一个地方,社会形态从民主改革前的封建农奴制社会直接进入到社会主义制度,短短几十年实现了数千年的历史跨越;西藏地域广阔,自然环境千差万别,人民群众生产生活条件形成的自然差异无法逾越;西藏文化传统、宗教习俗以及生活习惯纷繁庞杂。以上这些方面在现实社会中必然会于西藏各族人民群众中以某种形式的人民内部矛盾而存在或展现出来。

由于人民内部矛盾是非对抗性质的矛盾，完全可以采用民主的方法来解决。而我党的思想政治工作就是通过团结—批评—团结的过程，采用民主的方法解决人民内部矛盾。在中国共产党的正确领导下，科学合理地运用思想政治工作这个武器，将西藏社会现存的人民内部矛盾逐个化解，消除西藏各族人民群众纯属人民内部矛盾的心理隔阂，从而促进和谐稳定西藏建设。

(四)能够促使人民群众积极主动维护社会稳定，增强西藏各族人民的主人翁意识

思想政治工作是中国共产党的一大政治优势，其形式多样、内涵丰富。从思想政治工作的功能来看，既有宣传教育的功能，也有管理的功能，也就是说思想政治工作既可以使人增智、明理、辨是非，又能够使人服从政府管理，顺应社会发展要求。在西藏目前社会形势受西方敌对势力及达赖分裂集团干扰破坏的多种因素影响下，西藏社会和谐稳定局势非常复杂，在这种现实背景下，除了利用国家安全机关、公安机关以及司法机关等国家机器的强制力来打击分裂破坏活动，维护西藏和谐稳定外，也要积极发挥我党的思想政治工作的特有效能，维护西藏社会和谐稳定。首先，思想政治工作可以让西藏各族人民群众充分认识到西藏社会稳定总体形势如何；其次，思想政治工作可以还原西藏社会一些本来面目，让人们清醒地认识到西藏社会和谐稳定的现状，让人们清楚地了解影响西藏和谐稳定的不利因素；最后，通过思想政治工作，激励广大人民群众自觉维护社会稳定和谐的政治局面。

社会和谐不和谐，稳定不稳定，与全体社会成员关系密切。西藏社会和谐稳定形势虽然不容乐观，但是只要全体西藏各族人民群众提高了思想认识，认识到和谐稳定与每个人、每个家庭的幸福生活休戚相关，人们就会齐心协力维护社会稳定。通过思想政治工作，让西藏广大人民群众知道维护社会稳定不仅是党和政府的事，更是老百姓自己的事，促使人们增强主人翁意识，积极主动维护社会稳定，为西藏和谐社会建设出谋划策，贡献力量。

三、积极发挥我党思想政治工作优势,维护西藏社会和谐稳定

思想政治工作对于促进西藏社会和谐稳定的作用是非常重要的,也是非常可行的。为了真正发挥中国共产党思想政治工作优势,促进西藏社会和谐稳定,应针对西藏社会实际和西藏面临的稳定形势,重点做好以下工作,发挥思想政治工作在维护社会稳定方面的积极作用。

第一,确保中国共产党在思想政治工作中的绝对领导地位,掌控涉藏意识形态工作主动权和话语权。思想政治工作是一种意识形态工作。广义的思想政治工作是一个阶级或社会群体运用一种思想观念、政治观点、道德规范对人们施加有目的、有计划、有组织的影响的一种社会实践活动。因此,一切针对人的思想而开展的灌输、教育、引导的工作都可以算作思想政治工作。这种针对人的思想的工作,始终都有正面和负面的思想政治工作,比如我党教育引导西藏各族人民要树立科学精神,要形成唯物主义的世界观,但是唯心主义的宗教势力也在通过各种形式渗透影响人们的思想,使人们不知不觉就会受唯心主义有神论思想意识的影响。这些年来,西方敌对势力和达赖分裂集团在与我们争夺青少年、争夺接班人,也就是说我们在通过思想政治工作用正确、爱国的、维护国家核心利益的有关意识形态教育引导青少年,而敌对方也在用反动的思想在做这些青少年的思想政治工作,对我党的思想政治工作形成严重挑战。

在西藏社会和谐稳定建设的实践中,发挥我党思想政治工作优势是我们要始终关注的问题。因为我党的思想政治工作与敌对方在意识形态上的渗透交织在一起,特别是近年来敌对势力变换了手法,更加大了在意识形态领域对我国的渗透,对我党涉藏领域思想政治工作形成了严峻挑战。在国际社会,西方敌对势力更是为达赖分裂集团打气撑腰,为分裂分化我国大打“西藏”牌,混淆视听,制造舆论,在舆论上对我国、对西藏制造压力。这些在意识形态领域的现实问题严重影响着西藏的和谐稳定。因此,中国共产党要充分发挥思想政治工作优势,掌控涉藏意识形态工作的主动权和话语权,对有些舆论要针锋相对,对有些舆论要主动出击,为西藏和谐稳定营造良好舆论氛围。

第二,西藏各有关单位部门及人员形成思想政治工作合力,齐抓共管促社会和谐稳定。

思想政治工作是很庞杂的系统工程，对于整个西藏社会来说，西藏思想政治工作涉及很多部门，包括各级党委宣传部门、政府部门、军队、教育部门、新闻出版部门、工青妇等部门，以及有关电视、报纸、杂志、广播、网络等媒体。另外，在各有关单位、社会团体都有思想政治工作的任务和工作内容。因此，从促进西藏和谐稳定发展的目标出发，在自治区党委的统一领导下，西藏各有关单位部门及人员应就思想政治工作形成合力，齐抓共管共同促社会和谐稳定。

思想政治工作涉及面广，就维护西藏和谐稳定来说，不仅局限在西藏范围内开展思想政治工作。特别是现在互联网的快速发展，以及西方敌对势力和达赖分裂集团不断在国际舆论上造声势，在网络上进行渗透，破坏西藏稳定，现在维护西藏和谐稳定而需要开展的思想政治工作已经成了更大的工作任务，需要更高的目标要求，因此，现在涉藏思想政治工作需要中央以及国家层面指导并协调来开展的工作了。西藏各有关单位及部门就应该积极主动地在党中央的统一领导下，统筹协调各方力量，齐心协力做好涉藏思想政治工作，下好先手棋，打好主动仗，为西藏和谐稳定发挥应有作用。第三，将思想政治工作融入西藏各项工作中去，在维护稳定工作中发挥“润物细无声”作用。西藏和谐稳定是西藏事业发展的一个环境以及要实现的目标，但是要实现和谐稳定的目标又必须发展经济。其实，科学考量西藏各项事业发展的思路，就是要处理好西藏稳定与发展的关系，要坚持在稳定中谋发展，在发展中保稳定。如果没有和谐稳定的社会环境，西藏难以实现快速发展，同样，如果西藏不推动经济社会的快速发展，也难以维护西藏和谐稳定，特别是难以实现高水平、长久性社会稳定。因此，西藏社会和谐稳定的前提和基础还是发展经济，提高各族人民生活水平。

思想政治工作促进西藏社会和谐稳定，为和谐稳定凝心聚力。思想政治工作在西藏和谐稳定方面起着这种促进作用是毋庸置疑的，关键是怎么开展思想政治工作更具科学性，更有实效性值得我们去思考。针对思想政治工作的特点，思想政治工作的对象真心接受思想政治工作所传递教育的内容，整个教育实践活动符合人的内心世界变化的规律，符合人的思想形成发展规律。思想政治工作必须循序渐进，必须融入经济建设工作之中，融入西藏各项事业发展之中，达到“润物细无声”的效果，将会真正地为西藏和谐稳定发挥重大作用。

利用陕西厚重的文化积淀对在陕藏族大学生进行爱国主义和反对分裂斗争教育

徐万发*

教育发展是需要条件的，必须具备教育的硬件设施（校舍等基础设施、教师、教育对象等）和软件设施（教育历史文化积淀、教育方针政策、教育管理和理念、教育发展的环境）。教育发展需要一定的资源为依托，思想政治教育更需要优良的教育资源依托。教育资源就是投入到教育活动的一切人力（师资、生源）、物力、财力，确定教育的合理结构，创造教育的良好环境的总和，其中财力是人力资源和物力资源的货币表现形式，而教育环境则是开展思想政治教育活动的物质条件和良好氛围。

陕西具有丰厚的教育历史文化积淀和良好的教育发展环境。陕西是中华民族的发源地，历经夏商周汉唐王朝，书写着中国古代历史的一半。近现代社会里，陕西较早响应辛亥革命，众多陕西革命人士投身民族民主革命，抛头颅，洒热血，抒写着关中汉子的人身追求与价值理念。特别是中国共产党在延安领导中华民族取得了抗日战争、解放战争的胜利，使中华民族了获得了民族独立和人民解放，这些丰富的历史资源就是一部生动的活教材。

陕西的历史人文资源和现代教育资源极为丰富，它的历史积淀基本蕴含了中华民族文化的主体与本质，是对藏族大学生进行爱国主义、国家统一意识和反对分裂行为教育的优良教育资源。

* 徐万发，西藏民族大学马克思主义学院教授。

一、陕西历史人文积淀本身就是一部优秀爱国主义的教科书

爱国主义是指个人或集体对自身所属国家的一种积极认同的态度和行为。爱国主义包含了这样的态度:对祖国的成就和文化感到自豪;强烈希望保留祖国的特色和文化基础;对祖国其他同胞的认同感。爱国主义是一种精神力量。对于一个国家、一个民族,它无疑是重要的可能依赖的有生力量,可以把绝大多数有着共同人类正当利益的人团结在一起,完成惊世骇俗的业绩。它的巨大价值不可小视。在捍卫国家主权,振兴民族经济,延续民族文化等方面的贡献尤其大。

总之,爱国主义对一个国家或者民族的生存发展起着不可忽视的重大作用。加强爱国主义教育,有利于国家和民族搞好自己的事业,同时也会极大地促进民族和国家更好地发展。对在陕的藏族大学生思想政治教育重点要明确和懂得以下陕西丰厚的思想政治教育资源。

(四)唐代以前的陕西是中国统一王朝的政治、经济、文化中心,也是民族融合、国家统一的典范,是中华民族的骄傲

人们有这样一个共识,若要最快速地了解中国历史,十世纪以前,阅读一下西安;十世纪以后,了解一下北京就足够了。

陕西有中华民族的初祖黄帝陵,有中华民族黄河农业文明,周秦汉唐国家统一王朝的国都在陕西的宝鸡到西安之间的广阔地域里,中国的政治、经济、文化中心也在这个区域里,这段时间也正是中国古代最辉煌的时期。

陕西西安地区最早的居民是“蓝田猿人”(110 万年前),在中国仅次于云南的元谋人(170 万年前)。有约 6000 年前母系氏族文化的重要代表——半坡氏族公社,其创造的人面鱼纹盆和圆形尖底瓶极富艺术价值和饱含科学原理,在原始器物上的刻画符号,有考古学家甚至认为那些符号就是原始汉字,代表着中华民族早期的智慧。

陕西具有丰厚的教育历史文化积淀和良好的教育发展环境。陕西是中华民族的发源地,历经夏商周汉唐王朝,几乎占中国一半的历史,其中从西周到唐的历代王朝就定都陕西关中,那里是政治、经济、文化发展的中心。中华民族的文化兴起于此。如,西周分封制形成的家族亲情伦理文化,成为中国儒学

的核心;秦始皇统一天下创立了中华民族团结、统一发展格局与思维模式;汉代形成了罢黜百家、独尊儒术的思想管理方式,中华民族的“兄弟阋于内而悔于外”的共同利益架构,“匈奴未灭,何以家为”的家国关系理念;唐代以大国之气平等地对待世界各国,平等地处理国内各民族间的关系等。

近现代社会里,陕西响应辛亥革命,众多陕西民众投身民族民主革命,抛头颅,洒热血,抒写着关中汉子的人身追求与理念。特别是中国共产党在延安领导中国革命由曲折到顺利,领导中华民族取得了抗日战争、解放战争的胜利,使中华民族取得了民族独立和人民解放。这些历史遗存就是一部生动的活教材。

(二)陕西是中国各民族交流、融合的中心地带之一

民族融合有两个方面的含义。一是在表述全球民族消亡的途径和方式时,民族融合是指全世界建立共产主义社会以后,民族特征与民族差别逐渐消失,形成一个没有民族界限的人类整体的历史过程。二是把民族融合作为一种普遍的历史现象来看待,它是指历史上两个以上的民族,由于互相接近、互相影响,最终形成一个民族的现象。民族的融合是多民族国家的普遍现象,是历史发展的必然趋势。古今中外民族共同体的形成、变化、发展,都与民族融合紧密相关。

我国历史上民族融合的前提和具体实现方式主要有:民族迁徙,杂居相处;经济文化的友好交流;联合斗争,即在反抗各族统治者的剥削压迫的斗争中,各族人民加强联系和友谊;某些少数民族统治者进行的改革也起到了加速民族融合的作用;民族之间的战争在客观上也有助于民族融合。几千年来,在中国古代文明滋生的这块东方沃土上,先后生息和居住过许多民族,一些民族消失了,另一些民族又勃然兴起。伴随着中国历史上各民族的多元起源与发展,以及统一、分裂、再统一的反复交替,古代各民族之间的文化交流和相互借鉴,促成了中国各民族共同的历史进步。

陕西是中国古代民族交流、融合、发展的中心地带。春秋战国时期是我国进入阶级社会后民族融合的初步发展时期,诸侯国间频繁的兼并战争,大大加强了中原地区与周边民族的联系,促进了民族融合。这一时期,中原大地及其周边各族,不断地凝聚、兼并、扩张,融合成一个新的民族——华夏族。华夏族自诞生之日起,又以迁徙、聚合、民族战争等诸多方式,频频与周边各民族碰撞、交流,不断吸收新鲜血液,像滚雪球一样不断地融入众多非华夏族的氏族和部落。这样,以华夏族为核心,在中国的腹心地区进行的民族融合,是为这

一时期民族融合的重要特点。秦汉时期,民族间经济文化交流更加充分,我国以汉族为主体的统一的多民族封建国家初步形成。中央加强了对边疆地区的有效管辖,加速了对边疆地区的开发,促进了各族人民友好交往,民族融合有了新的发展。三国两晋南北朝时期是我国古代第一个民族大融合的高潮时期,这一时期,与汉族及其前身华夏族有着密切联系的各族出现在中原政治舞台上以后,骤然间加快了民族融合的过程,纷纷离散聚合。建立过政权的许多民族都纷纷与汉族融合。不论南方还是北方,民族之间双向或多向的迁徙、对流,即一部分汉族往周边去,周边的少数民族往内地来,是这一时期民族融合的特点。隋唐时期社会具有很大的包容性,国家实行比较开明的民族政策,民族之间经济文化交流大大加快,民族融合得到新的发展,唐朝政府对少数民族首领册封很多。

秦汉隋唐时期的民族交流与融合基本形成了我国民族发展的大体格局。今天,在陕西的许多人文遗存中都可以看到唐代以前民族交流和融合的历史遗迹,各民族大学生在这里学习、了解民族发展的历史轨迹,探求民族团结奋进、民族振兴的精神源泉,是现代教育发展的一项历史责任,也是思想政治教育借以参照的文化资源。

(三)唐代汉藏民族的交往意义深远

据汉文史籍记载,藏族属于两汉时西羌人的一支。公元7世纪初期,赞普松赞干布统辖整个西藏地区,建成奴隶制王朝,汉文史籍中称为"吐蕃"。

在中华民族关系史上,唐朝与吐蕃的和亲占有重要地位。作为和亲使者的文成公主和金城公主以她们的亲身经历造就了血浓于水的唐蕃关系纽带,谱写出"汉藏自古是一家"的历史篇章,为中华各民族的统一作出了巨大贡献。

贞观八年(625年),吐蕃王松赞干布遣使向唐王朝请婚。贞观十五年(641年),唐太宗以宗室女文成公主嫁给松赞干布。文成公主在吐蕃生活了四十年之久,为唐蕃友好关系和吐蕃社会的发展作出了杰出贡献。

文成公主入藏带去了包括锦帛珠宝、生活用品、医疗器械、生产工具、蔬菜种子等在内的大量物品,还有释迦佛像(今存于大昭寺)以及经史、诗文、工艺、医学、历法等书籍。这些物品与书籍大大推进了藏族社会的发展和汉藏民族的文化交流。文成公主还努力在藏区传播唐朝的先进科学技术。她推行汉族的先进耕作方式,使粮食产量得到提高;她教授藏族妇女纺织和刺绣,使吐蕃家庭手工业迅速发展;她还向藏民传授建筑技术,据载她曾设计和协助建造了大昭寺和小昭寺。

文成公主入藏加强了汉藏人民的联系，构建了和谐的社会关系。自文成公主入藏后到松赞干布去世共十年的时间内，吐蕃从未与唐朝发生军事冲突。同时，在文成公主与嫁到吐谷浑的弘化公主的共同努力之下，吐蕃与吐谷浑也恢复了和好关系。

随着两地联系的加强，唐与吐蕃的社会风俗也在相互影响与习染。吐蕃人原是“毡帐而居”，在文成公主的影响下，松赞干布带头改变生活习惯，“释毡裘，袭纨绮，渐慕华风”。又派遣酋豪子弟入国子监学习诗书，并请求唐朝派去有学问的人“典其表疏”。唐代岭南诗人陈陶诗云“自从贵主和亲后，一半胡风似汉家”，汉藏融合之深由此可见。

文成公主于永隆元年(680 年)在拉萨去世，时年 56 岁。由于文成公主对藏族的经济发展和社会进步作出了巨大贡献，吐蕃人民崇敬她，怀念她，把她传说中的生日即藏历十月十五日和到达拉萨的日子即藏历四月十五日定为万民欢庆的节日。每逢此日，藏族人民都穿上节日盛装到各寺院祈祷祝福。

景龙三年(709 年)，唐中宗将金城公主许配给吐蕃赞普。金城公主入藏时，带去了数万匹的锦罗绸缎，多种工匠和龟兹乐队。吐蕃又于开元十九年(731 年)，派使者向唐请求《毛诗》《礼记》《左传》《文选》各一部，唐玄宗命秘书省抄写后送予吐蕃。金城公主在吐蕃生活了三十年之久，在此期间，吐蕃与唐王朝的关系并不如文成公主时期平顺，时而友好时而兵戎相见。但是金城公主仍然为唐蕃人民的友好关系与藏族社会的发展作出了贡献，使唐蕃“和同为一家”。

唐蕃和亲的史实证明，早在 1300 多年前，汉藏人民之间的亲密关系就已经建立了，并且是通过两名王室女子——文成公主和金城公主为纽带建立的。从此以后，唐与吐蕃开始了频繁交往，据不完全统计，自贞观年间至吐蕃王朝瓦解的 200 余年间，双方使臣往来 190 余次，多者上百人，少则十几人，或和亲、会盟，或报丧、吊祭，或进贡、朝贺，或报聘、求市，或求匠、送僧。通过这些活动，加强了双方的政治联系，促进了两地的经济发展，密切了唐蕃的文化交流，加深了人民的相互了解。因此，可以说文成公主与金城公主的和亲吐蕃为汉藏关系的发展奠定了坚实的基础，也因为她们的努力和付出，“汉藏一家”的共同文化圈日益形成。这种关系的发展源远流长，在宋代得到传承与兴扬；至元朝水到渠成，终于完成了西藏地方政权与中央政权的统一。

陕西西安是唐代汉藏和亲的起始地，创造了历史上汉藏民族团结的文化奇葩，今天藏族大学生又在陕西学习生活，亲身感受历史，理解着“汉族与藏族是一个妈妈的儿女”的文化认同，延续着民族团结的历史文化血脉，将会在维护国家统一、民族团结事业中书写新的辉煌。

二、西藏民族大学在陕西省咸阳市的深远意义

西藏民族学院是西藏自治区教育厅管辖、地处陕西省咸阳市的一所普通高校，其在咸阳市有其深远意义的。上世纪50年代，党中央高瞻远瞩、立足长远，决定在陕西咸阳建立西藏所属的西藏民族大学，其主要意图和目的是，西藏是受藏传佛教影响深厚、文化发展落后的地区，藏族又是全民信教的民族，通过异地办学，可以使藏族学生离开宗教的环境，摆脱宗教对教育的影响和干扰，接受先进文化的熏陶，使西藏紧随祖国发展的步伐，融入中华民族的大家庭中，稳固边疆，筑牢国家统一的基础。咸阳地处关中，是中华文化发展的摇篮，民族文化积淀深厚，文化教育基础良好，具有办学的有利条件。自西藏民族大学建立时起，陕西就肩负起了为西藏的民族教育发展提供条件和帮助的责任和任务，也使陕西高校发展有了一朵奇葩。

一是为西藏社会发展培养干部的需求。西藏和平解放后，《十七条协议》顺利签订，但西藏上层反动农奴主，从其本阶级的私利出发，反对西藏社会进步，反对实行民主改革、反对农奴们的彻底解放，他们勾结帝国主义，纠结反动的分裂主义势力，在西藏内外大搞分裂活动，破坏西藏社会发展进步事业。中央鉴于西藏政治不稳，民主改革条件尚不熟悉，决定“六年不改，适当收缩”的方针。于是对西藏的各级组织机构进行大量精简，汉族干部大批内调，藏族学员适当处理。1957年3月5日，中央书记处专门讨论西藏工作，决定将这近万名学员送到内地进行培训，为将来改革准备干部。在书记处会议上，总书记邓小平作会议总结时说：“藏族学员凡愿来内地学习的，人数不限，不愿来的，一个也不强迫。”[①]

二是陕西具有天时地利条件。6月，根据中央精神，西藏工委正式决定在内地筹建民族学校，从此西藏民族大学的建设拉开了序幕，西藏高等教育奠下了第一块基石。邓小平的“西藏自己在内地办学”的指示，也开创了我国民族教育的先河。1957年6月，在内地筹建西藏公学的工作启动后，学员陆续集中到了甘肃山丹、兰州和四川雅安、成都等地，但这些地方都不适合近万名学生集中学习，学员思想波动也比较大。摆在西藏公学筹委会面前最急需的问

① 李世成.西藏民族大学校史(1958—1998)[M].拉萨：西藏人民出版社，1998：3.

题就是选择一个合适的校址，尽快将学员安顿好，开始教学。西藏工委先后委派白云峰、汤化陶负责校址的选定工作，先后考察了甘肃山丹、兰州、陕西宝鸡、虢镇、西安、四川阆中、重庆歌乐山北、成都等地的一些部队营房及一些干校、技校的校址，或因校舍太小，或因校舍过于分散，交通及供应不便等原因，一时难以确定。后经陕西省委书记张德生建议、白云峰等人实地考察，认为已经决定搬迁的西北工业学院咸阳校址最为理想。白云峰等人遂建议西藏工委向高教部要求将该校址划拨西藏，筹建西藏公学。西藏工委相关负责人及时将校址选择的情况向邓小平等中央领导进行了汇报。经过邓小平等领导同志的协调，高教部同意将原本另作他用的西北工业学院咸阳校址移交给西藏。邓小平亲自签署了命令，电告西藏工委、高教部党组和陕西省委，将西北工业学院咸阳校址整体移交给西藏，并希望西北工业学院尽快腾出，以便西藏公学早日进驻，开展教学。西藏民族大学定在咸阳，得到陕西政府的支持，陕西又是教育大省，拥有巨大的教育资源，又是中华民族文化积淀深厚的地区，所以，咸阳建立西藏民族大学，天时地利人和，也为西藏现代教育开辟了的新天地，成为中国省(区)异地办学的唯一。

三是西藏属于中国的西部边陲自治区，历史以来政治、经济、文化发展滞后于内地，把西藏民族大学办在内地教育比较发达的陕西，有利于培训的干部和培养的人才学习先进的文化，了解西藏与内地发展的距离，对西藏的发展极为有利。同时，西藏宗教文化影响及其浓厚，脱离宗教环境为西藏培养现代发展型人才是西藏社会发展的前瞻性之举。西藏民族大学办校50多年来也证明了这一点。2008年西藏民族大学建校50周年之际，中共中央总书记、国家主席、中央军委主席胡锦涛致信，“西藏民族大学是西藏和平解放后中央在内地为西藏创办的第一所高等院校。建校50年来，学院认真贯彻党的教育方针和民族政策，坚持面向西藏、服务西藏的办学宗旨，践行爱国、兴藏、笃学、敬业的校训，为西藏培养了一大批高素质的少数民族干部和专业技术人才，为西藏经济发展和社会进步作出了重要贡献”。“希望西藏民族大学全面贯彻落实党的十七大精神，发扬优良传统，紧跟时代步伐，积极探索民族教育规律，不断提高教学管理水平，更好地发挥西藏干部培养基地的作用，为推动西藏经济社会发展、改善西藏各族群众生活、促进西藏安定团结作出新的更大贡献”。

三、如何利用陕西深厚中华民族文化积淀对藏族学生进行思想政治教育

陕西的历史人文资源和现代教育资源极为丰富，利用它对在陕藏族大学生进行爱国主义、国家统一意识和反对分裂行为教育是思想政治教育的特殊任务。

一是要充分认识陕西省丰富的教育资源、深厚的历史文化积淀、优良的教育发展环境。陕西高校教育资源位列全国第三，思想政治教育历史悠久，经验丰富，需要加强信息交流和合作，促进藏族大学生的思想政治教育；陕西的传统文化遗存（利用黄帝陵进行国家统一民族团结教育、周秦汉唐文化进行爱国主义教育、延安革命进行传统教育等）丰富，教育藏族大学生的爱国、国家统一和民族团结理念；陕西的先进科技文化（农业科技、飞机制造、航空航天、旅游经济发展、教育发展等）先进，教育藏族大学生的先进的文化理念和创新意识。通过藏族大学生在陕西的学习生活，培养他们与其他民族和睦相处的能力，接受现代化的理念和市场经济的观念等，使他们学成回到西藏工作后，能够成为西藏未来社会稳定发展的接班人和中坚力量。如何利用陕西丰富的教育资源对在陕藏族大学生进行思想政治教育，是一个历史和现实问题，陕西各高校和西藏民族大学都需要高度重视，需要进一步研究和探索。

二是探讨利用陕西的丰富教育资源对藏族大学生进行思想政治教育的方式方法。在陕藏族大学生基本来自青藏高原，义务教育基础薄弱，成长过程又受宗教影响很大，他们一到陕西，进入大学学习阶段，既有中学到大学的适应过程，又有对新的地理与文化环境适应过程，这种适应可以说是一种人生的跨越，这个阶段藏族大学生极具可塑性，对他们的思想政治教育非常必要。如何对他们进行陕西政治教育，是摆在陕西招生藏族大学生的高校都很棘手的难题。所以，掌握藏族大学生的特点，探讨藏族大学生的思想政治教育方式与方法是关键。本文认为：第一，加强课堂教育内容。按照国家思想政治教育的方案，完成教育任务外，对藏族大学生应该增加马克思主义祖国观、民族观、宗教观和文化观以及马克思主义唯物论和无神论教育，增加反分裂斗争和民族团结教育。在此方面西藏民族大学做得比较好，在本科培养计划中，增设《马克思主义民族理论与“四观”教育》课程（34 课时），马克思主义民族理论，中国共产党的民族理论与政策，马克思主义的“四观”“两论”，使学生了解马克思主义

民族理论、中国共产党对马克思主义民族理论的创新，培养藏族大学生正确的祖国观、民族观、宗教观和文化观。第二，积极创新课外实践教学。藏族大学生在陕西学习，把他们带出课堂，参观、考察陕西的名胜古迹、爱国主义教育基地，使学生学习、了解中华民族古代文化的辉煌，了解中华民族交流、融合、统一的历史状况，了解民族统一是中华民族的主流、民族团结是国家发展的前提，了解中国共产党领导中国革命取得胜利的艰难历程，等等。这是利用陕西丰富教育资源的实践，也是对在陕藏族大学生很有教学实效性的活动。西藏民族大学基本把延安作为教学实践的固定基地，另外，各个专业根据专业的需求，在陕西不同地方、不同行业都建立了许多教学实践基地。西藏民族大学办学成绩突出，正如2008年50周年校庆时，全国人大常委会副委员长热地的贺信中说："西藏民族大学是我们党为西藏创办的第一所高等学校，在西藏革命和建设的不同时期，培养了几万名以藏族为主体的政治可靠，业务过硬的各专业优秀人才，为西藏培养各民族干部作出了重大贡献，是名副其实的'西藏干部摇篮'。"第三，积极创造民族团结的校园文化氛围。校园文化是一个高校内在质量和学校特色的体现，丰富多彩的校园文化为大学生营造一个良好的学校生活环境，也可以引导大学生积极向上，创造师生和谐的氛围。西藏民族大学藏族大学生占学生总数50%以上，建设民族团结为主体的校园文化非常重要。学校把民族团结作为思想政治工作的一项重要任务，教学、管理和后勤三支队伍齐抓共管，相互配合。如，校团委每年举办以民族团结为主体的校园文化节，学校的辅导员队伍藏族教师占一半以上的比例，每年评优中增设"民族团结积极分子"，每天上午和下午第一节课前都播放藏族歌曲，大学生宿舍藏族和汉族同学同居一室，从教学内容、过程到考试都考虑藏族大学生的实际情况，等等。因此，西藏民族大学被陕西省教育厅确定为民族团结教育基地。第四，充分利用陕西高校优越的教育资源，对藏族大学生进行思想政治教育。加强与陕西省高校的交流，取长补短，资源共享；把部分藏族大学生与陕西省高校大学生进行交往与联谊；聘请陕西省的思想政治教育专家为客座教授，经常举办各种讲座；积极参加陕西省教工委的各种培训和会议，等等。

三是对在陕藏族大学生重点要进行爱国主义、民族团结和反分裂斗争教育。陕西有丰富的人文历史文化古迹，有中华民族文化的光辉灿烂，有中华民族交流发展的情感凝练，有各民族为中华民族振兴的巨大奉献，有"兄弟阋于内而侮于外"袍泽誓愿，有对分裂祖国、民族败类的嗤之以鼻，等等，这些都展示着中华民族的辉煌与荣耀。在思想政治教育工作中，要加强藏族大学生的课外教学实践，让藏族大学生多参观考察，增加他们的爱国主义情感，增加他们维护民族团结、反对分裂的自觉意识。

总之,利用陕西的丰富教育资源对在陕藏族大学生进行思想政治教育既是一个理论性问题,也是一个实践性问题,陕西的高校和西藏民族大学要高度重视,认真研究,积极实践,为西藏社会未来的稳定发展作出积极的贡献。

民族院校思想政治理论课教学改革的思路

崔海亮*

摘要：当今民族院校的思想政治理论课教学面临十分严峻的形势，民族院校必须增强危机意识与使命感，大力推进教学改革，明确教学目标、整合教学资源、创新教学方法、提高师资水平、加快学科建设。在教学改革与学科建设的相互配合下，才能提高民族院校思想政治理论课的教学效果，才能实现教学目标，从而为民族地区的和谐稳定与繁荣发展提供理论指导与智力支持。

关键词：民族院校；教学改革；学科建设

我国是一个由56个民族组成的统一的多民族国家，少数民族大学生思想政治素质的状况直接关系着国家统一和民族团结，也关系着全面建成小康社会奋斗目标的实现和社会主义和谐社会的发展。民族院校的思想政治理论课教学对于培养民族院校大学生树立坚定正确的政治方向发挥着主渠道的作用，对于推进民族地区的马克思主义大众化，巩固马克思主义在意识形态领域的指导地位，维护民族团结与国家统一，保持民族地区的和谐发展和繁荣稳定都具有重要的意义。2005年《中共中央宣传部、教育部关于进一步加强和改进高等学校思想政治理论课的意见》（简称"05方案"）中明确指出："面对新的变化和情况，高等学校思想政治理论课教育教学还存在亟待解决的问题，学科建设基础比较薄弱，课程内容重复，教材质量参差不齐，教学方式方法比较单一，教学的针对性、实效性不强。"对于民族院校的思想政治理论课教学来说，这些问题更加突出，特别是随着民族分裂势力的抬头和马克思主义理论学科建设的发展，民族院校的思想政治理论课教学与新形势的发展越来越难以适应。因此，民族院校思想政治理论课教学改革势在必行。

---

* 崔海亮，西藏民族大学马克思主义学院。

一、民族院校思想政治理论课改革的必要性

(一)新形势的挑战

进入21世纪以来,民族院校思想政治理论课教学所面临的形势已经发生了很大变化,这些变化主要表现在以下两个方面:

1.民族分裂势力猖獗。从20世纪90年代以来,在我国的新疆、西藏等地国际恐怖势力、宗教极端势力和民族分裂势力活动猖獗,不断进行一些打、砸、抢、烧活动和民族分裂活动,极大地影响着民族地区的稳定与发展。进入21世纪以来,“三股势力”的活动与国外反华势力相互勾结,在我国民族地区进行渗透、颠覆和分裂活动。2008年,西藏拉萨发生了“3.14”暴力事件;2009年,新疆乌鲁木齐发生了“7.5”暴力事件;2012年,青海、四川、西藏等地发生了僧人自焚事件;2013年,新疆鄯善发生了“6.26”暴力恐怖事件和新疆和田发生了“6.28”群体聚集闹事事件,这都为我们敲响了警钟,民族地区反分裂、反渗透的形势十分严峻,民族地区维稳工作的任务十分艰巨。日益严峻的斗争形势对民族院校的思想政治理论宣传教育工作也是一个挑战,为应对这种挑战,就必须对民族院校的思想政治理论课教学进行改革。

2.马克思主义理论一级学科的设立。2005年,国务院学位委员会决定成立马克思主义理论一级学科,下设马克思主义基本原理、马克思主义发展史、马克思主义中国化研究、国外马克思主义研究、思想政治教育5个二级学科,2008年又增设中国近现代史基本问题研究这个二级学科。“马克思主义理论一级学科一旦确立,其任务已经超越了原有的马克思主义理论与思想政治教育二级学科所涉范围,有了更广阔的发展空间,开始新的建设历程。”[1]徐维凡认为要处理好马克思主义理论一级学科建设与思想政治理论课教学的关系,必须认识到马克思主义理论一级学科建设的主要任务是为高校的思想政治理论课服务,为思想政治理论课提供学科支撑,要建立马克思主义理论一级学科与思想政治理论课之间的新型联系。“设立马克思主义理论学科的重要动因之一,就是为了把思想政治理论课作为马克思主义理论学科建设的重要方面,将其提高到学科的高度来加以建设。”[2]依托马克思主义理论一级学科,不断提高思想政治理论课的课程质量。设立马克思主义理论学科的另外一个原因,就是要把马克思主义理论作为一个整体来研究,突出马克思主义理论的整

体性。这样的一个转变对民族院校的思想政治理论课教学来说也是一个挑战。目前民族院校的部分思想政治理论课老师还没有马克思主义理论的学科意识，还是按照自己以往的知识体系和教学方法进行教学，已经远远不能适应新形势发展的需要。

(二)教学效果不理想

高校思想政治理论课的教学效果不理想是一个比较普遍的问题，因此，在"05 方案"中提出："在新的形势下，要认真总结经验，解决存在的问题，进一步加强和改进高等学校思想政治理论课教育教学，提高思想政治理论课的针对性和实效性。"对于民族院校来说，这个问题更为突出。因为民族院校大学生理论基础比较差，而且又有着不同的宗教文化背景，在接受马克思主义理论方面有更大的难度。要想提高民族院校思想政治理论课的教学效果，就必须在教学方法、教学内容、教学形式等方面进行改革。

二、当今民族院校思想政治理论课教学存在的主要问题

(一)教学理念滞后

虽然我们许多老师都知道"以人为本"的教学理念，但这一理念并没有真正落实。教师在备课、上课的时候往往忽视了学生的主体地位，我们的课程设置、教学管理规定也没有充分考虑到学生的心理需求和接受能力。我们的老师和学生管理人员是以一种居高临下的姿态来对待学生的，并没有把学生看作是具有独立个性的与老师地位平等的主体。由于学生的主体地位不突出，所以学生对课堂教学只能被动地接受，缺乏积极性与主动性，甚至对教学的内容会有抵制情绪，导致教学效果低下。在调侃"必修课选逃，选修课必逃"的同时，我们老师们是不是也应该反思自己的教学理念？"思想政治理论课是高校思想政治教育的主阵地，必须把'以学生为本'的重要理念贯穿于教学的始终，体现于教学目标、教学内容、教学方法、考试考核等方面，尊重学生的主体地位，以增进高校思想政治理论课的实效性。"[3]因此我们必须树立尊重学生、理解学生、关心学生、引导学生的教学理念，注重教学过程，学生平等参与，教师积极引导，活跃课堂气氛，提高教学效果。

另外还要提倡以学生为中心的养成教育和自主、合作、探究、创新的教学

理念,充分发挥学生的主动性与创造性,使每一个学生都能得到全面而充分的发展。

(二)教学管理不严

教学管理制度是保证教学效果的一个重要方面。虽然每个民族院校都有自己的比较完善的教学管理制度,但是在实际教学中,并不能严格按照管理制度来落实。有些思想政治理论课老师上课没有教案,不能很好地组织课堂教学,考勤不严格,学生迟到、早退、旷课等现象不能得到有效扼制,甚至个别学生一学期只上几次课。正常的课堂教学的课时都不能保证,教学的效果可想而知。另外,目前多数民族院校思想政治理论课的考核不严格,一再降低考核标准也导致教学效果不理想。由于平时课堂教学环节没有抓落实,许多基本理论学生都没有掌握,加上民族院校学生基础本来就差,为了保证学生的及格率,不影响学生毕业,在期末考核的时候,多数民族院校的公共理论课都采用开卷考试的形式,并且考试内容尽可能简单。考试不及格的学生还可以多次补考、重修。结果是虽然绝大多数学生都能通过考试,但实际上,他们并没有掌握多少知识。由于对学生过于的纵容、迁就,使许多学生思想上不重视思想政治理论课教学,又会导致课堂出勤率低、教学效果差的恶性循环。

(三)教学方法单一

由于教学理念的滞后,教学技术和教学设备的落后,目前民族院校的思想政治理论课的教学主要采用课堂讲授的方法,以理论灌输为主,教学方法过于单一。实践教学是思想政治理论课教学的一个重要方面,也是提高教学实效性的重要途径,但是由于经费、组织管理等方面的原因,思想政治理论课的实践教学难以开展。校园文化建设是思想政治理论课教学的辅助部分,是全面育人不可缺少的重要方面,是展现教育理念、学校特色的重要平台。良好的校园文化能以鲜明正确的导向指引、鼓舞学生,以内在的力量凝聚、激励学生,以独特的氛围影响、规范学生。大力加强大学校园文化建设,对于形成良好的校风、教风与学风,增强德育工作的针对性和实效性,引导大学生树立正确的社会主义荣辱观都具有十分重要的意义。民族院校在校园文化建设方面有更多的教学资源可以利用,某些民族院校的校园文化建设也很有特色和成效,但是目前在拓展校园文化建设的领域,创新校园文化建设的方法等方面,仍然存在很大的探索研究空间。

(四)人才队伍匮乏

民族院校的思想政治理论课教师不仅承担着全校公共理论课的教学任务,还要承担着马克思主义理论学科建设的任务。2005年,设立马克思主义理论一级学科以来,各高校都在加强学科建设,马克思主义理论专业的人才非常缺乏。民族院校由于自身条件的限制,在引进人才方面缺少优势,很难引进所需要的人才。"从教师队伍这个层面来说,今后几年,要全面实现中央提出的思想政治理论课教学状况明显改善的目标,关键在教师,但目前瓶颈也在教师。无论数量上、素质上,当然还有教学科研组织上,都与大学生思想政治教育的形势和任务不相适应。"[2]对于民族院校来说,不仅思想政治理论课教师的素质有待提高,而且教师队伍的数量也极度缺乏,这个问题不解决,改善教学效果、推进学科建设、提高科研势力和竞争力都是空谈。因此,我们必须紧紧抓住教师队伍建设这个关键环节和决定因素,把教师队伍建设作为思想政治理论课教学和学科建设的重中之重。

(五)学科建设乏力

2005年,国务院决定成立马克思主义理论一级学科,其重要目的就是为了把马克思主义作为一个整体来理解,以学科建设带动科研、教研与教学,为思想政治理论课的发展提供学科支撑。从目前民族院校的情况来看,许多教师传统的观念还没改变,只有课程意识和专业意识,而没有明确的学科归属意识和学科建设观念。另外,由于人才队伍的缺乏,许多思政课教师承担十分繁重的教学任务,即使他们具有学科建设的观念,也没有过多的精力从事教研与科研。目前,绝大多数民族院校的学科建设都是力不从心,难以推进。近几年,其他高校马克思主义理论学科建设发展都非常快,新设了许多马克思主义理论一级学科的硕士点和博士点,与这些兄弟院校相比,民族院校的学科建设已经远远落在后面。如果民族院校在学科建设方面不能采取有效措施来加快发展,不仅思想政治理论课的教学水平难以提高,而且还将逐渐被边缘化,甚至会失去与其他高校科研交流与对话的平台。

三、如何有效推进民族院校的思想政治理论课教学改革

(一)教学目标的明确

中央“16号文件”指出,大学生思想政治教育的主要任务有四个方面:一是以理想信念教育为核心,使大学生确立在中国共产党领导下走中国特色社会主义道路、实现中华民族伟大复兴的共同理想和坚定信念。使他们中的先进分子树立共产主义的远大理想,确立马克思主义的坚定信念。二是以爱国主义教育为重点,深入进行弘扬和培育民族精神教育。三是以基本道德规范为基础,深入进行公民道德教育。四是以大学生全面发展为目标,深入进行素质教育,促进大学生思想道德素质、科学文化素质和健康素质协调发展。

对于民族院校的思想政治理论课教学来说,除了以上四个教学目标之外,还应该结合民族地区“三股势力”猖狂的严峻形势,牢牢把握反分裂、反渗透教育这条主线,加强马克思主义国家观、民族观、宗教观、文化观教育,树立“汉族离不开少数民族,少数民族也离不开汉族”的观念,巩固马克思主义在意识形态领域的指导地位,坚决维护民族团结与国家统一。

(二)教育资源的整合

教育资源指的是人类在长期的文明进化和教育实践中所创造积累的教育知识、教育经验、教育技能、教育制度、教育品牌、教育理念、教育设施以及教育领域内外人际关系的总和。随着信息化的发展,教育资源与网络平台相结合,打破了时间与地域的限制,实现了网络共享。目前已经建立了中国教育资源网、中华教育资源网、教育资源库、上海教育资源库等网站,为教育的发展提供了丰富的教育资源。

民族院校具有十分丰富的地方特色教育资源。主要包括美丽的自然风光、独特的地方历史文化和风土人情、时代风貌中的地域精神以及反映这些精神的历史遗迹、文物、博物馆、纪念馆、展览馆、烈士陵园和杰出人物等。开发这些地方特色教育资源,有利于丰富思想政治理论课程的教学内容,拓宽实践教学的空间,丰富和改进思想政治理论课的教学方式方法,提高大学生研究性学习的能力。[4]这些特色教学资源贴近民族地区实际,对民族地区高校学生具有较强的亲切感并易于被学生接受,有利于对学生进行爱国主义教育和公民

道德教育。用好这些教育资源,可以大大提高民族院校思想政治理论课的教学效果。因此,可以考虑建立民族院校教育资源网,实现资源共享。不仅加强了民族院校之间的交流,还可以提高思想政治课的实效性。

(三)教学方法的创新

随着新形势的发展,以往的以灌输为主的单一的课堂讲授方法必须改变,应该结合教学实际,积极吸收一切有利于提高民族院校思想政治课教学实效性的方法。

第一,要实现教学方法和方式的多样化。要注重多种教学方法的综合运用,根据教学实际的需要,可以灵活地采用课堂讨论、主题演讲、调查研究、自主合作学习等多种方法。积极探索情景教学、模拟教学、案例教学、电化教学、多媒体教学、网络教学、实验教学等教学方式,充分利用多媒体的教学手段,增强思想政治理论课教学的直观性、生动性和感染力。

第二,积极开展实践教学,不断拓展实践教学的领域。实践教学是思想政治理论课的一个非常重要的方面,也是提高大学生思想觉悟和认识水平的一个有效途径。要认真组织大学生参加军政训练、社会调查、生产劳动、志愿服务、公益活动、勤工助学等多种实践活动,提高大学生的思想觉悟和认识问题解决问题的能力,增强学生的历史责任感和使命感,培养学生的爱国主义精神和艰苦奋斗精神,获得思想政治理论课课堂教学所不能替代的教学效果。

第三,加强校园文化建设,为思想政治课教学营造良好的育人氛围。良好的校园文化可以培育、激励学生形成积极向上的精神风貌,有利于培养学生良好的行为规范与生活方式,形成良好的校风、教风与学风,提高教学的效果。

(四)师资水平的提高

提高高等学校思想政治理论课教育教学质量和水平,关键在教师。师资队伍建设是民族院校思想政治理论课教学和学科建设的关键。目前,民族院校师资队伍建设存在两个突出问题。一方面,教师的知识结构有待完善,教学科研能力有待提高;另一方面,优秀中青年学术带头人缺乏,特别是缺少具渊博学识,又有教学热情的学术骨干。如前文所说,民族院校由于自身条件的限制,在引进人才方面缺少吸引力,那么解决师资队伍问题就应该立足于自身。各民族院校应该利用对口支援高校的优势和国家的优惠政策,加大对本校教师进一步深造的支持力度,给本校教师提供更多的脱产进修、攻读学位、会议交流、课程培训、访学的机会，尽快提高师资队伍的水平。

(五)学科建设的配合

马克思主义理论一级学科设立后，学科建设也成为民族院校思想政治理论课教学所面临的一个重要任务，有力地推动着思想政治课教学水平的提高。不仅如此，学科建设的水平已经成为衡量高校思想政治课综合势力的一个最重要的指标，直接关系着高校思想政治课教学单位在学术交流中的地位和影响力。目前，民族院校的马克思主义理论学科建设已经落后，而且逐渐被边缘化，逐渐被排除到马克思主义理论学术话语体系之外。在日益严峻的形势下，民族院校的思想政治课教师一定要有危机意识，要树立明确的学科归属意识，提高自己的科研能力，以科研带动教学水平的提高和教学效果的改善。民族院校思想政治课的主管领导一定要高度重视学科建设，千方百计引进人才，不断提高科研水平，努力增加学术积淀，尽快申请马克思主义理论的硕士点和博士点。有了学科建设的有力配合，才能提高思想政治课的教学水平和教学效果，也才可能和其他高校进行平等地交流，才能使思想政治理论课有广阔的发展空间。

总之，当今民族院校的思想政治理论课教学面临十分严峻的形势，民族院校必须增强危机意识与使命感，不断推进教学改革，加快学科建设。在教学改革与学科建设的相互配合下，才能提高民族院校思想政治理论课教学的针对性和实效性，才能实现教学目标，从而为民族地区的和谐稳定与繁荣发展发挥更大的作用。

参考文献：

[1]徐维凡.关于马克思主义理论一级学科建设与思想政治理论课相互关系的思考[J].思想理论教育导刊，2006(11).

[2]韩振亮.马克思主义理论学科建设和思想政治理论课建设中需要解决的两个问题[J].思想理论教育导刊，2009(2).

[3]潘文兴.民族地区高校思想政治理论课教学方法创新研究——以广西壮族自治区为例[D].华中师范大学，2011.

[4]韦国友.论地方特色教育资源在高校思想政治理论课建设中的作用[J].南宁师范高等专科学校学报，2007(4).

试论老西藏精神的科学内涵及当代价值

高　峰*

“老西藏精神”始于上个世纪50年代初，人民解放军进军西藏的艰苦岁月中。“老西藏精神”一是表现为热爱祖国，热爱西藏，长期建藏，边疆为家，全心全意为西藏人民服务的思想。二是表现为“一不怕苦，二不怕死”的革命乐观主义精神和英雄主义气概。三是表现为自觉执行党的方针政策和坚强的组织纪律观念。四是表现为自力更生、艰苦创业的精神。“老西藏精神”的实质是党的光荣传统包括长征、延安等精神的继承和发展。“老西藏精神”是“特别能吃苦、特别能战斗、特别能忍耐、特别能团结、特别能奉献”的精神。[①]“老西藏精神”是中国共产党人在长期复杂的西藏革命和建设实践中表现出来的人生态度和刚强睿智，是中华民族自强不息的民族品格的集中展示。正是靠这种精神，无数革命烈士把生命献给了西藏这片高天厚土。[②]

“物质不灭。宇宙不灭。唯一能与苍穹比阔的是精神。任何民族都需要自己的英雄。真正的英雄具有那种深刻的悲剧意味：播种，但不参加收获。这就是民族脊梁……他们历经苦难，我们获得辉煌。”“叱咤风云的人物纷纷消失之后，历史便成为一笔巨大的遗产，完整无缺地留给了我们。”毫无疑问，“老西藏精神”完全具备这些精神特质，它留给今天社会主义新西藏的是无穷无尽的精神财富，给行进在“中国特色、西藏特点”历史进程中的西藏人民无穷无尽的精神力量，它将以丰厚而辉煌的历史价值和当代价值永远镌刻在中华民族的精神丰碑上。

---

* 高峰，西藏民族大学马克思主义学院教授，研究方向为思想教育专业。

① http://www.tibet.cn/sd2011/lxzjsddc/jdlxzjs/201106/t20110617_1084264.html.

② http://www.tibet.cn/sd2011/lxzjsddc/jdlxzjs/201106/t20110614_1079050.html.

一、"老西藏精神"的科学内涵与大学生的理想信念教育

党的每段历史都有它的特质。反映那段历史的"精神",就会有它的特定内涵。那么,何谓"老西藏精神"?原西藏自治区党委第一书记、西藏军区第一政委、老西藏中最具代表性的人物之一的阴法唐将军,将"老西藏精神"概括为"长期建藏两不怕,自力更生守政纪,加上'五个特别'"。作为我党我军光荣传统和中国特色社会主义核心价值体系有机组成部分的"老西藏精神",不仅在西藏而且在全军、全国都产生了重大影响。作为西藏大学生,应该将革命先辈留下的精神财富传承下去,我们讲吃苦耐劳、艰苦奋斗,不是仅停留在物质生活上节衣缩食的感性层面,而应该具有实现个人理想和社会理想努力追求不懈奋斗精神的理性层面。胡锦涛曾经指出:"一个没有艰苦奋斗精神作支撑的民族,是难以自立自强的;一个没有艰苦奋斗精神作支撑的政党,是难以兴旺发达的。"这也是西藏人民在面临国内外反动势力时,坚持红旗屹立不倒的最基本素质。老西藏精神是源于奉献铸就的丰碑,是薪火相传的美德。在新的历史时期,作为西藏大学生要自觉树立正确的人生观,价值观,把握时代脉搏,努力成长成才,自觉肩负起西藏大学生历史使命,为西藏社会发展建功立业。

"老西藏精神"是中国共产党人以马克思主义理论为指导,在西藏特殊的革命历史时期,创造的具有革命现实主义和浪漫主义相结合的实践成果和精神财富。今天,它以后人提炼和总结的理论形态,与中国革命时期的长征精神、井冈山精神、延安精神等成为中华民族的精神丰碑和道德高地。"老西藏精神"具有深刻的思想内涵和丰富的精神价值,它充分表现了一种爱国主义的道德情怀,体现了革命理想主义的精神境界,彰显了彻底的唯物主义立场和大无畏的革命英雄主义精神品质。

西藏高校思想政治教育之所以坚持以"老西藏精神"为核心,是因为"老西藏精神"涵盖了主流价值观和正能量的精神品质。首先,要让大学生了解和感知到革命先辈用鲜血和生命谱写的热爱西藏、热爱西藏人民的壮美史诗。"老西藏精神"诠释了因爱达到极致而释放出最大潜能的爱国主义情怀,西藏高校要教育当代大学生学习和继承这笔精神财富,焕发出对社会主义新西藏、对西藏人民的热爱之情,全身心投入到学习生活中,增强为建设社会主义新西藏建功立业的自觉性和使命感。其次,要让大学生了解和感知到革命先辈在雪域高原坚守"革命理想高于天"的信念抒写的苦难辉煌。"老西藏精神"体现了因

坚守理想信念而在艰难困苦中对崇高事业向往追求的精神境界，西藏高校要教育当代大学生坚定理想信念，艰苦奋斗，以积极向上、奋发有为的精神面貌投身于建设中国特色、西藏特点的社会主义事业中去。再次，要让大学生了解和感知到革命先辈在艰苦卓绝的斗争中，表现出的挑战极限的钢铁般的意志品质。“老西藏精神”彰显了无私无畏的坚强意志和生命张力，以及大无畏的英雄主义气概，西藏高校要教育当代大学生在成长中要有战胜一切艰难险阻勇气和决心，在挫折和困难面前要有英雄主义情结，克服缩手缩脚、畏首畏尾、患得患失情绪和心理，以坚忍不拔、愈挫愈勇的精神品质，满怀信心地走向社会、抒写人生的辉煌。

新时期西藏高校全面贯彻党的教育方针，坚持社会主义办学方向，高举爱国主义旗帜，继承和发扬“老西藏精神”，面向西藏，服务西藏，为西藏社会培养了大批合格人才。面对西方反华势力妄图以西藏为突破口，频繁打西藏牌，加紧实施“西化”“分化”我国的战略图谋，面对达赖集团与西方反华势力遥相呼应，花样翻新、变本加厉的分裂和渗透活动，面对市场经济条件下各种文化思潮、价值观对大学校园的影响和冲击，我们要始终坚持以我为主的原则，对大学生进行以“老西藏精神”为核心的爱国主义教育，努力成才为社会主义新西藏建功立业的理想信念教育。挖掘“老西藏精神”的现代价值和精神内涵，使其成为西藏高校进行有针对性思想政治教育的典型教材，成为西藏高校培养政治强、业务精合格人才的精神营养。

二、将“老西藏精神”教育转化为“爱国”“爱藏”教育

将“老西藏精神”教育作为大学生思想政治教育的核心内容，并转化成为“爱国”“爱藏”教育，使西藏高校思想政治教育扎实有效。一要使西藏大学生的情感回归。当前对西藏大学生的爱国、爱藏教育，要从最基础的情感教育入手，教育他们爱文明、爱家庭、爱同学、爱老师，进而引导他们爱党、爱西藏、爱国家、爱社会。西藏各高校在进行这方面的教育时，要切实做到以人为本、以学生为本的观念，特别要关注、关爱大学生的生活和学习，使他们有家一般的感觉，进而增强对学校、对社会的爱，从心灵深处产生对生活的期望，对美好人生的憧憬和向往。西藏教育主管部门要将各类学校关心贫困生的工作实绩纳入评价和评估的指标体系，使其成为各类学校学生思想政治工作的长效机制。二要使西藏大学生坚守阵地。西藏高校在进行思想政治教育过程中，要有的

放矢，做好形势政策教育。首先，使西藏大学生感受到几十年来中国改革开放和西藏社会发生的巨大变化。通过新旧西藏的对比，特别是改革开放以来的成就展示，让西藏大学生明白和懂得今天的巨大成就是来之不易的。其次，要使西藏大学生感受到党和国家在全力以赴地进行西藏和谐社会的构建，强化理想意识，对中国的前途和西藏未来充满信心和希望。再次，要使西藏大学生深切感受到诸多社会问题是发展中的问题，党和政府正在积极努力解决，同时，也要让大学生明白社会问题往往是此消彼长的过程。正面效应不断增长的过程，也是负面效应在逐步消退的过程，从而使他们增强责任感，坚持成为社会公正的有生力量，坚守住阵地，成为抵制社会消极因素的积极因素。三要对西藏大学生的教育采取比较优势。在采取这种方法进行教育的同时，要做到真实、真诚、视野开阔。现在已进入网络时代，信息传递相当快，大学生又处在信息时代的前沿，我们的教育所采取的材料内容一定要真实、不能虚假。否则，我们的教育将适得其反。另外，我们的教育要真诚，在与国际社会各种文化背景、各种民族状态、各种国力优劣的比较中，要实事求是、客观公正。这样的教育理念排除了教育的虚伪性，也使教育者和被教育者互为诚信，更大程度地增强了思想政治教育的实效。更为重要的是，我们的教育过程要始终坚持比较优势的方法。比如说：在建立国际经济、政治新秩序的过程中，我们奉行的是和平崛起的外交理念，我们在对外关系中坚持和平睦邻友好外交政策中，所反映的是我们中华传统文化的优势；在实现国家现代化、建立小康社会、促进西藏社会跨越式发展、实现中华民族伟大复兴的中国梦进程中，我们坚持的是体制优势；在解决各种社会矛盾、各种社会问题，在建立和谐社会过程中我们具有经济优势。我们只有坚持多角度、多视野、多层次、全方位地进行爱国爱藏教育，坚持情感教育，才能使当代大学生增强对祖国、对民族的自豪感和认同感，从而坚定中国特色社会主义的共同理想和信念，积极投身于中华民族伟大复兴的事业中去，秉持“老西藏精神”的革命传统，为西藏经济社会发展建功立业。

三、以“老西藏精神”为核心凝练社会主义核心价值观

刘云山同志《在建设社会主义核心价值体系研讨会上的讲话》中指出：“党的十七大明确提出了推进核心价值体系建设的两大任务：一是切实把社会主义核心价值体系融入国民教育和精神文明建设的全过程，转化为人民的自觉

要求；二是积极探索用社会主义核心价值体系引领社会思潮的有效途径。”刘云山同志还特别强调：“教育引导是建设社会主义核心价值体系的基础性工程，”必须做好进教材、进课堂、进头脑的“三进”工作。这就充分说明，思想政治理论课在建设社会主义核心价值体系中具有特殊的地位和光荣的使命。“核心价值观，承载着一个民族、一个国家的精神追求，体现着一个社会评判是非曲直的价值标准。”西藏高校首先要将西藏特有的精神财富——“老西藏精神”融入思想政治理论课中，依据教学对象的特点和教学活动的规律，加强社会主义核心价值体系教育，以此来完善我们的教材建设，增强教学活动的思想性、实效性和说服力、感染力，把以“老西藏精神”为代表的社会主义核心价值观转化为大学生的自觉意识。

加强社会主义核心价值体系建设，对大学生进行社会主义核心价值体系教育，是大力推进中国特色社会主义伟大事业，培养社会主义事业合格建设者和可靠接班人的必然要求和重要任务。西藏高校对大学生进行社会主义核心价值体系教育，关乎西藏社会的长治久安。实践证明，一个社会的社会系统要能够正常运转，其运行秩序要得到有效的维持，就必须有一个基本的精神依托，这个基本的精神依托就是这个社会的核心价值体系。这个社会的核心价值体系也就是这个社会的内在精神之魂。一个社会如果没有核心价值体系的支撑，那么这个社会的多元价值观念的冲突就会陷入无序的状态，就会因为对社会多元价值观念的冲突缺乏必要的整合、引领力量而陷入混乱、动乱乃至最终被颠覆的危险之中。苏联在 1991 年解体之前，整个社会就是处于这种价值观念的冲突和混乱之中。1989 年美国《时代周刊》对 1000 名莫斯科居民进行了一次调查，结果表明人们对社会主义的信念、对执政党的合法性等价值观念都处于极度的混乱状况。这也就是为什么西方反华势力把他们对我国社会主义制度“分化”“西化”的图谋，寄托于价值观念的输出、渗透之上的根本原因。

从理论上讲，社会核心价值体系问题也是一个如何对社会意识形态自觉把握的问题，这是对社会意识形态进行反思的必然要求。任何一个社会的阶级、政党、国家都有自己的意识形态，任何社会意识形态都有自己的核心价值体系。这种社会核心价值体系不同于一般的社会意识与社会意识形态的地方在于，它是一个阶级、政党、国家对自身根本利益与要求的自觉把握与深刻认识，是对自身发展道路和目标任务的高度概括与明确倡导，是对自身理想信念和行为规范的集中表达。这些都关系到一个阶级、政党、国家存在的理由和存在的价值。

“老西藏精神”的核心表达了：一是准确把握思想理论，模范执行方针政策。在政治、宗教复杂的社会环境里，经过锤炼和实践的“老西藏人”，在进军西藏、经营西藏的过程中，准确、模范地执行了党的各项政策，创下了西藏发展史上 200 多个第一，实现了党的西藏政策在西藏的成功实践。今天，大力弘扬“老西藏精神”，就要像“老西藏人”那样，始终坚持坚定正确的政治方向、政治立场、政治观点，坚决贯彻执行党的路线方针政策和中央关于西藏工作的决策部署，模范执行党的民族、宗教、统战政策，尊重各民族的平等地位，尊重群众的风俗习惯，确保西藏工作的正确方向，确保经得起各种风浪的考验。坚持把理论武装作为首要政治任务和长期战略任务，准确理解和深刻把握中国特色社会主义理论体系，认真贯彻落实科学发展观和中央第五次西藏工作座谈会以及区党委七届七次会议精神。在准确、完整地执行政策中，掌握新思想、新观点、新论断，掌握蕴含其中的马克思主义世界观和方法论，真正把科学发展观转化为坚定的政治信仰，转化为科学的思维方式，转化为指导西藏建设的素质能力，为构建团结、民主、富裕、文明、和谐的社会主义新西藏贡献力量。

二是坚持原则性与灵活性相结合，娴熟、稳健地驾驭局面。将马克思主义普遍真理与各国具体实际相结合，走马克思主义本土化道路，是共产主义运动得出的科学结论。在西藏这样一个政治、宗教复杂的社会环境里，更需要将马克思主义方向的原则性与民族地区具体政策的灵活性结合起来，才能驾驭复杂的政治局面。“老西藏人”在进军西藏、经营西藏、治理西藏过程中，娴熟地解决了民族、宗教两大难题，应对了西藏叛乱、民主改革、社会主义改造、反分裂斗争、维护社会稳定等历史大事件，成功地驾驭了西藏特殊复杂的社会局面。在新的历史起点上，我们肩负着治藏、兴藏、稳藏的历史使命，任务艰巨而繁重。大力弘扬“老西藏精神”，就要像“老西藏人”那样，深刻领会中央治藏方略、深入研究西藏社会历史、深度把握西藏特殊区情，将马克思主义的原则性和具体政策制定的灵活性结合起来，娴熟、稳健地驾驭西藏复杂的社会局面，坚定不移地走有中国特色、西藏特点的发展路子。

三是审时度势开创性工作，及时、高效地应对难题。“创新是一个民族进步的灵魂，是一个国家兴旺发达的不竭动力，也是一个政党永葆生机的源泉。”在艰难困苦的自然环境中、在基础薄弱的社会环境里，“老西藏人”结合西藏的具体实际，审时度势，开创性地开展工作，践行着党的宗旨和群众路线，卓有成效地解决了进军西藏、经营西藏中各种现实难题。真正做到了“权为民所用、情为民所系、利为民所谋”，得到西藏各族人民的高度赞誉，奠定了“老西藏人”在西藏的历史地位。今天，西藏已经站在新的历史起点上，但西藏还存在主要矛盾和特殊矛盾、经济社会基础仍然十分薄弱，改善农牧民生产生活条件、实现经济社会协调发展、增强自我发展能力、提高基本公共服务能力和均等化水平、保护高原生态环境、扩大同内地的交流合作、建立促进经济社会发展的体制机制、实现经济增长、生活宽裕、生态良好、社会稳定、文明进步的任务十分繁重，将西藏打造成为重要的国家安全屏障、生态安全屏障、战略资源储备基地、高原特色农产品基地、中华民族特色文化保护地、世界旅游目的地，还需要大量深入而具体的工作。应对这些新课题，我们只有从"老西藏精神"中挖掘在科学发展的轨道上推进西藏跨越式发展的动力，从中寻求构建和谐西藏与长治久安的有效路径，开创性地开展工作，及时高效地应对发展中的各种难题，不断开创西藏工作新局面。

四是坚持为人民服务宗旨，严格、模范地践行群众路线。人民群众是历史的创造者，是我们党的力量源泉和胜利之本。长期以来，我们党紧紧依靠人民群众，不断取得革命和建设事业的胜利。在西藏革命和建设实践中，"老西藏人"即便在艰难困苦的自然环境里依然身体力行、率先垂范地践行全心全意为人民服务的宗旨，保持着密切联系群众的作风。可以说，"老西藏精神"中最本质最重要的还是群众路线。胡锦涛同志在党的十七大报告中强调："要始终把实现好、维护好、发展好最广大人民的根本利益作为党和国家一切工作的出发点和落脚点。"坚持立党为公、执政为民的执政理念，树立群众利益无小事的思想，为民办事，为民解忧，为民造福；做到发展为了人民、发展依靠人民、发展的成果由人民共享。我们党的最大政治优势是密切联系群众，党执政后的最大危险是脱离群众。在新的历史起点上，我们党要实现在西藏长期执政目标，走群众路线、为人民服务的宗旨决不能丢。弘扬"老西藏精神"，要求我们始终保持同人民群众的血肉联系，严格、模范践行为民宗旨、走群众路线，提高密切联系群众的标准和要求，增强群众观念的紧迫性。

四、挖掘"老西藏精神"当代价值为西藏社会提供精神动力

民族精神是一个民族赖以生存和发展的精神支撑，而"老西藏精神"正是中华民族精神的有机组成部分，作为革命精神的"老西藏精神"，是中国共产党人在领导西藏革命和建设实践中形成的宝贵精神财富。尽管"老西藏精神"所产生的时代已远离我们几十年了，也尽管她赖以产生的地域空间的社会条件已发生了较大的变化，但历史与现实告诉我们："老西藏精神"是永恒的。无论

过去、现在和将来，“老西藏精神”都不能丢。在新的历史起点上，我们要顺利完成党中央关于西藏工作的部署，在科学发展的轨道上推进西藏跨越式发展和长治久安，完成党在西藏执政的历史使命，必须大力弘扬“老西藏精神”，让“老西藏精神”在雪域高原上永放光芒。

现代社会多元价值观念要能够成为社会核心价值观必须具备两个品格：一是体现人文精神的时代特征，表征社会发展的价值目标，否则它就不能成为社会内在的精神之魂，因而不具备引领社会多样价值观念的资格；二是它能够赢得大多数人的价值认同，否则它就没有感召力，也不具备引领社会多样价值观的基础。毫无疑问，“老西藏精神”完全具备了这两大品格。社会主义核心价值观是中国各族人民共同的内在需要和根本利益的集中体现和价值升华，是中国人民在长期的革命、建设和改革实践中所达成的价值共识。它是社会主义意识形态的本质体现，是社会主义制度的内在精神和生命之魂，是社会主义文化建设的根本。培育和践行社会主义核心价值观，符合社会发展运动规律，它总结了古今中外治国理政、安民固邦的经验教训，标志着我们党对社会主义制度在价值层面的探索达到了一个新的高度，为全面推进中国特色社会主义事业提供了更有力的精神支撑，也是我们党为了适应国际国内形势变化对意识形态工作提出的新要求，为我们党在经济全球化和文化多元化形势下团结带领人民开拓前进树立了精神旗帜。“老西藏精神”无疑是今天我们建设社会主义新西藏，走“中国特色、西藏特点”之路的要秉持的精神特质和要高擎的精神旗帜。

社会主义核心价值观既具有广泛的适用性和包容性，又具有强大的整合力和引领力，培育和践行社会主义核心价值观的重大意义就在于：它能够为社会主义社会科学发展与社会和谐提供强有力的价值支撑，能够为全国各族人民团结和睦提供精神纽带，能够成为鼓舞全国各族人民奋发向上的精神力量和引领社会思潮的精神向导。因此，在思想政治教育领域里，社会主义核心价值观也是引领当代大学生成长成才的根本指针，它为当代大学生加强自身修养、锤炼优良品质、成长为德智体美全面发展的社会主义事业的合格建设者和可靠接班人指明了努力的方向，提供了发展动力，明确了基本途径。“老西藏精神”的特质，为当前在西藏高校培育和践行社会主义核心价值观，使当代西藏大学生健康地成长为有理想、有道德、有文化、有纪律的社会主义“四有”新人有了精神动力和可靠保证。

人文精神是马克思主义的固有精神，是社会主义本质的价值体现。邓小平提出的“四有”新人就是人文精神在人的培养和造就上的生动体现。我们知道，随着经济全球化的推进和我国社会主义市场经济的发展，商品化、市场化、工业化的步伐在日益加速,以效益或利益为导向的市场活动必然极大地冲击和扭曲真正的科学精神,使其日益蜕变为单纯的唯科学主义,因而造成工具理性的扩张和僭越。所谓工具理性,是一种单纯以知识的追求和个人目的的满足为宗旨的理性活动。工具理性在推进我国经济发展的商品化、市场化、工业化的过程中,确实发挥了巨大的正面效用,然而它的扩张和僭越却使它几乎成了一种独领风骚的普遍理性原则,以致把社会的一切都置于它所彰显的实际效用的标尺之下,"一切向钱看"就是它的典型表现。这就必然使人的主体地位受到冲击,人的精神需求受到压抑,其结果是人们的思想行为日趋功利化和世俗化,人自身也日趋功能化和工具化。于是"理想失落""价值颠覆"和"精神危机"便日益困扰着人们。显然,这种对真、善、美意义的消解、人文精神的衰微和人文关怀的漠视的趋势,同马克思主义是根本不相容的,同社会主义的本质也是背道而驰的。于是呼唤价值的重建和人文精神的回归,就成了人们普遍的期盼。"老西藏精神"的精神价值和人文情怀正是今天社会所缺失,而又众望所归的精神家园。

社会主义核心价值观就是适应人们精神生活这种普遍的需求而提出的。它以铸就共同的社会理想信念支柱和塑造良好的社会精神气质为旨归。它通过引导人们对科学精神的正确把握、对历史经验的深刻反思、对现实矛盾的清醒认识,一方面向人们表明,一个民族、一个国家倘若没有共同的社会理想和价值追求,一个人倘若没有正确的价值立场和高尚的精神支撑,就会在物质生活的丰饶中陷入精神的荒原,以致失魂落魄,失去凝聚力和生命力,失去生存发展的根基、动力和源泉。在当代中国,通过塑造中国特色社会主义共同理想,不仅能够及时纠正工具理性的虚妄与偏狭,去除社会主义现代化建设主体的"动力缺乏症",而且能够振奋整个民族的精神,凝聚全体人民的力量,调动各方面的积极因素。另一方面它也向人们揭示,人类发展的历史经验表明,现代化事业的顺利进行需要有一种积极向上的社会精神气质来支撑。一个知荣明耻、人际和谐、风尚良好的社会环境,才能支撑起社会主义现代化国家的大厦。这样,我们才能避免重蹈西方人文精神丧失这一现代化进程的潜在"陷阱"的覆辙。"老西藏精神"正是符合时代需要的人文精神的体现。

参考文献:

[1]金一南.苦难辉煌[M].北京:华艺出版社,2010.

[2]中共中央宣传部.习近平总书记系列重要讲话读本[M].北京:学习出版社;人民出版社,2014.

第四部分
西藏社会服务与公共管理研究

武汉城市圈基本公共服务均等化探索

蔡　琼　苏　丽*

摘要：武汉城市圈“8＋1”城市经济发展极不平衡，城市发展差距进一步拉大，社会贫富分化日益严重。人民群众对于基本公共服务产品的需求上升与政府供给不充分的矛盾，是武汉城市圈进一步协调发展面临的突出问题。城市圈中诸多不协调的现象急切呼吁公平和正义的回归，热切追求公平和效率的完美统一。本文分析了武汉市城市圈基本公共服务均等化的现状、实施中出现的原因，并提出了相关的政策建议，从而对于社会主义条件下两型社会的建设具有重要的意义，对于新目标、新任务、新方向下的中部战略崛起也具有重要的意义。

关键词：基本公共服务；均等化；武汉城市圈

武汉城市圈是指以武汉为圆心，周边100千米范围内的鄂州、黄石、黄冈、孝感、咸宁、天门、仙桃、潜江8个周边城市构成的城市群，简称“8＋1”城市圈。2008年武汉城市圈国土面积58052平方千米，占全省的31.2％；常住人口2999万人，占全省的52.4％；实现GDP 8000.41亿元，占全省比重61.7％；固定资产投资5177.40亿元，占全省比重63.9％；社会消费品零售总额3758.35亿元，占全省比重63.4％。

政府基本公共服务均等化问题是一个世界性和历史性的课题，是发挥政府作用、履行政府职能的核心问题，也是促进经济增长和社会进步的重大理论与实践问题。武汉城市圈于2007年12月获国家发改委审批通过，成为全国

---

* 蔡琼，中南民族大学公共管理学院教授；苏丽，云南民族大学科技处助理研究员。
此文已发表于《中南民族大学学报（人文社科版）》2011年第1期。

资源节约型和环境友好型社会建设综合配套改革实验区，成为了中部崛起战略中的核心经济圈，武汉城市圈基本公共服务均等化的实现与否，影响着中部地区经济社会的协调发展，也决定着政府职能转变和行政管理体制改革的方向。本文以武汉城市圈为研究对象进行研究，建立武汉城市圈基本公共服务资源配置共享体系，将基本公共服务均等化问题与城市圈结合研究，提出有效的建议来推动武汉城市圈基本公共服务均等化。

一、武汉城市圈基本公共服务均等化的现状

城市圈内9个城市的基本情况，如表1所示。需要说明的是，以下数据主要来自2010年《湖北统计年鉴》、各地方年鉴以及政府官方网站公布的统计数据，由于统计口径的差异，为了保证研究的可靠性和一致性，笔者对有些数据进行了验证和筛选，尽量保持可靠性和可比性。

表1　武汉城市圈"8＋1"城市基本情况

城市	常住人口（万人）	地区生产总值（亿元）	地方财政收入（亿元）	城镇居民人均可支配收入（元）	农村居民人均纯收入（元）
武汉市	910	4620.18	316.07	18389	7161
黄石市	242.61	571.59	26.03	13119	4811
鄂州市	107.55	323.71	13.02	13408	5718
孝感市	468.37	672.88	26.97	12507	5131
黄冈市	668.64	730.19	32.17	11336	4130
咸宁市	251.63	418.45	18.14	11626	4873
仙桃市	123.30	242.55	5.05	11783	5856
潜江市	93.76	234.01	4.86	12571	5531
天门市	137.13	186.86	3.53	11243	5326

资料来源：以上数据来自2010年《湖北统计年鉴》。

在武汉城市圈的9个城市中，武汉市在总人口、地区生产总值、地方财政收入、城镇居民人均可支配收入、农村居民人均纯收入各项指标中都排列第一，充分展示了武汉市作为城市圈极核心城市的重要地位。9个城市中

常住人口前三位的城市是武汉市、黄冈市、孝感市，黄冈市以完成生产总值730.19亿元排列第二位，相比之下，仙桃、潜江、天门三个省直管市的完成生产总值均未达到300亿元，排在了9个城市中的后三位。在地方财政收入方面，武汉市以316.07亿元居第一位，高出第二位黄冈市283.9亿元。黄石市、孝感市、咸宁市、鄂州市的地方财政收入处于9个城市的中间水平，处于后三位的仍然是仙桃市、潜江市和天门市。不过在城镇居民人均可支配收入方面，潜江市以12571元进入到前四位，且省直管三市的农村居民人均纯收入也均高于地方财政收入处于中间水平的孝感市、黄石市、咸宁市和鄂州市。

(一)武汉城市圈基础设施建设的非均等

近年来城市圈内各城市对于基础建设的投资都进一步加大，使得城市基础设施状况保持良好，但是城市圈基础建设在资金投入上仍然存在较大的不均等现象。由此可见，资金投入的不均等化是影响城市圈非均等化的重要原因。

表2　城市圈内主要城市的基本建设投资

	武汉市	咸宁市	鄂州市	天门市	黄冈市	仙桃市
基本建设投资	1511.96（亿元）	175.98（亿元）	125.34（亿元）	75.96（亿元）	413.73（亿元）	89.47（亿元）

资料来源：2010年《湖北统计年鉴》。

(二)武汉城市圈公共教育资源配置的非均等

城市圈公共教育资源配置的不均等，主要包括教育机构数量分布的不均等和教师队伍资源配置的非均等两个方面。

1. 教育机构数量分布差异。从数据分析来看黄冈市和武汉市的教育机构数量高于其他城市，而山区和农村地区面积相对较大的仙桃市、潜江市和天门市则资源较为短缺，因此，城市圈9个城市在横向上呈现出三个阶梯等级的教育机构数量分布的非均等现状。

表 3　"8＋1"城市的教育机构数量(单位:所)

	武汉市	黄石市	鄂州市	孝感市	黄冈市	咸宁市	仙桃市	潜江市	天门市
教育机构数量	2047	940	387	1246	1829	996	241	240	201

资料来源:2010年《湖北统计年鉴》及湖北省统计局网站(http://www.stats-hb.gov.cn)

2. 教师队伍资源配置的非均等。社会发展,教育为先,而社会的不公平首先体现在教育的不公平。城乡教育资源配置的非均等,制约着城市圈内教育一体化目标的实现。

表 4　武汉城市圈中 8 个城市的师资配置情况(单位:万人)

	武汉市	黄冈市	孝感市	黄石市	咸宁市	仙桃市	天门市	潜江市
教师人数	6.23	5.86	4.59	2.45	1.85	1.10	1.06	0.81
中小学在校生人数	82.68	110.62	61.59	43.85	40.99	17.41	15.90	11.17

资料来源:2010年《湖北统计年鉴》及湖北省统计局网站(http://www.stats-hb.gov.cn)

(三)武汉城市圈公共医疗卫生的非均等

长期以来,由于偏向城市型的发展模式,造成了城市圈内 9 个城市在横向的区域间以及纵向的城乡之间公共医疗卫生资源配置的不均等。其中公共医疗卫生资源分布和服务水平的不均等是主要方面。

表 5　武汉城市圈医疗卫生的资源分布情况

	武汉市	黄冈市	黄石市	咸宁市	仙桃市	潜江市	天门市
卫生机构(个)	2697	859	539	386	120	690	138
卫生机构床位(张)	48061	14382	9029	6769	2825	2919	3007
卫生机构技术人员(人)	60038	21259	12063	9465	2714	4854	3229

资料来源:2010年《湖北统计年鉴》及湖北省统计局网站(http://www.stats-hb.gov.cn)

通过表 5 可以看出:在武汉城市圈主要城市中,武汉市在卫生机构数、卫生机构床位数、卫生机构技术人员数都远远高于其他城市,充分显示了武汉市医疗卫生机构拥有雄厚的实力。相比之下,仙桃、潜江、天门三个直管市由于经济发展水平的制约,每千人拥有卫生机构床位、每千人拥有卫生机构技术人员的数量落后于其他城市。公共医疗卫生资源配置的不均衡主要通过城市圈内每千人拥有卫生机构床位、每千人拥有卫生机构技术人员数量的不同来表现,其中两个指标数值越高的说明公共医疗卫生的服务水平较高,指标数值较低的说明公共医疗卫生的服务水平相对较低。

(四)武汉城市圈社会保障能力的差异

城市圈内"8+1"个城市在完善社会保障体系和各项社会保险工作的中取得了新的进展,但横向上区域间社会保障的不均等,纵向上城镇和乡村之间的社会保障差异,将长期存在。一方面,区域间社会保障的不均等主要包括养老保险、医疗保险、工伤保险和生育保险等社会保险和社会救济一直处于非均等化的状态。区域之间的不均等主要指的是核心城市圈的保障体系远远优于次级地位的社会保障能力。另一方面,城镇的社会保障能力都优于乡村,其差异主要体现在以下几点:城镇和乡村在纳入低保人数的比例、城乡在低保方面的发放、城乡之间的保障范围等。

二、武汉城市圈基本公共服务非均等化的原因

(一)城市圈"8+1"城市经济发展水平的不均衡

武汉城市圈内的每个城市经济发展水平不平衡,造成了各地的财政收支能力的差异。由于城市圈各城市之间,城乡之间在自然资源、历史实际条件、生态地理环境和社会文化等的差异性,或是由于城市圈内各城市在经济发展的各项改革中所享有的政策不同,会导致各城市经济增长的差异,并且这种差距也越来越突显。如2009年湖北省全省完成GDP总量12961.10亿元,武汉市GDP 4560.62亿元、黄冈市GDP 700.32亿元、黄石市GDP 597.78亿元、咸宁市GDP 405.15亿元、鄂州市GDP 313.60亿元,分别占全省GDP总量的百分比为35.19%、5.40%、4.61%、3.13%、2.42%,由此看出,武汉市以其雄厚的经济发展实力,GDP总量占全省的份额超过了三分之一,而黄冈市、黄石市、咸宁市、鄂州市与武汉市的经济实力相比则相差甚远。2008年全球金融危机的影响,使得经济次发达城市和经济基础薄弱的落后地区,财政收入增长受阻,导致政府对基本公共服务坚实的资金投入短缺,造成了持续低水平的基本

公共服务供给，与城市圈内经济核心城市地区不仅有巨大的经济发展水平差距，更存在着较大的基本公共服务水平的差距。

表 6　武汉城市圈“8＋1”主要城市财政收入

	武汉市	黄冈市	黄石市	孝感市	鄂州市	潜江市	仙桃市	天门市
财政收入（亿元）	316.07	32.17	26.03	26.97	13.02	4.86	5.05	3.53

资料来源：2010 年《湖北统计年鉴》

如表 6 所示，分别选取了城市圈内 8 个城市 2009 年完成全口径财政收入的情况，从表中明显地反映出，城市圈内各级城市之间存在着巨大的财政收入差距，其中财政收入最高的是武汉市，突破了 300 亿元，最少的是天门市 3.53 亿元，两者之间的相对系数是 89.54，即武汉市的全口径财政收入是天门市的 89.54 倍，可见城市圈域内地区之间的经济发展水平的严重不平衡导致的非均等状况的严峻性。

（二）政府主导的公共服务供给模式的失灵

武汉城市圈基本公共服务供给的主要模式是以各自为政的地方政府为主导的垄断型供给模式，这种自上而下的公共服务决策机制具有很强的行政指令性，忽视了受益地区公民真正的需求和偏好，导致公民真正需要的基本公共服务得不到满足，而大量的财政资金又消耗在了政府“政绩”和“利益”的项目上，从而造成城市圈基本公共服务供给不足与供给过剩并存的尴尬局面。如城市圈“8＋1”城市之间基本公共服务难以对接的问题还未得到妥善解决，以社会保险中的公共卫生医疗保险金为例，目前武汉城市圈“8＋1”城市的社会保险基金基本上实行市（县、区）级统筹。虽然降低了社保基金的一定风险，但制约着卫生医疗保险关系的跨行政地区转移，从而增加了劳动力的流动成本。医疗保险各自为政的局面对武汉城市圈经济一体化形成了较强的制约，但这种跨区域性的基本公共服务问题一直没得到较好的解决。相反地，不同地区在同一性质的城市圈域内重复提供相同性质的公共服务，尤其是一些可以体现政府“政绩”的区域公共服务出现供给过剩的状况。要改变这一尴尬局面就必须建立科学的城市圈基本公共服务决策机制，才能准确反映圈域内社会各主体的实际需求，才能提高公众参与度、信息透明度，才能充分体现民意民智，以保证公共服务决策的科学性、透明化、民主化和制度化。

(三)跨区域公共服务供给主体的错位

为公民提供公共服务是各级政府的主要职能。公共服务的分级供给、财政分权与集权的关系处理是财政体制的本质,尤其是省级政府的财政集权与地方政府的财政分权之间的关系。根据财政分权理论,省级政府主要担负全省性公共服务的供给,地方政府则主要负责本行政区域内地方性公共服务的供给。省级政府在地方公共服务的供给中,在参与程度及参与方式方面,职责履行得极为不够。对于跨行政区域且具有正外部性的公共产品,如计划生育、基础教育等,本应由市级政府,甚至是省级政府、中央政府来提供。但在现实中把这个责任推到了基层政府。由于基层政府财力有限,只有利用夸大或谎报信息的方式欺瞒上级政府机构的检查,造成了刚性较强的基本公共服务供给效果的不达标,刚性较弱的基本公共服务供给的拖延和敷衍,最终导致基本公共服务供给数量和质量难以满足公民对基本公共服务日益增加的需求。

(四)政府间合作协调机制不完善

政府间合作机制的不完善仍然制约着城市圈内基本公共服务的均等化。一是政府协调机构单一、协调力度不够,制约了城市圈“8+1”城市的基本公共服务在纵向和横向上的发展力度。目前武汉城市圈政府协调机构都是以政府组织的形式展开的,缺少非政府组织的参与和推动。二是政府协调机构职能不全,作用发挥有限。湖北省推进武汉城市圈建设领导小组办公室,主要负责省推进武汉城市圈建设会议。但对会议所形成的决议以及执行情况并没有确立检查,监督制度,使得很多关于基本公共服务的合作协议未得到落实,使得城市圈各地方的城乡公共服务一体化、基础教育一体化、交通一体化的协调与合作还处于初级水平。三是政府间的协定缺乏法律保障,城市圈关于基本公共服务的合作缺乏约束力。城市圈政府合作机构缺乏明确的职能定位,且权力有限,没有指导合作组织建立的法律条款,城市圈政府间关于基本公共服务的合作协定没有法律机制的保障,这严重限制了地方政府在基本公共服务方面的合作,使得城市圈政府间签订的协定常被束之高阁。

三、推进武汉城市圈基本公共服务均等化的路径

(一)建立城市圈纵横相结合的财政转移支付制度、完善财力保障机制

探索武汉城市圈财政转移支付的新方式,构建财政转移支付纵横转移相结合的模式,是推进基本公共服务的市场化与社会化的两种途径。自分税制改革以来,政府对经济欠发达地区的支持,主要是中央政府对地方政府、上级政府对下级政府的纵向财政转移支付。但现实中这种单一的纵向的转移支付并没有做到制度规范,从而加剧了地区间财政支付的差距,导致基本公共服务供给区域间的不均等。因此,"进一步完善财政转移支付制度,建立以均等化拨款为基础的规范的转移支付体系,明确各级政府提供基本公共服务的事权和责任,按事权决定财权来进行财政划分,并根据地方的财力情况实行纵横向相结合的财政转移支付体制,确保有足够的财政能力达到最低的公共服务要求"。① 同时,可以在目前以纵向转移支付模式为主的同时,试行横向转移支付。武汉城市圈"8+1"城市中,经济实力极为雄厚的武汉市和较为雄厚的黄冈市、黄石市和孝感市,对经济实力弱的潜江市、仙桃市、天门市进行对接的横向转移支付支援,是推进武汉城市圈基本公共服务均等化的重要实现途径。

(二)加强政府合作、完善城市圈基本公共服务的区域协同机制

建立武汉城市圈公共服务协作,提高政府间合作程度,有助于整合资源,提高整个城市圈内的基本公共服务提供能力。第一,在城市圈地方政府之间形成较强的区域合作意识。完善城市圈基本公共赋予区域协同机制的前提是区域间政府具有较强的合作意愿。第二,加强以武汉为龙头的九城市间的公共赋予协作交流。第三,建立良好的政府合作协调机构,完善政府协调的法律制度。针对武汉城市圈各城市间的合作需求,要实现政府间合作在纵向和横向上的发展,必须建立多层次的合作协调机构,可以建立一个武汉城市圈建设管理委员会,在事务决策上采用集体议决的方式,决议对各成员城市有效。

---

① 王静.完善政府间转移支付制度实现公共服务均等化[J].华东经济管理,2005(6).

(三)创新基本公共服务体系、建立多元化的基本公共服务供给机制

一是创新武汉城市圈基本公共服务制度。武汉城市圈应建立规范的基本公共服务制度,包括义务教育制度、社会保障制度、公共医疗卫生制度、公共收入与公共支出制度、公共基础设施建设制度、社会合作制度、基本公共服务参与制度等内容。

二是创新武汉城市圈基本公共服务模式。武汉城市圈要按照公平正义、覆盖广泛、水平适度、两型社会建设的要求,加快公共服务体系建设,建立惠及本区域的武汉城市圈特色的基本公共服务模式。这种基本公共服务模式包括基本公共服务支出模式、基本公共服务消费模式以及基本公共服务增长模式等。

三是创新武汉城市圈基本公共服务供给机制和供给形式。由于政府垄断的供给模式,没有建立有效的供给机制,使得当前城市圈内公共产品与公共服务供给呈现出不足和不均衡的局面。因此,应该建立起科学的基本公共服务供给机制,要求由政府主导、社会成员广泛参与、组织协调合作、高效灵活、多元化等。

(四)完善基本公共服务绩效评估体系、建立监督问责机制

一是建构武汉城市圈基本公共服务绩效评估,推行公共服务问责制。建立各级政府公共服务评价指标体系。明确细化各级政府公共服务职责,建立健全公共服务绩效的评价机制。要明确各级地方政府在基本公共服务方面的职责、管理权限和管理分工。明确城市圈基本公共服务绩效管理与评估的指导思想、总体目标和基本原则。要建立科学合理的基本公共服务绩效评估的指标体系、评估项目内容、评估方法与程序。要建立客观并且公平公正的绩效评估机制,同时建立基本公共服务绩效的预算和审计制度也是十分重要的。①

二是建立武汉城市圈基本公共服务的监督问责机制,确保基本公共服务建设的公众效益,增强政府公共财政投入的透明度,提高基本公共服务财政投入的社会效益和服务水平。同时要加强对公益类事业单位在资源内部分配、单位资产的监管。提高城市圈各级政府在基本公共服务方面的公信力和执行力,推行城市圈基本公共服务问责制是完善基本公共服务体系的重要内容。

---

① 彭艳斌.刘钟松.实现农村公共产品有效供给的对策研究[D].南京:南京农业大学经济管理学院,2005.

参考文献：

[1]任强.公共服务均等化问题研究[M].北京：经济科学出版社，2009：167-170.

[2]苗长虹.中国城市群发育与中原城市群发展研究[M].中国科学技术出版社，2006：269-282.

[3]欧文.E.休斯.彭和平译.公共管理导论[M].北京：中国人民大学出版社，2001：63-76.

[4]苏江瑜.我国实现基本公共服务均等化的对策研究[D].大连：大连理工大学，2008.

[5]杨建亮.城乡基本公共服务均等化实现机制问题研究[D].广西：广西民族大学，2008.

[6]张勤.论推进服务型政府建设与基本公共服务均等化[J].中国行政管理，2009(4).

[7]唐铁汉.建设服务型政府与基本公共服务均等化[J].国家行政学院学报，2008(2).

[8]王翠芳.如何实现城乡公共服务均等化[J].中国经济周刊，2007(18).

[9]戚国裕，何喜平.推进基本公共服务均等化的现实基础[J].浙江经济，2008(10).

[10]贾凌民，吕旭宁.我国政府公共服务若干问题思考[J].中国行政管理，2006(02)：50-52.

[11]彭健.促进城乡基本公共服务均等化的财政对策[J].财政研究，2009(3).

[13]陈海威.中国基本公共服务体系研究[J].科学社会主义，2007(3)：98-100.

[14]刘尚希.基本公共服务均等化：现实要求和政策路径[J].浙经论坛，2007(13)：24-27.

“强基惠民”:强化基层政治信任的一项实践*

王彦智**

摘要:强基惠民活动是西藏民主改革以来在践行党的群众路线和推动西藏稳定发展方面,组织规模最大、持续时间最久、下派干部最多的一项活动。它所蕴涵的政治逻辑是实现西藏的跨越式发展和长治久安需要强健党的基层组织与加强基层政权建设,进而需要群众路线的复归,这就不能不从构建农牧民的政治信任这一原点做起。唯有使广大农牧民成为实现稳定发展的主体,方可实现西藏的跨越式发展和长治久安这一战略目标。

关键词:强基惠民;政治信任;群众路线;稳定发展

根据《中共西藏自治区委员会关于深入开展创先争优强基础惠民生活动的意见》的要求和精神,从2011年10月起,西藏全区开展“创新争优强基础惠民生活动”(简称“强基惠民活动”或“驻村工作”),向5464个行政村(居)每年选派2万多名优秀干部组成驻村工作队,每个工作队派驻4名干部,实现驻村工作全覆盖。围绕强健基层组织、维护社会稳定、寻找致富门路、进行感恩教育和办实事解难事5项重点开展工作,以期达到增强基层党组织的创造力、凝聚力和战斗力,牢固维护稳定的基础,大幅增加城乡居民收入,进一步融洽干群关系、巩固发展民族团结,进而构建起城乡发展稳定的长效机制,形成推动

---

* 基金项目:国家社科基金青年项目“西藏县级政权机构改革与制度创新研究”(11CZZ023);教育部人文社会科学研究青年基金项目“中国特色、西藏特点的乡镇政权管理体制创新研究”(10YJCZH166)。

** 王彦智,西藏民族大学管理学院副教授,主要从事政治学理论和地方政府管理,特别是西藏地方政府发展的教学与研究。西藏民族大学第二批驻M村工作队队长。

科学发展、促进民族团结、维护社会稳定、保障改善民生的强大合力之目标。迄今为止,已有3批工作队、6万多名来自西藏各单位的干部先后进驻各村居。笔者认为,这一规模宏大、成效显著、意义深远的工作亟需从理论上给予总结。有鉴于此,笔者试图从政治信任的视角对强基惠民活动进行粗浅的研究。

一、政治信任概述

在政治学的发展史上,英国政治哲学家洛克对信任的政府解读开启了政治信任这一研究领域,但这一问题真正引起学术界的重视则是20世纪70年代以后的事。上世纪70年代以来,西方国家政治领域出现了一个矛盾的现象:一方面,自由民主的价值在其内在魅力的感召和西方国家的垂范甚至是运用军事外交手段向世界各国推广下,被大多数国家和民众所接受而得以迅速扩展[1]。在实践中,自由民主理念指导下的政治实践,的确在一定意义上解决了人类政治发展史上长期困扰其他政体的合法性、腐败、效率与制度成长四大问题,被视为是“所有政体中危险最小、坏处最少的”的政体。[2]可以说,自由民主理念及其指导下的政治实践已成为现代文明政治的标识,尽管各国对该理念的理解,特别是实现该理念的方式与制度安排存在着巨大的分歧。[3]另一方面,政治冷漠日益严重和随之而来的政治信任的持续衰微。美国学者从1958年至2002年的追踪研究显示,美国民众“对政府的信任一再降到创纪录的最低点。”[4]这一现象从20世纪70年代以来并无大的改观且波及几乎所有的政治共同体,呈现出持续性、国际性和结构性的特点。[5]德国哲学家雅斯贝斯总结道:“事实上,在今天,没有任何事业、任何公职、任何职业被看作是值得信任的,除非在每一具体的场合都揭示令人满意的信任基础。……危机是普遍的、包涵一切的。”[6]

正是在这样的背景下,学术界开始系统性地研究政治信任问题,中国学术界是从本世纪开始研究该问题的,认为政治信任具有历史延续性、层次延展性、流向的垂直性和变迁的非对称性四个基本特征。[7]关于政治信任的价值,一般认为,政治信任是政治系统合法性和政治稳定的重要来源,对政府政策和策略具有重要影响并进而影响到政策的运行成本。同时,作为公民对政治系统态度表示的政治信任,当然也从宏观和微观两个层面对公民的政治行为产生作用。[8]

关于政治信任的起源，当前主要有两种解释视角：一种是社会文化视角，认为政治信任是政治领域之外形成的通过人们成长早期社会化而塑造的根深蒂固的观念，高度的社会信任产生高度的政治信任。[9]也就是说，从文化的视角审视，政治信任是人际信任的一种延伸，这种信任是在生活的早期阶段习得的，久而久之再将其投射到政治制度上；另一种是制度主义视角，认为政治信任源自政治领域自身，“是人们对政治制度和政府绩效、政治制度可信性的一种理性评估。……当公民对政府及其机构、决策的总体状况以及独立的政治领导的评价为守信的、有效的、公正的和诚实的时候，政治信任便产生了。”[10]米勒(William Mishler)和罗斯(Richard Rose)在对中东欧和前苏联10个原共产主义国家的政治信任进行实证分析以后认为，无论哪个层面，制度主义视角更具有解释力，尤其是微观层面的研究几乎不支持文化视角的解释[11]。对于何为政治信任，有广义和狭义之分。狭义的政治信任即是指民众对政府的信任，学术界已有共识，而对广义的理解其分歧点集中在能否将社会信任纳入政治信任之中上。[12]

笔者认为，政治信任既不能等同于政府信任，政府信任只是政治信任的一部分，也不能等同于社会信任，虽然二者存在着密切的关联，但这是两个不同层面的问题。政治信任应是对包括政党在内的整个政治系统的信任，可分为民众对政治理念和价值、政治制度、政治体制、政治组织、政治决策与政治行为，以及政府官员的信任等层次。任何一个层次信任的持续丧失必然最终导致对整个政治系统信任的流失。研究表明，重建或强化政治信任不可能依托在空洞的政治宣传上，需要较高的执政绩效、有序稳定的生活、清廉的政治风气等因素的支撑。[13]

二、强基惠民活动的制度安排与功能分析

强基惠民活动是一项在自治区党委直接领导下服务于西藏跨越式发展和长治久安的一项重要举措和实践。实施两年多来，显功能已经显现，潜功能更是意义深远。

(一)强基惠民活动的制度安排

为了切实达到强基惠民活动的初衷，自治区党委专门制定了《中共西藏自治区委员会关于深入开展创先争优强基础惠民生活动的意见》。从组织结构

上来讲,自治区成立强基惠民活动领导小组,负责组织、协调、指导、督促全区强基惠民活动。领导小组下设办公室,内设综合组、指导协调组、项目组、宣传简报组、材料组和三个巡回检查组。各地(市)、县(市、区)和各单位都相应成立领导机构和办事机构,负责本级及本单位的强基惠民活动。从工作机制上来讲,一是规定各级党委、政府,区(中)直部门党委(党组)是开展活动的责任主体,党政"一把手"是第一责任人;二是规定省级干部每人联系一个县(市、区),地(市)负责同志每人联系一个乡(镇),县(市、区)负责同志每人联系一个村(居),对联系点的强基惠民活动进行协调指导;三是规定了区、地、县三级检查组每季度末要进行一次检查,全年安排四次,全年检查面合计须达到100%;四是规定了激励机制,对驻村工作队和驻村队员的考评作为干部提拔任用的重要依据,并对活动中涌现出来的先进集体和个人,一年一表彰;五是规定了详细的经费保障机制。

(二)强基惠民活动的背景

西藏自治区之所以声势浩大地开展强基惠民活动,绝不是某个领导人或某个组织一时的冲动,而是有其特定的背景。

不论是在旧西藏还是新中国成立以前的内地,传统的中国国家权力对乡村社会的支配能力是非常有限的,乡村未能很好地被整合到国家权力体系中来,而以一种特定意义上的自治或松散自在地存在着。在马克斯·韦伯看来,"中华帝国正式的皇权统辖权只施行于都市地区和次都市地区。出了城墙之外,中央权威的有效性便大大地减弱乃至消失。"[14]因此,皇权统治在人民生活中,"实际上是松弛和微弱的,是挂名的,是无为的"[15]。中国共产党成立后,在其革命过程中,通过深入乡村建设基层政权和广泛的基层动员,虽然面临一次又一次的危机但顽强地生存下来并最终创建了新中国,此后,通过建立自上而下的政权系统使得国家权力第一次彻底深入到乡村社会。[16]这就是中国共产党的"三大法宝"之一的群众路线。同时,通过建立在人民民主和社会主义两大原则基础上的社会主义制度与较好的执政绩效,赢得了人民群众极大的政治认同和信任,并为执政合法性奠定了坚实的基础。[17]但随着"乡政村治"新体制的建立和改革开放战略的推进,基层民众与基层政权的关系悄然发生着变化,基层政权和党政干部在基层的控制力在下降,国家行政权力在基层明显削弱。加之1988年基层民主自治的正式实施进一步影响了国家对基层社会的渗透及控制能力。[18]如果说这一变化是带有进步意义的话,随着新世纪后乡镇改革的推进尤其是内地2006年实施了农业综合改革后,乡镇政权日渐与基层民众疏离，丧失了介入到乡村中的主动性，成为“正在退出农村的乡镇政府”[19]，进而导致党群、干群关系疏远与政治信任流失，这不能不引起党和国家的高度重视。

在西藏，除了这些普遍性的问题外，基层社会面临着繁重的维稳和发展任务。尽管西藏在国家优惠政策的支持和各省市及央企的大力支援下，各领域的建设取得了举世瞩目的成就，但是，西藏“既是边疆民族地区、集中连片贫困地区，又是反分裂斗争的主战场”[20]。倘若没有良好的党群、干群关系，没有政权力量强有力地介入到基层社会中去，没有以藏族为核心的各少数民族群众的齐心协力推进社会主义现代化建设和不断增强的“四个认同”，实现西藏跨越式发展和长治久安的宏伟目标，努力在2020年与全国人民一道步入小康社会是不可能的。众所周知，自西藏和平解放尤其是改革开放以来，西藏自治区党委和政府团结带领全区各族干部群众顽强奋斗，经济持续快速发展，城乡居民收入不断增长，生态环境保持良好，藏族优秀传统文化得到保护和弘扬，各项社会事业蓬勃发展，西藏同全国其他地区一样展现了生机勃勃的发展前景。同时，党的民族政策和宗教政策在西藏得到全面贯彻落实，民族区域自治制度不断完善，平等团结互助和谐的社会主义民族关系日益巩固和发展，有力维护了社会稳定和祖国统一。[21]同时，我们更不能忽视的是，在西藏实现跨越式发展和长治久安的伟大历史进程中，也需进一步采取切实措施，使各级干部“在反分裂斗争这个重大原则问题上，立场坚定、旗帜鲜明、认识统一、表里如一、态度坚决、步调一致”。需要着力提高领导班子、干部队伍、基层党组织和党员队伍建设水平，严肃党的纪律，从严从重查处党员干部对达赖集团抱有幻想、追随达赖集团、破坏民族团结、损害祖国统一等违法违纪行为，严肃查处领导机关和领导干部以权谋私、贪污贿赂、腐化堕落、失职渎职案件，坚决纠正侵害群众利益的各种不正之风。[22]

(三)强基惠民活动的显功能与潜功能

社会学家默顿在《社会理论和社会结构》一书中的功能研究，将显功能理解为那些有助于系统调适并且是有意图安排的后果，潜功能则是指同一层次上的无意图、未认识到的后果。[23]笔者认为，我们借鉴显功能和潜功能的分析方法能够更清楚地展示强基惠民活动的意义。

在笔者的驻村经历和调研中，能够深切地感受到强基惠民活动的功效。其显功能集中体现在：首先，党员队伍进一步发展壮大。在西藏农牧区，由于没有党校的培养，党员发展较为缓慢，党员老龄化严重，随之而来的必然是村级组织长期软弱涣散。工作队进驻后,经与村委班子协商后确定积极分子,通过定期的谈话、党的理论知识学习、感恩教育和政策宣讲等活动,一大批优秀青年的思想觉悟逐渐提高,并最终经过严格的组织程序加入中国共产党。如拉萨市,2010 年 11 月至 2013 年 6 月间,各驻村(居)工作队共新发展农牧民党员 354 名,培养入党积极分子 1005 名;[24]其次,农牧民群众进一步明晰了"惠在何处、利从何来"。过去,虽然各级政府也在组织政策宣讲活动,但由于西藏基层地广人稀,教育的成本高昂且宣讲教育形式单一,其成效必然是十分有限。工作队进驻后,通过召开形式多样的感恩教育会和政策宣讲会,通过发放藏汉双语宣传材料、领袖像张、国旗国徽,通过制作新旧西藏对比图片展等方式,更重要的是通过工作队的一步步亲身示范和农牧民的亲身参与,使基层群众进一步明白了"惠在何处、何从何来";再次,有效地维护了稳定。各驻村工作队根据自治区党委的统一安排,紧紧围绕稳定这一中心开展工作,通过召开维稳宣讲大会、排查调处社会矛盾、教育管控重点人员、巡防敏感时段等措施,确保了一方平安,维护了全区的和谐稳定。如林芝县各驻村工作队协助各村(居)两委班子扎实抓好五(十)户联保"双联"、外来流动人员登记管理、虫草采挖等工作,建立健全维稳工作机制 230 个,建立护村队、巡逻队等维稳组织 190 个,开展巡逻巡查 1140 多次,排查交通、森防、校园安全等 540 次;[25]最后,大大改善了农牧区的基础设施和农牧民生产生活条件。各工作队通过组织劳务输出、利用自治区和各地区下拨的专项资助金、申请"短、平、快"项目等,农牧区的道路桥梁大都实现了畅通,安居房建设稳步推进,用电饮水等困难基本解决。

这些能够看得见的显功能是有目共睹的,笔者认为,更为重要的是强基惠民活动的潜功能。首先,党的执政根基进一步夯实。如前所述,工作队在发展党员的过程中,通过带领党员干部及全体村民学习党的理论知识、讲解党的好政策、进行感恩教育、访贫问苦等,有效解决了村级组织长期软弱涣散的状况;通过培养入党积极分子、发展新党员,并将致富能手发展为党员,将党员培养成为致富带头人等措施,大大增强了党组织的感召力;通过建立和完善村务党务公开、党风廉政建设等方面规章制度,基层党组织的领导核心地位进一步巩固,党员干部在群众中的威望进一步提高,农牧民对党和政府的信任明显增强。其次,大大解放了农牧民的思想。西藏农牧区由于长期处于自然和半自然经济状态下,农牧民还没有完全建立起市场意识和勤劳致富观念,"等、靠、要"思想严重。各驻村工作队通过帮助村居谋划发展路子、兴办经济实体、实施"短、平、快"项目、完善基础设施、加强农牧民技能培训等,不仅仅是一种"输血”,更重要的是通过工作队的一步步示范和农牧民的亲身参与,使农牧民逐渐树立起市场化意识和勤劳致富的观念。再次,锻炼了农牧民的劳动技能。在“两河一江”流域的农民,总体而言已经具备了基本的劳动技能,但在广阔的牧区,祖祖辈辈靠原始的放牧为生的牧民还远未具备基本的劳动技能,甚至根本不会使用简单的劳动工具。各驻村工作队通过组织农牧民参加劳动技能培训、让农牧民直接参与经济实体的兴办和运作及架桥、修路等,使西藏各地区的农牧民的劳动技能得到极大的提高,逐步具备了依靠自己的双手和技能追求自己幸福生活的本领。复次,干群关系进一步融洽。各驻村工作队坚持全心全意为人民服务的宗旨,以协助推进农牧民安居工程、城镇保障性住房建设和做好扩大就业、社会保障、教育卫生、文化惠民、访贫问苦等方面事实为抓手,解决了一系列长期影响农牧区发展和农牧民生活水平提高的突出问题,把党和政府的温暖送到了群众的心坎上,更加密切了党群、干群关系,增强了农牧民对党员干部的信任。最后,干部队伍建设进一步加强。各驻村工作队通过为农牧民办实事解难事,与农牧民同吃同住同劳动,养成了脚踏实地、真抓实干的优良作风,形成了艰苦奋斗、勤俭创业的品格,增强了做好群众工作、维护稳定、推动发展的本领。

可以说,强基惠民活动不仅仅是单纯地解决西藏农牧区发展及农牧民的现实问题,更是进一步夯实党在西藏的执政根基、践行党的群众路线、融洽党群、干群关系、巩固发展民族团结的重要举措,是推动西藏经济社会发展和维护社会稳定长效机制的固本之举。正因如此,俞正声主席作出批示,认为强基惠民活动是“强基固本之策”[26]。时任中组部部长的李源潮同志认为,“组织各级机关2万多名干部作为工作队下基层,进驻全区所有行政村和居委会帮助工作,把落实政策、解决问题、锻炼干部、践行宗旨的重点放在基层。这一做法很好、很实在,要积极鼓励、注意总结。”[27]

三、群众路线与稳定发展:强化政治信任的双重逻辑

政治的使命在于创造良善的公共生活。为此目的就必须解决两个核心问题:一是政治权力体系的构建,以确保权力的有序运作,二是较高程度的合法性基础构建,即广大民众对权力体系较高程度的信任和自觉自愿的支持。任何一个政权一旦长时间地丧失了民众的信任和支持,有效的权力体系也会运转困难、成本高昂,最终走向崩溃。苏东社会主义国家的瓦解和中东非洲国家

发生严重的政治动荡即是鲜活的例证。如前所述,虽然影响政治信任的因素很多,但较高的执政绩效、有序稳定的生活、清廉的政治风气一定有助于民众政治信任的提升。在我国,由于党的特殊地位和权能及其在基层社会尤其是西藏基层社会的巨大影响力,笔者认为,党群、干群关系应是分析中国政治信任问题尤其是西藏少数民族群众政治信任问题的首要视角。就西藏而言,切实践行党的群众路线,有效推动基层社会的稳定发展,正是抓住了西藏基层社会实现跨越式发展和长治久安战略目标,有效提升广大农牧民对以党为核心的政治信任的关键。

群众路线是党的生命线和根本的工作路线,是毛泽东思想的灵魂。早在1929年,毛泽东同志就提出了“群众路线”的概念,并在《关于领导方法的若干问题》一文中将其总结为:“将群众的意见(分散的无系统的意见)集中起来(经过研究,化为集中的系统的意见),又到群众中去作宣传解释,化为群众的意见,使群众坚持下去,见之于行动,并在群众行动中考验这些意见是否正确。然后再从群众中集中起来,再到群众中坚持下去。”并认为“如此无限循环,一次比一次地更正确、更生动、更丰富”[28]。党的群众路线本身并不复杂,它强调的是“从群众中来”,要求领导干部要深入群众之中而不是高举于群众之上;强调的是“深入群众”,要求领导干部要经常下基层,与人民群众同吃同住同劳动,不仅拉近与人民群众的距离,更能保持干部的人民本色;强调的是“没有调查就没有发言权”,要求领导干部要倾听群众呼声,了解群众的所思所想所盼,解决群众的一切问题。党的群众路线本身复杂的地方就在于如何长期坚持。随着党执政时间的推移和社会变迁的影响,越来越多的干部尤其是直接与普通民众打交道的基层干部,日益“忙于公文报表,不大关心普通的劳动者,变得更像一个上层阶级,成为类似过去士绅的地方新贵”[29],当然一些领导干部也渐渐蜕变为丧失党性和人格的腐败分子。伴随干部脱离群众的后果是群众也越来越不愿意向干部说真话,人民群众想什么干部也不清楚。长此以往,出现的问题不仅仅是决策的频繁失误和资源的巨大浪费,更重要的是人民群众对党和政府信任的丧失并瓦解着党和政府的合法性基础。强基惠民活动实施以来,党政干部特别是驻村干部的吃住、活动、工作均在村居,整日与农牧民同吃同住同劳动,所交往的人除了农牧民外也很难有其他人,真正成为了农牧民中的一员。工作实际中,工作队从农牧民最关心的热点难点问题抓起,想农牧民之所想急农牧民之所急,使各族群众切实感受到党和政府的关怀温暖。同时,时间久了,与干部成为朋友的农牧民开始认真反映县乡政府行政及村居“两委”运行过程中出现的各种问题并提出一些符合当地实际的建议。正如毛泽东同志所指出的：要得到群众的拥护吗？“那末，就得和群众在一起，就得发动群众的积极性，就得关心群众的疼痒，就得真心实意地为群众谋利益，解决群众的生产和生活问题、盐的问题、米的问题、房子的问题、衣的问题、生小孩子的问题，解决群众的一切问题。”[30]

笔者认为，不论是在内地还是西藏，党的群众路线常常被虚置而难以坚持，尽管与群众这一主体结构和利益要求出现多元化发展、精英化官僚制导致的精英主义思维和官僚主义作风、固化的阶层等客观发展现实有关，[31]但群众路线常常依靠的是高层领导的强力推进而不是建立在制度化的载体上是根本性的原因。强基惠民活动虽然也是在中央“党的群众路线教育实践活动”这一背景下展开的并与西藏党委主要领导的大力推动直接相关，但这一创新机制完全可以成为群众路线在西藏贯彻落实的制度化载体。

除了践行群众路线之要求外，强化西藏基层民众的政治信任还有其不同于内地的需求和路径——稳定发展。诚如中央第五次西藏工作座谈会上所指出的，“当前西藏的社会主要矛盾仍然是人民日益增长的物质文化需要同落后的社会生产之间的矛盾。同时，西藏还存在着各族人民同以达赖集团为代表的分裂势力之间的特殊矛盾。”[32]近年来，达赖集团在西藏问题上不断调整策略，变换手法，在境内利用互联网等大肆散布谣言，向知识分子甚至是一些党政干部渗透，极力争夺接班人。在国际上以“和谈”骗术和“国际化”两手手段，兜售“大藏区”“高度自治”“中间道路”“民族自决”等分裂主张。分裂祖国的图谋更具有欺骗性、隐蔽性、煽动性和暴力性。这种“境内与境外相互勾连、‘软对抗’与暴力破坏相互配合、人民内部矛盾与敌我矛盾相互交织、虚拟社会与现实社会相互作用”的特点，[33]使西藏实现跨越式发展和长治久安的任务更为艰巨繁重。正是这一特殊的区情决定了当前和今后一个时期西藏工作的中心任务是：“以经济建设为中心，以民族团结为保障，以改善民生为出发点和落脚点，紧紧抓住发展和稳定两件大事，确保经济社会跨越式发展，确保国家安全和西藏长治久安，确保各族人民物质文化生活水平不断提高，确保生态环境良好，努力建设团结、民主、富裕、文明、和谐的社会主义新西藏。”[34]

客观地说，长期以来，西藏自治区党委和政府始终按照“一个中心、两件大事，四个确保”的中央治藏指导方针开展工作，但时至今日，西藏仍然是我国集中连片贫困地区，反分裂斗争的形势非常严峻，甚至发生党政干部立场动摇、知识分子发表错误言论，特别是发生“3·14”这样大规模的暴力事件之事实昭示我们：没有西藏的跨越式发展和人民生活水平的持续提高，没有良好的党群、干群关系，没有党政权力对基层社会的强力介入，没有基层民众高度的政治信任和广泛充分的参与,实现西藏的跨越式发展和长治久安是不可能的。而强基惠民活动,正是通过驻村工作队落实强基惠民专项资金和实施"短、平、快"项目,不仅极大地改善了农牧民的生产和生活条件,为农牧区的跨越式发展创造基础性条件,而且锻炼了他们的劳动技能,使其逐步具备能够充分地利用党和国家的好政策,主要依靠自己的勤劳而致富;通过访贫问苦及农牧民办实事解难事,树立起了党组织和党员干部的良好形象,极大地密切了党群干群关系;通过党政干部驻村这一机制,将农牧民与"正在退出农村的乡镇政府"及县政府密切地联系在一起,极大地增强了农牧民对县乡政权及党政干部的认同和信任。概而言之,通过强基惠民活动,使县乡基层政权及党政干部再次与农牧民直接联系起来,农牧民成为实现西藏跨越式发展和长治久安过程中的主体。

四、简要总结

强基惠民活动是西藏民主改革以来在践行党的群众路线和推动西藏稳定发展方面,组织规模最大、持续时间最久、下派干部最多的一项活动,受到了各族人民群众的热烈欢迎,得到了中央领导同志的充分肯定。它所蕴涵的政治逻辑并不复杂,即:实现西藏的跨越式发展和长治久安需要强健党的基层组织与加强基层政权建设,进而需要群众路线的复归,更需要从构建农牧民的政治信任这一原点做起。实践证明,唯有使广大农牧民成为实现稳定发展的主体,方可实现西藏的跨越式发展和长治久安这一战略目标。

参考文献:

[1]James Bohman.From Demos to Demoi: Democracy across Borders[J].Ratio Juris, Sep 2005, Vol.18, Issue 3, 293-314.

[2]科恩.论民主[M].聂崇信,等译.北京:商务印书馆,1988:210.

[3] Michael McFaul. Democracy Promotion as a World Value [J]. Washington Quarterly, Winter 2005, Vol.28, Issue 1, 147-163.Larry Diamond.Universal Democracy? [J].Policy Review, Jun/Jul 2003, Issue 119,10-13.

[4]奥斯本,盖布勒.改革政府:企业家精神如何改革着公共部门[M].周敦仁,等译.上海译文出版社,2006.1.

[5]Eric Belanger & Richard Nadeau.Political Trust and the Vote in Multiparty Elections: The Canadian Case [J]. European Joural of Political Research, January 2005,

Volume.44，121-146；Thang D.Nguyen edited.The Indonesian Dream：Unity Diversity and Democracy in Times of Distrust[J].Marshall Cavendish，2004，30.

[6]雅斯贝斯.时代的精神状况[M].王德峰译，上海译文出版社，2003：90.

[7]唐斌.政治信任的概念、特征与价值[J].学术月刊，2011(8)：50.

[8]熊美娟.政治信任研究的理论综述[J].公共行政评论，2010(6)：167-171.

[9]K.Newton.Trust，Social Capital，Civil Society and Democracy[J].International Political Science Review，2001，Vol.22，No.2，201-214.

[10]佩里·K.布兰登.在21世纪建立政府信任——就相关文献及目前出现的问题进行讨论[J].经济社会体制比较，2008(2)：124.

[11]威廉·米勒、[英]理查德·罗斯.何为政治信任的来源？——以后共产主义国家为背景考察制度理论和文化理论[J].周艳辉译，国外理论动态，2012(9)：41-55.

[12]谢治菊.政治信任的含义、层次(结构)与测量——对中西方相关研究的述评[J].南昌大学学报，2011(4)：11.

[13]佩里·K.布兰登.在21世纪建立政府信任——就相关文献及目前出现的问题进行讨论[J].经济社会体制比较，2008(2)：127-128.

[14]马克斯·韦伯.儒教与道教[M].南京：江苏人民出版社，1993：110.

[15]费孝通.乡土中国　生育制度[M].北京大学出版社，1998：63.

[16]徐勇."行政下乡"：动员、任务与命令——现代国家向乡土社会渗透的行政机制[J].华中师范大学学报，2007(5)：2-9.

[17]沈士光.论政治信任——改革开放前后比较的视角[J].学习与探索，2010(2)：60.

[18]吴思红.论村民自治与农村社会控制[J].中国农村观察，2000(6)：72-77.

[19]贺雪峰.论乡村治理内卷化：以河南省K镇调查为例[J].开放时代，2011(2)：86.

[20]陈全国.创新社会治理体系，确保社会长治久安[N].人民日报，2013，12(13)：07.

[21]习近平.在庆祝西藏和平解放60周年大会上的讲话[N].光明日报，2011，07(20)：03.

[22]石磊，李成业.自治区党委八届二次全委会议在拉萨召开[N].西藏日报，2012，6(27)：001.

[23]默顿.社会理论和社会结构[M].唐少杰，等译.南京：译林出版社，2008：145.

[24]杨正林.干部"接地气"，群众得实惠——拉萨市创先争优强基惠民活动第二批驻村(居)工作纪实[N].西藏日报，2013，6(12)：005.

[25]麦正伟.发挥堡垒作用，推动县域发展——林芝县开展创先争优强基惠民活动纪实[N].西藏日报，2013，8(28)：006.

[26]石磊，李成业.俞正声同志就我区万名干部进农家宣讲十八大精神，深入开展创先争优强基惠民活动作出重要批示[N].西藏日报，2012，12(08)：001.

[27]李成业.以学习贯彻李源潮同志重要批示为动力，扎扎实实地推进创先争优强基惠民活动[N].西藏日报，2011，10(25)：001.

[28]毛泽东.毛泽东选集(第三卷)[M].北京:人民出版社,1991:899.

[29]费正清.美国与中国[M].张理京译,北京:世界知识出版社,2000:408.

[30]毛泽东.毛泽东选集(第一卷)[M].北京:人民出版社,1991:138-139.

[31]张雪梅.群众路线面临的时代挑战与对策分析[J].求实,2013(1):30-31.

[32]新华社.中共中央国务院召开第五次西藏工作座谈会[N].光明日报,2010,01(23):01.

[33]西藏日报社.坚定不移反对分裂,切实维护社会和谐稳定,确保西藏社会局势由持续稳定走向长治久安[N].西藏日报,2010,02(26):01.

[34]陈全国.坚定不移走中国特色西藏特点发展路子为实现跨越式发展和长治久安而团结奋斗[M].拉萨:西藏人民出版社,2011:8.

自然环境与西藏公共管理

杜永豪*

摘要:我国西藏固然拥有丰富的自然资源,但也兼有恶劣的自然条件。这里复杂的气候、频繁的地质活动、复杂的地形、高峻的地势、广阔难至的区域、瘠薄的地力,等等,共同形塑了当地生态结构、民众生存与经济社会发展的"脆弱性"。基于此,西藏公共管理者必须清醒、详尽与深刻认识其管理活动所以立基的自然基础,合理定位当地经济社会发展目标与辅之以科学的公共管理,方能趋利避害,普遍增进各族民众福祉,保证当地经济社会发展的可持续性。

关键词:自然基础;脆弱性;公共管理支点

导　言

人类借由传统现代化深深拓展了选择能力,也给自身带来了麻烦,如生态问题。

回望过去,近现代工商文明之花在英伦初绽之日,也是生态问题出现之时。这在当时的曼彻斯特、利物浦等地,都是如此。二战后,迅速医治战争创伤、改善民生、与他国竞争以及重新支配全球政治经济秩序等,是西方世界首位的现实需求。而在非西方世界,民生,尤其国家真正独立等,至少当事国精英们眼中,乃是迫在眉睫的急待解决的最大诉愿。是以,尽管对于现代化的理解各有差异,但绝大多数国家不约而同地选择了类似的发展主义策略。不过,二十年不到,伦敦之霾、洛杉矶光化学烟雾等,开始直刺人心。这便有了"罗马

* 杜永豪,西藏民族大学教师。本文系笔者所主持的西藏自治区教育厅十二规划课题一般项目"西藏民众对创业教育的需求"(项目号:2011078)的成果之一。

俱乐部"的《增长的极限》,代表西方人整体回望的后现代话语以及随后的环境整治和发展策略调整。

在我国,新中国成立后的六十余年大发展,的确促进我们社会的全方位进步,但所出现的管理粗疏、高能耗而低产出、生态破坏等问题不容小视。据环保部环境规划院2012年研究表明,"2009年中国环境退化成本和生态破坏损失成本合计13916.2亿元,较上年增加9.2%,约相当于当年GDP的3.8%。从2004年到2009年,基于退化成本的环境污染代价已从5118.2亿元提高到9701.1亿元。这显示我国经济发展的环境污染代价持续上升"。同时,"欠发达地区经济发展的生态环境投入产出效益相对较低。生态环境退化成本占GDP的比例与人均GDP之间呈负指数关系,显示出经济发展越是落后的地区,经济发展的生态成本越高"。① 当然,对大多数国人而言,最近几年来在全国都有出现,尤以长江以北为最的雾霾,给他们的感受更为直观。

截至目前,我们西藏的自然状况总体尚可,但他者之失,殷鉴不远,不宜掉以轻心。无论如何,区内300多万民众福祉,包括西藏在内的整个青藏高原作为我国生态屏障、水汽总枢纽等,都要求我们公共管理者在推进本地经济社会发展中高度重视环保问题。

一、西藏地理概况②

人们一般认为,印度洋板块与亚欧大陆板块的对冲隆起,造就了举世闻名的青藏高原。西藏便位于这片巨型隆起之上,坐拥独特的高原地理。以下仅言其三:

(一)复杂多样的地形

西藏地形大体呈"四山抱两盆"总格局。西边缠结的巨型褶皱山系,似乎掌握孕育这一格局的"钥匙":三列山系由此东向延伸,在与川、滇交界处掉头南向,形成新山系;介乎其中的是面积广阔的藏北高原、藏中河谷地带。当然,

---

① 王尔德.中国环境生态成本高达GDP的3.8%[N].21世纪经济报道,2012-2-3.

② 邓力群等.当代中国的西藏(上)[M].当代中国出版社,1991:3-30.(1)由于全部数据已按需要重组与重新表述,故下文不一一加注;(2)该版本相对老化,凡有最新数据,均根据中央政府网所提供数据予以订正并标注。

西藏的实际区域还包括喜马拉雅南坡一些地带及某些仍被他国占据的地区。大体说来,西藏地形主要构成如下:

其一,巨型山系。西藏的山系主要有四。南边有主体位于中、印、尼交界线的喜马拉雅山系。其东西长约2400千米、南北宽约200～300千米,平均海拔6000米以上。在这列山系上,群峰兀立,7000多米的50多座、8000多米的11座。珠穆朗玛为群峰之最,海拔8844.43米,也是世界最高峰。中部冈底斯山—念青唐古拉山系。其东西长约1500千米、南北宽约80千米,平均海拔5000～6000米,该山系中6000米以上高峰有25座,主峰冈仁波钦峰海拔6656米。北边在新、青、藏交界处有喀喇昆仑山—昆仑山—唐古拉山系。喀喇昆仑山平均海拔6000米以上,主峰乔戈里峰海拔8611米,为世界第二高峰。昆仑山合前者而有“亚洲脊柱”之称,西起帕米尔高原,东至四川盆地,全长2500多千米、南北宽约150千米,平均海拔5500～6000米。唐古拉山主体海拔6000米以上,主峰格拉丹冬海拔6621米,是长江源头所在。还有就是东边呈南北走向的横断山系。在西藏境内的部分主要是伯舒拉岭、他念他翁山、芒康山等,海拔在4000～5000米。

其二,广袤的高原。西藏全境都在青藏高原上,但本地人更习惯将阿里、那曲所在地区视为高原。这里旧称“羌塘”,今谓藏北高原,多是介于高山大脉间的遍布浅草、青苔与石砾的丘陵、河谷盆地。藏北高原西北高东南低,平均海拔4000～5500米,面积广袤无垠,东西长约2400千米、南北宽约700千米,为西藏主要牧区。

其三,山地峡谷与环带状平原。西藏的山地、峡谷,主要分布于中部、东部、东南部及喜马拉雅南北。雅鲁藏布大峡谷,举世闻名,介乎南迦巴瓦与加拉贝垒峰之间的“大拐弯”,近乎其地标。这里沿江群山兀立,高程差达5000～6000米,江面最窄处不足80米,江流局部达16米/秒之多。人在高处,但见江水澎湃,涛声入耳,状若闷雷。平原则多分布于山地峡谷的狭长或开阔地带。雅鲁藏布一江三河中下游,朋曲、隆子河、森格藏布、朗钦藏布等的中游,多是如此。这些平原区尽管面积不大,约占全区总面积的1.2%,但占全部耕地的56%。这些地方土层较深、土壤肥沃、灌溉便利,是西藏主要农区与经济文化中心地所在。

(二)星罗棋布的河湖水系

西藏河湖众多,堪称“众水之源”。

其一,主要河流。按所在区域、最终流入地等,西藏的河流可分为四。一是流入太平洋的金沙江、澜沧江等。长江上游别称金沙江,源于唐古拉山主峰格拉丹冬,过青海玉树沿川藏边界南下,经芒康入滇,尔后穿越长江中下游六省一市入海。澜沧江源头有二,分别是源于青海杂多县夏茸加山麓的扎曲和源于西藏巴青县万马拉山的昂曲,汇于昌都,经芒康盐井入滇,境外称湄公河。二是流入印度洋的雅鲁藏布、怒江等。雅鲁藏布源于仲巴县杰马央宗冰川,初称当曲藏布,过里孜后名为雅鲁藏布。从里孜到米林派镇间,汇入水量充沛的年楚河、拉萨河、尼洋河等。自派镇以下过"大拐弯",经珞瑜等地出境。这是全球海拔最高的大河,流程居全国第五、流域面积第六、流量第三、水能蕴藏量第二、单位水能蕴藏量居首。怒江是西藏第二大河,源于唐古拉山南边安多境内,经察瓦龙入滇。三是藏北内流河,大多河短流小,绕内陆湖成向心状分布。四是藏南内流河,主要分布于喜马拉雅与雅鲁藏布之间,流域面积最小。

其二,状若繁星的湖泊。西藏是我国湖泊最多的省区之一,有大小湖泊1500多个,总面积约24183平方千米,约占全国的28%。纳木错、色林错、扎日南木错等面积在1000平方千米以上,100平方千米以上的47个,50平方千米以上的104个,1平方千米以上的612个。其中,当雄"天湖"——纳木错,是西藏第一大湖,面积1920平方千米,也是世界最高的大湖,海拔4718米。

(三)独具特色的气候

西藏气候类型辐集,呈两类分布。一类是从东南向西北,由热带山地季风湿润气候渐次展现为其余气候类型。另一类是依地势垂直分布,由山脚到山顶,递次变化。这在西藏东南及喜马拉雅南坡山地表现得最明显,真正的"一山有四季,十里不同天"。除此而外,西藏的气候还表现出以下主要特征:

其一,空气含氧普遍不足。西藏平均海拔在4000米以上、腹地广阔,足量水汽难至,大部分地区空气异常稀薄。这给人们带来了许多不便。比如,气压不够,过去民众在烧水、煮食方面大成问题,当然,最严重者当属普遍缺氧。这里单位空气平均含氧量仅及内地的60%,严重影响人们的生产、工作效率,甚至威胁人们身心健康与生命安全。

其二,大面积低温。众所周知,地球上某地海拔每上升1000米,温度便下降6℃。西藏平均海拔4000米以上,相对其他地方而言,全区理论降温平均可达24℃之多。事实也如此,一年之中,内地许多地区7月温度时常达38℃,甚至更高,同期西藏大部分地方也就摄氏10来度,藏北大面积低于8℃。

其三,日照强而长。西藏的太阳辐射强、日照时间长。比方,拉萨全年日照约3021小时,几乎同纬度的成都、上海等则分别为1186.8、1932.5小时。当然,一方面,强日光中所富含的紫外线,有极强抑菌、灭菌作用,可大大降低民众感染病菌的概率;人的肌肤还可吸收紫外线以制造维生素D3,再将其转化为活性维生素D,促进对钙、磷的吸收,降低婴幼儿缺钙现象。另一方面,强光也容易灼伤人的肌肤,甚至给人带来某些意外影响。

其四,干湿两季分明。每年十月至次年四月,地面多西北风,低温,少雨雪;五月至九月,西南季风将暖湿气流送上高原,降水较多,占全年总量的90%。夏时南部、中部多夜雨冰雪,北部多雷暴冰雹。内地所谓“六月飞雪”,在此毫不稀奇。

二、资源条件与“脆弱性”

从满足人们需要而言,西藏既拥有丰富的资源,也具有某种“脆弱性”。

(一)自然资源宝库

西藏自然资源极为丰富,将其视为我国资源宝库,实至名归。

其一,植物资源。西藏本地栽培作物不少,仅蔬菜就有约20个科、110余种。[①] 尤其,喜凉耐低温作物在此生长态势、产量之好,为全国罕见。这里也有适合许多外地作物生长的环境。如,绝大部分栽培果树,多系民主改革后引进,且生长良好、果品上佳。而今,依托温室大棚技术,更多内地作物被引入了西藏。据说,“夏季拉萨、日喀则、山南、林芝等地的蔬菜供给率可达95%以上”。[②] 西藏的野生植物之多,亦超人想象,达9600种之多。其中,有855种为当地特有。西藏的高等植物有6400多种,含700多种苔藓类植物,5700多种蕨类、种子植物。还有藻类植物2376种,真菌878种。[③] 与人们关联紧密的野生植物,主要有林木、牧草、药材、糖类、淀粉类、纤维类、鞣类等。这里林木品种丰富,总蓄积量约22.88亿立方米,还有植物性药材2490多种,许多药

① 中国中央政府网.中国简况·西藏[EB/OL].http://www.gov.cn/test/2013-04/08/content_2372340.htm.

② 中国中央政府网.中国简况·西藏[EB/OL].http://www.gov.cn/test/2013-04/08/content_2372340.htm.

③ 中国中央政府网.中国简况·西藏[EB/OL].http://www.gov.cn/test/2013-04/08/content_2372340.htm.

材量大质好。是以，西藏顺理成章地成为我国五大林区与最大药材基地之一。

其二，动物资源。西藏的家养动物极多。其中，牦牛久负“高原之舟”的盛名，被大量充作驮运骑乘工具。野生动物方面，这里有脊椎动物798种，其中196种为当地特有，125种为国家重点保护动物，占全国三分之一。尤其，白唇鹿是西藏独有的世界性珍稀动物。哺乳类动物142种。鸟类有19个目、57个科，计488种。其中，22种为本地特有。鱼类68种。羊卓雍错的鱼类蕴藏量居西藏之最，约2亿～3亿千克，故称“西藏鱼库”。还有爬行类动物有55种，两栖类动物45种及昆虫4000多种。①

其三，矿产资源。西藏已发现的矿种计102种，查明储量41种。其中，能源矿5种，查明储量3种；金属矿31种，查明储量14种；非金属矿64种，查明储量21种；水汽矿2种，查明储量1种。② 这些矿藏，大多矿体多、品质好、储量大。其中，藏东三江的斑岩铜矿储量全国罕见，还伴生钼、钴、钨、镍、金、银、铁等元素。西藏锂的远景储量居世界前列。非金属矿亦相当可观。如，硼矿，储量大分布广，已探明储量居全国前三；菱镁矿、重晶石、砷等分居全国第三、第四；石膏、陶瓷土等居全国第二、第五；白云母、泥炭等居全国第四。

其四，清洁能源。西藏的年均天然水能蕴藏量达2.01亿千瓦，技术可开发量为1.15亿千瓦，占全国水能总量的20.3%，居全国之首。③ 仅雅鲁藏布干流，即达8000万千瓦，加上多雄藏布、年楚河、尼洋河等，可达9000万千瓦。这里还有丰富的地热资源，显示点达600多处。可利用的太阳能、风能，亦相当可观。

其五，旅游资源。因旅游业的缘故，西藏的自然风光与人文景观复合一体，成了新兴资源。目前，已开发相关景点300多处。其中，国家5A级景区1个，4A级景区10个，3A级景区7个，2A级景区8个，1A级景区1个。国家级自然保护区9个，国家级地质公园2个，中国旅游城市1座，国家级历史文化名城3座，国家级历史文化名镇2个。④

---

① 中国中央政府网.中国简况·西藏[EB/OL].http://www.gov.cn/test/2013-04/08/content_2372340.htm.

② 中国中央政府网.中国简况·西藏[EB/OL].http://www.gov.cn/test/2013-04/08/content_2372340.htm.

③ 中国中央政府网.中国简况·西藏[EB/OL].http://www.gov.cn/test/2013-04/08/content_2372340.htm.

④ 中国中央政府网.中国简况·西藏[EB/OL].http://www.gov.cn/test/2013-04/08/content_2372340.htm.

(二)缘于自然条件的“脆弱性”

按德尼·古莱的理解,“脆弱性”是指“人们在无法控制的力量面前束手无策的情形。”①客观地说,“脆弱性”是人类的共有现象。人们面对各类灾难,如古代雅典在亚历山大的“马其顿方阵”面前、古罗马遭遇西哥特人入侵、后世西方面对奥斯曼土耳其的西进、旧中国遭受列强入侵时所表现的种种弱势等,便是“脆弱性”的体现。本处引入“脆弱性”,是指西藏自然条件严酷的一面给人们生存、生活与生产所造成的难以根本克服的困难。总而言之,它具体表现如下:

其一,生态的“脆弱性”。西藏所处的青藏高原,是我国的气候启动调节器、众水之源与生态屏障。与这多重角色并存的现实是,西藏又备集了其生态环境易遭破坏的诸多因子,如高海拔、水汽不足、降水不均、缺氧、低温干燥、地力不强等。一则使植被生长周期过长。在海拔3000米以上处,柏树的成长周期约为20年,松树的成长周期约为100年,人工培植林成活率亦不及内地一半。② 再则使绝大部分地区遍布易遭破坏、难以恢复的根系草类。三则土壤具有年轻性。这里的土壤层次分化不明显,土层浅薄,大部分发育还在原始阶段,矿物化学分解度低,粘类含量少,70%以上为砾质土,结构性差。③ 这些约束,决定了西藏生态系统的自我维护与修复能力极为有限。比如,在雅鲁藏布中游山南的一些河谷开阔、地势相对平缓的地带,每年枯水季节,水位下降,河床裸露,狂风卷起河沙扬向空中,遇到山梁阻隔后,沙粒坠地,日积月累,有些地方便被厚厚沙层覆盖。去过桑耶沙丘的人都知道,自治区各部门在此着力不少,如栽树、植草等,但仍未完全扭转局势。

其二,生存的“脆弱性”。在西藏,除缺氧而外,这里复杂的气候、地形,高峻的地势与频繁的地质活动等,都是塑造这类脆弱性的显著因子。西北阿里,高寒干燥,全年八个多月日均气温摄氏零度以下,极端气温−30～−35℃。藏北年日均气温最低,摄氏零度以下达9个多月,极端气温−35～−43℃,—

① 德尼·古莱.残酷的选择——发展理念与伦理价值[M].高铦,高戈译,北京:社会科学文献出版社,2008.6:1.

② 中国中央政府网.中国简况·西藏[EB/OL].http://www.gov.cn/test/2013-04/08/content_2372340.htm.

③ 中国中央政府网.中国简况·西藏[EB/OL].http://www.gov.cn/test/2013-04/08/content_2372340.htm.

40℃以下极寒天气达5～10天。藏东三江、林芝峡谷区，降水较多，气候垂直变化大。喜马拉雅北麓，日最低气温摄氏零度以下时间达7个多月，极端气温－30～－47℃，南麓夏季炎热，多降水。[①] 基于前述，这里的风霜、暴雨、雪灾冰冻、山洪泥石流等时有发生。由于众所周知的原因，西藏的地质活动相当频繁。据一份早年资料，自1911—1977年，全区强震计有436次，其中6～6.9级65次，7级以上10次，8级以上2次。[②] 如此看来，这里6级以上地震几乎1年1次，7级以上地震几乎6年一次，8级以上地震几乎33年1次。

1951年10月4日，在率领其支队前往西藏途中，范明同志曾如此电告："……在渡河过程中有四十多位同志英勇而光荣地牺牲了，淹毙骡马等一百五十四头"。[③] 一条通天河便险恶如斯，足见包括西藏在内的整个青藏高原自然环境的严酷性。新中国以来，经由几代人励精图治、辛勤建设，西藏的抵御力已大为提高，各族民众生存环境与生活质量已得到显著改善。但是，形塑这一严酷性的因素，毕竟是先天的，非人力所能根本消除。据有关部门2008—2009年对西藏部分在校生普查显示，除因病夭折或无法就读者，受调查儿童先天性心脏病发病率为1.2%～1.4%，同期内地为0.6%～0.8%。截至2012年，经筛查统计，全区患先天性心脏病的儿童就有1万多人。高寒缺氧，被认为是其始作俑者。而且，它还严重制约对患者的救治。是以，卫生部不得不组织17个省(市)对口支援，将他们接下高原和免费救治。[④]

其三，经济社会发展的"脆弱性"。这里不是指经济社会某种不足，而是指自然环境在个体与群体的意义上对西藏经济社会发展的选择机会与选择能力的制约。

按照制度经济学的理解，扩展人的选择机会与选择能力，一般通过经济增长、人力资本的改善与制度结构等三个基本因素或手段来谋求解决。[⑤] 然而，与其他地区相比较，在别处通行的行之有效的发展之道，在西藏则并不足持。一如经济增长，通行的办法是通过扩大资源基础与积累资本而获得。然而，在西藏，这委实令人费思量。一方面，它涉及由于自然因素参与而增加的成本问

---

① 中国建设报.西藏自然灾害分布及城镇规划[N].2002-01-29.

② 转引自中国建设报.西藏自然灾害分布及城镇规划[N].2002-01-29.

③ 转引自吉柚权.白雪——解放西藏纪实[M].中国物资出版社，1993:291.

④ 中国积极救治西藏先天性心脏病患儿[EB/OL].http://news.xinhuanet.com/2012-11/01/c_113575625.

⑤ V.奥斯特罗姆等.制度分析与发展的反思——问题与抉择[M].王诚，等译.商务印书馆，1992:1.

题。比如，在内地，民众可以通过长时间、高强度、快节奏，又或远距离方式获取、积累资源与获得产出，而在西藏，纵或经由自然选择以后，人们已适应了这一高原环境，如其在此复制内地同胞的生产经营模式，那么仅从身心健康而言，都是极其致命的。另一方面，它也涉及生态承载力问题。在西藏，由于自然环境制约，他人可以大加利用的资源，西藏民众无法利用；他人可以通过某一方式获取与利用的资源，西藏民众同样不可以复制这样的方式。否则，便有危及生态系统之虞。又如，教育、技术与健康等往往被认为是改善人力资本的主要手段。在西藏，相比于过往，通过中央政府的坚决支持，全国人民的大力支援与几代西藏人的努力，我们已取得了长足进步。然而，真正深入过西藏腹地的人都清楚，地广人稀、位置偏僻、交通不便等所造成的各类障碍，仍然在顽固制约人力资本的改善。再如，制度结构的作用，人们一般认为“制度影响人类选择是通过影响信息与资源可获得性，通过塑造动力，以及通过建立社会交易的基本规则而实现的。制度通过提供更有效率的组织经济活动的途径而对发展作出贡献，而这些途径通常导致经济基础性的调整”。① 不过，到目前为止，人类所创造的这类“有效率的组织经济活动的途径”其实并不多，除传统产业手段外，工业与商业，依然是实现这类诉愿的两种基本手段。但它们能否在西藏自然环境中取得自洽性，值得存疑。从工业角度来看，在西藏投身任何一项产业的成本，可能比在其他地方都要更高些。重点的问题还在于，这类产业可能损耗的比其他地方更高的生态成本。在这方面，尤须注意，其他地方的生态在遭受某种程度的破坏后，可能还能修复，这在西藏则不可逆。从商业角度来看，抛开这里的生态环境是否有足够能力承载一个规模较大的市场经济不论，基于自然制约而来的地广人稀与有限的人口量，将始终制约市场容量、规模与内需，从而阻断个人的、群体的生产经营活动和经济社会发展的规模效应的获得。以西藏与广东为例，西藏总面积约 122.84 万平方千米，人口约 300.2 万，人口密度为全国最低，约 2.459 人/平方千米；②广东总面积约为 17.98 万平方千米、常住人口为 10505.01 万，人口密度在全国最高，约 584.261 人/平方

---

① V.奥斯特罗姆等.制度分析与发展的反思——问题与抉择[M].王诚，等译.商务印书馆，1992:2.

② 有关我国西藏自治区总面积，至少有三个数字：120 多万平方千米（中国政府网西藏概况），120.223 万平方千米（西藏自治区政府网 2006 年《西藏概况》），122.84 万平方千米（西藏自治区政府网 2007 年《西藏概况》）。这里取 122.84 万平方千米，又据全国第六次人口统计，西藏全区常住人口为 3002166。故，300 万人/122 万平方千米＝2.459 人/平方千米。

千米。2012年,西藏全区GDP总量约为695.58亿元。同期,广东全省GDP为57067.92亿元。[①] 广东以不到西藏七分之一的陆地面积,承载了约35倍于西藏的人口,创造了82倍于西藏的GDP。拿榜首与榜尾相比,固然很不科学,因为即或内地许多省份也与广东相去甚远。但是,这种反差,至少说明自然条件对西藏经济社会发展的制约之大。由前面所提起的定义来看,西藏既然受制于这类制约且无法根本克服,那便是“脆弱性”的具体体现。

三、基于自然环境的西藏公共管理支点

迄今,西藏的自然环境保护总体较好。不过,为免于步他人后尘,我们的公共管理当未雨绸缪地做些事情。

(一)对自然环境的清醒认识

曾经,不计后果地追求丝性发展,及至出现大面积环境问题后才回头治理,几乎是一种全球性现象。在推进西藏经济社会发展时,我们公共管理者当拒斥这类现象在自身场域的发生。这一方面是因为西藏的生态脆弱而敏感,任何一点细小变化都可能引发环境异变。一如沙漠化问题。由于西藏大部分地方植被覆盖不足,土壤发育不好,且多地质活动与强风,因此,即使未进行大规模开发,正常的农牧业也足以给前述扩大沙化因子活动的机会空间。目前,沙漠化现象在西藏中部、北部,如雅鲁藏布中上游、拉萨河中下游、尼洋河与尼楚河下游宽谷区,以及班戈、申扎、那曲、昂迎等地,都有分布。另一方面,西藏自然环境的自我修复力极差。“据山南地区贡嘎县调查,1984年风积沙地0.195×104 km^2,至1998年风积沙地发育到1.93×104 km^2,4年时间风积沙地面积净增加一倍。”“据沙漠所调查扎囊县从1980年至1992年间,由于干旱、沙埋等危害,有106.67 km^2的农田被迫弃耕,农田平均递减速度为8.89 km^2/年。扎囊县耕地大部分分布在雅鲁藏布江宽谷内,那在未来的50年左

① 人口、土地等数据系本人采自相关省区政府网站所提供最新数据,GDP数据转引自和讯网2013年2月20日《2012年度各省市GDP总量排行榜出炉》(http://news.hexun.com/2013-02-20/151286112.html),笔者已通过其余途径进行核查,确实无误。其中所有计算均由本人完成。数据计算可能有误差,由本人负责。

右时间内,扎囊县的农地将所剩无几。"[①]当然,这份材料已略有老化。而且我们也不能据此而忽略自治区各级政府部门多年来所作出的努力与治理。不过,根据笔者在西藏的一些调研经历来看,这一局面尚未得到根本好转却是事实。它至少表明,西藏自然环境的自我修复能力极差,一旦生态失衡,便具有某种不可逆性。另一方面,西藏自然环境不仅承载着300多万各族民众的休养生息,而且也是我国的江河源、生态源与气候启动调节器,牵一发而动全身。基于此,首先是公共管理者在推进西藏经济社会发展时,应当预先对这里的自然环境有一个全面、准确与深刻的认识。

(二)合理的目标定位

在今天,尽管从经济总量及人均水平而言,西藏的发展在全国仍相对滞后,分居榜尾与倒数第四。不过,考虑到西藏所受自然条件的约束及其不得不为我国整个生态系统做的牺牲,能有这份成绩已相当不错了。另外,衡量一个地方的发展效益,并非一个单纯的经济总量或人均指标所能覆盖。所以,对公共管理者而言,不能为前述表象所蒙蔽,凭主观意志去追求某一线性目标,而是应当对西藏经济社会发展有一个合理的定位。唯其如此,一方面,公共管理者才不会以内地省区经济社会发展的某种单一量度为参照,并产生非理性念头。无论如何,一些恶劣的自然条件,在某种意义上已然决定,无论付出多大努力,西藏都很难有在绝对量上超越内地任何一个省区的可能。另一方面,只有确立了正确的认识论,从长远着眼,关注西藏经济社会发展的可持续性,包括价值引领、人力资源培育、基于环境保护的生态承载力、受益主体的普遍性、社会效益等,才有可能真正成为西藏公共管理的当然内容。

(三)理性的公共管理

为使经济社会发展获得预期的可持续性,在处理发展与自然环境关系方面,西藏公共管理还需要以下几个支点来为自身注入某种理性:

其一,将环境保护作为首位施政原则,贯穿于相关决策程序,尤其制度激励体系中,以及作为选人用人的一个刚性标准与得到有效监督和执行。唯其如此,才能较好地摒弃某些公共管理主体凭主观意志、热情甚或功利诉求行事的弊端。

其二,生态承载水平的宏观分析。尽管要完成这一任务尚存很大困难,甚

---

① 袁佩新,周明伟.西藏自治区土地沙漠化遥感调查[J].四川地质学报,2004,24(4):225.

或得出来的结论也不太可靠,但考虑到西藏自然环境的特殊性及其对我国社会的重要意义,考虑到不进行这方面努力,相关公共管理便可能因缺少可供把握的基准而陷入模糊管理,或者说不能落到科学基点上,故此强烈建议西藏公共管理应做好这项工作。比如,对西藏自然环境之于人、畜及其活动规模水平的承载阈限等,进行相关分析、推演、估算与达成一个较为理性的估值,进而为经济社会发展的目标定位与决策提供科学的指导原则。

其三,必须有综合的资源保护与开发法规、规划。尽管目前在全国层面都还存在这方面缺陷,但为使西藏经济社会发展的可持续性得到坚实保障,西藏公共管理得先行一步,开始这方面探索,就资源类型、性质、开采方式、开采技术、开采后果、开采主体、受益者、价值分配等诸多问题,进行整体、详细、清醒的认识与规划,并适当上升到法的高度,以使这类保护与开发,真正摒弃个人主观意志、热情与利益诉求,而真正受到法的规范与约束。

其四,环保意识与资源节约型发展道路。不仅西藏公共管理者自身要注意培养高度的环保意识与积极探索资源节约型发展路径,而且还应培育民众的环保意识,引导他们探索资源节约型发展之道。这里需要提醒,公共管理者绝不能一面宣传环保,另一面在实践中又忽略环保。否则,这不但会消耗生态成本,而且会消耗社会成本。

结束语

回望过去,人们在探寻其未来发展之路时都有步他人后尘的习惯。这值得西藏公共管理警醒和注意发展理性。不过,这里又必须旗帜鲜明地反对某些人借庸俗化后现代话语而上位的“发展虚无主义”主张,及其对西藏经济社会所取得的成就视而不见,反是生造所谓环境问题,言在此而意在彼地扭曲,乃至卑污化我们西藏公共管理的荒谬言行与做派。无论如何,时代发展到今天,我们西藏广大民众都值得拥有一份与现代社会相匹配的有品质、有品味的生活,而不是继续停留于中世纪的苦难中。

浅谈帕森斯社会整合思想对中国现代化的启示

来　帅　杨丽燕*

摘要：当今的中国社会，正值推进现代化，构建和谐社会的关键时期，单纯依靠现有的中国特色社会主义理论指导日益多样化的新产生的社会问题难免有些力不从心。因此通过对帕森斯社会整合思想的全面、准确地解析，并与中国全面实现经济、政治、文化和人的现代化进行衔接和一一指导，力图用独特的视角解析中国现代化的发展现状及新的解决途径。不仅为中国进一步实现现代化提供新的理论基础，为我国的建设理论注入新的血液，同时创新性地反思目前我国社会工作事业发展的现实需要和迫切要求。

关键词：帕森斯；整合；现代化；社会工作

一个时期以来，“现代化”已从人们热衷的话题，成为人们热烈追求的生活目标。改革开放以来，在中国的大地上也发生着巨大的变化，实现社会转型，走现代化发展之路已成为不可逆转的大趋势。回顾国内外对帕森斯理论及现代化的研究，一方面局限于对其结构功能主义、行动系统论等的整体理论的探讨，而没有进行对其多种经典理论所共同体现的整合观点的提炼和总结。另一方面利用帕森斯的经典理论指导现实社会多以一个角度为切入点如政治中的腐败、文化中的道德教育等，并且缺乏与中国特殊国情的衔接。另外，我国的现代化研究多以毛泽东思想或邓小平理论为理论基础，在利用西方社会学理论方面还有待补充。

因此，基于中国人口众多、区域差异明显、资源和环境压力大、社会矛盾更为突出和尖锐的特殊国情，及为了应对新萌生的社会问题和完善目前中国现

* 来帅，西藏民族大学法学院；杨丽燕，西藏民族大学法学院。

代化的研究，笔者总结出的帕森斯的整合观点对中国的经济、政治、文化和人的现代化的全面实现进行理论指导，并解释目前为实现现代化上升到国家政策的具体举措的合理性。

一、帕森斯社会整合思想综述

塔尔科特·帕森斯是美国著名的社会学家，结构功能理论的创始人。他既是经典社会学理论的“集大成者”，又是现代化研究的“一代宗师”。他在继承古典社会学社会发展理论的基础上，创立了结构功能理论和分析方法；他关于传统与现代五对模式变量的模型，开启了现代化研究的先河。帕森斯运用系统论、整体观的思维方式，弥补了传统研究中“关键因素法”的不足。

(一)系统论

帕森斯认为，社会是由相互联系的各部分组成的一个系统。所有的机制(政治、经济、家庭、文化)都是相互影响的，存在着种种因果链条。其实，社会中的诸多现象以及暴露的种种矛盾都存在着一定的因果关系，但是这种因果关系又是极其复杂的，19 世纪的思想家企图分离出某一种因素：遗传、环境，或是经济来解释这种关系，但均成效不大(兰德尔·柯林斯、迈克尔·马科夫斯基，2006)。正是帕森斯的这种系统论的思维方法为解释社会现象和解决社会矛盾创造了新的契机。

(二)结构功能论

帕森斯相信，社会结构的动因存在于它与其他结构的关系中，而不是存在于诸如个体这样的更小的单元中。社会的各部分(政治、经济、教育、宗教等)都是作为其他机制的功能，它们之间进行着功能交换，相互支持。“结构—功能”论，为人们理解从传统社会向现代社会的变革提供了一个整体论的分析范式。帕森斯试图探索出一个社会的生存所必须要实现的一些基本功能：维持基本的文化模式(在大型的社会里，由教育和家庭社会化来完成此项功能)，使社会成员整合进和谐的行为体系中(由宗教和法律体系完成此项功能)，达成共同体的目标(由政治来实现)，以及适应环境(由经济来实现)(兰德尔·柯林斯、迈克尔·马科夫斯基，2006)。在这 4 种功能中，整合是最基本的部分，因为它保持着各个部分之间协调一致的运作，不致出现游离、脱节和断裂。

(三)价值系统论

在帕森斯看来所有的正在运行的社会都具有非理性的团结感,帕森斯称其为“价值系统”,即通过文化观念和价值系统的内化与制度化来论述社会系统整合的一致性问题。帕森斯认为:“在社会结构中,一种真正的行为动机整合只有依靠制度化了的价值的内化才会产生。”内化是指社会层面的文化观念和价值取向被社会行动者认同、结合到自己的心理结构和行为模式中。它既是个人对社会文化观念和价值规范的接受和认可,又是社会文化观念和价值规范对个人的深层限制。帕森斯认为,价值观变化是社会变迁的首要动力,各社会之所以不同,是因为维系每个社会的价值体系不同。

二、帕森斯的整合观点与中国现代化发展的内在联系

(一)帕森斯社会整合的主要观点与现代化发展的关联性

在前帕森斯时代,社会学家们只是在社会变迁的一般意义上抽象地谈论“传统”与“现代”,或者是局限于本国、本民族的范围内,用“传统”与“现代”的概念来分别描述社会变迁前后的状况。因此,“二分法”仅仅含有时间维度上的意义。并且,这种从单一视角切入推演社会进化的过程虽然清晰明了,重点突出,但容易造成思维中的疏漏。帕森斯受系统论和结构功能论等自然科学研究方法的影响,则开始在对众多国家和民族进行横向比较的基础上使用“传统”与“现代”的概念,从而使得“传统”与“现代”不仅有了时间上的前后更替关系,而且赋予“传统”与“现代”以空间地域上的含义。

帕森斯在继承古典社会学关于西方现代化发展研究成果的基础上,抽象出五对模式变量,这是现代化研究中有关“传统”与“现代”两级对立研究模式的最为全面的总结和概括。(1)情感与情感中立。在传统社会里,“情感性”是人们行为的主要动机,人们通常把个人感情或私情关系带入职业行为中;在现代社会里,“情感的中立”成为人们行为的主要动机,人们之间的关系更多地表现为“情感的无涉性”。(2)自我取向与集体取向。自我取向意味着本身的利益是优先的,而集体取向则意味着其他人或整个集体的利益是优先的。在传统社会里,人们一般是集体或团体取向的,追求一种无私奉献的社会行为;在现代社会里,人们通常是自我取向或重视个人利益的。(3)普遍主义与特殊主

义。普遍主义的模式意味着行动者在同其他任何人的互动中都遵循同样的规范性标准;特殊主义的模式则意味着行动者因人而异地改变自己的行动标准。传统社会盛行"特殊性标准",现代社会则通行"普遍性标准"。(4)先赋性与自致性。在传统社会里通常是"先赋性"的,即人们一般是根据某个人的出生、年龄等先赋条件来评价他人,身份成为一个人的社会地位的重要标准;在现代社会里则是"自致性"的,即一个人的社会地位的提升主要是根据他的业绩或成就而定。(5)专一性与扩散性。一般来说,传统社会的角色关系是"扩散性"的,即人们取得或给予他人的满足是广泛的,责任和义务在生活中逐步确定;现代社会里的角色关系则表现为"专一性",即相互的义务是狭隘的,受到法律制度的约束(童星,2005)。

所谓"现代化"的过程,就是指一个具有上述"传统"特征的社会逐渐消除这些特征,同时获得上述种种"现代"特征的过程。也就是说,现代化是一个"传统性要素逐渐减少、现代性要素逐渐增多"的过程(毕道村,2005)。

在帕森斯这一经典模式的影响下,许多现代化理论家从不同的学科角度总结和归纳出了"现代化"的一般特征:从经济方面看,现代社会是工业和服务业占据绝对优势的社会,或所使用的全部能源中非生命能源占据较大比重的社会。从政治方面看,现代社会普遍具有一个有高度差异和功能专门化的一体化政府组织体制,它采用理想化和世俗化的程序制定政策,人民对政治运动怀有广泛的兴趣并积极参与,各种条例的制定主要是以法律为基础。从文化方面看,现代社会的文化强调理性主义、个性自由、不断进取、效率至上、能力至上等价值观念。从个人人格与行为特征上看,现代社会的成员有强烈的成就动机,在处理有关事务时有高度的理性和自主性,对新事物有高度的开放性,对公共事务有强烈的参与感,对生活在其中的社会有较高程度的信任感等(童星,2005)。

(二)中国现代化的特点及发展现状

1.中国现代化的特点。中国社会现代化既不是单一的经济现代化,也不是片面的工业化,而是一项全面的现代化系统工程,其主要内容包括经济现代化、政治现代化、文化现代化和人的现代化。而经济现代化、政治现代化、文化现代化和人的现代化又是相互作用、相互影响、相互制约、共同推进,构成了社会全面现代化的系统工程。经济现代化是现代化的基础。政治现代化是现代化的根本保证。文化现代化是现代化的重要条件。人的现代化是现代化的最终目的和归宿。经济现代化是中国现代化的基础。经济现代化又包括工业现代化、信息化、城市化、经济结构现代化等内容。而工业现代化是经济现代化的核心内容。但工业现代化并不是经济现代化的全部内容。政治现代化是中国现代化的根本保证。政治现代化即民主化，它是经济现代化和社会现代化的必然要求，它对整个社会的现代化方向起着支配性和指导性作用。文化现代化是现代化的重要条件，它对现代化进程中各部分的协调运作起着至关重要的维系作用，从长远来看，文化价值系统比权力控制更为持久。人的现代化是当代中国现代化的目的和归宿。人是社会的主体，也是现代化的主体，是现代化的实际承担者。无论是经济现代化、政治现代化，还是文化现代化，归根到底最终都要人去实现。

2.中国现代化的发展现状。中国在完成社会主义现代化的进程中不能忽视其特有的国情：人口众多、资源和环境压力大、区域发展差异显著、社会矛盾多样及尖锐等。这也就意味着中国现代化的发展过程是有别于发达国家及后发国家的。

具体表现包括：(1)社会中心呈疲弱与紊乱的状态。中国是政府主导型社会。在中国现代化实际进程中，政府扮演着非常重要的角色：不但要协调资源的配置、组织社会动员，而且还要直接推动市场经济体制的建立。但目前中国的政府系统在一定程度上表现出某种弱化与紊乱的情形。突出表现为社会变迁使政府系统制定的现代化目标体系中的一些目标尤其是一些短期目标、操作性目标很快失效，这在客观上容易降低整个目标体系的稳定性、配套性和同一性的程度。再者，在急剧的社会变化中，社会群体也在发生相应的变化。一些新的利益群体形成了，一些原有的利益群体依然存在，这些不同的社会群体的需求各不相同。为了维持社会的整合与稳定，就必须兼顾各种社会群体。于是，基于不同的利益群体需求所形成的一些具体目标显然很难保持同一性。政府系统权威性以及控制能力的降低，使得中国社会难以更有效地防止大量社会问题的出现，难以更有效解决、缓解已有的社会问题。更为重要的是，社会目标体系的紊乱甚至会直接引发新的社会问题的出现。(2)价值体系的紊乱。目前，中国正处于转型时期，民族传统也正处在修复重塑过程中而不能正常发挥作用，这就难免造成中国民众心理重心外移，丢弃原有的社会行为规范而去简单模仿、照搬西方的行为规范的局面。更何况，随着中外文化交流的加强，外国的文化价值观念也不可避免地流入中国。这些势必会使中国社会出现一个中西价值观念并存和激烈的冲突的局面。再者，世俗化过程片面并且是急速地展开，也使不少社会成员信奉一种更接近物欲的、拜金主义的行为方式与价值观念，从而加重了中国社会价值体系紊乱的程度。价值体系的紊乱会使社会成员缺乏必要的准则和约束,从而诱发出更多的社会问题。

三、帕森斯社会整合思想对中国全面实现现代化的指导

目前中国在实现现代化方面还存在很大不足与缺陷,中国的特殊国情也决定了中国所展开的社会发展实践进程,在内容上必定异常丰富,也必定更具复杂性和艰巨性。可以说,帕森斯社会整合观点为中国全面实现现代化提供了新的思路,并且在其思想的指引下巧妙地把更好地实现现代化与社会工作事业相衔接,引发中国对社会工作事业发展的反思。

(一)经济现代化

我国经济建设长期存在的一个突出问题是重视经济速度,忽视国家经济质量,人们习惯于扩大外延的数量型经济,习惯于急功近利的追求短期效应。虽然,改革开放以来,我党以经济建设为中心的思想已深入人心,党的十四大确立的市场经济体系已为我们经济发展指明了具体道路,但现在需要进一步明确的是,经济工作本身的中心是什么,市场经济建设的根本任务是什么。针对我国当前重数量轻质量的经济增长模式,我们更应该明确,提高国家经济质量是经济建设的中心,是市场经济建设的一项迫切任务。

把经济看作一个系统,为了达到经济系统的整合、协调运作,笔者认为可以从以下几方面着手:(1)优化产业结构,提高产业水平。经济产业结构包括第一产业、第二产业和第三产业,三大产业在经济发展中均不可或缺,尤其是第三产业的发展对缓解当前就业难、“用工荒”的矛盾起重要作用。近几年,我国第二、第三产业的比例虽已有一定程度的提高,但第二产业的工业化水平很低,第三产业也多是饮食服务、娱乐消费行业,而信息、金融、文化发展迟缓,第三产业的科技含量也低。所以优化产业结构在提高后续产业的比例时更要重视提高每种产业的水平和质量。(2)改革分配制度。在现代市场经济条件下,人们越来越认识到在经济生产过程中,人们不仅要投入土地、资源、能源、货币、劳动等物质性的有形生产要素,还要投入科技、文化、无形资产、信息、管理经验等无形的生产要素。只有这些要素的有机统计,才能提高经济效率、促进经济发展。所以在经济过渡时期,最大限度地融合经济增长因素、最积极地发挥各种经济因素的活力,就要求实现分配制度的改革和完善。尤其是要重视管理者和科技人员的知识技能投入,实行多种分配方式并存的制度。(3)两手

抓，两手都要硬。市场经济条件下，市场调控要发挥基础性作用，但这并不意味着政府可以无作为。相反，在中国现代化实际进程中，政府扮演着更为重要的角色：不但要协调资源的配置、组织社会动员，而且还要直接推动市场经济体制的建立。转变政府职能，提高政府工作效率，建设服务型政府是加强政府调控能力的主要途径（高清海，1999）。

（二）政治现代化

从宏观的角度看，没有对整个社会的整合、控制、协调和管理活动，社会中的各个子系统及人的生产活动就不可能形成一个有机的整体，社会就无法存在和有序发展。在一定意义上讲，对社会各种关系的协调、控制和公共事务的管理活动就是政治。政治作为社会管理系统，源于社会，不但处于社会有机体各组成部分的包围和制约中，而且又把社会有机体及其各组成部分作为自身管理的对象。

政治在本质上就是整合。通过建立全社会统一的公共权力机构，并借助于公共权力的权威力量，通过一定的制度安排，对社会关系及各组成部分进行调节，使它们保持内在的契合和动态平衡，从而将各种生产活动和社会关系结为一个整体。如果没有政治的整合作用，那些相互对立、相互冲突的个人和集团不仅不能通过互动解决矛盾，反而会"在无谓的斗争中把自己和社会消灭"（高清海，1999）。但是过度地依附政治力量和整合社会各要素反而会阻碍社会有机体的健康成长。如何更好地发挥政治的整合功能呢？改革政治体制，寻求政治发展是必经之路，而政治发展的核心任务是实现民主。建设民主政治，就是要在政治上通过一定的制度安排使公民的基本权利和自由得到充分的保障，形成使每个人的个性特征受到尊重，为每个公民提供自由发展的平等的条件和机会的优良的社会政治环境，从而使每个人的智慧、才能和创造潜力都能得到充分的发挥。但是，民主的发展从根本上说是由社会的经济、文化条件决定的，我国尚处于社会主义过渡和转型时期，在经济条件还比较落后，社会不稳定因素增多，公民的政治素质不高，社会对政治变革的承受力还很脆弱的情况下，对现行的政治体制做全面的改造，企图在短时间内实现高度民主，其结果很有可能引起社会动荡，导致现代化进程的中断。这一现实决定了，走自下而上的民主建设道路是一种建设性的、可行的、稳妥的民主建设之路。

（三）文化现代化

文化是把分散的个人结合成社会群体的黏合剂。社会的统一需要在人与人之间建立互相联系的中介。物质文化(如劳动工具)和精神文化(如语言文字),恰好为人与人之间的联系提供了中介:人们由于使用劳动工具,才与他人分工协作,才互相依赖和需要;人们由于使用语言文字,才与他人交流思想,取得共识与协作。可以说,文化在社会有机体的整合过程中起着价值观维系作用。文化为社会整合主要是提供现代化的"价值标准"。在文化的熏陶下,价值观念通过多种途径代代相传。例如,通过道德宣传和教育,一些传统美德如勤劳、勇敢、诚实、尽孝等,一代代传递下来。在此过程中,有些价值观也随着时代的演进而产生巨大变化。例如,中国传统的孝道价值观念,虽然当代人也提倡孝道,但这一价值观的内容已经发生了较大转变。传统孝道的主要内容是晚辈对长辈的服从和从属地位,而现代孝道的主要内容则是晚辈对长辈的感恩和尊重。同时,文化价值观与社会成员的行为有着密切的关系,人们在现实生活中会根据自己内化的价值观念支配自己对待事物的态度和行为,它对民众的行为起规范性作用,力图让人们在和谐、有序的社会结构中开展活动(高清海,1999)。

许多历史事实证明,一个国家走上民族振兴,走向现代化,无不是从弘扬民族精神做起。否定传统文化,必然抹杀民族精神。因此实现文化现代化必然离不开对传统文化的重构与弘扬。但是现在很多人把传统文化与现代化对立起来,这样是对传统文化的错误解读。传统文化并非一潭死水,而是一个动态系统。人类在自己的社会实践中创造传统文化,并在实践中革新与丰富传统。否则,就不会变为现实的文化传统。所以不能把传统文化简单地归结为"过去的历史",而应认识到它同时关系着现在与未来。任何现代化只能从现实传统文化出发,否则便成为无源之水、无本之木。

走向 21 世纪,农业文明已成日落前的最后一抹余晖,工业文明也已滑过如日中天,渐成午后斜阳,只有信息文明正如朝阳冉冉升起,21 世纪是信息文明的时代。但这种信息大爆炸时代在为人们的生活提供便捷的同时,也一步步地腐蚀着公众的内心。价值标准失衡、道德行为失范、漠视传统民族精神、崇尚西方唯利文化等社会问题接踵而至。重构中国传统文化已迫在眉睫。笔者认为,在重构过程中,提炼传统文化的精华部分并与社会现代化发展相衔接只是实现文化现代化的一部分,传统文化更加需要吸收新的血液,对于个人要尊重、要给予信心和关怀、人人平等等,对于家庭要团结和睦、要相互扶持、家庭是塑造个人品性的关键等,对于社会要感恩、要有所回报、要做社会人等。因此把这些价值理念融入文化的重构体系中,不仅可以丰富我国传统文化的内容,也能更好地指导中国文化现代化的实现。

(四)人的现代化

在帕森斯整合观点的影响下,实现人的现代化在一定程度上可以理解成促进人的全面发展。人是社会实践的主体,任何形式的现代化都需要人来完成,可以说,人的高度决定了现代化的高度。社会主义转型时期,政治、经济、文化建设都取得了新进展,对人的全面发展也提出新的要求。(1)个体的身心和谐及协调发展是人的全面发展的基本内容。它包括生理健康和心理健康。健康的生理素质,是指人具有良好的身体状况,有条件去从事各种活动,即人的身体各系统的生理结构和生理机能的健康发展。健康的心理素质,是指人有充实饱满的精神,昂首向上的活力等。(2)活动能力的全面发展是人的全面发展的集中体现。它具体包括体力、智力、感觉能力、思维能力、社交能力等能动力量的发展。它是人的本质力量的表现,是人从事自觉能动活动的内在根据,是人的进一步发展的基础。人的能力是一个由多种因素有机结合而形成的复杂的系统。只有作为人的力量表现的主体能力得到全面发展,整个人类的进一步发展才有可靠保证和基础。(3)人的全面发展的终极关怀,要求个体的气质和形象更加完美、更加优化,以及个性要素的全面共同发展:精神上真、善、美的高尚追求,科学理论上的认知追求,实践精神上的价值追求,艺术上的审美追求及哲学智慧追求等。个人倾向性特征制约着个人的活动方向和方式,影响着个人的社会行为,决定着个人的活动效率。因此重视人的主体人格的完善对推进人的现代化意义重大。

四、小结

运用帕森斯的整合观点分别对中国经济、政治、文化及人的现代化的实现进行理论指导,无疑是一次把西方社会发展理论与中国国情相结合的创新性研究。无论是在理论上,还是在实操上,都有利于推进中国更好、更全面地完成现代化的进程。帕森斯的整合思想只是为中国现代化的发展提供了一种灵感,随着中国现代化的逐步推进,又会暴露出新的社会问题和矛盾,因此,切实探索出具有中国特色的现代化发展之路并不断创新和完善,才是促进中国现代化发展的长远之策。

参考文献：

[1]兰德尔·柯林斯、迈克尔·马科夫斯基.发现社会之旅——西方社会学思想评述[M].北京:中华书局,2006.

[2]刘少杰.国外社会学理论[Z].北京:高等教育出版社,2006.

[3]童星.发展社会学与中国现代化[M].北京:社会科学文献出版社,2005.

[4]高清海.社会发展哲学——中国现代化的理性思考[M].北京:高等教育出版社,1999.

[5]毕道村.现代化本质[M].北京:人民出版社,2005.

浅析社会工作在西藏和谐社会建设中的作用

任　利*

摘要：社会工作作为现代社会系统的组成部分，对社会运行发挥着重要的功能。西藏是位于我国西南青藏高原的一个重要的少数民族聚居区，由于具有特殊的自然环境、发展历史和文化传统，西藏和谐社会的建设中也必然带有许多特殊性。因地制宜地发挥社会工作在西藏和谐社会建设中的作用，是推动西藏现代化建设的重要内容和有效手段。

关键词：社会工作；西藏；和谐社会；作用

社会工作是以一定的价值理念和科学精神为指导，综合运用专业知识、技能和方法，为有需要的个人、家庭、群体、组织和社区提供专业社会服务，帮助其整合社会资源，协调社会关系，预防和解决社会问题，恢复和发展社会功能，促进社会和谐的职业活动。现代社会工作的价值目标是实现社会公平、创新管理体制、解决社会问题、化解社会矛盾、完善社会服务、促进人与社会发展。而和谐社会正是一个各方面利益关系得到有效协调、社会管理体制不断创新和健全、全体人民各尽所能、各得其所秩序稳定而又和谐相处的社会。因此，发展社会工作是和谐社会建设的重要内容和有效手段。

我国是一个有着五十六个民族的多民族国家，切实加强少数民族地区和谐社会建设，是全面构建社会主义和谐社会的重要组成部分。繁衍生息在世界屋脊青藏高原之上的藏族，是中华民族大家庭中的一员。虽然在过去的几十年中，西藏的各项事业都取得了举世瞩目的成就，但整体发展相对缓慢，加之其特殊的历史、地理位置、文化传统，这就要求藏族地区在和谐社会的建设中更要结合实际、发挥优势、因地制宜地发挥社会工作的作用。具体可概况为

* 任利，西藏民族大学法学院讲师。主要研究方向为民族社会学、社会工作。

以下几个方面：

一、预防、解决社会问题，维护社会稳定

“任何社会都存在社会问题，都有困难人群，但是不同时代、不同国家解决困难人群问题的方法不同。在传统社会，人们的困难大多依靠亲属群体的帮助予以解决。在现代社会，社会工作成为专业化的解困救难的手段。作为一种社会制度，它发挥着解决社会成员的困难、维持社会秩序的功能。”①发挥社会工作在反分裂斗争、维护政治稳定、社会安宁和国家统一与安全方面的作用。随着西藏经济社会的快速发展，不同利益群体之间的矛盾冲突不断加剧，加之达赖集团日益加剧的分裂渗透破坏活动危及我们国家的安全和西藏社会的稳定。

现有的行政、法制措施虽然能够控制和制裁违法犯罪问题，但不能从根本上解决问题。社会工作可以运用其专业的方法来深入到群众中去，与服务对象面对面直接接触，了解他们的真实困难、问题、想法，以及相关政策及帮扶的实际情况和效果，将群众的具体声音反映到上级行政部门，从而有利于政策的落实、完善。同时西藏特殊的历史原因、生态环境、生产生活方式、民族文化，决定了在西藏社会治理问题上要遵从西藏人民的思维方式、认知结构，在方法的选择上要深入研究西藏的特点，采用符合西藏实际和要求的措施，因地制宜，从而培养出西藏地区最需要的，靠得住、留得下、用得上的真正为西藏地区发展服务的高素质社会工作人才。

二、推动社会救济事业

从历史与现实结合的角度考察，西藏是中国西部自然灾害发生率最高和受灾最严重的地区。受高原独特天气气候条件和复杂地形的影响，干旱、低温、霜冰、冰雹、风雪、泥石流等自然灾害频繁发生，对西藏的经济发展、人民群众生活及生态环境造成了很大影响。“十五”期间，西藏共发生各类自然灾害

① 王思斌.社会工作概论[M].北京：高等教育出版社，1999，序一.

1298起，直接经济损失达16.04亿元。①

因此建立科学、完备、高效、专业的社会工作灾害应急处置机制，对解决西藏大量因灾致贫和因灾返贫的状况有着重要作用。较之自上而下问题解决取向的行政工作方式，很少考虑在解决问题的同时想办法去激发灾民解决问题的潜能，调整、恢复灾民受损的社会关系和社会功能。社会工作可以以其独有的理念、知识和方法，根据具体情境和服务需求，作出适时的评估、设计、实施和回应。尤其在开展心理抚慰，治愈心理创伤，帮助灾区群众自强自立，采取安抚、心理辅导、危机干预等专业手段，在进行灾后重建的同时，帮助灾区群众进行精神家园的重建，促进社会和谐稳定发展方面发挥重要作用。

三、有助于救济弱势群体，体现社会公平

西藏在由传统社会向现代社会的转型过程中，同样面临着贫困问题、弱势群体问题、老年人问题、留守儿童问题、家庭问题和心理健康问题等。社会工作可以在受助者与资源之间建立关系。因为在弱势群体的问题与困难中，许多是由于缺乏相关的资源造成的：其一，在受助者所处的社会环境中没有其所需要的资源；其二，在受助者所处的社会环境中虽然有其所需要的资源，但受助者并不知道而没有使用；其三，在受助者所处的社会环境中有其所需要的资源，受助者亦了解其存在，但因某些原因受助者无法获得这种资源。因此，充分发挥社会工作优势，帮助寻找资源，例如与基金会、NGO等合作。同时与社会工作其他部门如民政、残联、妇联等合作，共同促进弱势群体的保障。

社会工作以救援贫弱、服务需求为自己的工作职责，它既利于受助人，又有利于社会，尽量帮助社会成员满足自己的正当需求，使社会的每一个成员都健康地成长。社会工作运用专业的工作方法和技巧如个案工作、小组工作和社区工作等工作方法，根据案主的不同需要和特点，运用不同的方法帮助案主解决问题，提高其生活质量，这样的工作方法具有很大的弹性和创新性。

① 科学防范自然灾害 保障西藏跨越式发展[EB/OL]. http://english.cma.gov.cn/qxzt/qxfzjz/gddt/t20070917_214626.phtml

四、促进社会发展进步，提高人民生活水平

由于自然和历史条件等综合因素影响，西藏经济社会发展总体仍然滞后。根据《中国统计年鉴2012》中的数据，2012年西藏自治区城镇居民和农村居民人均可支配收入在全国各省份的经济状况排名中均位列倒数第5名。城镇居民人均可支配收入是农民的3.2倍。西藏农民收入不仅显著低于全国农民平均水平，而且与西藏城镇居民收入的差距也在逐渐拉大。许多生活困难的藏族农民，为了谋生来到城镇打工，但是由于所受教育有限和汉语不熟练，在拉萨等城镇的就业机会和收入水平明显不如身边的外来汉族流动人员。因此，需要大力加快西藏农村脱贫工作和帮助藏族流动人员在城镇的就业。社会工作可以发挥资源争取者的角色，帮助藏族同胞联系各种资源，寻求支持，促进西藏经济社会发展。

社会工作专业认为人是有潜能的，社会工作的目标就是充分发挥个人潜能，以达到自己能应对困难、面对生活和预防新问题出现的状态。加强藏族同胞在西藏经济社会发展中的主体地位，尊重他们在发展中的自我选择与创造精神，改变政策性、强制性的项目植入，以及由此而导致的浪费现象，建立有利于民族文化与现代经济发展相适应的制度机制与政策环境，充分发挥西藏特色及藏族群众在西藏和谐社会建设中的能动作用。

五、促进多元文化能力建设

我国少数民族地区在经济发展和现代化建设进程中缓慢，原因之一就是对于当地的主导者和指导者来说，“或许最重要的是，忽略了当地文化的模式”[1]。对少数民族传统文化及其模式的忽略，使国家在指导少数民族社会经济文化发展与变迁的过程中，在引入现代文化与发展措施时，由于没有有机整合少数民族传统文化，使之与现代文化的传播与借取产生主动的对接，从而未能实现少数民族社会文化变迁的主动调试，以至于少数民族在发展与变迁的过程中出现了不和谐、非协调发展的状况。

美国社会工作者协会(NASW)伦理守则中指出：社会工作者必须了解文化及其对人类行为和社会的功能，并认知到所有文化的存在与力量。社会工

作者应具备对案主文化背景的知识基础，并在提供服务时，能展现对案主文化的敏感度，也要能分辨不同人群和文化族群间的差异。社会工作者应透过教育并致力于了解社会多元文化的本质，以及关于人种、族群、国籍、肤色、性别、性倾向、年龄、婚姻状况、政治理念、宗教信仰或身心障碍的压迫问题。[2]西藏独特的生态环境、生产生活方式、民族文化、传统习俗，决定我们在西藏和谐社会的建设中要遵从西藏人民的思维方式、认知结构，在路径和方式的选择上要深入研究西藏的文化特点，采用符合西藏实际和需求的发展道路，而社会工作可以在服务过程中推动多元文化能力的建设。

六、有利于转变政府职能，创新社会管理

当前我国政府的社会管理具有两个显著特征：短期性和被动性。政府较多采取"运动式"清理整顿的短期行为和社会事件发生后的紧急应付与强制调控。而这种缺乏规范性和系统性的管理方式"没有充分考虑到市场的信息结构和社会的机会成本，往往造成社会管理的总体无效率"。[3]震惊全国的"瓮安事件"就是个典型的例子，"据称，当地矿群纠纷、移民纠纷、拆迁纠纷相当突出，多种纠纷相互交织，社会矛盾长期积累，官民关系紧张。地方政府没有重视这些矛盾，没有及时采取措施化解矛盾，最终因一名女生之死成为导火索，引发大规模的社会骚乱。"[4]

2011年10月13日，中央组织部、民政部等18部门联合签发了《关于加强社会工作专业人才队伍建设的意见》，提出发展社会工作，促进社会管理创新。社会工作有一套专业的评估系统和方法，包括需求评估，方案开发，过程评估和结果评估。例如案主需求的评估要考虑案主的家庭、社区及整个社会环境，通过需求制定服务的行动方案，在实施服务过程中也要进行评估，随时调整服务行动方案，最后也是最重要的是效果评估，效果评估不仅仅是社会工作者自己进行的评估，关键是案主对整个服务的评估，案主的问题解决、案主的改变、能力的提高及生活质量的提升都是评估的重要内容。而行政部门工作的开展（如某个款项的划拨）的依据是下一级部门提供的调查资料，这些调查资料有时并不一定是这个地区的群众所迫切的需求和问题，但是为了得到上一级主管部门的资源，各个地方都提供类似的资料，这样就造成迫切需要资源的地区得不到资源，不需要资源的地区反而得到了资源。同样，在方案的设计和实施过程中，也会出现许多问题，不能随着需要的变化而变化。同时，效

果评估非常简化和官僚化。因此,有必要对现有行政部门人员进行培训,教授社会工作的价值观、理论和方法技巧等。

综上所述,社会工作由于其独特的理念、视角和方法决定了其在西藏和谐社会建设中的重要作用。虽然社会工作在我国还刚刚起步,在应用西方既有知识和经验的同时,必须有所创新,发展自己的实践方法和模式,但是随着社会的进步,社会工作领域将越来越受到人们的关注。社会工作者所擅长的面对面、深入人心的、人性化的服务在化解矛盾和冲突时所产生的促进社会和谐的作用,是一般行政方法所不能替代和比拟的。

参考文献:

[1]克莱德·伍兹.文化变迁[M].施维达,胡华生译,昆明:云南教育出版社,1989.

[2]林万亿.当代社会工作——理论与方法[M].台湾:五南图书出版公司,2002.

[3]张维迎.信息、信任与法律[M].北京:生活·读书·新知三联书店,2003.

[4]澳门日报.贵州瓮安事件,漠视社会矛盾酿巨祸[EB/OL].http://www.chinareviewnews.com,2008-07-02.

西藏网格化管理模式及其应用探索研究

——以拉萨市城关区为例

王娟丽*

摘要：网格化管理是西藏创新社会管理体制的路径之一。西藏在借鉴北京东城区等内地网格化管理模式的基础上，结合拉萨城区实际需要，形成了城关区网格化管理模式，包括四级管理三级平台的基本框架结构，将城关区科学划分为174个工作网格，形成了网格化管理的六大流程，完成了网格化管理信息系统平台建设。网格化管理的实质是通过管理模式与技术的创新，打破部门隔阂，实现信息资源共享，通过信息化提升社会管理创新水平，通过横向与纵向不断深化，西藏网格化管理在未来有着广阔的应用前景。

关键词：网格化管理；管理模式；应用；西藏；城关区

当前，我国正处于全面深化改革的社会转型期，原有的重管理轻服务、被动、粗放等社会管理方式已不适应时代的要求，全国各地积极探索加强与创新社会管理工作。十八届三中全会将"推进国家治理体系和治理能力现代化"作为全面深化改革的总目标之一，其中将改革社会治理方式作为创新社会治理体制的重要抓手。"稳定是西藏最大的政治"，习近平总书记提出"治国必治边、治边先稳藏"重要战略思想和俞正声主席作出的"依法治藏、长期建藏、争取人心、夯实基础"的重要指示，表明西藏的安全稳定事关国家安全和全国社会大局稳定，西藏在我国具有重要的战略地位。近年来，西藏在发展和稳定的实践中，探索积累了十分宝贵的经验。城关区是拉萨市唯一的市辖区，它不仅是西藏政治、经济、文化、交通、教育等中心，也是西藏宗教文化最发达的地区，城关区逐渐发展为海内外游客了解西藏的重要窗口，是西藏自治区和拉萨市

---

* 王娟丽，西藏民族大学管理学院副教授。研究方向为危机管理与社会治理研究。

确定的社会管理创新综合试点区。面对复杂的社会管理现状，2012 年 4 月，城关区提出构建网格化社会管理模式，并开展试点工作。[1]西藏的网格化管理经历了哪些过程，城关区网格化管理模式是如何实际运作的，自运行以来积累了哪些经验，未来的应用空间如何，这些问题都值得深思与研究。

一、西藏网格化管理的发展历程

所谓网格化管理，是以信息技术为支撑，在一定范围内通过网格划分，运用部件管理法和事件管理等方法，实现信息的整合和共享，通过加强对单元格中部件和事件的巡查，建立监督和处置相分离的主动发现、及时处置遇到的管理问题的一种方式。[2]该理念最先由北京市东城区政府提出并试行，此后，住房和城乡建设部以北京东城区试点的经验为基础，陆续在全国二十几个试点城市推广，并逐渐形成了北京东城区、上海普陀区、浙江舟山等网格化管理模式，各城市结合自身的实际，取得了良好的效果，提升了社会治理水平和能力。这些成功的模式为民族地区的社会管理创新提供了样板和经验，为民族地区安全稳定与长治久安注入了新的活力。西部少数民族地区从 2012 年上半年开始逐步试点网格化管理模式。拉萨市作为中央综治委确定的全国加强和创新社会管理 38 个综合试点地区之一，在社会管理创新方面积极探索与实践，不断创新，初步形成具有中国特色、西藏特点、符合拉萨实际的社会管理创新工作路径，网格化管理就是拉萨市创新社会管理体制的路径之一。拉萨市自 2012 年全面推行网格化管理模式以来，各县（区）参照城关区试点经验做法，因地制宜、因地施策，积极谋划、稳步实施。截至 2014 年，拉萨市所有行政区域共划分工作网格 636 个，基本实现了网格管理全覆盖。

二、拉萨市城关区网格化管理模式

城关区在充分借鉴北京市东城区等内地网格化管理模式的基础上，结合拉萨城区实际需要，形成了网格化管理模式，在 2012 年 4 月试点运行至今已取得了初步成效，形成了网格化管理工作机制，为网格化管理向全区推广积累了丰富的经验。

(一)网格化管理平台基本框架结构

北京东城区在具体操作网格化管理时创建了两个城市管理体制:城市管理监督员和评价机构(城市管理监督中心,即监督轴)、协调和处理机构(城市管理指挥中心,即指挥轴),形成城市管理体制中的两个"轴心",将监督与管理职能分开,真正建立起城市管理的长效机制。城关区在借鉴东城区网格化管理经验的基础上,结合该区实际,形成网格化管理平台的基本框架,总体上分为发现层、街道(乡)监管层、城区监督指挥层、处置层四个层次,如图1所示:

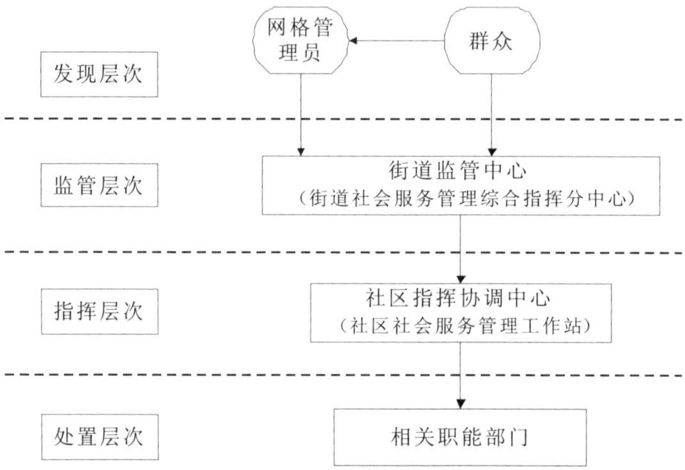

图1 城关区网格化管理平台基本框架

1. 发现层次:通过网格管理员的日常巡查发现问题,公众发现问题后可向网格员反映,也可通过一定的途径或工具向街道监管中心反映,及时发现社会管理中存在的问题。

2. 街道(乡)监管层次:建立街道(乡)社会服务管理综合指挥分中心,统一管理基础数据(包括网格信息、地理信息、房屋管理、物品场所等),统一编码,统一管理部件、事件,向社区转发市民的来电及传递网格管理员反映的事件,同时对立案的部件、事件的处理结果进行监管和综合分析评价,主要功能是建立案卷与核查结案。[3]

3. 社区级监督指挥层次:设立社区社会服务管理工作站,街道监管中心对网格管理员或群众发现的问题进行分析后,决定是否转交给指挥中心,如果决定立案,即转到指挥中心,由社区级监督指挥中心根据部件的归属分派给相关职能部门进行处理。

4. 处置层次:主要由相关职能部门构成,根据社区指挥中心分派的任务进行处理,重在解决问题。解决完后要向社区反馈事件处理的结果,社区随后向街道监管中心反馈处置结果。[4]

城关区网格化管理模式概括为:四级管理、三级平台,即形成以区、街道(乡)、社区(村)、网格四级社会管理模式,建立城关区社会服务管理综合指挥中心(维稳一线指挥部、区级指挥监督中心)、街道社会服务管理综合指挥分中心、社区社会服务管理工作站(社区工作站、社区服务大厅)三级平台。[5]

(二)网格的科学划分

网格的科学划分是网格化管理系统构建的第一步,网格的划分需要遵循标准化和规范化的原则,单元网格的划分一般应遵循如下原则:法定基础原则、属地管理原则、地理布局原则、现状管理原则、方便管理原则、负载均衡原则、无缝拼接原则、相对稳定原则等。[6]在实际工作中,网格划分应坚持以下原则:网格界限以路或自然界限为界,界限走向能取直的尽量取直;网格区域连片成块,不能形成飞地;网格人口规模相对均衡;对于人口相对集中、管理较规范的地段可适度扩大网格居民户数,对于分散杂居、人口流动频繁等不易管理的地段适度缩小网格居民户数。按照尊重基层、尊重现状、尊重历史、着眼发展、便于管理的原则,以原管辖区域为基础,同时也要打破区域界限,力求确保各网格规模大小基本平衡。下面以城关区为例来说明:结合实际情况,城关区以一个社区尽量不超过3个网格的划分标准,将全区12个乡(街道)、51个村(社区)划分为174个工作网格。每个网格围绕社会服务管理具体工作,逐人、逐地、逐事明确工作任务,责任精确到人,通过精确化管理,实现网格管理全覆盖、工作对接零缝隙。

(三)网格化管理工作流程

网格化管理推动了政府体制改革,促进政府职能转变与管理创新,更新了政府工作流程。网格化管理以信息系统为支撑,建设部曾发文明确规定网格化管理模式的六大流程:信息如何收集、如何进行登记、如何立案、如何分配、如何处理,以及如何综合评价。结合城关区的实际情况,对每类部件、事件分清责任主体,梳理细化人、地、物、房屋等要素,对责任不明的部件应由各区根据属地管理的原则进行归口管理。截至2013年8月,城关区已全部采集录入完成了常住人口、流动人口等人员基本信息及照片、建筑物基本信息和照片等。城关区网格化管理流程从发现问题开始,按照"发现上报、核实立案、分派任务、任务处理、处理与检查反馈、核实结案”的流程进行运转，具体流程如图2所示：

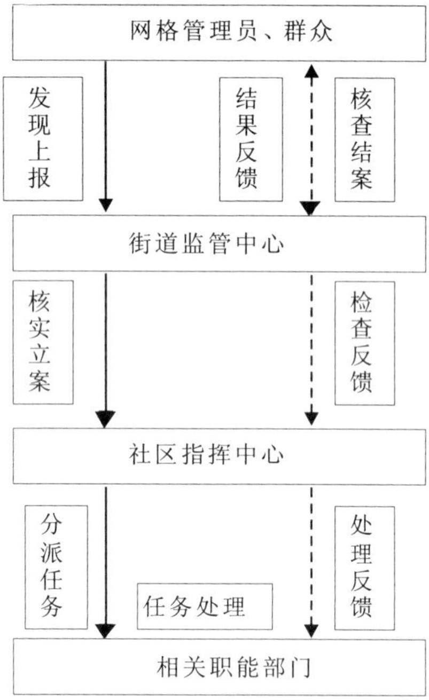

图2　城关区网格化管理工作流程

1. 发现上报(信息收集)：网格管理员在规定的单元网格内进行日常巡视，并将日常情况和需要处理的事件向街道监管中心上报，居民、公众可向网格员举报发现的问题，也可向街道监管中心举报发现的问题，街道监管中心在接到群众举报信息后，通知网格管理员进行核实，属实的问题由网格管理员上报。

2. 核实立案：街道监管中心接收到网格管理员上报的问题后进行汇总及甄别，根据事件的具体情况进行立案，然后转给社区指挥中心。

3. 分派任务：社区指挥中心接收到街道监管中心传来的案卷后，通过调度，派遣给适合处理该问题的相关职能部门进行处置，同时负责对该问题的处理过程与结果进行监督。

4. 任务处理：相关职能部门对案件进行具体的调查、处置，同时将具体的处理结果反馈给社区指挥中心，社区指挥中心在此起到监督职能部门处理案件的作用。

5. 处理反馈:社区级指挥中心将相关专业职能部门上报的问题处理结果反馈给街道监管中心,等待街道监管中心的核查与评价。

6. 核查结案:街道监管中心通知相关网格管理员到现场对案件的处理情况进行核查,网格管理员核查后向街道监管中心上报处理核查信息,如果上报的处理核查信息与社区指挥中心反馈的问题处理结果一致,就由街道监管平台进行结案处理,否则,不能结案。

以上的六个流程,可归结为“发现问题、派遣任务、处理问题”三个阶段,规范化的流程不仅大大提高了案件的处理效率,而且监管中心对相关职能部门的处理情况与网格管理员的工作进行核对,对各方均起到了相互监督的作用。

(四)网格化管理系统平台建设

网格化管理系统平台由软件系统、硬件系统、服务系统、管理咨询系统等几部分,即由硬件层、数据层、应用层、服务层等构成。每一层都有其独特的功能,硬件层是系统运行的保障;数据层是系统的数据支撑层,包括网格化管理的所有数据库;服务层支撑着业务系统平台的运行,是整个业务实现的关键;应用层是业务应用系统,是网格化管理的基础平台,为工作人员或用户提供业务处理和交互服务的系统平台。

城关区每个乡镇、街道政府都设立了网格化管理专项办公室,有专门人负责网格化管理专项工作,下面介绍“拉萨市城关区网格化管理信息系统”平台建设情况:

1. 数据采集系统。主要用于网格管理员在所负责的管理单元网格内巡查过程中向监控平台上报问题信息,以及公众举报问题。拉萨市 2011 年 9 月正式投入使用数字城管指挥中心,实现了城市管理 12319 呼叫中心业务、城市管理重点区域的视频监控,完成了监控指挥中心改造大屏幕电视墙,同时保证 6386359 举报电话和 515 总台的畅通,做到发现问题或接到举报及时向指挥中心传递。[7]

2. 监督受理系统。该系统使用人员为街道监管中心工作人员,主要为监管中心工作人员提供问题受理、立案、转发等功能,街道监管中心接线员通过系统完成信息的收集与立案操作,然后将接收上来的问题及信息及时有效地传递到社区指挥中心,同时监督社区指挥中心分派任务及相关职能部门处置任务的工作。

3. 指挥协同工作系统(网络化社会服务管理系统):该系统通过浏览器完成管理各项业务的具体办理与信息查询,一般提供给街道监督中心、社区指挥中心以及各相关职能部门及各级领导，为各类用户提供信息资源共享，可向相关部门进行任务派遣，可查询问题处理过程和处理结果，可随时了解各专业部门的工作状况，同时针对具体工作案件可向相关部门检查、监督、催办等。该系统具体内容包括：网格基本情况、网格社情民意、网格实有人口、服务居民群众、网络群防群控、化解矛盾纠纷、维护治安秩序、城市环境治理、网络矫正帮教、社会组织服务等。[8]

4. 基础库平台与基础地理平台。基础库平台包括建立网格化管理基础数据库、人口综合信息数据库、部件、事件数据库、网格化管理组织机构数据库、网格化管理工作人员数据库[9]（便于随时了解工作人员的具体情况，对相关人事调动、及时进行数据更新，便于实现动态化管理）。数据库的建立需要遵循统一化原则、系统性原则和实用性原则，要以实用为前提，以应用为中心，以服务居民为目的，建立标准的工作规范。地理平台采用了地理编码技术和数据库技术，为以上几个系统提供地址描述、地址查询、地址匹配等地理编码服务。

5. 网格化社会服务管理系统。城关区网格化管理的主要内容是围绕“三条主线”开展社会管理创新，包括加强社会管理，提高人民群众的安全感；加强社会服务，提高人民群众的幸福感；加强村（社区）自治，提高人民群众的参与感。因此网格化社会服务管理系统的主要内容包括网格基本情况、网格社情民意、化解矛盾纠纷、治安防控、矫正帮教、流动人口管理、社区服务、宗教事务等。

三、拉萨市网格化管理的主要经验与成效

经过近年的实践运行，拉萨市城关区网格化管理积累了丰富的经验：

1. 管理手段创新。信息化水平的提高以及地理信息系统的建立为网格化管理提供了技术基础。网格化管理在运用GIS、GPS、RS、WebGIS、空间数据库存储技术、宽带网络通信技术等基础上实现对管理问题的精确定位，它是在利用相关信息技术，在信息化、数字化的基础之上实现对社会的管理。

2. 由“被动处理”到“主动管理”。传统的管理模式仅仅是被动地应付与处理各类问题，工作效率低下，各职能部门分工不明确，常常有部门相互扯皮、相互推诿，公众办事不知去找哪部门，而网格化管理将监督与管理职能相分离，并且由网格管理员、公众等多方主体主动发现问题及时上报，由指挥中心

统一进行任务派遣，对管理问题可准确定位，及时发现，努力将矛盾纠纷发现和化解在最基层，确保社会安定有序、和谐稳定。

3. 新的管理运行机制。它以网格为基础，动态掌握人、地、事、物、组织、民情的基本情况、不同需要，需要配置的相关力量等，使监督与管理功能分开，强化了部门协同与分工的运行机制，同时通过现场核查与系统反馈回的信息相比较，加强了工作中的相互监督，形成定向服务、分类管理的工作机制与精细化服务管理。

4. 多渠道信息收集、多主体参与管理。采用网格管理员、公众举报、视频监控等多种渠道获取信息，同时公众、网格中相关单位、网格管理员共同参与寻找问题及确认，保证了信息收集的准备性与及时性，调动了公众等主体主动参与的管理中来，促进从政府一元管理向公众多元参与转变，提高社会诉求的响应速度。

5. 整合配置人员。对现有社区工作者、各类协管员、街道干部、村(居)民小组长、社区民警等按网格化服务管理要求进行重新整合与配置，确立"1+5+X"，即在网格中配置网格格长、网格流动人口服务管理员、网格宗教事务管理员、网格居民事务联络员、网格治保员和网格民警六种常态工作力量，再结合区域实际增设网格市场管理员、网格农牧科技员等，个性化工作力量的网格工作力量配置。

总之，网格化管理是对原有的管理模式、管理方式方法与管理技术的创新，它的实质是打破部门隔阂，实现信息资源共享，调动一切资源提供公共服务。

四、西藏网格化管理的应用及展望

网格化管理模式是运用先进的信息技术实现政府流程改进与管理创新，提高政府的管理水平与服务水平；整合信息资源与管理资源，降低日常管理成本，改变了传统管理模式中的突击式、被动、滞后、多头、相互推诿管理，通过系统化、数字化、信息化等管理理论和新的管理手段实现管理的及时、高效、全方位、全时段覆盖，建立起社会管理的长效机制。

西藏网格化管理工作机制已初步形成，网格化管理模式的推广及应用有着广阔的前景：

一是向相关领域延伸。网格化管理的管理理念、管理方法、管理平台、管理模式等同样适用于许多领域的管理，西藏便民警务站就是网格化管理在公安警务管理方面的应用，目前在维稳与便民方面取得了良好的效果。未来网格化管理也可应用于社区管理、应急管理、消防管理、社会保障、社会治安综合治理、公共安全等领域。

二是向下延伸。网格化管理作为西藏维护社会稳定十项措施之一，在维护西藏社会稳定中发挥着重要作用，它借鉴北京、上海等地“网格化”管理经验，创新性地提出了“联户平安、联户增收”工作机制，它是以“双联户”工作为纵深发展的网格化管理，是西藏自治区创新社会治理方式，实现西藏长治久安和跨越式发展的重要保障。当“网格化管理”对接上“双联户”机制，这为西藏的稳定发展提供了制度与机制上的保障，未来可探索研究领域空间非常广阔，原有体制与现有体制如何对接、网格化管理如何继续深化、双联户工作如何有效开展、工作实效如何等课题，都是未来研究的重点方向。

参考文献：

[1]万淑艳.拉萨城关区全面开展“网格化”社会管理[EB/OL].http://www.tibet.cn/news/xzxw/shjj/201209/t20120919_1781527.htm.2012-09-19.

[2]刘琪.民族地区推进基层网格化建设若干思考[J].经营管理者，2014(6).

[3][4]范况生.城市网格化管理研究与实践[D].华东师范大学硕士论文，2006.

[5]人民网.探索具有首都特色的社会管理之路[EB/OL].http://expo.people.com.cn/GB/57923/228800/231774/16968501.html.2012-01-30.

[6][9]李雨芯.基于GIS和网格化管理的环境危险源信息系统研究[D].同济大学硕士论文，2008.

[7]拉萨晚报.拉萨视频监控重点区域主要路段网格化管理[EB/OL].http://tibet.news.cn/gdbb/2012-08/29/c_131814236.htm.2012-08-29.

[8]杜振悦.网格化社会服务管理模式研究[D].西藏大学硕士论文，2014.

涉藏网络舆情管理论纲*

赵生辉**

摘要:涉藏网络舆情管理是中央和西藏地方公共机构在网络时代了解网络民意、化解危机风险、维护国家安全的重要举措。本文在分析涉藏网络舆情管理概念和特殊性的基础上,对相关领域的研究进展进行了评述,结合信息管理体系的IPO通用分析框架,构建了涉藏网络舆情管理体系的整体架构。本文将涉藏网络舆情管理体系整体上分为舆情管理规划、舆情管理流程、多语言支持系统和存储管理系统四大组成部分。其中,舆情管理流程按照时间顺序分为数据采集、数据加工、舆情分析、舆情发布和舆情应对共五大流程模块。本文的结论对涉藏网络舆情分析系统的技术开发、现有研究的理论定位和发展方向的战略决策具有重要的指导意义。

关键词:西藏;网络舆情;跨语言信息检索;多语言信息管理

一、问题提出

网络舆情(Internet Public Opinion)是个人和社会群体在以互联网为媒介进行信息沟通和传播的过程中所反映出来的对相关公共事务所持有的态度、情绪、意愿和行为倾向的集合。[1]作为现实舆情民意在网络空间直接体现,网络舆情可以作为公共政策分析的重要依据,也可能成为重大公共危机的"导

* 西藏高校人文社科基金项目"涉藏多语言复杂网络舆情分析方法研究(2013ZJRW40)"阶段性成果。

** 赵生辉,西藏民族大学管理学院副教授。研究方向为电子政务、民族信息学、藏学知识工程。

火索”,对社会秩序构成负面影响。西藏自治区地处祖国的西南边陲,在国家稳定和民族团结的整体格局中具有举足轻重的地位,与西藏相关的各类事件大多是国际国内各类机构所关注的焦点。伴随着西藏信息技术应用的拓展和国际反分裂斗争形势的复杂化,对各类涉藏网络舆情进行准确分析、科学应对成为信息时代中央政府和西藏地方政府共同面临的紧迫任务。

“涉藏网络舆情(Tibet-Related Internet Public Opinion)”是对互联网空间当中与西藏事务和藏族事务相关的所有舆情的总和,既包括西藏自治区范围内广大网民通过宽带、移动通信设备上网而反映出来的民情民意,也包括自治区以外网民对西藏和藏族事务所反映出来的情绪和意愿,还包括美国、印度等相关国家在互联网当中表达的对西藏和藏族事务的立场和态度。涉藏网络舆情管理具有深远的社会意义:一是,通过对国内涉藏网络舆情的分析和监测,倾听广大网民的心声,了解广大网民对政府工作的意见和建议,从而为科学决策和改进工作奠定基础;二是,通过对涉藏网络舆情的分析和监测,及时发现可能导致严重公共危机的事件,提前进行预警和处置,将危机消灭在萌芽状态;三是,通过对境外涉藏网络舆情的分析和监测,掌握境外相关国家和机构在涉藏事务方面的最新动向,为制定正确的涉藏外交战略提供信息支持。

网络舆情管理是多学科交叉领域,涉及语言学、传播学、信息管理学、计算机科学等多个学科的理论知识,以及机器翻译、人工智能、信息可视化等领域的前沿技术,需要对网页、文本、图形、图像、音频、视频、数据文件等多种格式的网络信息资源进行采集加工和分析处理,实现对网络舆情信息的多维度解读,以满足政府和各类机构多种用途的应用需求。与一般性的网络舆情相比,涉藏网络舆情的管理是一项更为复杂的任务,其复杂性主要体现在以下方面:

1. 涉藏网络舆情信息源的广泛性。“涉藏”是对网络舆情主题类型的限制,是非常宽泛的概念,只要与西藏事务和藏族事务相关都可以纳入涉藏网络舆情分析的范畴。在人工监测方式当中,主题是否“涉藏”主要依靠人的主观判断,而在自动监测系统当中,仅仅通过检索“西藏”和“藏族”这些关键词无法检索到相关主题,但是不包括这些关键词的网页,将非常模糊的“涉藏”概念转换为具体的、具有可操作性的计算方案是需要重点解决的问题之一。

2. 涉藏网络舆情信息的多语言性。涉藏网络舆情分析的重点和特色是藏文网络舆情,即通过藏族传统语言文字记录和表达的网络信息。我国目前在民族地区实施国家通用语言文字和少数民族文字共同使用的“双语体制”,因此使用国家通用语言文字表达的网络舆情同样属于涉藏网络舆情。此外,境外国家和机构在互联网当中针对西藏事务，采用其他语言所表达的观点和立场也属于涉藏网络舆情。因此，涉藏网络舆情分析必然需要解决多语言网络信息带来的挑战，最大限度降低语言文字差异性对网络舆情分析工作造成的困难。

3. 涉藏网络舆情管理需求的多维度性。涉藏网络舆情信息在采集和处理之后，需要从多个维度进行审视和分析，主要有：网络问政维度，通过涉藏网络舆情分析了解公众对各类公共事务的态度和需求；社会稳定维度，通过研究涉藏网络舆情及时识别各类危机事件，提前采取措施予以应对；国家安全维度，通过研究境外机构的涉藏网络舆情，了解境外机构的最新动向，为国家相关领域公共决策提供信息支持。因此，涉藏网络舆情分析系统的算法设计充分考虑上述需求，能够满足同时对涉藏网络舆情进行多维度分析的需要。

总之，涉藏网络舆情管理是综合了多学科知识和技术的复杂性研究领域，用管理学视角审视领域相关内容之间的支撑和互动关系，构建起贯通全局的逻辑框架体系，可以有效梳理研究思路，明确研究的关键环节和难点问题，从而更好地推进研究进展，实现领域整体性的突破。

二、研究现状

网络舆情管理是随着互联网对社会生活影响力的不断提升而出现的新领域。近年来，我国的各级各类科研基金对网络舆情领域研究项目的投入逐年增加，来自政治学、情报学、传播学、社会学等多个学科的研究人员围绕网络舆情的分析和管理进行了大量的研究工作，网络舆情管理的理论框架已经基本形成，[2]为涉藏网络舆情管理领域的理论和实践探索奠定了基础。

涉藏网络舆情管理问题的研究主要集中于藏文网络舆情分析领域，代表性的研究机构主要有西北民族大学和中国民族大学。西北民族大学是我国最早开展藏文信息处理技术研究的科研机构之一，由于洪志教授主持制定的藏文编码标准于 1997 被国际标准化组织采纳为国际标准。1999 年 10 月，全球第一个藏文网站“同元藏文网”在西北民族大学建立。此后，西北民族大学先后主持了国家 863 计划项目“基于网络媒体的藏文信息处理技术及其规范研究”、国家自然科学基金项目“面向 Web 环境下藏语社会网络分析的关键技术研究”、甘肃省科技厅重大项目“面向社会安全的藏文舆情云分析平台研究”等与藏文网络舆情研究相关的科研项目。[3]围绕这些项目,江涛、于洪志、李刚等开发了基于藏文网页的网络舆情监控系统;[4]江涛研究了藏文 Web 舆情分析的热点算法;[5]徐涛分析了藏文社会网络 web 的链接结构;[6]夏建华研究了藏文 Web 动态网络模型和搜索算法;[7]陈文娟等研究了藏文网络社区话题的演变规律;[8]邓竞伟等研究了基于藏文网络的舆情传播模型;[9]王思丽研究了藏文网页的自动发现和采集技术;[10]陈琪等人研究了藏文网页抓取和统一编码转换系统。[11]中央民族大学少数民族语言文字信息化工程研究中心是国内另外一所藏文舆情研究的知名机构。由赵小兵教授主持的“藏、维文网络敏感信息自动发现和预警技术研究”获得国家民委科研立项,该项目的舆情目标是实现藏文、维吾尔文敏感信息的自动识别和追踪,针对不同级别的敏感信息制定不同的预警方案。[12]2014 年,由赵小兵教授主持的国家自然科学基金重大项目“跨语言社会舆情分析基础理论与关键技术研究”获得立项。[13]

国内还有一些研究机构开展了与藏文网络舆情的研究工作。例如,西藏大学的珠杰等人研究了基于 DOM 树修剪的藏文 Web 信息提取方法;[14]高红梅等人设计开发了藏文网页爬虫软件。[15]西藏民族大学的刘伟光主持了教育部人文社科基金项目“网络环境下特定主题藏文信息发现与采集方法研究”;赵生辉主持了西藏自治区高校人文社科基金项目“涉藏多语言复杂网络舆情分析方法初步研究”。[16]西藏自治区区委党校的钟振明主持了国家社科基金重大项目“西藏重大突发事件网络舆情监控机制研究”。[17]此外,针对各级政府进行网络舆情管理的现实需求,国内多家信息技术服务企业开发出了种类繁多的网络舆情分析系统,其中一些系统涉及藏文网络舆情管理。例如,由北京中科点击有限公司开发的“军犬网络舆情监测系统”自称可以军犬有效监测藏文、维文、蒙文、彝文、朝鲜文等少数民族语言舆情信息。[18]

总体而言,我国涉藏网络舆情研究几乎是与藏文网络信息技术的应用同步进行的,在藏文网页采集和加工、藏文敏感信息识别与追踪、藏文社会网络分析等问题上已经取得了较为显著的成果。但是,涉藏网络舆情研究也存在着诸多不足,例如:集中在藏文网络舆情领域,对多语言环境下网络舆情分析问题较少涉及;重视网络舆情监测系统的技术开发,对涉藏舆情管理的基础理论研究深度不够,缺乏对涉藏网络舆情管理问题的战略性思考和规划。目前,我国涉藏网络舆情研究领域已经具备一定的技术基础,构建涉藏网络舆情管理体系的理论框架,对于现有相关研究的理论定位和未来发展方向的战略决策具有重要的指导意义。

三、研究思路

IPO 范式是信息工程学用来分析信息管理系统的一种思维工具，对于涉藏网络舆情管理体系的构建也有重要的参考价值。IPO 范式是从输入(Input)、处理(Process)和输出(Output)三个环节来思考具体的信息管理问题，围绕这三个环节来构建完整的管理体系。输入、处理和输出是信息管理的核心环节，主要通过程序模块体现，但是这三个环节的实现必须以一些基础系统为依托，例如信息储存系统、网络通信系统、信息安全保障系统等，可以将其统称为“支持体系”。在技术系统之外，信息管理者对信息管理流程进行的规划和控制等要素同样非常关键。综合以上分析，信息管理体系的 IPO 通用分析框架如图 1 所示：

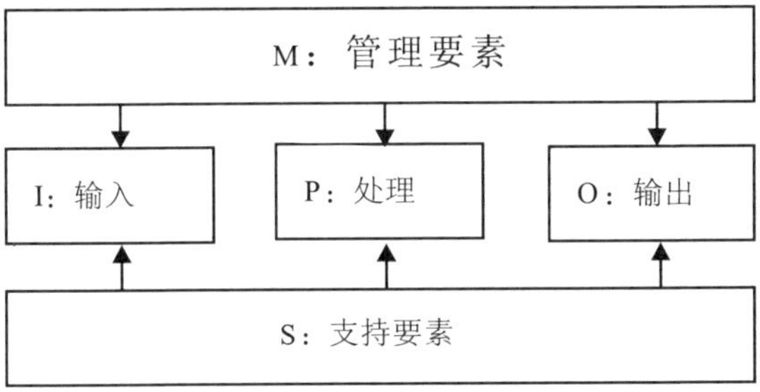

图 1　信息管理体系的 IPO 通用分析框架

按照图 1 所示的通用分析框架，网络舆情管理问题本质上就是将从互联网采集到的原始数据，经过必要的加工处理，提炼出对用户有价值的舆情信息的过程。信息输入端面临的主要挑战是按照特定主题完成信息的搜集和保存，包括对已知网站的监测和使用网络爬虫软件进行未知页面的搜索。信息处理包括对原始数据的预处理和采用聚类、统计等算法进行的信息提炼等内容。信息输出端主要是向用户提供需要的信息并辅助用户完成相关决策。从国内网络舆情相关研究成果来看，绝大多数研究都将网络舆情管理定义为由若干个功能单元前后衔接构成的管理流程，大致可以分为网络信息采集、网络信息处理、网络信息保存、网络舆情分析、网络舆情发布、网络舆情应对等环节。这种思路正好体现了信息管理领域科学问题研究的 IPO 范式。

涉藏网络舆情管理是一般性网络舆情管理的特例，其管理体系的基本结构符合 IPO 范式的基本规律。但是,在一般性网络舆情管理的基本需求之外,涉藏网络舆情管理还具有一系列特殊性问题需要解决,主要体现在以下方面:其一,涉藏网络信息的主题判别,尤其是没有使用藏文作为记录语言但是主题涉藏的网络信息,以及没有出现“西藏”“藏族”等关键词,但是内容是与西藏相关的事物,对这类网络信息的判断具有一定的难度;其二,涉藏网络舆情管理的多语言支持,通过技术和管理手段降低跨语言信息理解的难度,探索基于语义层面上的多语言网络舆情智能检索方法,实现多语种网络信息资源的全面采集和一体分析;(3)涉藏网络舆情的多维度分析,在聚类和统计分析等常规分析方法之外,涉藏网络舆情分析需要在舆情社群网络结构挖掘、舆情信息情感倾向计算、面向公共安全的舆情危机预警等方面探索新的技术和方法。

网络舆情分析的理想状态是在较少人工参与的情况下实现全自动化的舆情信息采集与分析,由于涉藏网络舆情分析的复杂性和多语言信息处理技术的不成熟性,在现阶段实现自动化舆情分析还有较大的难度。因此,目前较为理想的解决方案是人工和自动相结合的模式,同时发挥人的智能优势和计算机的效率优势,以达到较为理想的舆情分析结果。

四、体系构建

涉藏网络舆情管理是相关责任机构在国家法律框架内,采用技术和人工相结合的方式,搜索、采集、处理、保存、分析各类涉藏网络舆情信息,为政府应对舆情的相关决策和应急响应提供信息支持的过程。结合图 1 所示的分析框架,涉藏网络舆情管理体系的基础架构如图 2 所示。

图 2 中,涉藏网络舆情管理体系整体上分为“舆情管理规划”“舆情管理流程”“多语言支持系统”和“存储管理系统”四大组成部分,各部分的主要功能如下:

1. 舆情管理规划,主要是涉藏网络舆情管理的战略需求出发,在法律框架内对涉藏舆情管理的理念、思路和任务体系作出完整、清晰的规划,并建立根据实践发展进行动态调整的机制。舆情管理规划是舆情管理体系建立的理论基础,确立了网络舆情管理体系的整体功能和主要内容,涉及相关法律法规、舆情管理需求、舆情管理目标、舆情管理原则、舆情管理范畴(时段、来源、类型)、舆情管理方法等。此外,根据涉藏网络舆情管理的目标,需要提前对各类危机事件应急管理方法作出规划,并保障各类要素处于待命状态,以便出现

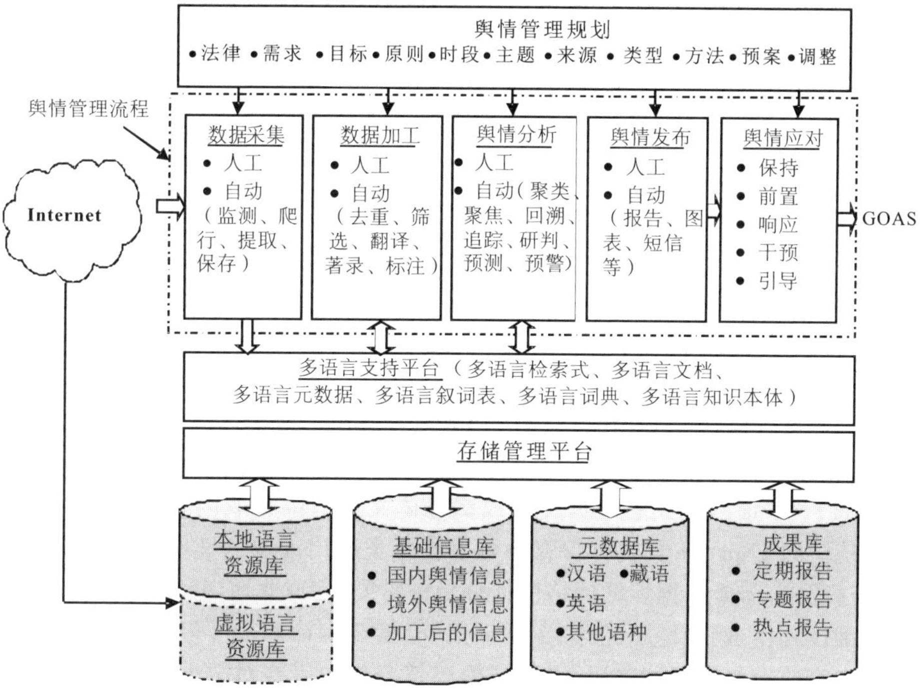

图 2　涉藏网络舆情管理的体系架构

危机事件时能够及时响应。

2. 舆情管理流程，即涉藏网络舆情管理规划阶段各项目标具体实现的过程。按照网络舆情信息管理的时间顺序，大致可以分为“数据采集”“数据加工”“舆情分析”“舆情发布”和“舆情应对”五大流程模块，各模块的主要功能如下：

(1)数据采集。网络舆情数据采集是舆情管理流程的前端，是为舆情分析提供基础数据的环节，数据采集是否全面、准确，决定了网络舆情管理的整体质量。涉藏网络舆情数据采集需要根据舆情规划阶段确定的范畴，将互联网当中的各类相关网络资源采集并保存到后台的存储系统当中。为保证采集数据的全面性，采集阶段对源信息的采集范畴可以适度扩大一些。数据采集的方式有多种类型，可以根据重点网站 URL 清单针对已知的网站进行重点监测，也可以通过网络爬虫软件(Web Crawler)根据主题类型对未知网站进行漫游搜索。在对舆情信息查全率和检索精度要求不高的情况下，也可以由人工方式进行相关领域网页的浏览和采集。涉藏网络舆情信息的自动采集从技术层面解决两个难题:第一,网页主题相关性的自动识别,已知网站相对容易判断,要判断以前未知页面内容是否“涉藏”需要进行复杂的计算过程,根据舆情规划阶段确定的信息“涉藏”标准进行采集;第二,多语言网页的跨语言搜索,即通过一种语言提交搜索需求,可以搜索和采集主题相关多种语言的网络信息资源。例如,在“拉萨”相关数据采集过程中,需要同时采集到与拉萨城市相关的汉语、藏语、英语等多种语言的网络信息资源。

(2)数据加工。数据加工是对采集到的网络信息资源进行进一步加工处理,以满足网络舆情分析需求的过程,一般涉及数据去重、数据筛选、内容提取、数据翻译、数据标注等功能。数据去重是指对采集到的网络信息资源进行比对,删除其中重复采集的内容。数据筛选是对自动采集到的网络信息资源进行进一步选择,删除其中由于分词方式和一词多义等原因而误采集的数据。内容提取是从网络信息资源当中提取核心内容信息而忽略显示信息的过程,将由 HTML 语言生成的网页文件或多媒体文件当中提取内容信息,并采用全球统一的 Unicode 代码并保存为可以被各类应用读取的 TXT 文件。数据加工过程中,需要根据涉藏网络舆情分析的需要,完成非通用语言文字舆情信息的翻译工作,例如标题翻译、主题词翻译、摘要翻译和全文翻译等。在完成核心内容的提取和翻译之后,需要根据舆情分析的需要对数据进行元数据著录和部分关键词的标注,将非结构化的网络信息资源转换成为相对较容易管理的结构化信息资源,并通过关键词标注在不同类型的网络信息资源之间建立逻辑关联。由于数据加工过程中需要对数据质量进行人为判断,因而舆情数据加工环节一般是采用自动化方法和人工方法相结合的方式进行。

(3)舆情分析。舆情分析是涉藏网络舆情管理的关键环节,对加工后的涉藏网络信息资源进行深度分析的过程,根据舆情分析目标的不同,可以用多种类型的分析方法,常见的舆情分析方法主要有:第一,舆情聚类算法,即在舆情数据著录和标注的基础上,通过多维度聚类算法,从多个层面和角度统计分类各类主题信息内容的数量和频度;第二,热点聚焦算法,即在聚类算法的基础上,根据舆情信息评价模型,发现热点舆情话题,并提供热点话题的热度、速度、规模数值等信息;第三,话题回溯算法,即针对某一舆情话题,搜索舆情传播的途径和过程,展现舆情热点传播的详细脉络;第四,话题追踪算法,即根据特定的主题进行增量舆情数据的检索,随时追溯某一热点话题的最新进展。第五,倾向研判算法,对网络舆情信息所传递的情感倾向进行计算判别,为舆情预警提供信息支持;第六,趋势预测算法,根据历史数据和舆情传播规律,预测某类主题网络舆情传播的趋势,以便于网络舆情的应对;第七,危机预警算法，根据网络舆情危机的判别模型，在热点事件发展的初期就及时提示演化为危机的可能性，以便用户提前采取措施进行网络舆情的干预，将危机消灭在萌芽状态。总之，涉藏网络舆情分析是非常复杂的问题，需要综合语言学、统计学、计算机软件等多学科的知识，对采集到的网络舆情数据进行多维度分析。

(4)舆情发布。舆情发布是舆情管理的输出环节，是将舆情分析阶段的工作成果按照最容易理解的方式提交给用户的过程。系统必须提供用户个性化要求的舆情日报、周报、月报和突发事件分析报告等服务。此外，按照用户信息理解的习惯，系统需要基于信息可视化技术将大量以文本和数字形式存在的舆情信息转化为较为直观的图形或表格。同时，系统应该根据用户的设定，在特定情况下通过移动通信方式将网络舆情信息提供给用户，以便及时作出反应。

(5)舆情应对。舆情应对是针对涉藏网络舆情监测的结果所采取的管理行动，一般有以下类型：第一，保持。在舆情监测报告反映网络舆情处于正常状态时，继续保持对网络舆情的监测和报告模式，不采取其他行动。第二，前置。在网络舆情监测体系还不健全的情况下，将国内部分大型网站将网络舆情管理的介入时机前移，在涉藏网络信息资源发布之前对其内容的合法性以及可能产生的社会影响进行评判，确定信息资源的传播范围，在符合相关要求的情况下再正式发布到互联网。这种模式的优势是控制力度大，缺点是工作量大，不利于信息资源自由流转，且无法实现对境外相关网站的管理。这种模式是舆情监测技术不够成熟时的一种权宜之计，随着技术发展按照这种模式进行舆情管理的情况会逐步减少。第三，响应。即在出现舆情危机事件时及时启动应急响应预案，通过各类措施防止危机事件对社会发展造成负面影响。第四，干预。在涉藏网络舆情出现某些负面趋势，但是还没有达到危机级别时，对网络舆情的传播进行影响。例如，在某些网民对政府采取的新政策不理解而表达出不满情绪时，相关政府机构增加政策解释的力度，改进传播的范围和效果，从而改变舆情事件传播的方向。第五，引导。出于维护舆情信息生态健康发展的目的，在网民当中有意识地培养部分意见领袖，通过这些人发表具有正面倾向的网络信息，引导涉藏网络舆情向着有利于民族团结和社会进步的方向发展。舆情应对系统一般与政府办公自动化系统(GOAS)直接连通，以便舆情危机响应时可以尽快调动各类管理资源。

3. 多语言支持系统。语言文字的多样性是涉藏网络舆情管理的难题之一。为了保障舆情采集、加工、分析和发布各个环节对语言文字处理的需求，需要针对涉藏网络舆情分析工作建立多语言支持平台。鉴于涉藏网络舆情管理的主要用户是我国相关政府机构,为了便于进行舆情分析和报告,可以将我国的通用语言汉语作为多语言支持系统当中的基准语言,各语种语义文字信息资源围绕汉语进行翻译和著录,以汉语为中介进行信息资源分析,构建以汉语为核心的多语言工作环境。具体而言,主要涉及以下内容:

(1)多语言检索式(Multi-languages Retrieval Formula)。在按照一定主题进行网络信息资源搜索时,一般是用汉语或藏语提交检索需求。系统将检索内容翻译为多个语种的版本,遇到某种语言的网站或网页时启动对应语言的检索式,最终将多种语言文字版本的舆情数据进行合并,从而得到完整的检索结果。

(2)多语言文档(Multi-languages Document)。如果检索得到的网络信息资源内容非常重要,但是使用的是用户不熟悉的语言文字,则有必要对整个文档进行翻译。为了提高翻译工作的效率,可以使用机器翻译系统进行基础方式,由人工方式进行确认和完善。

(3)多语言元数据(Multi-languages Metadata)。为了确保网络信息资源的可理解性,需要将采集到的网络信息资源同时按照多种语言文字进行著录,以满足多语言信息处理的需要。

(4)多语言叙词表(Multi-languages Thesaurus)。叙词表是用来进行信息标引的工具,可以将较为随意的自然语言转换为规范化的人工语言,提高信息检索的准确性。在进行多语言元数据著录过程中,也需要结合需求设计满足多种语言文字表达的规范化的叙词表。

(5)多语言词典(Multi-languages Dictionary)。双语词典是实现跨语言信息检索和机器翻译的基础资源,在实践中可以根据需求参照现有词典进行手工编撰,也可以从大量语料当中提取,经过人工确认和完善,以半自动的方式生成。

(6)多语言知识本体(Multi-languages Ontology)。知识本体是对领域知识的规范化、形式化描述,是实现高精度智能信息检索的主要途径。多语言知识本体则是通过对不同语言文字之间的语义关联,来辅助完成跨语言信息检索、跨语言机器翻译等功能。

考虑到涉藏网络舆情语种的多样性,每增加一种著录语言都意味着增加巨大的工作量,可以考虑重点针对舆情分析需求建立或使用汉语、藏语、英语三种语言的词典、叙词表、语料库、本体库等语言资源库,基于语言资料进行汉语、藏语和英语三种语言文字的著录,形成藏语、汉语和英语三种语言文字的元数据。由于其他语种信息资源数量相对较少,对于除汉语、藏语和英语之外的语言文字产生的网络舆情信息,可以请专业的翻译人员通过人工方式将其翻译为基准语言文字,从而避免了建立对应语种语言资源库所需的各类成本。

此外,多语言资源库的构建是非常复杂的任务,需要在大规模语料分析的基础上经过多年进化才能满足基本需求。涉藏网络舆情管理需要根据实际情况,本着力所能及的原则建立必要的语言基础资源库。如果某种语言资源可以通过网络方式获取,则尽可能采用购买服务方式,进行语言资源库的"虚拟拓展"(见图1)。例如,鉴于多语言知识本体构建工作的复杂性,可以使用目前发展较为成熟的英语框架词网 WordNet 和汉语框架词网 HowNet,或者对现有词网进行必要的改造,以满足涉藏网络舆情多语言工作环境构建的特殊需求。

4. 存储管理平台。存储管理平台是涉藏网络舆情管理各项功能顺利运行的物理基础,需要构建一个大容量、安全、可靠的数据保存环境。根据网络舆情管理的数据存储需求,一般可以将需要保存的数据分为基础信息库、元数据库和成果库三种类型。网络舆情管理基础信息库主要包括原始数据资源和加工后的网络资源,前者是通过舆情采集程序从互联网上直接抓取的网络信息资源,后者是经过筛选、分类、转换、标注等操作之后的网络信息资源。考虑到国内涉藏网络舆情和境外涉藏网络舆情管理的差异性,可以将两类网络舆情数据分布保存在不同的数字资源库当中。元数据库用来集中保存网络信息资源著录的成果,是实现信息资源定位、聚类和统计分析的数据基础。在涉藏网络舆情保存过程中,为了保证所有语种网络信息资源都能够正常读取和显示,最好将其转换为 Unicode 代码进行保存。为了便于进行连续性分析和研究,需要对涉藏网络舆情分析系统所产生的各类舆情成果进行连续性保存。

五、研究总结

涉藏网络舆情(Tibet-Related Internet Public Opinion)是对互联网空间当中与西藏事务和藏族事务相关的所有舆情的总和。涉藏网络舆情管理是综合了多学科知识和技术的复杂性研究领域,现有的研究主要集中于藏文网络舆情分析系统的技术开发方面,用管理学视角审视领域相关内容之间的支撑和互动关系,构建起贯通全局的逻辑框架体系,对于推动研究进展意义重大。按照信息管理问题研究的 IPO 范式,涉藏网络舆情管理体系整体上分为舆情管理规划、舆情管理流程、多语言支持系统和存储管理系统四大组成部分。其中，舆情管理规划是从战略管理视角对涉藏网络舆情管理各类管理要素作出的统筹和安排。按照网络舆情信息管理的时间顺序，舆情管理流程分为数据采集、数据加工、舆情分析、舆情发布和舆情应对五大流程模块。多语言支持实施涉藏网络舆情管理重点解决的问题，存储管理是涉藏网络舆情管理体系顺利运转的物理基础。

参考文献：

[1]刘毅.网络舆情研究概论[M].天津：天津社会科学院出版社.2003.05：1-3.

[2]许鑫，章成志.国内网络舆情研究的回顾与展望[J].情报理论与实践，2009(5)：115-120.

[3]西北民族大学民族信息技术研究院官网，科研项目[EB/OL].[2014-08-23].http://www.nlit.edu.cn/contents/34/37.html.

[4]江涛，于洪志，李刚.基于藏文网页的网络舆情监控系统研究[C].第23届全国计算机安全学术交流会论文集，2008.10：112-115.

[5]江涛.基于藏文Web舆情分析的热点发现算法研究[D].西北民族大学硕士学位论文，2010.

[6]徐涛.基于社会网络分析的藏文Web链接结构研究[D].西北民族大学硕士学位论文，2011.

[7]夏建华.藏文Web动态网络模型与检索策略研究[D].西北民族大学硕士学位论文，2013.

[8]陈文娟，吕贵金，江静，陈新一.藏文网络社区内话题演变研究[J].西北民族大学学报，2013(3)：23-27.

[9]邓竞伟，邓凯英，李永生，李应兴.基于藏文网络的舆情传播模型研究[J].计算机系统与应用，2013(3)：65-68.

[10]王思丽.藏文网页自动发现与采集技术[D].西北民族大学硕士学位论文，2010.

[11]陈琪，李永宏，于洪志.藏文网页抓取及编码统一转换的系统研究[J].西北民族大学学报.2009(02)：43-47.

[12]李光，钟雅琼.大陆拟研藏维文网络舆情监测系统监控分裂风险[N]，凤凰周刊，2012-06-25.

[13]国家自然科学基金委员会官网，项目查询[EB/OL].[2014-08-23].http://isisn.nsfc.gov.cn/egrantindex/funcindex/prjsearch-list.

[14]珠杰，欧珠，格桑多杰.基于DOM树修剪的藏文Web信息提取方法[J].计算机工程，2008(24)：41-43.

[15]高红梅.藏文网页爬虫设计与实现[J].信息与电脑，2012(9)：35-37.

[16]西藏民族大学科研处网站,科研项目:信息与电脑[EB/OL].http://www1.xzmy.edu.cn/kyc/index,2014-08-23.

[17]钟振明.西藏突发事件的网络舆情监测评估与引导机制[J].西藏发展论坛,2013(6):61-64.

[18]中科点击科技有限公司官网.军犬网络舆情监测系统介绍[EB/OL].http://www.54yuqing.com/,2014-08-23.